Sozialdemokratie in Brandenburg (1868–1933)

Willi Carl · Martin Gorholt · Sabine Hering (Hg.)

Sozialdemokratie in Brandenburg (1868–1933)

Lebenswege zwischen Aufbruch, Aufstieg und Abgrund

Mit einem Vorwort von Dietmar Woidke

DIETZ

Bibliografische Information der Deutschen Nationalbibliothek

Die Deutsche Nationalbibliothek verzeichnet
diese Publikation in der Deutschen Nationalbibliografie;
detaillierte bibliografische Daten sind im Internet
unter *http://dnb.dnb.de* abrufbar.

ISBN 978-3-8012-0596-6

Verlag J. H. W. Dietz Nachf. GmbH
Dreizehnmorgenweg 24, 53175 Bonn

Umschlaggestaltung: Jens Vogelsang, Aachen
Satz: Kempken DTP-Service | Satztechnik · Druckvorstufe · Mediengestaltung, Marburg
Druck und Verarbeitung: CPI books, Leck

Printed in Germany 2021

Besuchen Sie uns im Internet: *www.dietz-verlag.de*

Inhaltsverzeichnis

Vorwort
von Dietmar Woidke 9

Wie dieses Buch entstand und worum es geht
von Willi Carl · Martin Gorholt · Sabine Hering 13

Die Geschichte der Sozialdemokratie in Brandenburg – ein Überblick
von Martin Gorholt 22

19 Lebenswege durch die Geschichte der Sozialdemokratie in Brandenburg 1868–1933 35

Pauline Staegemann · Elfriede Ryneck
Mutter und Tochter im Kampf für die Rechte der Frau
von Gisela Notz 37

Fritz Zubeil
»Stets mannhaft und unerschrocken für das Wohl des Volkes«
von Reinhard Wenzel 51

Emma Ihrer
Kämpferin gegen die »erbärmliche Ausbeutung der weiblichen Arbeitskräfte«
von Gisela Notz 64

Otto Sidow
Ein »Apostel des Sozialismus« – sein Wahlspruch: »Die Vaterstadt über die Partei«
von Wolf Preuss 77

Arthur Stadthagen
»Anwalt der Armen«
von Christoph Wunnicke 91

Eugen Ernst
Ein (fast) vergessener brandenburgischer Sozialdemokrat
von Uli Schöler 106

Lily Braun
»Gleiche Rechte für alle«
von Willi Carl 119

Paul Neumann
Ein Kampf für Gleichheit, Freiheit und Sozialismus
von Uwe Klett und Frank Reich 131

Gustav Noske
... nicht nur der »Bluthund«
von Christoph Kleßmann 148

Otto Braun
»Der rote Zar von Preußen«
von Siegfried Heimann 162

Otto Wels
»... aber die Ehre nicht!«
von Christel Dettmann und Sabine Hering 176

Richard Hauschildt
Ein Leben mit Hoffnungen und Illusionen
von Horst Klein 191

Ernst Schrader
»... für die Nationalsozialisten ein rotes Tuch«
von Kurt Schilde 205

Marie Juchacz
»Die Vollwertigkeit der Frau als Mensch und Arbeiterin«
von Cornelia Wenzel 223

Clara Bohm-Schuch
»Ich stimme mit Nein – und wenn sie mich in Stücke reißen!«
von Gisela Notz 236

Anna Flügge
Gegen die Verdrängung der Kleingärten
von Jeanette Toussaint und Ursula Demitter 250

Paul Szillat
Ein widerständiger Sozialdemokrat
von Siegfried Heimann 263

Paul Fischer
Die Verteidigung der Republik – das Reichsbanner Schwarz-Rot-Gold in Strausberg
von Horst Klein 282

Karl Engelbrecht
Im roten Luckenwalde
von Heiko Tammena 288

Sozialdemokratie in Brandenburg
Kurzbiografien 305

Lisa Albrecht (S. 305) · Albert Baumeister (S. 305) · Berta Beyertt, geb. Meinhard (S. 306) · Paul Bismark (S. 306) · Otto Breternitz (S. 307) · Bruno H. Bürgel (S. 307) · Willy Drügemüller (S. 307) · Ferdinand Ewald (S. 308) · Emil Faber (S. 308) · Paul Theodor Fleischmann (S. 309) · Ernst Fresdorf (S. 309) · Carl Freter (S. 310) · Willi Hänchen (S. 310) · Ernst Heilmann (S. 311) · Paul

Hirsch (S. 311) · Max Hoffmann (S. 311) · Willy Jentsch (S. 312) · Luise Kähler (S. 313) · Maria Karch, geb. Ludenia (S. 313) · Wilhelm Kolwitz sen. (S. 313) · Wilhelm Krüger (S. 314) · Marie Kunert, geb. Bombe (S. 314) · Carl Legien (S. 315) · Karl Liebknecht (S. 315) · Otto Liebknecht (S. 316) · Anna Matschke (S. 316) · Otto Meier (S. 317) · Franz Moericke (S. 317) · Martha Peschke, geb. Krüger (S. 318) · Oskar Pollner (S. 318) · Karl Priefert (S. 319) · Hedwig Pusch (S. 319) · Wilhelm Ramsbrock (1880–?? | S. 319) · Hugo Sachs (S. 320) · Alexander Sailer (S. 320) · Wilhelm Schadow (S. 321) · Otto Scharfschwerdt (S. 321) · Martin Schmidt (S. 322) · Richard Schmidt sen. (S. 322) · Wilhelm Siering (S. 322) · Anna Simon (S. 323) · Wilhelm Staab (S. 323) · Emil Stahl (S. 324) · Carl Stoll (S. 324) · Martha Sülter, geb. Ziemer (S. 325) · Emma Sydow (S. 325) · Emil Szymanowski (S. 325) · Franz Thurow (S. 326) · Theodor Ulmer (S. 327) · Hedwig Wachenheim (S. 327) · Kurt Wegner (S. 327) · Heinrich Witt (S. 328) · Frida Wulff, geb. Sander (S. 328) · Pauline Wuttke, geb. Baier (S. 329)

Sozialdemokratie in Brandenburg 1848 bis 1933 – eine Zeitleiste 330

Literatur zur Geschichte der Sozialdemokratie in Brandenburg (1868–1933)
von Kurt Schilde 344

Bildnachweise 352

Verzeichnis der Autorinnen und Autoren 353

Dankesworte 356

Vorwort

Die Sozialdemokratie in Ostdeutschland konnte bei ihrer Wiedergründung 1989/90 – nach 57 Jahren des Verbots und der Vereinnahmung – nur schwerlich an ihre Traditionen aus den Jahren vor 1933 anknüpfen. Von dem, was ihre bedeutende Geschichte seit Mitte des 19. Jahrhunderts ausgemacht hatte, war nichts mehr vorhanden. Sie startete als neue Partei, orientiert an westdeutschen Politikern wie Helmut Schmidt und Willy Brandt.

Ein kurzer Rückblick auf die Anfänge der Sozialdemokratie in Brandenburg zeigt, wie reich und ermutigend deren Aufbruch und Aufstieg waren.

Die Sozialdemokratie war in ihren Gründungszeiten nicht nur eine Partei, sondern auch eine Bewegung. Die Arbeiterorganisationen entwickelten sich aus den sozial oder freiheitlich orientierten Vereinen, die sich im Zuge der 1848er-Revolution gebildet hatten – als Reaktion auf Ausbeutung, Abhängigkeit und Unzufriedenheit der Arbeiterschaft.

1868 gründete sich in der Stadt Brandenburg ein Verein, der sich am in Leipzig von Ferdinand Lassalle gegründeten »Allgemeinen Deutschen Arbeiterverein« (ADAV) orientierte. Im gleichen Jahr entstand in Luckenwalde ein Arbeiterverein, der sich mehr der Eisenacher »Sozialdemokratische Arbeiterpartei« (SDAP) von Wilhelm Liebknecht und August Bebel zuwandte.

Durch die restriktiven »Sozialistengesetze« (1878–1890) sollte dieser Aufbruch gestoppt werden, aber die Wirkung war eine entgegengesetzte. Vor allem in den Industrieregionen gewann die nun aus ADAV und SDAP zusammengewachsene SPD an Zulauf. Es gründeten sich Tageszeitungen, Arbeitersport- und Kulturvereine und Frauenbildungsvereine in der ganzen Provinz Brandenburg. Trotz »Drei-Klassenwahlrecht« gewann die SPD immer mehr Wählerstimmen. Am Ende des Kaiserreichs war sie die stärkste Reichstagsfraktion und wurde der »Architekt« der Weimarer Republik.

Aber erst langsam und punktuell erinnerte sich die SPD Brandenburg nach 1989 ihrer Geschichte und Personen, welche diese gestaltet hatten. Ich möchte dafür drei Beispiele nennen.

Zunächst Otto Wels: Nach ihm wurde am 25. Oktober 1991 die damalige Landesgeschäftsstelle in der Friedrich-Ebert-Straße 61 in Potsdam benannt.

Otto Wels wurde am 15. Juli 1907 der erste Sekretär der SPD in der Provinz Brandenburg. Seine Agitation in den ländlich geprägten Kreisen bewirkte den bemerkenswerten Anstieg der Mitgliederzahlen von 17.312 (1907) auf 34.783 (1914). 1912 gewann er bei den Reichstagswahlen den Wahlkreis Calau-Luckau und wurde 1919 einer der beiden Parteivorsitzenden der SPD.

Berühmt geworden ist Otto Wels aber vor allem durch seine mutige Rede gegen das »Ermächtigungsgesetz«, mit dem die Nazis das Ende der Demokratie in Deutschland besiegelten. Otto Wels und alle noch anwesenden 94 Sozialdemokraten stimmten am 24. März 1933 gegen das Gesetz – 444 Abgeordnete stimmten dafür –, eine schwere Niederlage im Kampf für die Demokratie und die Weimarer Republik.

Als zweiten nenne ich Otto Braun. 2013 wurde in der Nähe des Landtages und der Langen Brücke der Otto-Braun-Platz in Potsdam eingeweiht. Von 1920 bis 1932 war der Sozialdemokrat Otto Braun mit zwei kleinen Unterbrechungen Ministerpräsident des Freistaates Preußen. Während es von 1919 bis 1932 zwanzig Reichsregierungen gab, war Preußen ein Hort an Stabilität in unruhigen Zeiten. Otto Braun konnte sich im Preußischen Landtag auf die Sozialdemokraten, das katholische Zentrum und die linksliberale DDP verlassen und stand damit für Stärke und Kontinuität.

Aber Anfang der 1930er-Jahre kam auch das »Rote Preußen« in Bedrängnis. Bei den Wahlen im April 1932 verlor die Dreierkoalition von Otto Braun ihre Mehrheit und die NSDAP war stärkste Kraft. Am 20. Juli 1932 wurde die amtierende Regierung Braun wegen angeblicher Tatenlosigkeit gegen die Gefährdungen der öffentlichen Ordnung von der Reichsregierung unter Franz von Papen und dem Reichspräsidenten Hindenburg abgesetzt, über Berlin und Brandenburg wurde der Ausnahmezustand verhängt, sozialdemokratische Zeitungen verboten und Politiker willkürlich verhaftet. Dieser Staatsstreich (»Preußenschlag«) läutete das Ende der Weimarer Republik ein.

Im Übergang zum zweiten Band zur Geschichte der Brandenburger Sozialdemokratie, welcher der Zeit von 1933 bis 1989/90 gewidmet sein wird, nenne ich eine dritte Person, dessen Leben die historischen Brüche in eindrucksvoller Weise abbildet: Paul Szillat.

Paul Szillat war Gewerkschaftssekretär, Stadtverordneter und Kämmerer in Rathenow, danach Oberbürgermeister der Stadt Brandenburg und gleichzeitig Abgeordneter im Preußischen Landtag. Noch am 18. Mai 1933 hielt er für die SPD-Fraktion die Rede gegen das preußische Ermächtigungsgesetz. Im Juni wurde Szillat verhaftet und war mehrere Wochen im KZ Oranienburg. Nach 1946 unterstütze er die Vereinigung von KPD und SPD zur SED und wurde Oberbürgermeister von Rathenow. 1950 wurde er wegen »Sozialdemokratismus« abgesetzt und zu acht Jahren Haft verurteilt. Beim Volksaufstand am 17. Juni 1953 skandierten Demonstranten in Rathenow »Freiheit für Paul Szillat«. 1956 kam Szillat im Rahmen einer Amnestie frei und reiste nach West-Berlin aus, wo er 1958 starb.

Ich danke für dieses wertvolle Buch, das erstmals und lebendig in Biografien die sozialdemokratische Geschichte in Brandenburg nachzeichnet. »Aus der Geschichte lernen« darf nicht nur eine Floskel sein. Auch oder gerade heute ist die Orientierung an Überzeugungen und Handlungen von Frauen und Männern wichtig, die in schwierigsten Zeiten ihr Leben dem Kampf für Freiheit, Demokratie und Gerechtigkeit widmeten.

Dietmar Woidke — Potsdam, Januar 2021

Wie dieses Buch entstand und worum es geht

Seit dem 1. August 2019 gibt es in Brandenburg eine »HiKo« – eine Historische Kommission der SPD,[1] die es sich zum Ziel gesetzt hat, die Forschungslücken, die trotz einer Vielzahl verdienstvoller regionaler Studien[2] noch immer vorhanden sind, Schritt für Schritt zu schließen.

Die Erarbeitung dieses Buches, an dem viele Mitglieder aus dem historisch interessierten Umfeld der HiKo mitgewirkt haben, ist einer dieser Schritte. Das Interesse an der Mitarbeit war so groß, dass wir uns ganz rasch dazu entschließen mussten, zwei Bände anstelle des ursprünglich geplanten einen zu publizieren. Deshalb gibt es den jetzt hier vorliegenden Band 1, der sich auf die Anfangsjahre bis 1933 bezieht – und es wird einen zweiten Band geben, der die Entwicklungen in den Jahren 1933 bis 1989/90 beleuchtet.

Das Titelbild dieses Buches gibt das Emblem der »Eisernen Front« wieder,[3] jenes Bündnisses gegen den Faschismus, das 1931 aus einem Zusammenschluss des Reichsbanners Schwarz-Rot-Gold, des Allgemeinen Deutschen Gewerkschaftsbundes, des Allgemeinen freien Angestelltenbundes, der SPD und des Arbeiter-Turn- und Sportbundes gegründet wurde. Das Ziel der Eisernen Front war die Erhaltung und Erfüllung der Verfassung. Der Umstand, dass es auch diesem breit angelegten machtvollen Bündnis nicht gelungen ist, den Faschismus aufzuhalten, gibt zu denken. Vielleicht waren es mit Franz von Papen (dem damaligen Reichskanzler), Hitler und Thälmann zu viele Feinde und zu wenig Verbündete, um Deutschland vor dem Abgrund zu bewahren.

Bei der Planung der Veröffentlichung ist uns klar geworden, dass aus der Beschäftigung mit der Geschichte der Sozialdemo-

---

1 Siehe unsere Website <hiko-sozialdemokratie-brandenburg.de>.

2 U. a. in: Brandenburg a. d. H., in Fürstenwalde, in Luckenwalde, in Pritzwalk und in Strausberg.

3 Der Entwurf dieses »Logos« stammt von dem sowjetischen Künstler Sergei Stepanowitsch Tschachotin.

kratie nicht nur Lehren für die Gegenwart zu ziehen sind, sondern dass es auch in den östlichen Bundesländern zweierlei Hürden zu überwinden gilt.

Zum einen ist die Wahrnehmung und Interpretation der Vergangenheit überlagert von einer DDR-Geschichtsschreibung, die über vier Jahrzehnte hinweg auf der Grundlage ihrer Deutungshoheit die Sozialdemokratie übersehen, ausgegrenzt oder systematisch abqualifiziert hat.

Zum anderen hat die politische Sozialisation derjenigen, die in der DDR zur Schule gegangen sind, aufgrund der ebenso parteiischen wie heroisierenden Darstellung der Geschichte der Arbeiterbewegung massive Vorbehalte gegenüber dem gesamten Themenbereich erzeugt. Heinrich Scheel, vormals Vorsitzender der Kommission der Historiker der DDR, Mitglied der Akademie der Wissenschaften, hat das in einem kritischen Rückblick auf seine Zunft einmal folgendermaßen dargestellt:

> »Die antifaschistische Erziehung erstarrte zum Ritual. Die Antifaschisten standen bei uns auf einem hohen Sockel. Die Kinder die davorstehen, erkennen nur noch den großen Zeh der über dem Sockel hervorschaut. Und wenn sie größer sind, sehen sie die heldenhaft geöffnete Brust. Das hat mit antifaschistischem Kampf, mit antifaschistischer Wirklichkeit nichts zu tun. Das ist Kitsch.«[4]

Wir mussten also den Blick darauf richten, durch die Form unserer Darstellung zu verdeutlichen, dass es hier um eine andere Geschichte und eine andere Form der Interpretation geht, wenn wir das Interesse an einer Beschäftigung mit der Entstehung der Sozialdemokratie und ihrem Einfluss auf das Land Brandenburg wecken wollten.

Wir haben uns deshalb entschieden, die Biografien von Frauen und Männern in den Mittelpunkt zu stellen, welche die Sozialdemokratie von den Anfängen bis zum Ende von Weimar geprägt

4 Heinrich Scheel, in: Sabine Hering, H.-Georg Lützenkirchen, Anders werden. Die Anfänge der politischen Erwachsenenbildung in der DDR. Berlin 1995, S. 108.

haben, deren Leben aber auch durch die politische Arbeit in entscheidender Weise beeinflusst worden ist. Es geht uns also nicht in erster Linie darum, die Geschichte der Sozialdemokratie als Parteigeschichte in ihren Entwicklungsstufen im Rahmen der jeweiligen politischen Umstände darzustellen. Vielmehr sollen die unterschiedlichen Etappen – von den frühen Gründungen über die Zeit der Sozialistengesetze, die ersten Erfolge um die Jahrhundertwende, den Ersten Weltkrieg, die Novemberrevolution und die Weimarer Republik – aus dem Fluss lebensgeschichtlicher Erfahrungen heraus betrachtet werden.

Es geht also um die biografischen Weichenstellungen, die an bestimmten politischen Wendepunkten zu individuellen Entscheidungen herausgefordert haben: zum Beispiel für oder gegen eine Kandidatur, für oder gegen die Kriegskredite, für oder gegen den Eintritt in die USPD.

Trotzdem sind die hier vorgelegten Biografien keine beliebige Sammlung individueller Lebenswege durch das 19. und 20. Jahrhundert, da sie durch die Klammer »Sozialdemokratie« verbunden sind. Hedwig Wachenheim hat das einmal folgendermaßen formuliert:

> »Die Sozialdemokratie von damals lenkte den Blick auf das Ganze, weil sie ja jeden Einzelschaden als Teil einer falschen gesellschaftlichen Struktur ansah, und suchte ›alles Weh und Ach aus einem Punkte zu kurieren‹: der gesellschaftlichen Reform. Daraus gewannen wir die Überzeugung von unserer Mission, die uns Kraft und das Gefühl der Überlegenheit gab.«[5]

Über wen schreiben wir?

Dieser Band enthält 19 ausführliche Biografien über Personen, die den jeweiligen Autorinnen und Autoren besonders am Herzen lagen, weil sie von herausragender Bedeutung sind oder typische

5 Hedwig Wachenheim: Vom Großbürgertum zur Sozialdemokratie, Berlin 1973, S. 105.

Lebenswege abbilden. Wir haben den längeren Biografien über 50 Kurzbiografien hinzugefügt, um dem Wirken möglichst vieler Persönlichkeiten, den regionalen Besonderheiten Brandenburgs und der Breite der Aktivitäten gerecht zu werden. Der Umstand, dass über viele der in den Kurzbiografien gewürdigten Personen keine weiteren Daten vorliegen – teilweise fehlen sogar Geburts- und Todesdatum – verweist auf Forschungslücken, die noch dringlich zu schließen sind.

Die Biografien beginnen mit der 1838 geborenen Pauline Staegemann, eine der bemerkenswertesten und unerschrockensten Kämpferinnen für Sozialdemokratie und Frauenrechte. Sie enden mit dem 1898 in Luckenwalde geborenen Kommunalpolitiker Ernst Engelbrecht, der – wie viele seiner Zeitgenossen – gleichermaßen Opfer der Nazis wie des Terrors durch das Sowjetische Volkskommissariat für innere Angelegenheiten (NKWD) wurde.

Die Protagonisten dieses ersten Bandes gehören also teilweise noch zu der Generation, die ihre Verfolgung in der Zeit der Sozialistengesetze zu einer Legende formten und allen »Assimilationsprozessen« an das »bürgerliche Lager« ablehnend gegenüberstanden. Teilweise haben sie aber auch den Weg in die SPD erst zu einer Zeit gefunden, als diese bereits eine »Erfolgs- und Karriere-Partei« war.

Obwohl die SPD und die Gewerkschaften lange Zeit zu Recht als »Männerbünde« galten, zeigt dieser Band, wie groß der Einfluss von einzelnen Frauen und der proletarischen Frauenbewegung auch schon zu einer Zeit war, als diese bis 1908 aufgrund des Preußischen Vereinsgesetzes sich weder politisch betätigen noch einer politischen Partei beitreten durften. Gerade in Brandenburg gab es eine ganze Reihe von Gewerkschafterinnen und Genossinnen, die sich den nötigen Respekt zu verschaffen wussten. Eindrucksvoll ist auch das Niveau einiger Publikationen von Brandenburger Autorinnen, zum Beispiel *Die Frauenfrage* aus der Feder Lily Brauns, die dem viel gerühmten Werk von Friedrich Engels *Die Lage der arbeitenden Klasse in England* in keiner Weise nachsteht. Oder *Die deutsche Arbeiterbewegung 1822–1914* von Hedwig Wachenheim, die der Darstellung von Franz Mehring durchaus ebenbürtig ist.

Allen – fast allen – in den insgesamt über 70 Biografien gewürdigten Persönlichkeiten ist gemeinsam, dass sie aus einfachen Verhältnissen gekommen sind und eine Handwerkslehre absolviert haben. Sie waren Drechsler, Tapezierer, Hutmacherin, Dachdecker, Vergolder, Hausmädchen, Zigarrendreher, Maurer, Weber, Verkäuferin. Was hat diese Personen angezogen, was erwarteten sie von der Sozialdemokratie? Franz Walter schreibt in seiner Abhandlung *Die SPD: Biographie einer Partei*:

> »Es war die Mischung aus Religionsersatz und Wissenschaftsanspruch, die damals gerade die Elite der sozialdemokratischen Facharbeiter faszinierte. [...] Viele von ihnen hatten sich soeben erst von der Kirche gelöst, aber damit nicht schon alle Heilsbedürfnisse hinter sich gelassen.«[6]

Es waren aber nicht nur die Heilsbedürfnisse, sondern auch der Wunsch nach sozialem Aufstieg und die Entschlossenheit, die Verbesserung der Verhältnisse selbst in die Hand zu nehmen, welche die Sozialdemokratie so anziehend machte. Die ersten Beispiele zeigten schon, dass es möglich war, trotz der Herkunft – später teilweise auch wegen der Herkunft aus dem Proletariat – in der Partei und den Gewerkschaften bis in die höchsten Ämter aufzusteigen, Landtags- und Reichstagsmandate zu erobern.

Durch den Umstand, dass es bis 1900 keine Diäten gab und der Lebensunterhalt von den Abgeordneten selbst aufgebracht werden musste, gab es gewisse Einschränkungen auf dem Weg zu einer politischen Karriere. Franz Walter schreibt:

> »Man darf sich die sozialdemokratische Reichstagsgruppe nicht als Ansammlung feuriger Volkstribunen vorstellen. [...] Gewerbliche Arbeiter hatten keine Chance, zumal ihnen seitens ihrer Betriebe die Entlassung drohte. In den sozialdemokratischen Fraktionen tummelten sich Parteischriftsteller, Tabakhändler und Gastwirte.«[7]

6 Franz Walter: Die SPD: Biographie einer Partei. Reinbek 2011, S. 18.
7 Walter, a. a. O., S. 32.

Trotzdem war die »proletarische« Herkunft der Abgeordneten mit Sicherheit ein Garant für die politischen Erfolge, welche die SPD in Brandenburg zunehmend verbuchen konnte. Wählerinnen und Wähler aus der Arbeiterschaft wählten Kandidatinnen und Kandidaten, die wussten, wie ihre sozialen Verhältnisse und ihre Problemlagen beschaffen waren.

Die weitere Entwicklung der SPD in Brandenburg im ersten Drittel des 20. Jahrhunderts ist deshalb eine eindrucksvolle Aufstiegsgeschichte. Trotz der sich im Ersten Weltkrieg anbahnenden Spaltung, trotz einer Reihe von Fehlentscheidungen, Niederlagen und zunehmender Einschränkung der Handlungsfähigkeit ist Preußen unter sozialdemokratischer Führung bis 1932 das »Bollwerk gegen den Faschismus« gewesen.

Gegenüber dem Staatsstreich von rechts (»Preußenschlag«) erwiesen sich sowohl die SPD-Führung, die Gewerkschaften, das Reichsbanner Schwarz-Rot-Gold als auch die Eiserne Front als wehrlos. Franz Walter umschreibt die Ursachen dieses Untergangs mit den Worten: »Es erwies sich als das große Unglück der Sozialdemokraten im 20. Jahrhundert, dass sie die Gründerpartei einer Republik waren, die kaum gelingen konnte.«[8] Über die Gründe dafür finden sich in den Biografien der damaligen Akteure (u. a. Otto Braun, Clara Bohm-Schuch, Otto Wels, Ernst Schrader, Richard Hauschildt und Paul Szillat) aufschlussreiche Hinweise.

Frauen und Männer als Akteure der Brandenburger Sozialdemokratie

Der von Martin Gorholt vorgelegte Überblick über die Geschichte der Sozialdemokratie in Brandenburg wird unterfüttert durch die Erinnerungen an die Personen, welche maßgeblich an dieser Entwicklung mitgewirkt haben.

Die Darstellungen beginnen mit der bereits 1838 geborenen **Pauline Staegemann** – vorgestellt von Gisela Notz – die sich sowohl

8 Walter, a. a. O., S. 50.

für die Interessen der Arbeiterinnen als auch für die allgemeinen Frauenrechte und den Sozialismus eingesetzt hat.

Zehn Jahre später, 1848, wird **Fritz Zubeil** geboren, der – so Reinhard Wenzel – auch in den Zeiten der Spaltung der Partei immer seinem Grundsatz: »Ich bin und bleibe Sozialdemokrat« treu geblieben ist.

Gisela Notz ist auch die Biografin von **Emma Ihrer**, geboren im Jahr 1957, die – zusammen mit Carl Legien – die überaus erfolgreiche »Doppelspitze« der deutschen Gewerkschaftsbewegung wurde.

Der Nächste in der Reihe ist der von Wolf Preuss gewürdigte **Otto Sidow**, geboren im Jahr 1857, welcher als Verleger einer sozialdemokratischen Zeitschrift in Brandenburg a. d. H. zu politischem Einfluss, Ruhm und Ehre kam.

Arthur Stadthagen, geboren ebenfalls 1857, ist einer der wenigen Protagonisten der Brandenburger Sozialdemokratie, der nicht dem Proletariat, sondern dem jüdischen Bürgertum entstammte. Christoph Wunnicke ehrt ihn als »Anwalt der Armen«.

Der 1864 geborene »wetterwendische« **Eugen Ernst** wird von Uli Schöler nicht nur als Stadtrat in Werder, sondern zu Beginn der Weimarer Republik als einflussreicher Polizeipräsident von Berlin und Reichskommissar in Breslau gewürdigt.

Lily Braun, geboren 1856, hat die »adligen Wurzeln«, denen sie entstammte, entschieden abgelegt. Mit ihren *Memoiren einer Sozialistin* bekannte sie sich – wie Willi Carl eindrucksvoll darlegt – zur Sozialdemokratie und zur Frauenbewegung.

Im Stadtteil Nowawes (Potsdam-Babelsberg) war **Paul Neumann**, geboren 1865, bekannt als der »Rote Zar«. Sein Ringen um die Einheit der Partei und die Reformen im Stadtteil würdigen Uwe Klett und Frank Reich.

Zu den bekanntesten und umstrittensten Figuren der Brandenburger Sozialdemokratie gehört **Gustav Noske**, geboren 1868, dessen Lebensweg auf dem rechten Flügel der Sozialdemokratie Christoph Kleßmann darstellt.

Zu Unrecht in Vergessenheit geraten ist **Otto Braun**, geboren 1872, der Preußen von 1920 bis 1932 zum »Bollwerk gegen den

Faschismus« gemacht hat. Siegfried Heimann würdigt ihn als einen der entscheidenden »Macher« der Weimarer Republik.

Zum »Helden« der deutschen Sozialdemokratie ist **Otto Wels**, geboren 1873, durch seine Rede gegen das »Ermächtigungsgesetz« geworden. Christel Dettmann und Sabine Hering würdigen die »Galionsfigur« der Brandenburger Sozialdemokratie.

Der 1876 geborene **Richard Hauschildt** wird von Horst Klein sowohl als Kommunalpolitiker, vor allem aber als kritischer Journalist und frühes Opfer der Nazis gewürdigt.

Der Polizist **Ernst Schrader**, geboren 1877, stieg auf in die oberste Führung der nationalen und internationalen Polizeigewerkschaft. Kurt Schilde würdigt das Werk des sozialdemokratischen Funktionärs.

Die erste Frau, die in der Nationalversammlung als Rednerin auftrat, war **Marie Juchacz**, geboren 1879. Von Cornelia Wenzel wird sie nicht zuletzt als Gründerin der »Arbeiterwohlfahrt« gewürdigt.

Clara Bohm-Schuch, geboren 1879, war eine der führenden Sozialdemokratinnen, die von Gisela Notz als Redakteurin der *Gleichheit* und als kämpferische Reichstagsabgeordnete gewürdigt wird.

Anna Flügge, geboren 1885, repräsentiert exemplarisch die Chancen und Risiken kommunaler SPD-Politik in der Weimarer Republik. Jeanette Toussaint und Ursula Demitter, die Enkelin von Anna Flügge, würdigen ihr couragiertes Engagement.

Eine der wichtigsten Persönlichkeiten der Brandenburger Sozialdemokratie, **Paul Szillat**, geboren 1888 wird von Siegfried Heimann vor dem Hintergrund der Brüche 1933 und 1945 gewürdigt.

Paul Fischer, geboren 1889, war der erste sozialdemokratische Bürgermeister in Strausberg, dem es – wie Horst Klein bestätigt – gelungen ist, in seiner Stadt Krisen und Arbeitslosigkeit durch Reformen zu überwinden.

Karl Engelbrecht, geboren 1898, ist ein weiteres Beispiel des politischen Einsatzes für die Sozialdemokratie auf kommunaler Ebene, der – so der Autor Heiko Tammena – in die Fänge der Nazis wie des sowjetischen Terrors nach 1945 geraten ist.

Ergänzt werden diese 19 Biografien durch eine Reihe von Kurzbiografien, eine Zeitleiste und eine Literaturübersicht mit einer Auswahl einschlägiger Publikationen zur Geschichte der Sozialdemokratie in Brandenburg.

Willi Carl · Martin Gorholt · Sabine Hering   Potsdam, Januar 2021

Die sozialdemokratische Fraktion des Preußischen Landtags 1913

Die Geschichte der Sozialdemokratie in Brandenburg – ein Überblick

von Martin Gorholt

Am Anfang dieses Buches steht ein kurzer Abriss der Entwicklung der SPD Brandenburg von 1868 bis 1933. Er kann den Einstieg in das Lesen dieses Buchs erleichtern.

Industrialisierung in Brandenburg

1838 stellten die Streckenbauer die Bahnstrecke zwischen Zehlendorf und Potsdam fertig. 1841 führte die erste Fernstrecke von Jüterbog nach Köthen. Es folgten die Verbindungen der Region Berlin über Eberswalde und Angermünde nach Stettin, nach Frankfurt (Oder) mit der Verlängerung bis Breslau im Jahr 1846 und Richtung Westen über Magdeburg.

Genauso entwickelte sich das Straßennetz über Küstrin und Landsberg (heute Gorzów Wielkopolski) nach Königsberg, über Treuenbrietzen und Jüterbog in die Lausitz, auch das Netz der Kreisstraßen entstand.

Diese Zeit der Industrialisierung prägten in Brandenburg vor allem das Lebensmittelgewerbe und die Bauwirtschaft, die unter anderem Ziegel für das wachsende Berlin und seine Vorstädte produzierte. Ebenso wichtig war die Textilindustrie in Forst, Guben, Luckenwalde oder Nowawes, heute ein Stadtteil von Potsdam-Babelsberg. Später folgten der Metallbereich wie in dem Brennabor-Werk in der Stadt Brandenburg, die Braunkohleindustrie um Senftenberg in der Lausitz, Nähmaschinen in Wittenberge, die Optik in Rathenow oder die Produktion von Kacheln und Öfen in Velten.

Mit dem Wachsen der Bevölkerung setzte eine Flucht vom Land in die Brandenburger Mittelstädte und in die Region Berlin ein. So verdoppelte sich die Zahl der Einwohner von Luckenwalde von 10.000 im Jahr 1850 auf über 20.000 um 1900. Vor allem der Berliner Raum boomte. Die Dorfstrukturen verwandelten sich durch Fabrikanlagen, Arbeitersiedlungen und Villenviertel.

Aufbruch der Arbeiterbewegung

Handwerker, Gesellen und Tagelöhner trafen sich um 1848 auch in der Provinz Brandenburg von Neustadt/Dosse bis in die Lausitz in »Demokratischen Clubs« oder anderen Vereinen. Noch stand der Kampf um die Freiheitsrechte im Vordergrund. Der preußische Obrigkeitsstaat schlug die revolutionäre bürgerliche Bewegung auch in Berlin und Brandenburg nieder. Die fortschreitende Industrialisierung mit Ausbeutung, niedriger Entlohnung, gefährlichen Arbeitsbedingungen, Rechtlosigkeit und ständigen Krisen mit neuer Verarmung führten zu immer mehr Zusammenschlüssen zur Vertretung der Interessen der Arbeiter. 1848 hatten Marx und Engels ihr Kommunistisches Manifest in London veröffentlicht. 1863 gilt als Gründungsdatum der Deutschen Sozialdemokratie: In Leipzig gründet sich der Allgemeine Deutsche Arbeiterverein (ADAV).

1869 folgt die Sozialdemokratische Arbeiterpartei (SDAP) in Eisenach. 1875 vereinigen sich in Gotha die beiden Arbeiterparteien. In Brandenburg finden die ersten dokumentierten Gründungen von Arbeitervereinen Ende 1868 in der Stadt Brandenburg und in Luckenwalde statt. Aus den Protokollen der Parteitage des ADAV und der SDAP Anfang der 1870er-Jahre sind Delegierte von Arbeitervereinen aus Brandenburg, Frankfurt (Oder), Finsterwalde, Potsdam, Forst, Eberswalde, Guben, Cottbus, Calau, Guben, Luckenwalde, Jüterbog und Spremberg bekannt.

Der Betätigung der Sozialdemokraten waren jedoch enge Grenzen gesetzt. Nicht erst das Sozialistengesetz von 1878 (»Gesetz gegen die gemeingefährlichen Bestrebungen der Sozialdemokratie«) zwang die Arbeiterschaft, sich weitgehend illegal zu organisieren, wenn auch Kandidaturen zu den Wahlen weiter erlaubt waren. 1890 gewann erstmals ein Sozialdemokrat in Brandenburg bei den Reichstagswahlen einen Wahlkreis. Es war der Berliner Rechtsanwalt Arthur Stadthagen, der im Niederbarnim seinen Wahlkreis bis zu seinem Tod 1917 erfolgreich verteidigen konnte. Fritz Zubeil war der zweite brandenburgische SPD-Abgeordnete. Zubeil vertrat von 1893 bis 1918 den größten Reichstagswahlkreis Teltow-Beeskow-Storkow-Charlottenburg für die SPD.

Brandenburg, Stamm- und Kernland des Königreichs Preußen, war 1815 im Zuge der territorialen Neuordnung durch den Wiener Kongress nach den Napoleonischen Kriegen eine Provinz Preußens mit den Regierungsbezirken Frankfurt (Oder) und Potsdam geworden. Von Brandenburg abgetrennt wurde die Altmark nördlich von Magdeburg, neu hinzu kam die Niederlausitz. Zu Brandenburg gehörte damals die seit 1945 polnische Neumark unter anderem mit Küstrin und Landsberg (heute Gorzów). 1881 wurde Berlin weitgehend unabhängig von der Provinz, 1920 entstand Groß-Berlin durch den Zusammenschluss mit zahlreichen brandenburgischen Städten und Gemeinden mit etwa 4 Millionen Einwohnern und schied endgültig aus der Provinz Brandenburg aus. Die Provinz Brandenburg verlor 1,8 Millionen Einwohner und zählte nur noch etwa 2,5 Millionen Menschen. Mit der neuen Verfassung des »Freistaates Preußen« wurde in Brandenburg seit 1921 ein Provinziallandtag gewählt, jetzt dank der sozialdemokratisch geführten Revolution 1918/19 genauso wie der Preußische Landtag ohne die Einschränkungen des Dreiklassenwahlrechts und mit Männern und Frauen als Wahlberechtigte.

Illustration anlässlich des Endes des Sozialistengesetzes

Die Sozialdemokratie war eine Partei und eine Selbsthilfebewegung. Als Partei war sie vereinsmäßig organisiert mit Vorsitzenden, Kassierern und Schriftführern. Sie war fest verankert im Arbeitermilieu, wenn auch ihre Funktionäre zumeist eher aus der Handwerkerschaft stammten. Trotz Meinungsstreit standen sie zusammen, kritisch könnte man sagen, nach außen abgeschlossen, auch bedingt durch die Illegalität unter den Sozialistengesetzen.

Potsdamer Volksblatt

Die SPD war eng mit den freien Gewerkschaften verbunden, die um 1900 als konkrete Interessenvertreter an Mitgliedern deutlich stärker wurden als die Partei. Viele führende Gewerkschafter oder später auch Gewerkschaftssekretäre waren gleichzeitig Funktionäre in der Partei oder Kandidaten bei Wahlen.

Zur SPD gehörten auch zahlreiche Tageszeitungen, die schon zum Teil im 19. Jahrhundert gegründet wurden, aber vermehrt während der Weimarer Republik. In Brandenburg am bekanntesten ist die *Märkische Volksstimme*. Zu den mit den Sozialdemokraten verbundenen Organisationen gehörten viele für Sport, Freizeit und Kultur. Besonders bedeutend waren der »Märkische Arbeiter-Turner-Bund«, die »Arbeiter-Sänger-Vereine« und die Brandenburger Verbände der deutschlandweiten Organisationen wie die Naturfreunde, der Arbeiter-Samariter-Bund oder die 1919 von Marie Juchacz gegründete Arbeiterwohlfahrt.

Die SPD hatte in ihrer Entwicklung bis 1933 nicht den Anspruch Volkspartei zu sein, sondern war dem Arbeitermilieu verhaftet, ohne dabei die Arbeiter voll auf ihrer Seite zu haben. Das heißt nicht, dass nicht auch Angestellte oder kleinere Selbstständige oder Akademiker zu den Anhängern und Wählern gehörten. Ein Problem blieb für die SPD in Brandenburg, wenn auch westlich der Elbe in noch größerem Maße, dass die Zustimmung in den Städten deutlich höher war als auf dem Lande. Dieses strukturelle Problem wirkte sich positiv auf die späteren Wahlerfolge der NSDAP aus.

Bis 1908 war die SPD – gesetzlich erzwungen – ein reiner Männerverein. Denn bis 1908 durften sich im Deutschen Reich Frauen politisch nicht betätigen. Die Gründung der Republik brachte 1918/19 die Wende: Das Frauenwahlrecht wurde eingeführt. Bis 1907 hatten Frauen und Männer aus dem Umfeld der SPD Bildungsvereine für Frauen gegründet, die zum größten Teil dann Mitglieder der SPD wurden.

Die Phase des Aufstiegs und der Spaltung

Ein SPD-Bezirk Brandenburg wurde erst 1906 gebildet. Zuvor gab es 1890 eine Konferenz im Regierungsbezirk Potsdam und dann seit 1892 jährliche Berlin-Brandenburg Konferenzen, die Wahlkämpfe, Veranstaltungen und gemeinsame Veröffentlichungen vorbereiteten. Hinzu kamen seit 1898 SPD-Gemeindevertreterkonferenzen. Am 2. September 1906 gründete sich der SPD-Bezirk Brandenburg als »Verband der Wahlvereine der Provinz Brandenburg«, wie damals die späteren Unterbezirke genannt wurden. Erster Parteisekretär wurde Otto Wels, der am 15. Juli 1907 seine Arbeit in der Lindenstraße 69 in Berlin-Kreuzberg aufnahm. Der Vorstand bestand aus den 18 Kreisvorsitzenden, die einen fünfköpfigen »Geschäftsführenden Ausschuss« wählten. Von 1907 bis 1918 berief der Parteivorstand eine »Preußische Landeskommission der SPD«, deren Vorsitzender der damalige Berliner SPD-Vorsitzende und späterer Werderaner Eugen Ernst wurde.

In den folgenden Jahren konnte die SPD Brandenburg sowohl bei den Wahlen zum Preußischen Landtag als auch zum Reichstag spektakuläre Siege erringen. So gewann 1912 Otto Wels den Wahlkreis in Calau-Luckau und Karl Liebknecht den »Kaiserwahlkreis« Potsdam-Spandau-Osthavelland, bei den Wahlen zum Preußischen Landtag konnte die SPD alle drei Wahlkreise in Niederbarnim-Oberbarnim-Lichtenberg gewinnen, einen davon der spätere Ministerpräsident Otto Braun.

Während des Ersten Weltkriegs kam es zur ersten Spaltung der SPD. Umstritten war die Zustimmung zu den Kriegskrediten. Stimmte am 4. August 1914 die SPD-Fraktion noch geschlossen für die Kriegskredite, stimmte im Dezember 1914 Karl Liebknecht als Einziger gegen die zweite Vorlage. Danach wurde die Zahl der Gegner in der SPD-Fraktion immer größer und es wuchs die Opposition, was bis zur Gründung einer »Unabhängigen Sozialdemokratischen Partei Deutschlands« (USPD) im Jahr 1917 führte. Während in Berlin die USPD gegenüber den Mehrheitssozialdemokraten (MSPD) klar stärker war, blieb die USPD in Brandenburg weitgehend unbedeutend. Nur der Wahlverein Potsdam-Osthavelland trat der USPD bei. Auch viele Gegner der Kriegskredite blieben in Brandenburg in der MSPD.

Die zweite Spaltung erfolgte in der Novemberrevolution 1918. Der Krieg war verloren, Reichskanzler von Baden und der Kaiser dankten ab. Der Sozialdemokrat Philipp Scheidemann rief am 9. November die Republik aus, Karl Liebknecht die sozialistische Republik. Die von MSPD und SPD paritätisch besetzen Arbeiter- und Soldatenräte – aus Brandenburg nahmen 11 Delegierte der MSPD und drei der USPD teil – und der von ihnen gewählte Rat der Volksbeauftragten legten den 19. Januar 1919 als Wahltag für eine Deutsche Nationalversammlung fest. Doch eine Minderheit wollte mehr. Die Spaltung der Arbeiterbewegung, das gewaltsame Vorgehen gegen revolutionäre Kräfte und die politischen Morde an Rosa Luxemburg und Karl Liebknecht waren eine große Belastung für die junge Demokratie. Der Sieger der Wahlen am 19. Januar 1919 war die SPD mit 37,9 Prozent der Stimmen, die USPD erhielt 7,6. In der Provinz Brandenburg waren die Ergebnisse noch eindeutiger: Im Regierungsbezirk Frankfurt (Oder) erhielt die SPD 52,5 Prozent der Stimmen, in den beiden Wahlkreisen im Regierungsbezirk Potsdam 49,5 beziehungsweise 58,7. Die Nationalversammlung konstituierte sich am 6. Februar 1919 in Weimar. Eine Mehrheit von SPD, katholischem Zentrum und linksliberaler DDP wählte Friedrich Ebert (SPD) zum Reichspräsidenten, Philipp Scheidemann (SPD) wurde von Ebert beauftragt, eine Regierung zu bilden.

Die USPD radikalisierte sich weiter. Im Oktober 1920 stimmte eine Mehrheit für die von der Moskauer Komintern-Konferenz definierten Bedingungen für einen Anschluss an die III. Internationale. Die USPD schloss sich damit in ihrer Mehrheit der KPD an, die Minderheit blieb zunächst in der USPD. Im November 1922 erfolgte die Wiedervereinigung mit der SPD. Die ersten Wahlen zum Provinziallandtag Brandenburg machten die SPD mit 32,6 Prozent und 37 von 92 Sitzen klar zur stärksten Partei. Das ist umso bemerkenswerter, als nach der Bildung von Groß-Berlin die ländliche Bevölkerung in der Provinz dominierte. Der Provinziallandtag tagte nur einmal im Jahr und hatte wenige Kompetenzen. Bedeutender für Brandenburger Interessen war deshalb der Preußische Landtag, der drei Fünftel der Fläche und der Bevölkerung des Deutschen Reiches repräsentierte. Auffällig ist, dass es auf der Landesebene des Freistaates Preußen keine SPD-Organisation gab, sondern die Zwischenebene war die SPD-Gliederung Provinz Brandenburg-Grenzmark. Zwischen der SPD Berlin und Brandenburg gab es viele Berührungspunkte und personelle Überschneidungen. So hatte das zum Schutz der Republik und vor gewalttätigen Übergriffen von rechts gegründete Reichsbanner Schwarz-Rot-Gold einen gemeinsamen Berlin-Brandenburger Verband.

Der SPD-Bezirksverband war personell von Kontinuität geprägt. Seit 1922 war für lange Jahre Emil Stahl Vorsitzender. Parteisekretär des Bezirks war bis 1933 Wilhelm Krüger aus Eichwalde, Sekretärin für Frauenfragen für viele Jahre Anna Matschke. 1924 zählte die SPD Brandenburg in etwa 480 Ortsvereinen 39.151 Mitglieder, davon 10.639 Frauen. Diese Zahlen blieben bis 1932 weitgehend stabil. Die SPD Brandenburg spielte auch in den Kommunen eine starke Rolle. In vielen Städten und Gemeinden waren die Sozialdemokraten in der Mehrheit oder zumindest stärkste Partei, so in Wittenberge, Bernau, Senftenberg, Nowawes, Calau, Spremberg, Luckenwalde, Finsterwalde, Velten, Brandenburg oder Rathenow, um nur einige aufzuzählen. Bis zur Weltwirtschaftskrise 1929 gab es kommunale Handlungsspielräume für die Schaffung öffentlicher Infrastruktur wie Krankenhäuser, Stadtbäder, Volksschulen und Kulturhäuser. Von besonderer sozialer Bedeutung für die SPD war der Wohnungsbau, vor allem der genossenschaftliche. Noch heute gibt es an vielen Orten Beispiele für den damals modernen und bevorzugten Bauhausstil, so bei den Wohnhäusern im Friedrich-Ebert-Ring in Rathenow oder der Bundesschule des Allgemeinen Deutschen Gewerkschaftsbundes (ADGB) in Bernau.

Der Weg in den Abgrund

Wahlplakat 1920

Bereits 1920 war die Demokratie von rechts in Gefahr. In der Nacht vom 12. auf den 13. März marschierte die Marinebrigade Ehrhardt von den Kasernen im osthavelländischen Döberitz unter dem Kommando von Freiherr von Lüttwitz in das Berliner Regierungsviertel und besetzte es. Der ostpreußische Verwaltungsbeamte Wolfgang Kapp ernannte sich zum Reichskanzler und zum Ministerpräsidenten von Preußen. Die Regierung setzte sich erst nach Dresden, dann nach Stuttgart ab. Die SPD-Mitglieder der Regierung und der Parteivorsitzende Otto Wels riefen den Generalstreik aus. Dieser verbreitete sich schnell über Berlin und die Provinz Brandenburg ins ganze Land. Schon nach vier Tagen war der »Kapp-Putsch« vorbei. Die Ereignisse hatten aber politische Konsequenzen. Gustav Noske (SPD) musste als Reichswehrminister zurücktreten, da er den Offizieren des alten Heeres zu sehr vertraut habe, ebenso Paul Hirsch (SPD), der Ministerpräsident von Preußen, dessen Regierung vorgeworfen wurde, mit Kapp verhandelt zu haben. Am 29. März 1920 wurde der Sozialdemokrat Otto Braun Ministerpräsident von Preußen, einen Tag später hielt er seine erste Regierungserklärung. Seine Rede endete mit den Worten: »Jetzt gilt es, für die Demokratie zu arbeiten, die allein die Basis bietet, auf der sich unser Volk und unser Vaterland eine bessere Zukunft schmieden kann.«

Preußen war bis 1932 das Bollwerk der Deutschen Demokratie. Von 1920 bis 1932 war Otto Braun mit kleinen Unterbrechungen Ministerpräsident und konnte sich auf eine stabile Mehrheit von SPD, Zentrum und DDP (Weimarer Koalition) stützen. Stabile Mehrheiten konnten im Reichstag hingegen kaum gefunden werden, sodass es von 1919 bis 1932 zwanzig Reichsregierungen gab. 1925 kandidierte Otto Braun bei der Wahl zum Reichspräsidenten für die SPD. Er erhielt 29 Prozent der Stimmen und lag damit hinter dem Kandidaten der Rechten Karl Jarres mit 38,8 Prozent, aber deutlich vor dem Kandidaten des Zentrums Wilhelm Marx mit 14,5 und Ernst Thälmann von der KPD mit 7 Prozent.

Für den zweiten Wahlgang stellte die Rechte den 78-jährigen ehemaligen kaiserlichen Generalfeldmarschall Paul von Hindenburg auf. Otto Braun verzichtete zugunsten von Wilhelm Marx auf eine Kandidatur. Marx wurden die besseren Chancen eingeräumt, weil er die Möglichkeit hatte, möglichst viele bürgerliche Wähler zu gewinnen. Die KPD hielt an Ernst Thälmann als Kandidaten fest. Hindenburg gewann die Wahl mit 48,3 Prozent der Stimmen vor

Wilhelm Marx mit 45,3, Ernst Thälmann erhielt 6,4 Prozent der Stimmen.

Damit hatten die Demokraten eine entscheidende Schlacht verloren. Den Kommunisten war dies offenbar egal, sie hingen nicht an der Republik, sodass der *Vorwärts* einen Tag nach der Wahl titelte: »Hindenburg Präsident – von Thälmanns Gnaden«. Bemerkenswert waren die Wahlergebnisse in den SPD-Hochburgen in Brandenburg. In Luckenwalde erreichte der katholische Marx 70,1 Prozent der Stimmen, Thälmann 3,2. Prozent.

Die wirtschaftliche Krise, Unruhen auf den Straßen und politische Instabilität zerrütteten immer mehr die Unterstützung für die Demokratie. Bei den Wahlen im April 1932 verlor die Weimarer Koalition ihre Mehrheit im Preußischen Landtag, die NSDAP wurde mit 37 Prozent stärkste Partei. Eine Mehrheit für die Wahl eines Ministerpräsidenten gab es nicht. So blieb Otto Braun kommissarisch im Amt. Am 1. Juni 1932 wurde Franz von Papen von Hindenburg zum Reichskanzler einer Rechtsregierung ernannt. Am 20. Juli 1932 setzten Reichsregierung und Reichspräsident die preußische Landesregierung ab (»Preußenschlag«) und verhängten über Berlin und Brandenburg den Ausnahmezustand. In den folgenden Reichstagswahlen konnte die NSDAP ihren Wähleranteil verdoppeln. Am 30. Januar 1933 ernannte Hindenburg Hitler zum Reichskanzler. Bei den erneuten Reichstagswahlen am 5. März 1933 erreichte die NSDAP 43,9 Prozent der Stimmen und konnte sich auf die 8 Prozent der »Kampffront Schwarz-Weiß-Rot« verlassen. In einigen Regionen konnte die NSDAP auch in Brandenburg Wahlsiege feiern. So gewann sie in Frankfurt (Oder) 55,2 Prozent, bei den Wahlen zur Nationalversammlung hatte die SPD hier noch bei über 50 Prozent gelegen. In einigen Hochburgen konnte sich die SPD jedoch behaupten. In Luckenwalde lag sie bei 41,7, die NSDAP bei 30,5 und die KPD bei 15,3 Prozent.

Am 21. März fand in der Potsdamer Garnisonkirche (»Der Tag von Potsdam«) die Eröffnung des Reichstages statt. Die SPD-Fraktion boykottierte die Veranstaltung. Am 23. März erhielt das Ermächtigungsgesetz für das Hitler-Regime die notwendige Zweidrittelmehrheit im Reichstag. Im Vorfeld waren die Abgeordneten

Morgenausgabe
Nr. 369 A 182 49. Jahrgang
Sonntag 7. August 1932
Groß-Berlin 15 Pf.
Auswärts 20 Pf.

Vorwärts

Berliner Volksblatt
Zentralorgan der Sozialdemokratischen Partei Deutschla…

Vorwärts-Verlag G. m. b. H.

Warnung!

Wer mit dem Faschismus spielt, der spielt mit Deutschlands Untergang!

Der Vorwärts vom 7. August 1932

der SPD gewarnt worden, dass sie nicht lebend das Gebäude verlassen würden, wenn sie sich widersetzten. Daraufhin sagte Clara Bohm-Schuch »mit geballten Fäusten«: »Ich stimme mit nein – und wenn sie mich zerreißen.« Die Mandate der Kommunisten waren aberkannt worden, die 94 anwesenden Sozialdemokraten stimmten gegen das Gesetz. Otto Wels hielt seine berühmte Rede:

> »Freiheit und Leben kann man uns nehmen, die Ehre nicht. […] Die Verfassung der Weimarer Republik ist keine sozialistische Verfassung. Aber wir stehen zu den Grundsätzen des Rechtsstaates und der Gleichberechtigung, des sozialen Rechtes. Wir deutschen Sozialdemokraten bekennen uns in dieser geschichtlichen Stunde feierlich zu den Grundsätzen der Menschlichkeit und der Gerechtigkeit, der Freiheit und des Sozialismus.«

Am 18. Mai hielt der Rathenower Paul Szillat für die SPD-Fraktion im Preußischen Landtag die Rede gegen das Ermächtigungsgesetz im Land. Über Fehler und Versäumnisse der Sozialdemokratie ist viel diskutiert worden, unbestreitbar ist: Als andere Demokratie und Freiheit zerstörten und den Weg in den nationalsozialistischen Abgrund öffneten, standen die Sozialdemokraten allein dagegen.

Literatur

Ingo Materna/Wolfgang Ribbe (Hg.): Brandenburgische Geschichte, Berlin 1995.

Christopher Clark: Preußen – Aufstieg und Niedergang, München 2007.

Heiko Tammena, SPD Landesverband Brandenburg (Hg.): Geschichte in Geschichten, 130 Jahre Sozialdemokratie in Brandenburg 1868–1998, Münster i. Westf. 1998.

Arno Klönne: Die deutsche Arbeiterbewegung, Düsseldorf 1980.

Heinrich Potthoff: Die Sozialdemokratie von den Anfängen bis 1945, Bonn 1974.

Hans-Rainer Sandvoß: Mehr als eine Provinz! Widerstand aus der Arbeiterbewegung 1933–1945 in der preußischen Provinz Brandenburg, Berlin 2019.

Hagen Schulze: Otto Braun oder Preußens demokratische Sendung, Frankfurt a. M. 1977.

Franz Walter: Die SPD – Vom Proletariat zur Neuen Mitte, Berlin 2002.

Der Sozialdemokrat

Wahlzeitung

für die Landkreise Niederbarnim, Teltow, Beeskow-Storkow

Herausgegeben von der Sozialdemokratischen Partei Deutschlands (S. P. D.)

Am 6. Juni ist Reichstagswahl!

Gewählt wird nur:

Im Wahlkreise Teltow-Beeskow-Storkow die Liste

Eduard Bernstein
Elfriede Ryneck
Franz Krüger

Im Wahlkreise Niederbarnim die Liste

Rudolf Wissell
Marie Juchacz
Sidow

Die Wahlparole der S.P.D.

Am 5. und 6. Mai tagte in Berlin die Reichsparteikonferenz der S. P. D., die zur Reichstagswahl Stellung nahm. Nach einem mit begeisterter Zustimmung aufgenommenen Referat des Genossen Scheidemann wurde folgende Entschließung einstimmig angenommen:

Die Reichskonferenz der Sozialdemokratischen Partei Deutschlands ruft die Parteigenossen und Genossinnen zum Wahlkampf auf, der das Schicksal der deutschen Republik entscheidet.

Nur die Einigkeit des werktätigen Volkes, der Kopf- und Handarbeiter, der Männer und Frauen kann die freiheitliche Verfassung unseres Volksstaates vor neuen reaktionären Anschlägen schützen und die politische Gleichberechtigung zur sozialen Gleichberechtigung erweitern. Der geeinte Wille der geistig und körperlich Schaffenden ist stark genug, sich mit den Mitteln der Demokratie siegreich durchzusetzen und die Arbeit aus dem Joch des Kapitals zu befreien.

Dazu bedarf es vor allem auch der Mitarbeit der ländlichen Bevölkerung, der Landarbeiter und kleinen Bauern, deren Befreiung aus vielhundertjähriger Unterdrückung erst durch die Republik eingeleitet wurde. Im Kampf gegen den widerspenstigen Großgrundbesitz müssen die in der Landsiedelung getroffenen Maßnahmen schnell durchgeführt und entschieden gefördert werden.

Die Sozialdemokratische Partei Deutschlands führt diesen Wahlkampf unter der

Parole der Einigkeit,

in der allein die Kraft liegt, und mit dem Ziele, am 6. Juni eine sozialdemokratische Reichstagsmehrheit zu erringen, die den Bestand der demokratischen Volksrepublik und ihren Fortschritt zur sozialistischen verbürgt.

Von dem Wunsche erfüllt, den Kampf nur gegen rechts führen zu müssen, ist die Partei auch zugleich bereit, ihre alten Grundsätze, Sozialismus und Demokratie, als ein untrennbares Gebilde nach allen Seiten hin zu verteidigen.

Die Befreiung der Republik von den letzten Resten militaristischen Geistes, die Durchdringung aller Behörden mit republikanischem Willen, die Beseitigung der Klassenjustiz, die wachsende Anteilnahme der Arbeiter und Angestellten an Führung und Kontrolle der Produktion, die Uebernahme der reifen Betriebe in die

gemeinwirtschaftliche Verwaltung,

der Ausbau eines freien Schulwesens, Hebung der gesamten Volkskultur — das alles wird desto geringeren Widerstand finden, je stärker die Sozialdemokratische Partei aus dem Wahlkampf zurückkehrt.

SPD-Wahlkampf 1920

19 Lebenswege durch die Geschichte der Sozialdemokratie in Brandenburg 1868–1933

Pauline Staegemann · Elfriede Ryneck |

Mutter und Tochter im Kampf für die Rechte der Frau

von Gisela Notz

Pauline Staegemann

Pauline Staegemann aus dem Oderbruch in Brandenburg war eine der ersten Frauen, die in der SPD führend auftraten. Sie wurde später als Wegbereiterin der sozialistischen Frauenbewegung bezeichnet, weil sie 1873 Mitgründerin der ersten sozialdemokratisch orientierten Frauenorganisation, des »Berliner Arbeiterfrauen- und Mädchenvereins«, war und bis zu seiner Auflösung den Vorsitz übernahm. Ihre sozialistischen und frauenpolitischen Aktivitäten gingen freilich weiter. Ihre Tochter Elfriede Ryneck trat in ihre Fußtapfen und saß – nachdem das Wahlrecht für Frauen 1918 erkämpft war – für die SPD in der Weimarer Nationalversammlung, im Reichstag und im Preußischen Landtag. Sie kämpfte im Parteivorstand für Frauenquoten und war Mitbegründerin der Arbeiterwohlfahrt.

Als »blutjunges Mädchen« kam Pauline Staegemann nach Berlin

Pauline Schuck wurde am 18. März 1838 in Diedersdorf, Kreis Lebus in Brandenburg geboren.[1] Schon »als blutjunges Mädchen« kam sie nach Berlin, wo sie – wie viele ihrer Zeitgenossinnen – als Dienstmädchen arbeiten musste. Für das Arbeiterkind schien der Umzug in die Hauptstadt damals die einzige Möglichkeit, dem noch ärmlicheren Leben auf dem Lande in der Mark Brandenburg zu entgehen. Darüber, wie es ihr bei ihren Dienstherren und Herrinnen ergangen ist, gibt es keine Überlieferungen. Sie heiratete den Maurerpolier Carl Ludwig Staegemann[2] und bekam vier Kinder, zwei Söhne und zwei Töchter. Die Familie lebte in der Umgebung des Königstors in Berlin. Ihre Tochter Elfriede, die am 14. Dezember 1872 als drittes Kind geboren wurde, ging in die sozialdemokratische Geschichte ein. Pauline Staegemann wurde später als »resolute, aufstrebende, fleißige, aber auch aufrechte Frau« bezeichnet,[3] die bemüht war, ihren Kindern eine frohe Kindheit zu gewährleisten. Gemeinsam mit ihrem Mann kam sie frühzeitig mit den ersten Veranstaltungen und Demonstrationen der Berliner Arbeiterbewegung in Berührung.

Nach dem frühen Tod ihres Mannes verdiente sie den Lebensunterhalt für sich und die vier Kinder mit einem Gemüseladen in der Landsberger Allee, in einer Arbeiterwohngegend. Den Kellerladen hatte sie schon früher eingerichtet, um das Einkommen der Familie krisenfester und unabhängiger zu machen, weil der Lohn eines Maurers von Jahreszeiten abhängig und durch Wirtschaftskrisen leicht betroffen war, zur Existenzsicherung der Familie nicht ausreichte. Der Laden war nicht nur die einzige Einnahmequelle, sondern entwickelte sich bald zum heimlichen Treffpunkt für Mitglieder und Funktionäre der frühen Arbeiterbewegung und für

1 Der Geburtsort wurde von ihrem Sohn Georg auf der Sterbeurkunde angegeben, durch andere Dokumente konnte er nicht belegt werden.
2 Geburts- und Sterbedaten sind – wenn nicht angegeben – nicht ermittelbar.
3 Marie Juchacz: Sie lebten für eine bessere Welt. Lebensbilder führender Frauen des 19. und 20. Jahrhunderts, Berlin und Hannover 1955, S. 26.

ratsuchende Frauen aus dem Friedrichshainviertel. Die Kinder halfen der Mutter beim Austragen von Flugblättern und versteckten das Material vor der preußischen Polizei. Die Tochter Elfriede erinnerte sich später, dass sie schon als ganz junges Mädchen durch den Einfluss der Mutter eine eifrige Besucherin sozialistischer Versammlungen wurde. Ihren beiden Söhnen ermöglichte die Mutter eine gute Schulbildung mit anschließendem Studium.

Das Interesse von Pauline Staegemanns politischer Arbeit galt vor allem den berufstätigen Frauen und ganz besonders den Wäscherinnen und Mantelnäherinnen, meist Heimarbeiterinnen, die an langen Arbeitstagen unter belastenden Arbeitsbedingungen die schlecht entlohnten Arbeiten verrichteten. Gemeinsam mit ihren Mitstreiterinnen wollte sie mehr und bessere Arbeitsgelegenheiten für die Frauen.

»Ein Verein, der sich auf den Boden der klassenbewussten Sozialdemokratie stellte«

Als sich am 28. Februar 1873 der »Berliner Arbeiterfrauen- und Mädchenverein« gründete, war Pauline Staegemann neben Berta Hahn, Johanna Schackow (gest. 1903) und Ida Cantius (gest. 1899) eine der Gründerinnen.[4] Das offizielle Vereinsziel war die »geistige und moralische Bildung der Frauen sowie gegenseitige Unterstützung in Notfällen«. Die Vorsitzende wurde zunächst Berta Hahn. Als »herausragende Gestalt« folgte ihr Pauline Staegemann, die dem Verein beinahe fünf Jahre lang vorstand.[5] Der Verein, der heute als erste sozialdemokratisch orientierte Frauenorganisation bezeichnet wird, weil er sich »auf den Boden der klassenbewussten Sozialdemokratie« stellte,[6] »wollte sozialdemokratisch ohne Rich-

4 Vgl. Franz Osterroth, Dieter Schuster: Chronik der deutschen Sozialdemokratie, 3 Bde., Bd. 1: Bis zum Ende des ersten Weltkrieges, Bonn 1975, S. 46.

5 Richard J. Evans: Sozialdemokratie und Frauenemanzipation im deutschen Kaiserreich, Bonn 1979, S. 55.

6 Ottilie Baader: Ein steiniger Weg. Lebenserinnerungen einer Sozialistin, Bonn 1979, 3. Aufl., S. 22.

tung sein«, wie Clara Zetkin (1875–1933) kritisch bemerkte. Ihr missfiel weniger die sozialdemokratische Richtungslosigkeit des Vereins als die Tatsache, dass ihm ausschließlich Frauen und Mädchen angehören durften und Männer gewöhnlich nicht einmal Zutritt zu den Vereinsversammlungen hatten. Die von ihr als uneffektiv betrachtete »Absonderung der Frauen von den Männern« lastete sie einerseits der Sonderstellung der Frau durch das Vereinsgesetz an, andererseits jedoch auch einer »feministischen Tendenz [...] hervorragender Trägerinnen der Berliner Bewegung«, die von der bürgerlichen Frauenrechtlerei zur Sozialdemokratie geführt worden waren.[7] Damit konnte sie Pauline Staegemann nicht gemeint haben, sie gehörte zum »arbeitenden Volk«.

Offensichtlich war der Verein allerdings eine Abspaltung des 1869 gegründeten »Vereins zur Fortbildung und geistigen Anregung von Arbeiterfrauen«, der von Lina Morgenstern (1830–1909), der aus der bürgerlichen Frauenbewegung stammenden »Suppenlina« geleitet wurde. Den Namen bekam sie, weil sie 1866, während des preußisch-österreichischen Kriegs den »Verein der Berliner Volksküchen« gegründet hatte, um die arme, hungernde Arbeiterbevölkerung zu unterstützen.

Ottilie Baader (1847–1925), Weggefährtin von Pauline Staegemann, gehörte selbst eine Zeit lang dem Morgenstern'schen Verein an. Sie musste sich, wie sie in ihrem Buch *Der steinige Weg* beschrieb, anhören, dass die Mitglieder des Vereins »diese Weiber, diese Sozialdemokraten«, beschimpften und als »wahre Hyänen« verunglimpften. Die Arbeiterinnen entgegneten ihnen, dass sie »erst einmal hören (wollten), was sie (diese »Hyänen«) zu sagen haben«, um sich dann selbst ein Urteil zu bilden. Ottilie Baader besuchte daraufhin eine Versammlung sozialdemokratischer Frauen. Sie war überrascht, wie ruhig und selbstverständlich die Frauen sprachen, sodass sie bald selbst zu ihnen überwechselte.[8]

---

7 Clara Zetkin: Zur Geschichte der proletarischen Frauenbewegung Deutschlands, Berlin 1958, S. 143.

8 Roswitha Freude nimmt an, dass sie 1875 oder 1876 dem Berliner Arbeiterfrauen- und Mädchenverein beitrat. Vgl. Roswitha Freude: Die Entwicklung Ottilie Baaders zur Kampfgefährtin Clara Zetkins, in: Kolloquium der Forschungsgemeinschaft

Pauline Staegemann wollte keinen bürgerlichen Wohltätigkeitsverein. Sie war der festen Überzeugung, dass die Lage des weiblichen Geschlechts nur durch eine vollständige soziale Umwälzung der Gesellschaft verbessert werden konnte.[9] Darauf bereitete sie sich mit Lektüre und Studium zur sozialistischen Bildung vor. Zu ihrem Programm gehörte die völlige Gleichberechtigung der Frauen einschließlich des Wahlrechts.

»Die mühsame Agitations- und Organisationsarbeit«

Pauline Staegemann versuchte, die Wäschenäherinnen, die vor allem Heimarbeit leisteten, zu organisieren, damit sie sich gemeinsam gegen die ausbeuterischen Arbeitsbedingungen wehren konnten. Damit stellte sie sich keine leichte Aufgabe, weil den Frauen jede gewerkschaftliche Organisation verwehrt war und zählebige Vorbehalte unter den männerdominierten Arbeiterorganisationen ebenso schwer zu überwindende Hindernisse bildeten, wie die vielfachen Belastungen der Arbeiterinnen durch Haushalt und Familie. Tatsächlich traute sich manche Arbeiterin nicht, den Arbeiterfrauenverein zu besuchen, zumal auch die bürgerliche Presse sich in den rüdesten Witzen gegen den Verein überbot und die Berliner Polizei, als Hüterin der »Sittlichkeit« ihn und seine Aktivistinnen immer wieder schikanierte. Trotz dieser Schwierigkeiten erkannten immer mehr Arbeiterinnen, dass sie sich zusammenschließen mussten, um gegen die Unternehmerwillkür anzugehen.

Unter der Leitung von Pauline Staegemann, die bald als »Sozialdemokratin mit Leib und Seele« galt,[10] richtete der Verein einen Fonds zur Unterstützung notleidender Mitglieder ein und unterstützte die Sozialdemokraten während ihrer Wahlkampagnen. Schließlich war das ihre einzige Möglichkeit, die Wahlen zu beein-

»Geschichte des Kampfes der Arbeiterklasse um die Befreiung der Frau«, Leipzig 1982, S. 89.

9 Neuer Sozialdemokrat, Nr. 28. vom 7.3.1873.

10 Annemarie Lange: Berlin zur Zeit Bebels und Bismarcks, Berlin 1972, S. 337.

flussen, denn Frauen konnten vor 1918 weder wählen noch gewählt werden. Zwischen 1850 und 1908 konnten sie aufgrund des Preußischen Vereinsgesetzes nicht einmal an politischen Veranstaltungen teilnehmen. Der § 9 dieses Gesetzes lautete: »Vereine, welche bezwecken, politische Gegenstände in Versammlungen zu erörtern, dürfen keine Frauenspersonen, Schüler oder Lehrlinge als Mitglieder aufnehmen«. Frauen- und Mädchenverein mussten sich als scheinbar unpolitische Zusammenschlüsse phantasievoll tarnen, um dieses Gesetz zu unterlaufen. Das war nicht einfach.

Den Behörden war der »Berliner Arbeiterfrauen- und Mädchenverein« von Anfang an ein Dorn im Auge. Der Preußische Innenminister Graf zu Eulenburg (1847–1921) fürchtete wohl, dieser Verein könnte »sozialdemokratische Grundanschauungen« in die Frauen- und Familienkreise tragen,[11] was sicher auch die Absicht der Frauen war. Nachdem auch im Juni 1874, der Allgemeine Deutsche Arbeiterverein zu Berlin und verschiedene Gewerkschaften, die als besonders radikal galten, »vorläufig« verboten worden waren, wurde Ende August 1874 auch der Berliner Arbeiterfrauen- und Mädchenverein »vorläufig« geschlossen und unter dem Vorwand in Anklage gestellt, dass er mit anderen sozialdemokratischen Vereinen in Verbindung getreten sei. Am 13. April 1875 wurde der Verein aufgrund des Preußischen Vereinsgesetzes gerichtlich geschlossen. Aus der Berliner Gerichtszeitung vom 15. April 1875 geht hervor, dass acht Frauen auf der Anklagebank saßen, darunter »Frau Arbeiter Hahn« und »Frau Maurer Staegemann«. Die Damen wären »geschmackvoll zum Teil sehr elegant gekleidet« gewesen.[12] Zu ihrer Verteidigung haben die Frauen den Verein als harmlosen Bildungs- und wohltätigen Unterstützungsverein dargestellt. Das half ihnen wenig, denn es war nicht übersehen worden, dass die Vorsitzenden und Mitglieder an der Wahlbewegung zugunsten der Sozialdemokraten teilgenommen hatten. Pauline Staegemann und Berta Hahn wurden zu »je 60 Mk Geldstrafe evtl. 10 Tage Gefäng-

11 Paul Kampffmeyer: Unter dem Sozialistengesetz, Berlin 1928, S. 14.

12 Jutta Limbach: »Wahre Hyänen«. Pauline Staegemann und ihr Kampf um die politische Macht der Frauen, Bonn 2016, S. 32.

nis« verurteilt, die anderen zu »je 30 Mk evtl. 5 Tage Gefängnis«. Drei Frauen wurden frei gesprochen.[13]

Illegale Arbeit unter dem Sozialistengesetz und dem Preußischen Vereinsgesetz

Die darauf folgende besondere Vorsicht der Frauen half nichts. Schließlich galt seit dem 21. Oktober 1878 das Sozialistengesetz, das erst im September 1890 außer Kraft trat. Danach wurden sozialistische und sozialdemokratische Organisationen und deren Aktivitäten außerhalb des Reichstags und der Landtage unter Strafe gestellt. Am 21. Februar 1879 wurde Pauline Staegemann, gemeinsam mit, aufgrund eines Diskussionsbeitrags anlässlich einer Protestveranstaltung von Arbeiterinnen am 20. Mai 1878, wegen »Beleidigung der Geistlichkeit« zu je sechs Wochen Gefängnis verurteilt, die sie im Frauengefängnis Barnimstraße abbüßte.[14] Eduard Bernstein (1850–1932) berichtete darüber als Beispiel der Verfolgungswelle, die damals auch viele Sozialdemokratinnen betraf.

Alle Vereine, die Pauline Staegemann mitgegründet hat, wurden nach kurzer Zeit wieder aufgelöst. So auch der 1881 gegründete »Frauen-Hilfsverein für Handarbeiterinnen«, der schon kurze Zeit nach seiner Gründung ebenfalls der antisozialistischen Gesetzgebung zum Opfer fiel. Die Frauen trafen sich nun außerhalb von Vereinen. Zu den illegalen Treffpunkten gehörte Paulines Gemüsekeller, dort wurde nicht nur Geld gesammelt, sondern auch allerlei Kampagnen ausgeheckt. Viele verfolgte Sozialisten und Sozialistinnen fanden bei ihr Unterschlupf und Hilfe.[15] Begräbnisse wurden organisiert und zu Großdemonstrationen genutzt. Sie selbst trat nun, wenn sie es für notwendig empfand, unter dem Namen ihres ersten Sohnes

13 Limbach, a. a. O., S. 33.
14 Eduard Bernstein: Die Geschichte der Berliner Arbeiterbewegung, 2. Teil, Berlin 1907, S. 28.
15 Anna Blos (Hg.): Die Frauenfrage im Lichte des Sozialismus, Dresden 1930, S. 74.

Paul Staegemann auf und verkleidete sich mit seinen Anzügen als Mann. Bald wurde sie zu einer bekannten Figur in den Arbeitervereinen.

Der Verein zur Vertretung der Interessen der Arbeiterinnen als neuer Versuch

Die Frauen gaben nicht auf. 1884 war von »sozialdemokratisch gesinnten Berliner Frauen« erneut ein Frauen-Hilfsverein für Arbeiterinnen ins Leben gerufen worden, der wiederum ausschließlich aus Frauen bestand. Als am 15. März 1885 daraus der »Verein zur Vertretung der Interessen der Arbeiterinnen« entstand, der an den Erfahrungen des Arbeiterfrauen- und Mädchenvereins ansetzen sollte, wurde Pauline Staegemann zur zweiten Vorsitzenden des gemeinsam mit Gertrude Guillaume-Schack (1845–1903), Ida Cantius und anderen Frauen gegründeten Vereins gewählt. Vorsitzende wurde Marie Hofmann. Schriftführerin Emma Ihrer (1857–1911), eine der ersten Funktionärinnen der SPD. Zweck des Vereins war die Wahrung »der geistigen und materiellen Interessen der Arbeiterinnen, insbesondere die Regelung der Lohnverhältnisse« und »die gegenseitige Unterstützung bei Lohnstreitigkeiten«.[16] Dem Verein traten bereits bei seiner Gründungsversammlung 350 Mitglieder bei und bald waren es 1.000 Frauen, die dazugehörten. Die Ehrenpräsidentin Gertrude Guillaume-Schack betonte bei der Gründung: »Ohne inneres Anlehnen an die Arbeiterbewegung wird eine Arbeiterinnenbewegung niemals etwas schaffen oder leisten«, fügte aber angesichts des Sozialistengesetzes hinzu: »Ein An-die-große-Glocke-Hängen dieser inneren Verbindung halte ich jedoch für durchaus überflüssig.«[17] Der Impuls, den der Verein gab, führte zur Gründung zahlreicher ähnlicher Vereine an vielen Orten zwischen München und Hamburg.

---

16 Berliner Volksblatt, Nr. 64 vom 17.3.1885.
17 StA. Potsdam, Pol. Pr., Berlin 30 C, Nr. 14966, Bl. 85.

Die Frauen konnten durchaus einige Erfolge verbuchen. Überliefert ist, dass sie für eine Petition an den Reichskanzler gegen die Einführung eines Zolls auf englisches Nähgarn Tausende von Unterschriften in ganz Deutschland sammelten und allen Fraktionen zur Befürwortung überreicht haben. Das Nähgarn mussten die Frauen, die in der Wäschefabrikation und der Konfektionsbranche tätig waren, zu dieser Zeit – wie andere Arbeitsmaterialien auch – durch den Arbeitgeber zu häufig stark überhöhten Preisen beziehen. Die Zollerhöhung unterblieb als Ergebnis ihrer Aktion. Am 8. Mai 1885 nahm der Verein eine Resolution an, mit der der Reichskanzler ersucht wurde, über die Lohnverhältnisse der Arbeiterinnen in diesen Branchen sowie über den Verkauf und die Lieferung von Arbeitsmaterial, etwa der Nähfaden, seitens der Arbeitgeber an die Arbeiterinnen und über die Höhe der dabei berechneten Preise Ermittlungen einzuholen und dem Reichstag Mitteilung zu machen. Das Ergebnis dieser Untersuchung wurde zwar bereits im April 1887 durch eine Enquetekommission dem Reichstag vorgelegt, blieb aber folgenlos. Es dauerte bis zum Frühjahr 1896 und es bedurfte des Einsatzes der an einem Konfektionsarbeiterinnenstreik Beteiligten, bis die Angelegenheit erneut in die Reichstagsdebatten gebracht wurde. Nun wurde der § 115 der Gewerbeordnung dahingehend geändert, dass die Verabfolgung von Arbeitsmaterial durch den Arbeitgeber nur zu den ortsüblichen Preisen an die Arbeiterinnen erfolgen durfte.[18]

Inzwischen war Pauline Staegemann am 28. September 1885 in eine Lohnkommission gewählt worden, der vor allem Mantelnäherinnen angehörten. Die Arbeiterinnen forderten einen Maximalarbeitstag, die Beseitigung der Nachfeierabend-, Nacht- und Sonntagsarbeit, die Festsetzung eines Mindestlohntarifs, die Auszahlung des Lohnes an jedem Sonnabend und »menschenwürdige Behandlung der Arbeiterinnen durch die Arbeitgeber«. Diese »allmählich durchzuführenden Ziele« sollten durch partielle Streiks erreicht werden, denn freiwillig – so wussten sie – würde den Näherinnen

18 Zu diesen Aktionen siehe Osterroth, Schuster sowie <www.fes.de/fulltext/bibliothek/chronik/spdc_Band1.html>.

nichts zugestanden werden. Auf Anraten der Lohnkommission wurde ein Unterstützungsfond der Mantelnäherinnen gegründet.[19] Der Fachverein der Berliner Mantelnäherinnen, der am 25. November 1885 aus dem Fond hervorging, gilt heute als erste gewerkschaftliche Arbeiterinnenorganisation.[20]

Nach einigen Auseinandersetzungen mit christlich-sozialen Bewegungen und der bürgerlichen Berliner Stadtmission, bei denen auch August Bebel (1840–1913) eine Rolle spielte, hatte sich der »Verein zur Vertretung der Interessen der Arbeiterinnen« gerade stabilisiert, als im Mai 1886 die Polizei zuschlug. Sie führte Hausdurchsuchungen bei einigen Frauen durch, beschlagnahmte Briefe und sozialdemokratische Schriften und verurteile den Fachverein wegen Vergehens gegen das Vereinsgesetz. Grund: weil der »Verein nicht bloß Frauenspersonen als Mitglieder aufgenommen hatte, sondern er bestand nur aus Frauenspersonen«.[21] Der Einsatz eines jungen sozialdemokratischen Rechtsberaters, der verstand, »die Polizeipraktiken ins rechte Licht zu rücken« und auch die Verweigerung sämtlicher Angeklagten halfen wenig. Ein Freispruch war nicht zu erreichen, weil die »Gegenstände, welche in den erweiterten Vereinsversammlungen verhandelt wurden«, durchaus als politische angesehen wurden, »denn sie bezweckten eine Änderung der staatlichen Gesetzgebung zugunsten ihrer sozialen Lage«.[22] Eine Schließung des Vereins wurde von der Herrschenden auch deshalb als notwendig erachtet, weil diejenigen Vereinsmitglieder, die mit der Sozialdemokratie nichts gemein hatten, geschützt werden sollten und der Verein nicht ohne Wissen und Willen des Vorstandes ein Spielball der Sozialdemokratie geworden sei. Die

---

19 Berliner Volksblatt, Nr. 229 vom 1.10.1885.

20 Horst Bartel, Wolfgang Schröder, Gustav Seeber: Das Sozialistengesetz 1878–1890. Illustrierte Geschichte des Kampfes der Arbeiterklasse gegen das Ausnahmegesetz, Berlin 1980, S. 215. Vgl. auch Freude, a. a. O., S. 91.

21 So der Strafrichter Brausewetter, zit. n. Karin Junker: »25 Jahre AsF – Wir haben die richtigen Frauen«. Rede anlässlich der AsF-Bundeskonferenz am 5.6.1998 in Münster (Manuskript), S. 3.

22 Adeline Berger: Die Auflösung der Arbeiterinnenvereine, in: Die zwanzigjährige Arbeiterinnen-Bewegung Berlins und ihr Ergebniß. Beleuchtet von einer Arbeiterin, Berlin 1889, S. 44-48.

Vorstandsmitglieder Marie Hofmann, Emma Ihrer und Johanna Jagert wurden zu je 60 Mark, Pauline Staegemann zu 100 Mark Geldstrafe wegen »Teilnahme an politischen Aktivitäten und Zugehörigkeit zur SPD« verurteilt. Pauline Staegemann bestrafte man härter als die anderen, weil sie wegen desselben Delikts schon einmal bestraft war, also »rückfällig« geworden war. Geldstrafen zwischen 60 und 100 Mark trafen Frauen zu jenen Zeiten empfindlich. Die Frauen führten den politischen Kampf wiederum in der Illegalität weiter.

Als 1893 in Berlin erneut der »Verein zur Wahrung der Interessen der Arbeiterinnen« gegründet wurde, lauschten 500 Frauen und Mädchen begeisterst dem Referat von »Mutter Staegemann«, wie sie liebevoll genannt wurde, und traten sogleich dem Verein bei. Leider wurde auch er bald durch die Polizei aufgelöst, denn das Preußische Vereinsgesetz galt auch nach dem Fall des Sozialistengesetzes weiter. 1899 wurde Pauline Staegemann dann Mitglied des Berliner Frauenbildungsvereins. Die Frauen hatten nun gelernt, die Fallstricke des Vereinsgesetzes noch geschickter zu umgehen. Im Jahre 1907 gab es bereits 94 Bildungsvereine mit 10.302 Mitgliedern.[23]

Der Lebensmut Pauline Staegemanns schien trotz der Verfolgungen und Diskriminierungen in keiner Weise beeinträchtigt. Sie und ihre Weggefährtinnen haben aufgrund ihrer leidenschaftlichen Überzeugung keinen Augenblick daran gedacht, aufzugeben. Sie schienen nicht einmal unter den dauernden Verfolgungen gelitten zu haben. Das war freilich nur möglich, weil sie eine tiefe Überzeugung von der Richtigkeit ihrer Agitationsarbeit und ihres politischen Handelns antrieb und weil sie sich stets der Zusammenarbeit mit Gleichgesinnten, nicht zuletzt auch ihrer Tochter, die durch ihr Vorbild geprägt wurde, versichern konnte. Die Arbeiterinnenbewegung war nicht mehr zurückzupfeifen. Pauline Staegemann hatte einen wesentlichen Anteil daran.

23 Heinz Niggemann: Emanzipation zwischen Sozialismus und Feminismus. Die sozialdemokratische Frauenbewegung im Kaiserreich, Wuppertal 1981, S. 338. Protokoll des Parteitages von 1907, S. 110.

Die »Kämpferin für den Glauben an den Sieg der sozialen Gerechtigkeit« starb am 5. September 1909 in Berlin an Magenkrebs. Ihre Weggefährtin Emma Ihrer lobte in einem Nachruf

> »[...] Mut und Energie, volles Verständnis für die Seele des arbeitenden Volkes und ein warmes Herz für seine Leiden sowie auch eine außergewöhnliche Redegabe, die sie befähigte, ohne jede Weitschweifigkeit immer den Kern der Frage in packender Weise zu treffen und die Zuhörer mit fortzureißen.«[24]

Elfriede Ryneck war eine der ersten Frauen, die 1908 Mitglied der SPD wurde

Elfriede Ryneck

Nicht lange vor Pauline Staegemanns Tod war nach mehr als einem halben Jahrhundert politischer Entmündigung für Frauen ein neues Reichsvereinsgesetz in Kraft getreten. Damit standen Frauen politische Vereine und Parteien offen. Ihre Tochter Elfriede war eine der Ersten, die 1908 offiziell der SPD beitrat. Sozialdemokratisch engagiert hatte sich die gelernte Näherin schon seit 1890 nach dem Besuch der Volksschule und der sozialdemokratischen Arbeiterbildungsschule. Das Sozialistengesetz war gerade gefallen. Bei ihrem politischen Engagement lernte sie Erich Ryneck (1871–1932), einen Mitarbeiter des *Vorwärts*, kennen, heiratete ihn 1898 und bekam ein Jahr später den Sohn Erich (1899–1976). Wie ihre Mutter engagierte sie sich für die Verbesserung der

24 Zit. n. Blos, a. a. O., S. 74.

Bedingungen der Arbeiterinnen, deshalb wurde sie 1912 Frauensekretärin im Kreis Teltow-Beeskow-Storkow-Charlottenburg und im gleichen Jahr Vertreterin der SPD-Frauen im Kreisvorstand der Sozialdemokratischen Wahlvereine Berlins und Umgebung. Während des Ersten Weltkriegs arbeitete sie als Kriegsfürsorgerin. Gemeinsam mit Marie Juchacz baute sie nach der Spaltung der SPD 1917 die Parteiorganisation im Landkreis Teltow neu auf. Als Delegierte trat sie immer wieder mit Wortbeiträgen auf den SPD-Parteitagen in Erscheinung. Auf dem Würzburger Parteitag 1917 forderte sie, dass der Anteil der weiblichen Delegierten zu erhöhen sei und die Frauenfrage einen höheren Stellenwert erhalten solle. 1919 zog sie für die MSPD für den Wahlkreis 5 (Potsdam 10) in die Nationalversammlung, 1920 bis 1924 als Vertreterin für den Wahlkreis 3 Potsdam II, die Region südlich von Berlin zwischen Königs Wusterhausen, Ludwigsfelde und Babelsberg, in den Reichstag. Von 1925 bis 1933 war sie Abgeordnete des Preußischen Landtags. Da die Sozialpolitik ihr spezielles Arbeitsgebiet war, gehörte sie zu den Frauen, die mit Marie Juchacz (1879–1956) 1919 die Arbeiterwohlfahrt gründeten, deren zweite Vorsitzende sie bis zum Verbot 1933 war. Gleichzeitig gehörte sie dem Parteivorstand der SPD und dem Vorstand der SPD in Brandenburg bis zu seiner Auflösung an. Während der Zeit der Weimarer Republik war sie ehrenamtlich in der Jugend- und Wohlfahrtspflege tätig.

Ihr langes politisches Engagement wurde durch die Machtübergabe an die NSDAP beendet. Elfriede Ryneck wurde erwerbslos, zog sich ins Privatleben zurück und überdauerte die Nazi-Herrschaft mithilfe ihres Sohnes Erich, der durch Gelegenheitsarbeiten zum Lebensunterhalt beitragen konnte. Seine Tochter Jutta Limbach (1934–2016) erinnerte sich später, dass die Großmutter ihre Enkel anhielt, über politische Gespräche in der Familie zu schweigen.[25] Nach 1945 war Elfriede Ryneck sofort wieder auf der politischen Bühne in Ost-Berlin, beteiligte sich am Wiederaufbau der SPD,

25 Christl Wickert: Elfriede Ryneck (1872–1951) Reichstagsabgeordnete und Mitbegründerin der Arbeiterwohlfahrt, in: Gisela Notz (Hg.), Wegbereiterinnen. Kalender 2009.

wurde ins Präsidium gewählt und »nahm als Ehrengast am 40. Parteitag der SPD am 19./20. April 1946 teil, auf dem sie für die Vereinigung von SPD und KPD« stimmte.[26] Sie blieb jedoch bis zu ihrem Tode der SPD treu. Elfriede Ryneck litt an der Basedow'schen Krankheit, die sich während der Kriegsjahre verschlimmert hatte, weshalb sie die SPD-Zusammenkünfte nur noch unregelmäßig besuchen konnte. Sie starb am 19. Januar 1951 in Berlin-Treptow (DDR).

Nach Pauline Staegemann wurde am 29. Juni 2011 im Berliner Bezirk Friedrichshain-Kreuzberg eine Straße benannt. Die Arbeitsgemeinschaft Sozialdemokratischer Frauen (ASF) Brandenburg verleiht seit 2004 alle zwei Jahre den Pauline-Staegemann-Preis. Ein Kindergarten in Wipperfürth wurde nach Elfriede Ryneck benannt.

Literatur

ASF Brandenburg: Pauline-Staegemann-Preis der Arbeitsgemeinschaft Sozialdemokratischer Frauen in der SPD Brandenburg. Dokumentation 1. Preisverleihung 23. August 2004 in Frankfurt (O.).

Jutta Limbach: »Wahre Hyänen«. Pauline Staegemann und ihr Kampf um die politische Macht der Frauen, Bonn 2016.

Gisela Notz: Pauline Staegemann, geborene Schuck (1838–1909) – Wegbereiterin der sozialistischen Frauenbewegung, in: Jahrbuch für Forschungen zur Geschichte der Arbeiterbewegung, Bd. 4, Nr. 3, 2005, S. 134-145.

Christina Rhein: Elfriede Ryneck, in: Frauenmosaik. Frauenbiografien aus dem Berliner Stadtbezirk Treptow-Köpenick, hg. v. BA Treptow-Köpenick, Berlin 2001, S. 51-60.

Christl Wickert: Elfriede Ryneck (1872–1951). Reichstagsabgeordnete und Mitbegründerin der Arbeiterwohlfahrt, in: Gisela Notz (Hg.), Wegbereiterinnen. Berühmte, bekannte und zu Unrecht vergessene Frauen aus der Geschichte, Neu-Ulm 2020, 3. Aufl., S. 122-123.

26 Birgit Leske: Ryneck, Elfriede, in: Geschichte der deutschen Arbeiterbewegung. Biographisches Lexikon, Berlin 1970, S. 388.

Fritz Zubeil | »Stets mannhaft und unerschrocken für das Wohl des Volkes«[1]

von Reinhard Wenzel

Fritz Zubeil

Geboren wurde Fritz Zubeil am 11. Januar 1848 in Groß Lessen, Kreis Grünberg in Schlesien. Mit 14 Jahren begann er eine Tischlerlehre, nach der er mit 18 auf Wanderschaft ging. Von 1868 bis 1872 musste er in einem Infanterieregiment seinen Militärdienst leisten. Mit 24 ließ er sich in Berlin nieder und übte bis 1890 seinen Beruf aus – die meiste Zeit als Klavierbauer. Kaum in Berlin angekommen, schloss er sich der Sozialdemokratie an. Die Tischlergewerkschaft und der Klavierbauerverband sollten lange das Zentrum seiner Aktivitäten sein. Das Sozialistengesetz von 1878 bis 1890 hemmte das Engagement allerdings erheblich.

Kaum war das Sozialistengesetz aufgehoben, wurde Zubeil 1890 Stadtverordneter in Berlin. Die kommunale Fraktion, angeführt von Paul Singer, der neben August Bebel auch Parteivorsitzender

1 Bisher existiert keine umfassende Darstellung von Leben und Wirken des Fritz Zubeil. Fündig wird man beim digitalisierten *Vorwärts* auf der Homepage der Friedrich-Ebert-Stiftung (fes.de), den stenografischen Berichten aus dem Reichstag und der Weimarer Nationalversammlung, sowie den Protokollen der SPD-Parteitage seiner Zeit. Nicht online zugänglich sind die Protokolle der SPD-Reichstagsfraktion 1898–1918, abgedruckt in: Die Reichstagsfraktion der deutschen Sozialdemokratie 1898 bis 1918, bearb. v. Erich Matthias,Eberhard Pikart, Düsseldorf 1966.

war, arbeitete intensiv an der Vertretung der Interessen der Arbeiterschaft im alten Berlin. Das Mandat brachte aber gleichzeitig eine Wende in Zubeils Erwerbsbiografie. Er wurde gemaßregelt und verlor seine Arbeit als Tischler. So wurde er Kneipenwirt. Bis 1898 betrieb er in der Kreuzberger Lindenstraße im gleichen Haus, das die SPD-Zentrale beherbergte, eine Gastwirtschaft. Damit war er nah an den Vorgängen der Parteispitze.

Später versuchte ihn einmal ein Abgeordneter der antisemitischen Deutschen Reformpartei damit zu beleidigen, dass er ihn als »Budiker« (Wirt einer schäbigen Arbeiterkneipe) bezeichnete. Zubeil hatte den Eindruck, der Abgeordnete sei selber dem Alkohol sehr zugetan. So antwortete er, er hätte seine Kneipe 1898 schließen müssen, weil die Arbeiter sich keinen Schnaps mehr leisten konnten. Wenn der Abgeordnete aber sein Stammgast gewesen wäre, würde er sicher noch Gastwirt sein.

Von der Kneipe in den Reichstag

Nach Aufgabe seiner Wirtschaft bestritt Zubeil bis 1919 seinen Lebensunterhalt als Spediteur der SPD-Zeitung *Vorwärts*. Im Vorfeld seiner Reichstagkandidatur im Jahr 1893 tagte am 15. Mai 1892 die erste größere sozialdemokratische Parteikonferenz für Berlin und die Provinz Brandenburg. Die 54 Delegierten wählten ihn zu einem der beiden Vorsitzenden der Konferenz. Die Agitation in den ländlichen Gebieten und die Agitation unter den Frauen – zwei zu dieser Zeit randständige Themen der SPD – standen hier im Mittelpunkt. Außerdem bekannte sich die Versammlung zu den Zeitungen *Brandenburger Zeitung*, *Märkische Volksstimme* und *Volksblatt für Teltow-Beeskow-Storkow*.

Ein für die ländlichen Gebiete wichtiges Thema war hier die Unterstützung von Gastwirten, die wegen der Überlassung von Räumen an die SPD gemaßregelt wurden. Das Problem war ein Dauerbrenner. Hatte es die Arbeiterbewegung auf dem Land nicht sonst schon schwer genug, so bekam sie oft keinen Versammlungsraum, weil die Gastwirte und andere Honoratioren in den Dörfern sie bekämpften. Die Einsetzung von Lokalkommissionen in SPD-Gliederungen, die sich nur mit diesen Fragen befassten, war üblich. So versteht man erst, wie wichtig es für die SPD war, dass Genossen wie zum Beispiel Ebert oder Zubeil selber Kneipen führten.

Fritz Zubeil lebte ab seinem 24. Lebensjahr in Berlin im heutigen Kreuzberg, war seit 1890 auch Stadtverordneter und ab 1893 Reichstagsabgeordneter. Er wohnte zwar nicht in seinem Wahlkreis Teltow-Beeskow-Storkow-Charlottenburg, wohl aber die Parteiprominenz, zum Beispiel August Bebel, Wilhelm Liebknecht, Friedrich Ebert, Karl Kautsky, Eduard Bernstein, Rosa Luxemburg, um nur einige zu nennen.

Exkurs: Ein Wahlkreis von Beeskow bis Charlottenburg[2]

Die Wahlkreise zum Bundestag werden heutzutage regelmäßig so verändert, dass sie einigermaßen gleich viele Wähler*innen vertreten. Das war im Kaiserreich vor 1918 ganz anders. Nicht nur, dass man sich das *innen sparen konnte, weil Frauen nicht wählen durften. Die Wahlkreise wurden nach 1871 nicht in ihren Grenzen verändert. Das hatte zur Folge, dass durch die wachsenden Städte die Wahlkreise mit vielen Arbeiter*innen erheblich größer als die ländlichen Wahlkreise wurden. Einen Ausgleich durch Landeslisten gab es nicht. Es galt ein Mehrheitswahlrecht wie heute in Frankreich. Die Abgeordneten wurden in Wahlkreisen gewählt; gab es im ersten Wahlgang keine absolute Mehrheit, kam es zur Stichwahl. Da die bürgerlichen Parteien im zweiten Wahlgang meist zusammenhielten, kam kaum ein Sozialdemokrat im zweiten Wahlgang durch. Im Wahlkreis Guben-Lübben brauchte sich der Abgeordnete Prinz zu Schoenaich-Carolath über seine Wahl keine Sorgen machen. Er gewann zum Beispiel den Wahlkreis im Jahr 1907 mit 15.000 Stimmen gegen 6.000 für den Kandidaten der SPD.

---

2 Die wichtigste Quelle über seinen Wahlkreis sind die Jahresberichte des Wahlvereins für Teltow-Beeskow-Storkow-Charlottenburg (nicht online zugänglich).

Der angrenzende Berliner Umlandwahlkreis allerdings wuchs unaufhörlich. Seit 1893 konnte kein Prinz Handjery ihn mehr verteidigen. Er wurde zum größten Wahlkreis des Deutschen Reichs. Seine Bezeichnung: Teltow-Beeskow-Storkow-Charlottenburg. Berlin hörte bis 1920 am Herrmannplatz und in der Nähe des Potsdamer Platzes auf. Große Teile des damaligen »Umlands« gehören also erst seit einem Jahrhundert zu Berlin. Der Wahlkreis umfasste die heutigen Berliner Bezirke (und Bundestagswahlkreise) Charlottenburg-Wilmersdorf, Steglitz-Zehlendorf, Tempelhof-Schöneberg, Neukölln und Treptow-Köpenick. Der Teil des Wahlkreises im heutigen Brandenburg reichte von Babelsberg über Ludwigsfelde, Trebbin, Teupitz, Königs Wusterhausen bis nach Beeskow und Storkow.

Im Jahr 1907 wurde dieser Wahlkreis von der SPD mit 104.000 Stimmen von insgesamt 200.000 gewonnen. Von 1893 bis 1918 vertrat ihn der Sozialdemokrat Fritz Zubeil im Reichstag. Ab 1903 wurde Zubeil mit absoluter Mehrheit im ersten Wahlgang gewählt, was weniger das Verdienst der Landgemeinden als des sprunghaft zur Großstadt anwachsenden Rixdorf (ab 1912: Neukölln) war. Im »roten Rixdorf« erhielt die SPD nach 1900 regelmäßig mehr als 80 Prozent der Wählerstimmen.

Der Wahlkreis Zubeils umfasste bei der Reichsgründung im Jahr 1871 nur die Kreise Teltow und Beeskow-Storkow. Im Laufe der Zeit wurden die Großstädte Charlottenburg, Schöneberg, Rixdorf und Deutsch-Wilmersdorf aus dem Kreis Teltow ausgegliedert. Die Stadt Charlottenburg war im Hinblick auf das Durchschnittseinkommen seiner Einwohner*innen die reichste Stadt Preußens.

Schauen wir uns einmal die Wahlvereine der SPD im Wahlkreis an. Im Jahr 1904 hatte die Partei im gesamten Wahlkreis etwa 10.000 Mitglieder. Bis März 1914 stieg diese Zahl auf fast 38.000. Dabei gab es unterschiedliche Entwicklungen in den Gemeinden, die 1920 nach Berlin eingemeindet werden sollten und denen, die heute im Land Brandenburg liegen.

Im Bereich des späteren Groß-Berlin stieg die Mitgliederzahl von etwas über 9.000 auf 35.000. Mehr als 90 Prozent der SPD-Mitglieder im Wahlkreis lebten im späteren Berlin. Die Zahl der Wahlvereine stieg hier zwischen 1904 und 1914 von 21 auf 25. Die stärksten Wahlvereine in diesem Bereich waren nach Mitgliedern 1904/1914 Rixdorf/Neukölln (3.626/17.996), Charlottenburg (1.550/4.091), Schöneberg (1.287/2.479) und Cöpenick (536/1.566). Zu Beginn des Ersten Weltkriegs lebte fast die Hälfte der Mitglieder des Wahlkreises im heutigen Neuköllner Norden.

Das Gebiet im heutigen Brandenburg zeigte ein ganz anderes Bild. Dass die Zahl der Wahlvereine zwischen 1904 und 1914 von 15 auf 27 anstieg, mag der Tätigkeit von Otto Wels zu verdanken sein, der ab 1907 den Auftrag hatte, die Organisation der SPD in der Brandenburger Provinz zu entwickeln. Die Mitgliederzahl stieg gleichzeitig von 863 auf 2.705. Die vier größten Wahlvereine waren hier 1904 Nowawes (Babelsberg) (261 Mitglieder), Teltow (93), Zossen (81) und Königs Wusterhausen (79). Zehn Jahre später hatte Nowawes seine Mitgliederzahl auf 1.127 gesteigert, danach kamen jetzt Zossen (205), Ketschendorf (193) und Teltow (171). Den Zahlen ist zu entnehmen, dass der Schwerpunkt der Mitgliedschaft, aber auch der Einwohner*innen und Wähler innerhalb des Berliner S-Bahn-Rings lag. Mehr als 60 Prozent der SPD-Mitglieder konzentrierten sich auf die Wahlvereine Neukölln, Charlottenburg und Schöneberg.

Der zweite Brandenburger SPD-Abgeordnete im Reichstag

In den 1890er-Jahren begann für Zubeil eine lange Epoche intensiver Sacharbeit. Besonders die sozialen Fragen beschäftigten ihn. So trat er im Reichstag für die Einrichtung von Gewerbegerichten ein und für Schiedsgerichte für Landarbeiter. Bei Debatten über den Reichshaushalt sprach er für seine Fraktion über Ziegeleiarbeiter, das Reichsamt des Innern oder die Armenunterstützung. Die Reichstagsfraktion schickte ihn als Vertreter zu Kongressen der Gastwirtsgehilfen oder in die Biersteuerkommission.

Im Jahr 1900 wurde die Reichs-Seuchengesetz-Vorlage eines seiner Spezialthemen. Im Reichstag kritisierte er, die Regierung verlange von den Menschen, Abstand zu halten, die Kirchen wären davon aber nicht betroffen. Krankenbesuche von Geistlichen waren keinen Einschränkungen unterworfen. Natürlich war das Thema auch Inhalt von Zubeils mitunter mehr als zwei Stunden langen Reden bei Partei- und Protestversammlungen, bei denen Themen wie »Das Reichsseuchengesetz, die Mediziner und der Bazillenschwindel« und »Das verseuchte deutsche Vaterland, der beamtete Arzt und der Schutzmann« zur Sprache kamen.

Besonders hervor tat Zubeil sich aber bei seinem Einsatz für die kleinen Postbeamten. Diese galten nicht als Teil der Arbeiterklasse, als Beamte waren sie dem Staat zu Loyalität verpflichtet, im Übrigen wurden sie schlecht bezahlt und schlecht behandelt. Fritz Zubeil nahm sich ihrer Petitionen an den Reichstag an. Es wurde berichtet, dass ein Amtsvorsteher zu seinen Untergebenen gesagt haben soll: »Dann geht doch zu Zubeil.«

Zubeil wurde zum Inbegriff eines Sozialdemokraten, der sich für die Belange der »kleinen Leute« einsetzte. Im Grundsätzlichen blieb er kompromisslos. Der Revisionismus Eduard Bernsteins wurde von ihm ohnehin abgelehnt. Aber auch bei der Massenstreikdebatte von 1906, als die deutsche Sozialdemokratie darüber diskutierte, ob die Methoden der Russischen Revolution von 1905 als Vorbild dienen könnten, galt er als Radikaler, inhaltlich nah bei Rosa Luxemburg.

Die Teilnahme der SPD an der preußischen Landtagswahl lehnte er damals noch entschieden ab. Das Dreiklassenwahlrecht führte lange Zeit ohnehin dazu, dass in diesem Haus keine Sozialdemokraten vertreten waren. Erst 1907 zog die SPD mit einigen wenigen Vertretern in den Landtag ein. Im Gefolge des Parteilinken Georg Ledebour hatte Zubeil beim Berlin-Brandenburger Parteitag 1897 die Befürchtung, man müsse mit den in Berlin so verhassten Freisinnigen Kompromisse machen. Seine Haltung fand aber keine Mehrheit.

Gegen den Krieg

Zubeil war immer gegen den Krieg. Das hatte sich auch im August 1914 nicht geändert. Als alter Parteifunktionär und Abgeordneter hatte er in den Jahrzehnten der Verfolgung und der Führung durch August Bebel verinnerlicht, dass nur Einheit die Sozialdemokratie stark machte. Am 1. August 1914 begann für das Deutsche Reich der Weltkrieg. Am 4. August sollte der Reichstag über die Bewilligung der Kriegskredite entscheiden. Die SPD-Fraktion im Reichstag musste also einen Tag vorher darüber beraten, wie man sich dazu verhalten würde. Es war allen klar, dass die Fraktion einheitlich so stimmen würde, wie die Mehrheit es beschlossen hatte. Bekanntlich gab die Reichstagsfraktion (inklusive Karl Liebknechts und auch Fritz Zubeils) am 4. August den Kriegskrediten ihre Zustimmung. Hugo Haase, der in der Fraktion dagegen argumentiert hatte, wurde als Parteivorsitzender sogar gezwungen, die zentrale Rede im Sinne der Fraktionsmehrheit zu halten.

Nun war Fritz Zubeil der Reichstagsabgeordnete des Wahlkreises, in dem Rosa Luxemburg lebte, und die leidenschaftliche Genossin hatte in diesem Zusammenhang eine gewisse Erwartungshaltung. Das führte zu einer oft wiedergegebenen Szene am Abend des 3. August, die sich in der Luxemburg-Biografie von Anneliese Laschitza folgendermaßen liest:

> »Obwohl sie geahnt hatte was bevorstand, brachte der Fraktionsbeschluss vom 3. August Rosa Luxemburg völlig aus der Fassung. ›Als ich die Botschaft meinen Fraktionskollegen überbrachte‹, berichtet Heinrich Ströbel, der an der Sitzung der Redaktion des *Vorwärts* teilgenommen hatte, ›war sie zerschmettert. Rosa Luxemburg, die gleichfalls den Bescheid erahnte wurde von konvulsivischen Wein- und Wutkrämpfen geschüttelt.‹ Am Abend ging Hugo Eberlein mit Rosa Luxemburg von der Lindenstraße nach Südende. Sie kamen aus der erweiterten Vorstandssitzung des Sozialdemokratischen Wahlvereins für Teltow-Beeskow-Storkow-Charlottenburg, wo sie vom Vorsitzenden nur ›leere Redensarten hörten.‹«[3]

Der Vorsitzende hieß Franz Thurow. Er wurde später Mitglied der Weimarer Nationalversammlung und in der Weimarer Republik Bürgermeister von Zehdenick.

Die Beschreibung in Laschitzas Luxemburg-Biografie fährt fort:

> »Rosa drängte den alten Zubeil, den Reichstagsabgeordneten unseres Kreises, über die Beschlüsse und Festlegungen der Fraktion zu der morgigen Reichstagssitzung zu berichten. Auf der Tagesordnung standen die Kriegskredite. Der Abgeordnete Zubeil machte ein hilfloses Gesicht und berief sich auf die Schweigepflicht der Fraktion. Wir verlangten Mobilisierung der Massen, Massenversammlungen, Massendemonstrationen gegen den Krieg und Ablehnung der Kriegskredite. Umsonst. Die Leitung verbarg sich unter dummen organisatorischen Kompetenzfragen. Die Sitzung verlief wie das Hornberger Schießen. Auf dem Heimweg erklärte Rosa: ›Wir haben das Schlimmste zu befürchten. Die Reichstagsfraktion wird uns morgen verraten. Sie wird sich nur der Stimme enthalten.‹«[4]

Es sollte noch schlimmer kommen.

Als am 21. Dezember 1915 wieder einmal im Reichstag über Kriegskredite abgestimmt wurde, wuchs die Zahl der Abweichler in der SPD-Fraktion an. Nun waren es schon 20 von 110 Fraktionsmitgliedern, die anders als die Mehrheit abstimmten. Die Spaltung der Sozialdemokratie nahm Formen an. Bei diesen sogenannten »Dezemberianern« waren nicht nur Fritz Zubeil, sondern auch Hugo Haase, Eduard Bernstein und Georg Ledebour. Am selben Tag versammelte sich auch die Fraktion, in der das aus Sicht der Mehrheit unerhörte Verhalten scharf verurteilt wurde. In dieser Stunde gab Fritz Zubeil seine vielleicht nachdrücklichste Erklärung ab:

> »Ich appelliere nicht an die Mehrheit. Sie hat die Macht, aber nicht das Recht, uns auszuschließen. Freiwillig scheide ich nicht aus der

---

3 Anneliese Laschitza: Im Lebensrausch, trotz alledem – Rosa Luxemburg, Berlin 1996, S. 466.

4 Ebd.

> Fraktion, weil ich dazu nicht das Recht habe. Ich bin Sozialdemokrat und bleibe es. [...] Solange die Blutvorlagen kommen, Kreditvorlagen, werden wir selbstverständlich gegen die Fraktion stimmen. 700 000 Menschen sind schon in Deutschland getötet worden, da trage ich die Verantwortung nicht mehr. Wir haben die Trennung nicht gewollt, auch heute Morgen nicht. Aber ich habe nichts gegen den Ausschluss. Wir werden uns dann verteidigen. Schon seit dem vorigen Dezember bestehen die Differenzen. Von dem Augenblick an, wo die Fraktionsmehrheit gegen Parteitagsbeschlüsse handelte und für das Budget stimmte, habe ich meinen eigenen Weg gewählt. Die Mordkredite lehne ich ab, alles andere aber kann ich und will ich mit der Mehrheit zusammen behandeln und entscheiden.«[5]

Hier sprach ein seinem Gewissen folgender Sozialdemokrat. Dabei ist wichtig zu beachten, dass Zubeil kein Revolutionär war, der die Spartakusgruppe Rosa Luxemburgs und Karl Liebknechts unterstützte. Es ging ihm immer (er war seit 22 Jahren Reichstagsabgeordneter) um Sacharbeit. Das machte für ihn den Bruch mit der Fraktionsmehrheit besonders schwer.

Zubeil blieb Sozialdemokrat, wenn auch von 1917 bis 1922 als Mitglied der USPD. Von seinen drei Brandenburger Reichstagskollegen ging Arthur Stadthagen auch in die USPD, verstarb aber 1917. Karl Liebknecht wurde ebenfalls USPD-Mitglied, als führender Kopf des Spartakusbunds beteiligte er sich aber 1918/19 an der Gründung der KPD. Otto Wels gehörte der Mehrheitssozialdemokratie an. Die Brandenburger Sozialdemokratie zeigte in diesen Jahren des Weltkriegs und der damit verbundenen grundlegenden Entscheidungen ein uneinheitliches Bild. Es ist allerdings zu vermuten, dass die Basis auf dem Lande überwiegend der Mehrheitsfraktion zuneigte.

Als Abgeordneter versuchte Zubeil am 30. Januar 1916, sich den Rückhalt der Parteifunktionäre in seinem Wahlkreis zu sichern. Ein

---

5 Protokolle der SPD-Reichstagsfraktion 1898–1918, abgedruckt in: Die Reichstagsfraktion der deutschen Sozialdemokratie 1898 bis 1918, bearb. v. Erich Matthias, Eberhard Pikart, Düsseldorf 1966.

Fehlschlag. Der Vorstand des Wahlvereins für den gesamten Wahlkreis lud zu einer Vorständekonferenz ein. Da die Parteisatzung ein solches Gremium nicht vorsah, hatte der Vorstand viele Möglichkeiten zu kreativer Gestaltung. Dieser, unter Leitung Franz Thurows, unter anderem unterstützt von Elfriede Ryneck, tat alles, um Zubeil die Unterstützung zu versagen. Man stand auf der Seite der Mehrheitsfraktion um Ebert, Scheidemann und Wels. So durfte jeder örtliche Wahlverein je einen Vertreter schicken, zusätzlich waren alle Mitglieder des zentralen Vorstands stimmberechtigt. Aufseiten des Vorstands stimmten die meisten Wahlvereine des Brandenburger Umlands. Damit war ihre Mehrheit gesichert. Der Wahlverein Neukölln (mehrheitlich gegen den Burgfrieden), der fast die Hälfte der Mitglieder organisierte, war nur mit einer Stimme vertreten. So beschloss die Vorständekonferenz mit 32 gegen 22 Stimmen, die »Sonderaktion« der Abgeordneten am 21. Dezember zu verurteilen. Man hätte erwartet, dass sie – wie es in einem solchen Fall üblich war – zur Abstimmung stillschweigend den Raum verließen.

Revolution und Republik

Obwohl Zubeil Sozialdemokrat blieb, erhielt er seine lautstärkste Unterstützung aus den Reihen der Neuköllner und Lichterfelder Genoss*innen, die auf dem Weg zur kommunistischen Bewegung waren. Mit Rosa Luxemburg, Max Zirkel oder Otto Franke (nach dem bis heute das Fußballstadion in Wildau benannt ist) hatte Zubeil aber auf der Ebene der Sacharbeit nur wenige Gemeinsamkeiten.

Als am 24. März 1916 die Gruppe um Hugo Haase und Fritz Zubeil wiederum entgegen der Fraktionsmehrheit offen gegen den »Notetat« stimmte, wurden sie während der Sitzung von ihren Genossen der Mehrheitsfraktion lautstark beschimpft und anschließend aus der Fraktion ausgeschlossen. Ein Parteivorsitzender, Friedrich Ebert, schließt den anderen Parteivorsitzenden, Hugo Haase, aus der Fraktion und schließlich der Partei aus. Ein einmaliger Vorgang in der Geschichte der Sozialdemokratie.

Die Dissidenten gründeten anschließend die Sozialdemokratische Arbeitsgemeinschaft (SAG) als eigene Reichstagsfraktion. Damit war der Weg zur Spaltung der Sozialdemokratie endgültig beschritten. Als im April 1917 die USPD gegründet wurde, war Fritz Zubeil dabei. Für diese Partei zog er 1919 in die Weimarer Nationalversammlung ein. Auch hier schaffte er es, in dramatischen Situationen zwischen die Stühle zu geraten. Auf die dort beschlossene Reichsverfassung nahm er keinen Einfluss. Die Versammlung tagte jedoch als deutsches Parlament weiter, bis im Mai 1920 der erste Reichstag der Republik gewählt wurde.

In die Zeit der Nationalversammlung fiel die Abstimmung über das Betriebsrätegesetz. Es kam zu dramatischen Szenen. Erst danach wurde eine Bannmeile um den Reichstag verhängt. Am 13. Januar 1920 beriet die Nationalversammlung im Berliner Reichstag über das Gesetz, in dem die Mehrheitssozialdemokratie ihre Vorstellung von Betriebsrätearbeit umsetzte. Betriebsräte sollten im Betrieb mitbestimmen. Die Leitung des Betriebs blieb den Unternehmern überlassen, die Politik den Parlamenten. Diese Trennung war für die immer noch zahlreichen Anhänger des Rätesystems ein Affront.

Die Nationalversammlung selbst wurde von der »Weimarer Koalition« aus SPD, DDP und Zentrum beherrscht. Die einzige linke Opposition waren die Abgeordneten der USPD, zu denen auch Fritz Zubeil gehörte. Im Parlament war nichts zu erreichen. Vor dem Reichstag standen 100.000 Demonstrant*innen, die das Gesetz ablehnten und »richtige« Räte mit politischen Vollmachten verlangten. Die KPD war zur Wahl der Nationalversammlung nicht angetreten, und in dieser Zeit gewannen anarchistische und linksradikale Gruppen großen Zulauf. Die Stimmung war angespannt.

Zubeil trat also vor den Reichstag und versuchte, die Massen zu beruhigen. Anschließend ging er auf die anwesende Polizei zu, um sie von der Anwendung von Gewalt abzubringen. Im Parlament war er es aus der Kaiserzeit gewohnt, als aussichtslose Minderheit hart um die Sache zu kämpfen. Mittlerweile war die Lage aber eine andere. Niemand hörte auf ihn. Die preußische Sicherheitspolizei schoss auf die Demonstranten, es wurde mit 42 Toten eine der blutigsten Demonstrationen der deutschen Geschichte.

Im Oktober 1920 wurde Groß-Berlin gebildet. Erhebliche Teile von Zubeils Wahlkreis waren nun Teil der Metropole. Auch wenn es in der Weimarer Demokratie ein anderes, gerechteres Wahlrecht gab, blieb der Wahlkreis, der nun Potsdam II hieß, in seinen Grenzen bestehen. Bei der ersten Reichstagswahl im Mai 1920 wurden nicht mehr einer, sondern zwölf Abgeordnete aus der Region gewählt. Dazu gehörte auch Gustav Stresemann (DVP). Die USPD gewann vier, die SPD zwei Mandate. Die beiden SPD-Mandate gingen an Elfriede Ryneck und Eduard Bernstein.

Ende 1920 beschloss die Mehrheit der USPD-Mitglieder, sich den Kommunisten anzuschließen. Ihnen folgte nur eine Minderheit der Reichstagsfraktion. Zubeil ging mit seinen Wahlkreiskollegen Franz Künstler, Kurt Löwenstein und Paul Wegmann 1922 wieder zur SPD. Als 1924 die neue Liste für die Reichstagswahl im Wahlkreis aufgestellt wurde, kam es über Platz 1 zu einer Kampfabstimmung zwischen Zubeil und Bernstein. Zubeil gewann mit 265 zu 220 Stimmen. Er war bereits 74 Jahre alt, sein Mitbewerber aber auch schon 72.

Mit der Gründung des Bezirks Kreuzberg wurde Zubeil 1921 für vier Jahre unbesoldeter Stadtrat. Zuständig war er für Grünflächen. Das passte gut, denn von ihm kam nach 1890 die Initiative, am Viktoriapark einen Wasserfall anzulegen. Damit konnte er die Verantwortlichen überzeugen. Eine Attraktion, die mehr als ein Jahrhundert überdauert hat. Bei der Wahl 1925 wurde er dann noch einmal Bezirksverordneter.

Am 27. Dezember 1926 starb Fritz Zubeil als Reichstagsabgeordneter und Kommunalpolitiker. Mehr als ein halbes Jahrhundert hatte er sich in Partei und Gewerkschaft für soziale Gerechtigkeit und Demokratie eingesetzt. Mehr als 30 Jahre vertrat er das Volk im Reichstag. Anlässlich seiner Überführung in das Krematorium Wedding gab die Partei Einlasskarten aus. Selbst der Reichskanzler Wilhelm Marx von der Zentrumspartei kondolierte.

Nach seinem Tod ist er weitgehend in Vergessenheit geraten. Außer einer Straße in Potsdam (das gar nicht zu seinem Wahlkreis gehörte), erinnert wenig an ihn. Als er Ende 1926 im Alter von 79 Jahren starb, war das ganz anders. Es war selbstverständlich, dass er auf dem Friedhof der Sozialisten bei Rosa Luxemburg und Karl Liebknecht, aber auch Wilhelm Liebknecht, Paul Singer und Carl Legien beigesetzt wurde. Obwohl über seine Familie wenig bekannt ist, erwähnt sein Grabstein – anders als die Gräber der anderen Sozialisten – auch Zubeils Frau Pauline (1861–1923).

Menschen wie Fritz Zubeil hat unsere Demokratie viel zu verdanken. Ein Anlass, in der Gedenkstätte der Sozialisten nicht nur auf den Stein für Rosa Luxemburg und die Gräber von Ulbricht und Grotewohl zu sehen, sondern sich zu fragen, auf wen die Grabsteine in der Rotunde hinweisen. Man kommt zu interessanten Erkenntnissen.

Literatur

Eduard Bernstein: Geschichte der Berliner Sozialdemokratie, Dritter Teil: Fünfzehn Jahre Berliner Arbeiterbewegung unter dem gemeinen Recht, Berlin 1910 (ohne Register).

Anneliese Laschitza: Im Lebensrausch, trotz alledem – Rosa Luxemburg, Berlin 1996.

Emma Ihrer |

Kämpferin gegen die »erbärmliche Ausbeutung der weiblichen Arbeitskräfte«

von Gisela Notz

Emma Ihrer

Im Alter von 24 Jahren kam Emma Rother[1] 1881 nach Berlin, trat der SPD bei und engagierte sich für die Interessen der Arbeiterinnen, vor allem für ihre gewerkschaftliche Organisation. Sie heiratete den Apotheker Emanuel Ihrer (1835–1918) aus Velten im brandenburgischen Landkreis Oberhavel und zog mit ihm 1887 in das Haus der Concordia-Apotheke, die heute noch besteht. In Velten war auch der Sitz der von Emma Ihrer herausgegebenen ersten sozialdemokratischen Frauenzeitung *Arbeiterin*. Emma Ihrer war eine der ersten und bedeutendsten sozialdemokratischen Gewerkschaftsführerinnen Deutschlands. Sie wird als selbstbewusste, bildungshungrige, emanzipierte Frau beschrieben. Im Gegensatz zu führenden Männern der Arbeiterbewegung ist sie beinahe in Vergessenheit geraten.

1 In einigen Veröffentlichungen wird als ihr Geburtsname Emma Faber angegeben.

Familie und Heirat

Emma Ihrer, geb. Rother, wurde am 3. Januar 1857 im schlesischen Glatz (heute Kłodzko/Polen) als Tochter einer kleinbürgerlichen Schuhmacherfamilie geboren und von ihren Eltern streng katholisch erzogen. Sie lernte den Beruf der Putzmacherin und ging nach der Lehre 1881 nach Berlin, wo sie ihren Beruf ausübte. Dort schloss sie sich aus sozialistischer Überzeugung der Sozialdemokratischen Partei an. Wann genau sie den 22 Jahre älteren Emanuel Ihrer heiratete, ist heute nicht mehr feststellbar. Sie hatte ihn sicher bereits in Glatz kennengelernt, wo er vom Mai 1873 bis Juli 1874 als Apotheker gearbeitet hatte. 1877 übernahm er die Concordia-Apotheke in Velten, und Emma Ihrer folgte ihm 1887 in den brandenburgischen Landkreis Oberhavel. Dort arbeitete sie weiter unter anderem als Putzmacherin.

Der Aufbruch in die Politik

Zu ihrem ersten politischen Engagement gehörte die Gründung des »Frauen-Hülfs-Vereins für Handarbeiterinnen«, den sie 1881[2] mit Pauline Staegemann (1838–1909) ins Leben rief und dessen Vorstand sie angehörte. Zu ihrem Bedauern waren Fabrikarbeiterinnen ausgeschlossen. Dagegen konnten Frauen und Männer bürgerlicher Kreise Ehrenmitglieder werden, wenn sie einen entsprechenden Beitrag bezahlten.[3] Die Mitglieder waren damit in zwei Klassen gespalten und für die Arbeiterinnen bekam der Verein den Geruch eines Wohltätigkeitsvereins. Tatsächlich wollte der Hilfsverein die Frauen und Mädchen materiell und geistig fördern und ihre beruflichen Interessen vertreten. In Notfällen wollte er Darlehen gewähren und bei Erwerbsunfähigkeit dauernde Unterstützung zah-

---

2 In einigen Quellen wird als Gründungsjahr 1982 oder auch 1983 genannt. Dieter Schneider nennt den 13.11.1883. Dieter Schneider: Emma Ihrer. Gegen Rückständigkeit und Unverstand, in: Dieter Schneider (Hg.), Sie waren die ersten. Frauen in der Arbeiterbewegung, Frankfurt a. M. 1988, S. 82.

3 Emma Ihrer: Die Arbeiterinnen im Klassenkampf, Hamburg 1898, S. 9.

len. Die Handarbeiterinnen sollten zudem unentgeltliche Arbeitsnachweise erhalten. Außerdem plante der Verein für bestimmte Frauenberufe Arbeitsstuben, einer Lesehalle und ein Speisehaus einzurichten.

Konnten die Versammlungen der Handarbeiterinnen zur Beratung der Statuten und zur Wahl eines Geschäftsausschusses noch in Schulräumen stattfinden, so scheiterte die Bewerbung für die ständigen Versammlungen in diesen Räumen am Schulrat Heinrich Bertram (1826–1904), der entschied: »Für solche Frauenzimmer [die Arbeiterinnen] sind die Räume nicht zu haben.«[4] Emma Ihrer berichtete dies in ihrer Broschüre, weil sie aufzeigen wollte, welche Vorurteile den Arbeiterinnen damals entgegenschlugen.

Marie Juchacz (1879–1956) wusste, dass »der menschenfreundliche Schulrat« dieselben Räume für »Damenveranstaltungen«, also Versammlungen von bürgerlichen Frauen, sehr wohl hergab.[5] Kein Wunder, dass die Handarbeiterinnen damals schwer zu organisieren waren. Die Mitgliedsbeiträge für den Verein reichten nicht aus und »freiwillige Spenden und Wohlthätigkeit« der bürgerlichen Frauen und Männer ebenso wenig um »die gesamte kleinliche Reformarbeit«, als die Emma Ihrer die Arbeit hinterher betrachtete, am Leben zu halten. Der Verein musste sich wegen Mitgliedermangels auflösen. Die Frauen hatten gelernt, »wie man es nicht anfangen durfte, um für die Arbeiterinnen Ersprießliches zu erreichen«.[6] Zwar wollten sie weiter durch Organisierung gegen die »erbärmliche Ausbeutung der weiblichen Arbeitskräfte« vorgehen, dies aber durch die Selbsthilfe der Arbeiterinnen erreichen. Von der Wohltat bürgerlicher Kreise wollten sie nicht mehr abhängig sein.

---

4 Ebd.

5 Marie Juchacz: Emma Ihrer, in: Marie Juchacz, Sie lebten für eine bessere Welt, Berlin und Hannover 1955, S. S. 22.

6 Ihrer, a. a. O., S. 10.

Der Verein zur Vertretung der Interessen der Arbeiterinnen

Am 16. Februar 1885 nahm Emma Ihrer gemeinsam mit etwa 1.000 Frauen im ehemaligen Urania-Saal in der Luisenstädtischen Wrangelstraße in Berlin an einer Veranstaltung über die Lage der Arbeiterinnen teil. Noch im gleichen Jahr gründete sie dort gemeinsam mit Marie Hofmann[7], Pauline Staegemann und Gertrude Guillaume-Schack (1845–1903) den Berliner »Verein zur Vertretung der Interessen der Arbeiterinnen«.[8] Vorsitzende wurden Marie Hofmann und Pauline Staegemann. Gertrude Guillaume Schack wurde Ehrenvorsitzende, Emma Ihrer Schriftführerin. Der Verein trug eindeutig gewerkschaftlichen Charakter, das war vor allem dem Einfluss Emma Ihrers zu verdanken.

Der Verein setzte sich für die Verbesserung der Arbeitsbedingungen von Arbeiterinnen ein, forderte den Ausbau der gewerblichen Fabrikinspektion unter Beteiligung der Arbeiterinnen, Schutz vor Kinderausbeutung, saubere Werkstätten mit Waschvorrichtungen für die Frauen und Fortbildungsschulen für die Mädchen. Zu den gewerkschaftlichen Forderungen gehörten auch die Errichtung eines Arbeitsnachweises, die Einführung eines Maximalarbeitstages, die Beseitigung der Nachfeierabend-, Nacht- und Sonntagsarbeit, die Festsetzung eines Minimallohntarifs, Unterstützung bei Lohnstreitigkeiten und »menschenwürdige Behandlung der Arbeiterinnen durch die Arbeitgeber«. Der Katalog wurde ergänzt durch Angebote zur Aufklärung durch fachgewerbliche und wissenschaftliche Vorträge, die der Verein ebenso organisieren wollte wie die Einrichtung einer Bibliothek und gesellige Zusammenkünfte zur Pflege der Kollegialität.[9]

Der Arbeiterinnenverein könnte heute als Vorläufer einer Frauengewerkschaft bezeichnet werden. Die »allmählich durchzufüh-

---

7 Wenn Geburts- und Todesjahre nicht angegeben sind, sind diese nicht ermittelbar.

8 Helga Grebing, Siegfried Heimann (Hg.): Arbeiterbewegung in Berlin. Der historische Reiseführer, Berlin 2012, S. 36.

9 Siehe hierzu auch die Biografie zu Pauline Staegemann in diesem Band.

renden Ziele« sollten durch partielle Streiks erreicht werden, denn freiwillig – so wussten die Näherinnen – würde ihnen nichts zugestanden werden. Besonderes Aufsehen erregten die durch den Verein laufend veröffentlichten Statistiken über die niedrigen Löhne in Konfektion, Weißnäherei und im Putzfach, und das Material über die langen Arbeitszeiten und die unwürdigen Behandlungen der Arbeiterinnen. Für diese, die fast alle mit geringen Löhnen haushalten mussten, organisierte der Interessenverein die unentgeltliche Unterstützung durch Ärzte und Rechtsanwälte.[10] Noch am Gründungstag traten dem Verein 500 Arbeiterinnen bei.

In Berlin hatte er bald mehrere Tausend Mitglieder, daher musste wegen des großen Zustroms ein Zweigverein geschaffen werden. Die Gründerinnen sahen in diesem Erfolg auch den Beweis für die Organisierbarkeit von Frauen. Sie konnten auch Erfolge erzielen. Der Verein veranstaltete beispielsweise Massenproteste gegen die geplante Einführung eines Zolls auf englisches Nähgarn und erlangte überregionale Bedeutung. Auch andere Aktivitäten und die Veröffentlichungen über die niedrigen Löhne, lange Arbeitszeiten und unwürdige Behandlung der Arbeiterinnen fanden weit über die proletarischen Kreise hinaus Beachtung. Überall im Reichsgebiet gab es bald ähnliche Vereinsgründungen, ebenso wie etwas später in der Schweiz.[11] Der große Erfolg half den Frauen allerdings nicht. Im Gegenteil: In Deutschland wurde der Verein als politisch gefährlich eingestuft. Die preußische Polizei witterte sozialdemokratische Umtriebe. Emma Ihrer erschien in den Polizeiakten als »sozialistische Agitatorin«.

Bereits am 1. Mai 1886 wurde der Arbeiterinnenverein, der zunehmend neue Mitglieder gewann, unter Berufung auf § 8 a des Vereinsgesetzes von 1850 verboten. Grund war laut Urteilsbegründung, dass der »Verein nicht bloß Frauenspersonen als Mitglieder aufgenommen hatte, sondern er bestand nur aus Frauenspersonen.«[12] Die Vorstandsfrauen Marie Hofmann, Pauline Staegemann, Emma

10 Emma Ihrer: <www.wir-in-rummelsburg.de/emma-ihrer/>, Zugriff am 9.12.2020.
11 Zum Beispiel in St. Gallen, Winterthur, Zürich, Bern und Basel.
12 Siehe hierzu auch die Biografie von Pauline Staegemann in diesem Band.

Ihrer und Johanna Jagert kamen vor Gericht. Die Ehrenvorsitzende, Gertrud Guillaume-Schack, wurde aufgrund des Sozialistengesetzes aus Deutschland ausgewiesen und arbeitete in London weiter. Emma Ihrer und die anderen Frauen wurden zu für die damalige Zeit harten Geldstrafen zwischen 60 und 100 Mark verurteilt, mussten also mehr als ein Monatsgehalt einbüßen und waren zudem vorbestraft.

Die Frauen ließen dennoch nicht locker. Sie setzten nun auf eine bereits 1884 durch Gertrud Guillaume-Schack gegründete Kranken- und Sterbekasse für Mädchen und Frauen, welche bald 120 Verwaltungsstellen mit 20.000 Mitgliedern hatte. Dieser Verein galt als unpolitisch und war der Einzige, der noch nicht verboten war.[13] Das dauerte allerdings nicht lange. Emma Ihrer gehörte zu den Mitgliedern, als auch dieser Verein – diesmal wegen »Aufreizung zum Klassenhass« – verboten wurde, weil er laufend statistisches Material über die Situation der Arbeiterinnen veröffentlicht hatte. Offenbar wurden selbst private Zusammenkünfte bespitzelt. Emma Ihrer zog nun als Rednerin von Ort zu Ort und ermutigte auch andere Frauen, sich für die SPD und die Gewerkschaften zu engagieren.

Delegierte beim Gründungskongress der Zweiten Internationale in Paris

Mit Clara Zetkin (1857–1930) nahm Emma Ihrer als Delegierte am Gründungskongress der Zweiten Sozialistischen Internationale vom 14. bis 20. Juli 1889 in Paris teil. In einer viel beachteten Rede setzte sie sich vor allem für die Organisation der Arbeiterinnen als »eine unumgängliche Vorbedingung zur Verbesserung der Lage der Arbeiter und Arbeiterinnen« ein. Dass vielfach vorgebrachte Argument, »dass die Frauen noch zu saumselig sind, um die Wichtigkeit eines Zusammengehens zu begreifen«, lehnte sie aus ihren Erfah-

13 Vgl. Gisela Notz: Emma Ihrer (1857–1911). Kämpferin für Sozialismus, Frauenrechte und Arbeiterinnenbewegung, in: Gisela Notz, Wegbereiterinnen. Kalender 2003.

rungen als »nicht stichhaltig« ab. Der Kongress erklärte den 1. Mai zu einem Tag »der internationalen Manifestation der Arbeiterbewegung zugunsten des Achtstundentags«. Gemeinsam mit Clara Zetkin erreichte Emma Ihrer, dass »die Heranziehung der Arbeiterinnen zur Gewerkschafts-Organisation [...] den Delegierten zur Pflicht gemacht (wurde)«. Sie erreichten auch, dass die Forderungen nach gleichen Löhnen bei gleicher Arbeit für einen Frauenarbeitsschutz beschlossen wurden.[14] Zudem verhinderten sie einen Antrag, durch den die Frauenerwerbsarbeit verboten werden sollte. Das ist ein weiteres Beispiel dafür, dass sie sich auch gegen ihre eigenen Genossen zur Wehr setzen mussten, wenn es um ihr Recht auf Erwerb ging: »Frauen übten zwar, sofern überhaupt gewerkschaftlich aktiv, Solidarität mit den Männern, mußten umgekehrt aber erleben, daß Männer weit davon entfernt sind, in ihnen gleichberechtigte Gefährtinnen zu sehen.«[15]

Die »Obrigkeit« konnte einen weiteren Sieg verbuchen

Emma Ihrer und ihre Mitstreiterinnen kämpften weiter für die Rechte der Frau, gründeten jedoch zunächst keinen neuen Verein und gingen auch nicht in die Männergewerkschaften, beides wäre schnell verboten worden. Sie gründeten im Anschluss an den Pariser Kongress 1889 in Berlin eine siebenköpfige Frauen-Agitationskommission, die durch Emma Ihrer geleitet wurde. Durch diese lose Gruppe erreichten sie, dass ihre Versammlungen nicht mehr so leicht geschlossen werden konnten. Allerdings wurde auch diese Kommission am 19. Februar 1895 vom Berliner Polizeipräsidenten mit dem Hinweis auf die »noch in letzter Zeit in Versammlungen be-

14 Gisela Notz: »Her mit dem allgemeinen, gleichen Wahlrecht für Mann und Frau!«. Die internationale sozialistische Frauenbewegung zu Beginn des 20. Jahrhunderts und der Kampf um das Frauenwahlrecht, Friedrich-Ebert-Stiftung, Bonn 2008, S. 22.

15 Das schrieb der ehemalige Chefredakteur der Gewerkschaft ÖTV in einer Biografie zu Emma Ihrer. Dieter Schneider: Emma Ihrer, S. 81.

triebene Agitation für das Wahlrecht der Frauen« verboten[16]. Eine Kommission, die sich für das allgemeine Wahlrecht einsetzte, war ein politischer Zusammenschluss und durfte keine Frauen als Mitglieder aufnehmen. Die »Obrigkeit« hatte einen weiteren Sieg erreicht.

Nach dem Fall des Sozialistengesetzes – das Vereinsgesetz bestand weiter – nahm Emma Ihrer an der »Ersten Konferenz der Gewerkschaften Deutschlands« vom 16./17. November 1890 in Berlin teil und wurde als erste und einzige Frau neben sechs Männern Mitglied der dort gebildeten »Generalkommission der Gewerkschaften Deutschlands«. Der Vorsitzende wurde Carl Legien (1861–1920). Emma Ihrer gehörte der Kommission bis zum Halberstädter Gewerkschaftskongress 1892 an.[17] Dort kandidierte sie nicht mehr und gab den Sitz an Wilhelmine Kähler (1864–1941), die Vorsitzende des Fabrik- und Hausarbeiterinnenverbandes, ab. Kähler hatte ihn bis 1898 inne.[18] Danach findet sich keine Frau mehr in der Generalkommission.

Die erste sozialdemokratische Frauenzeitschrift

Nachdem bereits der SPD-Parteitag vom 12. bis 18. Oktober 1890 in Halle die Gründung einer Frauenzeitung beschlossen hatte, erschien am 20. Dezember 1890 die erste Ausgabe der von Emma Ihrer herausgegebenen ersten proletarischen Frauenzeitschrift *Die Arbeiterin – Zeitschrift für die Interessen der Frauen und Mädchen des arbeitenden Volkes. Organ aller auf dem Boden der modernen Arbeiterbewegung stehenden Vereinigungen der Arbeiterinnen.*

Mit dem Untertitel bezog sich die *Arbeiterin* klar auf die Arbeiterbewegung und bahnte damit eine Verbindung mit der SPD an. Dennoch sollte die *Arbeiterin* ein parteinahes und nicht partei-

---

16 Schneider, a. a. O., S. 88.

17 Klaus Malettke: »Ihrer, Emma« in: Neue Deutsche Biographie Bd. 10, 1974, S. 129.

18 Zu Wilhelmine Kähler siehe: Cornelia Wenzel: Wilhelmine Kähler (1864–1941). Eine der ersten sozialdemokratischen Gewerkschafts- und Parteifunktionärinnen, in: Gisela Notz (Hg.), Wegbereiterinnen. Berühmte, bekannte und zu Unrecht vergessene Frauen aus der Geschichte, Neu-Ulm 2020, 3. Aufl., S. 88 f.

eigenes Organ sein. Sie sollte Arbeiterinnen und Hausfrauen ansprechen und auch der Vernetzung der Frauen-Agitationskommissionen dienen, die in anderen Städten gebildet worden waren. Sie erschien wöchentlich am Samstag, damit die Frauen am Sonntag Zeit zum Lesen hatten. Herausragende Autorinnen waren außer Emma Ihrer Clara Zetkin, Eleanor Marx-Aveling (1855–1898), Minna Kautsky (1837–1912) und andere. Leider bekam die *Arbeiterin* sehr bald finanzielle Probleme. Am 19. Dezember 1891 erschien die letzte Nummer.

Die Zeitschrift ging ab 1892 in die sozialdemokratische Zeitschrift *Die Gleichheit* über. Sie erschien beim Verlag J. H. W. Dietz in Stuttgart. Die Redaktion übernahm auf Emma Ihrers Wunsch hin Clara Zetkin. Über den Redaktionswechsel gab und gibt es verschiedene Erzählungen. Die Plausibelste ist, dass Emma Ihrer nicht nach Stuttgart umziehen wollte, wo der Verlag seinen Sitz hatte, während Clara Zetkin in Stuttgart ansässig war. Emma Ihrer fungierte aber weiter als Herausgeberin und Autorin.

Anzeige des Kriegsministeriums – Urteil 200 Mark

Die gewonnene Zeit nutzte Emma Ihrer für zahlreiche Vorträge in großen und kleineren Städten, auf Parteitagen der SPD und auf internationalen Kongressen, um die Frauen für die »moderne Arbeiterbewegung« zu aktivieren. Pausenlos arbeitete sie daran, Frauen von der Notwendigkeit der Mitarbeit in den Gewerkschaften zu überzeugen. Immer noch stand sie mit der »Obrigkeit« auf Kriegsfuß.

Nach einer Anzeige des Kriegsministers wurde sie im November/Dezember 1892 schon wieder vor das Gericht zitiert. Sie sollte in einer Versammlung die Offiziere und Fähnriche der gesamten Armee beleidigt haben. Stein des Anstoßes war der Satz, »dass gerade die Proletarier weit mehr als die Bourgeoissöhne unter den Kriegsgelüsten zu leiden haben, da namentlich die Herren Leutnants und Fähnriche mit ihren zarten Händen hinten stehen und die Kanoniere ins Feuer schicken.« Das Gericht verurteilte Emma zu 200 Mark Geldstrafe, was damals sehr viel Geld war.[19]

1893 war sie Mitbegründerin des »Vereins zur Förderung der Frauenbildung«; auch ihn verbot die Polizei. Denn trotz des wenig revolutionären Vereinsnamens ging es um politische Forderungen, nicht um Hilfe und Wohlfahrt für die Armen wie bei den bürgerlichen Frauenvereinen. Erst der »Verein für Frauen und Mädchen der Arbeiterklasse« konnte sich durchsetzen. Emma Ihrers Agitationsarbeit dienten zahlreiche Schriften, wie zum Beispiel 1893 die Broschüre *Die Arbeiterinnen Deutschlands* und 1898 *Die Arbeiterinnen im Klassenkampf*«[20]. In der zuletzt genannten grenzte sie sich stark von der bürgerlichen Frauenbewegung ab: »Wo jene Wohltaten erweisen, fordern wir Gerechtigkeit!«

1899 erfolgte Emma Ihrers (Mit-)Gründung des »Vereins für Frauen und Mädchen der Arbeiterklasse«, der ausdrücklich kein politischer Verein sein sollte, sondern die Förderung des Wissens und der Geselligkeit zum Ziel hatte. Dennoch sollen an den Vortragsabenden stets zwei behelmte Polizisten anwesend gewesen sein. Als im Jahr 1900 die Berliner Wäscherinnen und Plätterinnen streikten, war es Emma Ihrer, die als erste Frau erfolgreich vor einem Gewerbegericht auftrat: Geregelte Arbeitszeit und mehr Lohn wurden durch das solidarische Verhalten von 2.500 Frauen erkämpft.

Politische Flucht zurück nach Berlin

Als ihrem Mann wegen ihres »aufrührerischen Wirkens« beinahe die Apothekenkonzession entzogen werden sollte, verkauften beide die Apotheke und zogen ab 1. Mai 1894 in das bis 1920 selbstständige Pankow.[21] Dort sind Emma und Emanuel Ihrer offensichtlich

19 Zit. n. Schneider, a. a. O., S. 88.

20 Emma Ihrer: Die Organisationen der Arbeiterinnen Deutschlands, ihre Entstehung und Entwicklung, Berlin 1893. Emma Ihrer: Die Arbeiterinnen im Klassenkampf. Anfänge der Arbeiterinnen-Bewegung, ihr Gegensatz zur bürgerlichen Frauenbewegung und ihre nächsten Aufgaben, Hamburg 1898.

21 SPD: Emma Ihrer: <https://www.spd.de/partei/personen/emma-ihrer/>, Zugriff am 7.12.2020.

mehrmals umgezogen. Nachdem die Generalkommission der Gewerkschaften in Deutschland, deren Vorsitzender Carl Legien war, 1903 ihren Sitz von Hamburg nach Berlin verlegt hatte, lebten Emma Ihrer, Emanuel Ihrer und Carl Legien, den schon seit Anfang der 1890er-Jahre eine »feste Beziehung« mit ihr verband, seit 1903 gemeinsam in Pankow.[22] 1907 bezogen die drei ein Haus in der damals eigenständigen Landgemeinde Niederschönhausen.[23]

Emma Ihrers letzte Aktivitäten und der frühe Tod

1903 wurde Emma Ihrer Mitgründerin und Vorsitzende der Gewerkschaft des »Zentralverbandes der in der Blumen-, Blätter-, Palmen- und Putzfederfabrikation beschäftigten Arbeiter und Arbeiterinnen Deutschlands«. Die Zeitschrift des Verbandes *Der Blumenarbeiter* wurde ebenfalls von ihr redigiert. Ab 1904 fungierte sie als Vorsitzende eines gewerkschaftlich orientierten Frauenkomitees, das die Frauenarbeit voranbringen und darauf hinwirken wollte, dass Kongressbeschlüsse verwirklicht werden.

Auch die Bildung des »Arbeiterinnensekretariats«, einer am 1. Oktober 1905 geschaffenen Zentralstelle für gewerkschaftliche Interessen der Arbeiterinnen und die Beschäftigung der ersten Frauensekretärin Ida Altmann (1862–1935) ging auf die Initiative von Emma Ihrer zurück. Sie erlebte 1908 noch, dass das Vereinsrecht von 1850 durch das Reichsgesetz von 1908 abgelöst wurde. Nun konnten sich auch Frauen in Parteien und Gewerkschaften organisieren. Noch kurz vor ihrem Tod half sie mit bei der Gründung des Zentralverbandes der Hausangestellten und Dienstboten Deutschlands, der am 1. April 1909 seine Arbeit unter erleichterten Bedingungen aufnehmen konnte.

---

22 Karl Christian Führer: Carl Legien (1861–1920). Drei Gründe, warum der Gewerkschaftsführer es verdient hat, erinnert zu werden, Friedrich-Ebert-Stiftung, Bonn 2014, S. 39.

23 Claudia von Gélieu: Emma Ihrer: Sie kannte nicht den Ehrgeiz, der an erster Stelle stehen will: Emma Ihrer (1857–1911) zum 150. Geburtstag, in: Jahrbuch für Forschungen zur Geschichte der Arbeiterbewegung, Heft 3/2007, S. 96.

Bis zu ihrem Tod setzte sie sich unermüdlich in Wort und Schrift für die sozialen, ökonomischen und politischen Belange der Arbeiterinnen ein und beeinflusste deren gewerkschaftliche Organisation maßgeblich.[24] 1906 hatte sie in den Sozialistischen Monatsheften als Ziel formuliert: »Ökonomische Unabhängigkeit der Frau, Entlastung von Überarbeitung, Wahl eines Berufes und nicht Zwang zu vielen Tätigkeiten, Befreiung von Kapital- und Familienfesseln.«[25] Damit forderte sie eine grundsätzliche Veränderung des Produktions- und des Reproduktionssektors. Eine Forderung, die heute noch aktuell ist.

Emma Ihrer starb am 8. Januar 1911 im Alter von 54 Jahren in Berlin nach langer Krankheit. Emanuel Ihrer und Carl Legien, mit denen sie zusammengelebt hatte, setzten die Wohngemeinschaft in Niederschönhausen fort, bis Emanuel Ihrer 1918 starb. Carl Legien folgte zwei Jahre später. Emma Ihrer wurde auf dem Zentralfriedhof Friedrichsfelde beigesetzt. Sie war die erste Frau, die eine Grabstätte auf dem »Friedhof der Sozialisten« erhielt. Ihr Grabstein trägt die Inschrift »Zu Wirken für andere war ihres Lebens ergiebigster Quell!« Im Grab neben ihr wurde Carl Legien beigesetzt.

In Velten wurde zu DDR-Zeiten eine Straße nach Emma Ihrer benannt. An der Concordia-Apotheke in Velten wurde in der Breiten Straße 75 eine Gedenktafel angebracht. Auch an ihrem Haus in der Marthastraße 10 in Berlin-Niederschönhausen erinnerte seit dem 14. Oktober 2016 eine Tafel an Emma Ihrer, bis das Haus unlängst abgerissen wurde. Straßen sind in Berlin und München nach ihr benannt, ebenso wie seit März 2019 der Große Ratssaal im Rathaus des Berliner Bezirks Pankow.

---

24 Klaus Malettke: »Ihrer, Emma« in: Neue Deutsche Biographie 10 (1974), S. 129.

25 Emma Ihrer: Form oder Inhalt? Zur Arbeiterinnenorganisation, in: Sozialistische Monatshefte 1906.

Literatur

Claudia von Gélieu: Emma Ihrer: Sie kannte nicht den Ehrgeiz, der an erster Stelle stehen will: Emma Ihrer (1857–1911) zum 150. Geburtstag, in: Jahrbuch für Forschungen zur Geschichte der Arbeiterbewegung, Heft 3 2007, S. 92-104.

Marie Juchacz: Emma Ihrer, in: Marie Juchacz, Sie lebten für eine bessere Welt, Berlin und Hannover 1955, S. 21-25.

Gisela Notz: Emma Ihrer zum 150. Geburtstag. Vorkämpferin für Frauengewerkschaften, in: SoZ – Sozialistische Zeitung, Februar 2007, S. 18.

Gisela Notz: Emma Ihrer (1857–1911). Kämpferin für Sozialismus, Frauenrecht und Arbeiterinnenbewegung, in: Gisela Notz (Hg.), Wegbereiterinnen. Berühmte, bekannte und zu Unrecht vergessene Frauen aus der Geschichte, Neu-Ulm 2020, 3. Aufl., S. 74-75.

Dieter Schneider: Emma Ihrer. Gegen Rückständigkeit und Unverstand, in: Dieter Schneider (Hg.), Sie waren die ersten. Frauen in der Arbeiterbewegung, Frankfurt a. M. 1988, S. 77-89.

Otto Sidow |

Ein »Apostel des Sozialismus« – sein Wahlspruch: »Die Vaterstadt über die Partei«

von Wolf Preuss

Otto Sidow

Otto Sidow wurde am 1. Mai 1857 in Friesack, einem Städtchen im Westhavelland, als Sohn der ledigen Caroline Sidow, geboren. Sie war Dienstmagd auf dem Gut des Grafen Karl Friedrich Emil von Bredow, der auch sein Vater war. Graf von Bredow (1822–1893) war 1856 als Vater von acht Kindern Witwer geworden. Seine ersten zehn Jahre lebt Otto in unmittelbarer Nähe seiner Mutter auf dem Gut. Ob er die väterliche Nähe auch als solche bewusst empfunden hat, bleibt offen. Später jedenfalls hat er seinen Kindern seine Abstammung verschwiegen. Sein Enkel Dankward berichtet, der sonst Sanftmütige habe bei Fragen nach seiner Abstammung unwirsch reagiert und die Frage unbeantwortet gelassen.[1]

Über die Schulzeit Ottos in dem kleinen Städtchen, das damals etwa 2.880 Einwohner hatte, ist nichts bekannt. Als von Bredow 1867 wieder heiratete, zog Caroline mit einer für damalige Zeiten ungewöhnlich großzügigen Abfindung mit Otto in die aufstreben-

1 Dankward Sidow: Otto Sidow, Leben und Wirken, Mutmaßungen und Tatsachen, in: Wolfgang Kusior, Thomas Reiche (Hg.), Erinnerungen an eine Rote Hochburg, Friedrich-Ebert-Stiftung, Potsdam 2012, S. 66.

de Industriestadt Brandenburg und konnte mit diesen Mitteln einen kleinen Laden eröffnen, vermutlich mit Lebensmitteln. Später heiratete sie den verwitweten Viktualienhändler Wilhelm Lampe, der vier Kinder mit in die Ehe brachte.

Nach Abschluss der Schulzeit erlernte er das Handwerk des Zigarrenmachers. Besonders anspruchsvoll war dabei das richtige »Wickeln« der Zigarren. Dies war ein florierendes Gewerbe. Es gab in Brandenburg seinerzeit mehr Zigarrenmacher als Maurer, Zimmerleute, Bäcker oder Fleischer. Sie arbeiteten meist in Gruppen in Heimarbeit oder in Räumen, die der Arbeitgeber zur Verfügung stellte, und wurden nach Zahl der abgelieferten Zigarren bezahlt. Eine Besonderheit war dabei der »Vorleser«. Dafür wurde von der Gruppe meist der Intelligenteste gewählt, der, während der sonst eher langweiligen Arbeit, den anderen aus Zeitungen und Flugblättern die neuesten Nachrichten vorlas, diese oft auch kommentierte und auf diese Weise mit Geschick und Vorsicht politische Bildung vermittelte. Sein Arbeitsausfall wurde von den Kollegen aus deren Einkommen ausgeglichen. Otto Sidow war einer dieser Vorleser. Als einzige Dokumentation seiner Arbeit existiert eine Lohnstatistik aus dem Jahre 1890, dem letzten Jahr seiner Tätigkeit als Zigarrenmacher, mit einem Jahresverdienst von 832,56 Mark für die inzwischen fünfköpfige Familie.[2]

Nicht zuletzt diese Eigenheit des Vorlesens während der Arbeitszeit war einer der Gründe, warum die Tabakarbeiter früh politisch wach und gewerkschaftlich aktiv wurden. Vorgelesen wurde auch aus der Zeitschrift *Der Botschafter*, das Organ des »Allgemeinen Deutschen Tabakarbeiterverbandes«, der »in vollständig sozialistischem Sinne schreibt«, so Otto Sidow in seinen Memoiren und fährt fort: Die Zigarrenarbeiter »wurden eine politisch bedeutsame und regsame Gruppe der Arbeiterschaft und wertvolle Stütze der Sozialdemokratie.«[3]

---

2 Dankward Sidow, a. a. O., S. 73.

3 Otto Sidow: Durch Sturm und Drang, Erinnerungsblätter der Brandenburger Arbeiterbewegung bis zum Sozialistengesetz von 1878, Brandenburg a. d. H. 1927, S. 15.

1875, zwei Jahre nach dem Tode der mit 42 Jahren früh verstorbenen Mutter, ging der 18-jährige Sidow für zwei Jahre nach Lorsch im Großherzogtum Hessen, wo ebenfalls Tabak angebaut wurde und vor allem die Luft politisch freier wehte als in Preußen. Für diesen »Auslandsaufenthalt« in ein anderes deutsches Land war seinerzeit noch ein Reisepass erforderlich. Aus diesem erfahren wir, dass Otto Sidow mit 1,58 m nicht sehr groß war und graue Augen hatte. Die großherzogliche Bürgermeisterei Lorsch bestätigte in einem Passeintrag am 15. April 1876, dass der »Inhaber seit dem 25. Juni 1875 hier in Lorsch mit gutem Betragen gearbeitet«[4] hat. Anschließend kehrte Otto Sidow in die Stadt Brandenburg zurück in eine Zeit massiver Repression und Hetze gegen politische Bestrebungen der Arbeiter in der Provinz Brandenburg und in ganz Preußen.

Im Februar 1879 heiratete der fast 22-jährige Sidow Clara Schultze, Tochter eines Hausknechts und Zimmermanns. Aus dieser Ehe gingen vier Söhne hervor. Im gleichen Jahr wurde Sidow gemustert und wegen »geringer körperlicher Fehler [...] der Ersatzreserve erster Klasse zugewiesen als Infanterist.«[5] Es gibt keinen Hinweis, dass er jemals Militärdienst leisten musste.

Erste politische Aktivität

Anfang der 1860er-Jahre wurde die Arbeiterschaft zunehmend politisch aktiv. 1868 wurde in Brandenburg auf Initiative der Zigarrenmacher eine Ortsgruppe des »Allgemeinen Deutschen Arbeitervereins« gegründet. Die Brandenburger Tabakarbeiter waren zuerst durch den aus dem Rheinland zugewanderten und mit besonderen agitatorischen Fähigkeiten begabten Kollegen Jacobs mit den Ideen Ferdinand Lassalles bekannt gemacht worden, die auch von ihrem Verbandsorgan *Der Botschafter* vertreten wurden. Er schreibt in seinen Memoiren: »Neben Hamburg, Köln und Augs-

4 Dankward Sidow, a. a. O., S. 70.
5 Ebd.

burg zählt Brandenburg zu den vier Vorposten des Verbandes. Die Brandenburger Mitgliedschaft ward als der Vorposten im Osten betrachtet«.[6] Eine 1872 aus Anlass des vierjährigen Bestehens des Brandenburger ADAV von den Arbeiterfrauen der Stadt Brandenburg gestiftete rote Parteifahne mit der Inschrift »Ferdinand Lassalle 1872« blieb bis 1933 die Parteifahne der Brandenburger SPD. Sie ist seitdem verschollen.

Anfang der 1870er-Jahre verschärfte die preußische Regierung Maßnahmen gegen Zusammenschlüsse der Arbeiter. Die im Arbeiterverein zusammengeschlossenen Tabakarbeiter waren Repressionen ausgesetzt. Diese führten im Juni 1874 zur Schließung des »Allgemeinen Deutschen Arbeitervereins«. Schon vorher waren die meisten arbeiterfreundlichen Vereine verboten worden. Einige hatten sich schon vorher aufgelöst, um wenigstens ihr Vermögen vor der Polizei zu retten. Das Vereinigungs- und Versammlungsrecht der Sozialdemokraten wurde illusorisch gemacht, da Versammlungen als Fortsetzung aufgelöster Vereinigungen und Vereine erklärt wurden. Otto Sidow berichtete von Massenhausdurchsuchungen bei Mitgliedern des Arbeitervereins. »Es hagelte Strafmandate in dichter Fülle«, so Sidow.[7]

Nach dem Vereinigungskongress in Gotha zwischen Lassalleanern und Eisenachern zur Sozialistischen Arbeiterpartei Deutschlands 1875 war Sidow an der Gründung des Arbeiterwahlvereins in Brandenburg im Rahmen der Sozialistischen Arbeiterpartei beteiligt, der im Zuge zunehmender Repressionen bereits 1876 wieder verboten wurde.[8]

Sidow übernahm nun erstmals eine politisch-gewerkschaftliche Funktion. Er war – so sein Enkel Dankward Sidow – Leiter einer Zahlstelle des Verbands und damit wohl auch daran beteiligt, Verbandsgelder vor der Beschlagnahme zu retten und für die Periode

6 Otto Sidow, a. a. O., S. 27.
7 Otto Sidow, a. a. O., S. 129.
8 Udo Geiseler, Klaus Heß (Hg.), Brandenburg an der Havel. Lexikon zur Stadtgeschichte, Berlin 2008, S. 333.

der späteren Sozialistenverfolgung als Unterstützungsgelder zu sichern.

Es gab in der Stadt Brandenburg kaum noch einen Ort, wo sich Sozialdemokraten treffen konnten. Die Polizei setzte Wirte massiv unter Druck, um Sozialdemokraten ihre lokalen Treffpunkte zu entziehen. Die meisten Lokalinhaber gaben nach, um ihr Geschäft zu retten. Einziger Zufluchtsort blieb das Lokal von Karl Hildebrand in der Wollenweberstraße 5, auch nach Erlass des Sozialistengesetzes. Dort trafen sich bis zu 60 Personen, darunter auch Sidow. »Hier sind Jahre hindurch die Feldzugspläne der Sozialdemokratie geschmiedet worden.«[9]

Zwei Attentate gegen Kaiser Wilhelm I. im Mai und Juni 1878 (mit einer schweren Verletzung des Kaisers) boten den geeigneten Anlass, im darauffolgenden Oktober das »Gesetz gegen die gemeingefährlichen Bestrebungen der Sozialdemokratie«, das sogenannte Sozialistengesetz zu erlassen. Damit hatten die örtlichen Behörden weitgehende Vollmachten gegen jegliche sozialdemokratischen Aktivitäten.

Schriftliche Zeugnisse zu den politischen Aktivitäten Otto Sidows während der Verbotszeit sind nicht bekannt. Alles geschah aus Vorsichtsgründen wegen der polizeilichen Überwachung nur mündlich. Hierzu gibt es eine Äußerung von Friedrich Ebert jun., dem Sohn des Reichspräsidenten Ebert und späteren Ost-Berliner Bürgermeister, ab 1925 Chefredakteur der *Brandenburger Zeitung*. In seinem Nachruf auf Sidow hob er hervor, dass dieser sich in der Verbotszeit als stiller Organisator betätigte, heimliche Zusammenkünfte vorbereitete und Kontakte zu den Genossen in Rathenow aufrechterhielt.[10]

Eine Möglichkeit, der Illegalität auszuweichen, war die Bildung von Fachvereinen, die besonders von Sozialdemokraten unterstützt wurden. So ist vor allem auch der 1882 gegründete »Unterstützungsverein Deutscher Tabakarbeiter« zu nennen, an dessen Gründung Sidow 1882 maßgeblich beteiligt war, der 1884 und auch im Mai

9 Otto Sidow, a. a. O., S. 109.
10 Berichtet bei Dankward Sidow, a. a. O., S. 72.

1890 seinen Verbandstag in Brandenburg abhielt. Es ist anzunehmen, dass Sidow mit dazu beigetragen hat, diese Veranstaltungen in der Stadt Brandenburg abzuhalten, wo dieser Verein die größte lokale Arbeiterorganisation war.

Der Aufbau der *Brandenburger Zeitung*

Das Sozialistengesetz wurde im Oktober 1890 aufgehoben. Schon im Juni fand in der Stadt Brandenburg die Gründungsversammlung der sozialdemokratischen Partei zunächst unter dem Decknamen »Verein zur Erzielung volkstümlicher Wahlen«, genannt »Wahlverein«, statt, doch bald unter dem Namen Sozialdemokratische Partei Deutschlands/SPD. Schon nach einem Monat zählte die Partei 500 Mitglieder. Sidow war Mitgründer des »Wahlvereins«.

Noch vor Aufhebung des Sozialistengesetzes waren Vorbereitungen zur Gründung einer sozialdemokratischen Parteizeitung von einer kleinen tatkräftigen Gruppe um Otto Sidow unter Führung des aus Berlin aus politischen Gründen ausgewiesenen Redakteurs Ferdinand Ewald getroffen worden. Mit privat aufgebrachten 3.750 Mark wurde die finanziell marode bürgerliche *Brandenburger Zeitung* erworben. Die Leitung der Zeitung und Redaktion übernahm Ferdinand Ewald, Sidow wurde Verwaltungsleiter der Redaktion.[11] Schon nach fünf Monaten wurde die Zeitung als Parteizeitung der SPD anerkannt, die Einzige in der Provinz Brandenburg. Redaktion und Druckerei waren in den ersten Jahren in kümmerlichen dunklen Räumen in einem Hinterhof untergebracht. Die Druckmaschine musste per Hand bedient werden. Sidow schrieb dazu später: »Wenn wir morgens in die Druckerei kamen, hatten während der Nacht die Mäuse, die dort noch mehr zu Hause waren als wir, sehr häufig das Manuskript verschleppt oder weggefressen.«[12]

Die *Brandenburger Zeitung* erschien am 1. Januar 1891, im Untertitel erweitert als *Volksblatt für Ost- und Westhavelland.*

11 Geiseler, Heß, a. a. O., S. 333.
12 Zit. n. Dankward Sidow, a. a. O., S. 75.

Später wird der Untertitel lauten: *Märkisches Volksblatt*, darunter: *Organ für die Interessen des werktätigen Volkes*. Der Anfang war hart; doch die Zeitung setzte sich durch. Sie wurde bald Parteipresse für alle westlichen Kreise in der Provinz Brandenburg und eine unentbehrliche Helferin der SPD in der Region, vor allem auch bei anstehenden Wahlen.

Die Schikanen gegen sozialdemokratische Bestrebungen und ihre Mitglieder gingen allerdings trotz Aufhebung des Sozialistengesetzes weiter. Immer wieder wurden Redakteure wegen Kritik an rückständigen Arbeitsbedingungen, wegen Kritik an Soldaten- und Kindesmisshandlungen, wegen »Majestätsbeleidigung« und anderem angeklagt und verurteilt. So auch Sidow 1895: Er hatte der Zeitung ein von ihm unterzeichnetes Flugblatt beigefügt, in dem er die Arbeiterschaft dazu aufforderte, das Lokal Gerlach zu meiden, weil es seine Räume den Sozialdemokraten verweigerte. Das Urteil war sechs Wochen Gefängnis wegen Beleidigung. In späteren Jahren wird die Verteidigung der Redaktion von Karl Liebknecht übernommen.[13] Die Taktik der »Sitzredakteure« diente dazu, wichtigere schreibende Kollegen vor der Justiz zu schützen, indem ein anderer Genosse der Redaktion sich als Autor für einen angegriffenen Artikel verantwortlich erklärte und der betreffende Redakteur (ohne Gefängnis) weiterarbeiten konnte. Bis 1910 wurden gegen Mitglieder und Redaktion aus politischen Gründen insgesamt ein Jahr und drei Monate Gefängnis, 18 Wochen und drei Tage Haft sowie 11.220,90 RM Geldstrafen ausgesprochen.[14]

Trotzdem wurde am 30.7.1896 dem Verlagsleiter und ehemaligen Häftling Sidow vom Magistrat der Stadt Brandenburg der »Bürgerbrief« verliehen. Darin heißt es: »Wir aber werden Sie in Ausübung ihrer Rechte und in Erfüllung Ihrer bürgerlichen Pflichten zu schüt-

---

13 Alfred Zeitz: Zur Geschichte der Arbeiterbewegung der Stadt Brandenburg vor dem ersten Weltkrieg, Veröffentlichungen des Bezirksmuseums Potsdam Heft 6, Potsdam 1965, S. 23 f.; Dankward Sidow, a. a. O., S. 76.

14 Wolfgang Kusior: Otto Sidow, Kommunalpolitiker, Verleger, Sozialdemokrat, in: Marcus Alert, Wolfgang Kusior (Hg.), 45 namhafte Brandenburger, Berlin 2002, S. 35.

zen überall bemüht sein.«[15] 1896 zog sich Friedrich Ewald aus dem Verlag der *Brandenburger Zeitung* zurück. Sidow übernahm als Geschäftsführer Verlag und Zeitung als »Otto Sidow & Co«. Die Zeitung erfreute sich ständig wachsender Beliebtheit mit Ausdehnung des Verbreitungsgebiets bis nach Prenzlau-Angermünde, Oberbarnim und einer Steigerung der Auflagenhöhe bis zu 6.000 Exemplaren um 1900, davon 5.500 Abonnements, und rund 17.000 um 1912. Inzwischen verfügte die Druckerei über eine moderne Rotationsmaschine mit einer größeren Kapazität. Schließlich konnte Otto Sidow für 90.000 Reichsmark ein eigenes Grundstück kaufen, auf dem ein Geschäftshaus für Verlag und Zeitung errichtet und 1912 eingeweiht wurde.

Als erfolgreicher Verlagsleiter wurde Sidow auch in der bürgerlichen Gesellschaft der Stadt zunehmend anerkannt: Im Jahre 1900 wurde er zum Schöffen bestellt, 1903 als erster Sozialdemokrat in Preußen als Geschworener am königlichen Landgericht in Potsdam und 1908 als Verlagsleiter und Buchdruckereibesitzer als Arbeitgeberbeisitzer beim Brandenburger Gewerbegericht nominiert.[16]

Sidows Tätigkeiten in der Partei

Sidow war seit den späten 1870er-Jahren ein engagierter und aktiver Sozialdemokrat, nicht zuletzt als Redner bei Veranstaltungen, auf denen auch Gustav Noske, Erich Baron, Karl Liebknecht und der spätere Reichskanzler Hermann Müller auftraten. Immer wieder war Sidow auch auf Reisen für die SPD. Insgesamt hat er als Delegierter an acht Parteitagen der SPD teilgenommen und darüber berichtet – unter anderem in Gotha und Mainz. Ende 1897 wurden erstmals fünf sozialdemokratische Genossen für das Stadtparlament

15 Dankward Sidow, a. a. O., S. 79.
16 Dankward Sidow, a. a. O., S. 84.

gewählt, darunter auch Otto Sidow, der bis zu seinem Tode 1927 Stadtverordneter blieb.[17]

Es war schwierig, sozialdemokratische Arbeiter als Kandidaten für die Stadtverordnetenversammlung zu gewinnen, da sie häufig von ihren Arbeitgebern an der Ausübung ihres Wahlamtes behindert wurden. So wird von einem Fall berichtet, dass einem gewählten Arbeiter von seinem Arbeitgeber gedroht wurde, er werde sofort entlassen, wenn er während der Arbeitszeit an Sitzungen des Stadtparlaments teilnehmen werde.

Sidow beantragte, dem Arbeitgeber eine Missbilligung auszusprechen und Sitzungen jeweils erst um 19 Uhr zu beginnen. Die bürgerliche Mehrheit lehnte beide Anträge ab.[18]

Um mehr Druck von »der Galerie« zu erzeugen, lud die SPD Zuhörer zu den Stadtverordnetenversammlungen ein – unter anderem 400 Arbeitslose, um die von Sidow beantragten Notstandsarbeiten zur Linderung der Arbeitslosigkeit durchzusetzen. In diesem Fall erfolgreich. Immer wieder wies Sidow auf soziale Probleme hin und verlangte Verbesserungen, zuweilen mit Erfolg.[19] Nicht zuletzt aufgrund dieser Bemühungen galt die Stadt Brandenburg schon zu dieser Zeit als Hochburg der sozialdemokratischen Arbeiterbewegung,[20] als »Rote Hochburg«.

Ohne Erfolg protestierten die SPD-Abgeordneten jedoch 1912 gegen die Beteiligung der Stadt an den Kosten für einen zweistündigen Besuch des Kaisers in Höhe von 31.000 RM bei einer Gesamtsumme von 38.000 RM. Sidow wies in dieser emotional aufgeladenen Debatte auf die im Vergleich »Hungerlöhne der städtischen Arbeiter« hin. Anlass war eine »500-Jahr-Feier der Hohenzollern in der Mark«. Am Vorabend des Besuchs hatte es eine große Anti-Hohenzollern-Kundgebung mit 5.000 Teilnehmern gegeben, auf der Karl Liebknecht gesprochen hatte.

17 Gerd Heinrich, Klaus Heß, Winfried Schich, Wolfgang Schößler: Stahl und Brennabor, Die Stadt Brandenburg im 19. und 20. Jahrhundert, Berlin 1998, S. 51.

18 Sitzung der Stadtverordnetenversammlung am 9.1.1908 und Brandenburger Anzeiger vom 13.1.1908, zit. n. Zeitz, a. a. O., S. 34.

19 Zeitz, a. a. O., S. 35.

20 Kusior, a. a. O., S. 25.

Eine etwas skurrile aber eben doch grundsätzlich ernsthafte Debatte in der Stadtverordnetenversammlung ereignete sich 1914: Die SPD lehnte die Kosten einer zusätzlichen Planstelle für einen berittenen Sergeanten der Polizei und zwei weitere Diensthunde ab. In diesem Zusammenhang erregte sich Sidow über die »unterschiedliche Bewertung von Menschen und Tieren in Preußen«. Unterhaltskosten für einen Polizeihund betrage pro Tag 40 Pfennige, für einen Strafgefangenen 37 Pfennige und für ein Waisenkind nur 20 Pfennige. Trotzdem wurde der Antrag von der bürgerlichen Mehrheit wie üblich akzeptiert.[21]

Inzwischen war der Stadtverordnete Otto Sidow auch Geschäftsführer des Kreiswahlvereins Brandenburg-Westhavelland und wurde im Juni 1912 auch Vorsitzender des SPD-Provinzialwahlvereins Brandenburg, ein Amt, das er bis 1927 bekleidet.[22] Von 1912 bis 1926 war er Vorsitzender des SPD-Provinzialverbandes und bis 1927 des SPD-Unterbezirks Brandenburg-Belzig-Rathenow.[23]

Innerhalb der örtlichen SPD gab es zunehmende Differenzen zwischen dem radikaleren und dem eher reformorientierten Flügel, zu dem Otto Sidow gehörte. Diese Kontroversen schlugen sich auch in der Redaktionsarbeit nieder. Erich Baron, leitender Redakteur der *Brandenburger Zeitung* und Mitglied des radikalen Flügels, bemängelte das Fehlen einer »energischen und schnellen Initiative« der Partei bezüglich des noch immer in Preußen existierenden Dreiklassenwahlrechts und forderte den Aufruf zu Massenstreiks. Sidow war skeptisch, erklärte, er habe nichts dagegen, bezweifle allerdings die praktische Durchführbarkeit dieser Taktik[24]. Eine entsprechende Resolution wurde zwar angenommen, jedoch vom SPD-Landesverband nicht weiterverfolgt. Immer wieder ermahnte Sidow Baron, nicht durch zu radikale Artikel die Existenz der Zeitung zu gefährden und bat ihn – allerdings meist vergebens – um Zurückhaltung.[25]

---

21 Zeitz, a. a. O., S. 36.
22 Brandenburger Zeitung vom 2.7.1912.
23 Kusior, a. a. O.
24 Brandenburger Zeitung vom 9.2.1910; siehe auch Alfred Zeitz, a. a. O., S. 39.
25 Geiseler, Heß, a. a. O., S. 333.

Die *Brandenburger Zeitung* zwischen Krieg und Republik

Nach Ausbruch des Ersten Weltkriegs am 1. August 1914 veröffentlichte die *Brandenburger Zeitung* die Bekanntmachung, dass die Bestimmungen über Presse-, Versammlungs- und Vereinsrecht aufgehoben seien. Deshalb sei die Redaktion gezwungen, sich einzuschränken und zurückzuhalten, da sonst der Bestand des Blattes in Gefahr sei. Und weiter heißt es: »An unserer Überzeugung und prinzipiellen Haltung wird nichts geändert«[26]

Am 10. August 1914 erschien in dieser Zeitung ein von Otto Sidow unterzeichneter Aufruf an die Arbeiterschaft der Stadt Brandenburg, in der zum Eintritt in einen Hilfsfonds zur Linderung der Kriegsnot aufgefordert wird. Wie auch immer die Haltung Sidows zum Kriegseintritt bewertet werden mag, er habe auf jeden Fall den Eindruck vermeiden wollen, bei den Sozialdemokraten handle es sich um »vaterlandslose Gesellen«.

Während des Kapp-Putsches 1920 wurde von den aufständischen Truppen in der Stadt Brandenburg als Erstes die *Brandenburger Zeitung* besetzt, um ihr Erscheinen zu verhindern. Dies gelang aber nur für kurze Zeit, da der Aufstand schnell zusammenbrach. Als Vorsitzender des Wahlvereins verhandelte Sidow während des Putsches in Vertretung des erkrankten Oberbürgermeisters Schleusener erfolgreich mit dem Chef der Brandenburger Garnison, General Kempf, um weiteres Blutvergießen zu verhindern.

Der Reichstagsabgeordnete und Kommunalpolitiker als Vorsteher der Stadtverordnetenversammlung

Am 19. Januar 1919 wurde Sidow als Mitglied der verfassunggebenden Nationalversammlung gewählt, die im Juni 1920 von der Wahl zum Reichstag abgelöst wurde, dem Otto Sidow ebenfalls bis 1924 angehörte. Ein zweites Mal wollte er nicht kandidieren. Seine

26 Brandenburger Zeitung vom 1.8.14.

Gesundheit war nicht allzu stabil, sein Alter fortgeschritten. Bis zu seinem Tod 1927 blieb er aber Mitglied des Provinziallandtags, in den er im Juni 1919 erwählt worden war.[27]

Herzstück seines Engagements blieb die Kommunalpolitik. Im Dezember 1922 wird ihm das Ehrenbürgerrecht der Stadt Brandenburg verliehen. Nach der Kommunalwahl 1919 mit absoluter Mehrheit der Sozialdemokraten in der Stadtverordnetenversammlung wurde er zu deren Vorsteher bis 1924 gewählt, dann nach einem für die SPD eher enttäuschenden Wahlergebnis 1924 zu deren Stellvertreter und 1926 bis zu seinem Tode 1927 mit den Stimmen von SPD und der KPD nochmals zum Vorsteher. Damit ist er mit einer Amtszeit von 1898 bis 1927 der am längsten amtierende Stadtverordnete der Stadt Brandenburg gewesen.

Unter seiner Leitung als Vorsteher der Stadtverordnetenversammlung und in enger Zusammenarbeit mit dem befreundeten Oberbürgermeister Walter Ausländer wurden entscheidende kommunalpolitische Weichen gestellt. So wird im April 1919 auf Antrag der SPD die Bildung eines städtischen Wohlfahrtsamtes durchgesetzt. Damit konnte den in dieser schwierigen Umbruchzeit Notleidenden wenigstens eine kleine Unterstützung gewährt werden. Ein weiterer Schwerpunkt der Arbeit der Stadtverordneten unter Leitung Sidows ist die Bildungspolitik: Im März 1920 wurde die Einführung des fortschrittlichen Konzepts der Einheitsschule beschlossen, im Monat darauf die Eröffnung eines Volksschulkindergartens zur Vorbereitung der Kinder auf die Einheitsschule. Im Januar 1923 wurde ein Beschluss zur Einführung der achtklassigen Volksschule gefasst sowie Maßnahmen zur Verbesserung der Berufsschulbildung.[28] Von 1919 bis 1927 prägte Sidow also ganz wesentlich die sozialdemokratische Kommunalpolitik seiner Vaterstadt.

---

27 Brandenburger Anzeiger vom 26.9.1919.

28 Heinrich u. a., a. a. O., S. 61.

Traditionen und Gedenken

Im neu formulierten Gesellschaftsvertrag der OHG Sidow & Co vom 26. Februar 1926 wurden Otto Sidow, Friedrich Rossmann und Konrad Eichler als Inhaber bezeichnet, Sidow noch zusätzlich als Geschäftsführer. Rossmann war ebenfalls Stadtrat wie Sidow und Urgroßvater des heutigen (2020) Landesschatzmeisters der SPD Brandenburg, Dr. Harald Sempf, eine stolze sozialdemokratische Tradition. Eichler war nach 1945 für kurze Zeit Oberbürgermeister von Brandenburg, bevor er aus politischen Gründen verdrängt wurde.

Zum 35. Jahrestag der Gründung der sozialdemokratischen *Brandenburger Zeitung* 1926 hielt der Vorsitzende der SPD, Otto Wels, die Festrede und nannte Otto Sidow in seiner Würdigung einen »Apostel des Sozialismus.«[29] Selbst vonseiten der DDR, die ihn als Reformisten, Revisionisten und »Arbeiteraristokraten« abgelehnt hat, wird anerkannt, dass er »in organisatorischer Beziehung Außerordentliches geleistet« habe. »Partei und Parteidruckerei (seien) unter seiner Leitung groß geworden.«[30]

Die Nationalsozialisten beschlagnahmten nach der Machtergreifung 1933 die *Brandenburger Zeitung* und zerstörten damit das Lebenswerk von Otto Sidow. Das Amtsgericht Brandenburg teilte am 19.12.1933 die Löschung der Firma Otto Sidow & Co aus dem Handelsregister mit.

Anlässlich seines 70. Geburtstages am 1. Mai 1927 wurde zu seinen Ehren in der Stadt Brandenburg eine »Otto-Sidow-Straße« eingeweiht, die nach einer Umbenennung in der Nazi-Zeit jetzt wieder so heißt. Inzwischen gibt es auch einen »Otto-Sidow-Platz«. Im Juli 1927 gab er den ersten Band seiner Memoiren *Durch Sturm und Drang, Erinnerungsblätter zur Geschichte der Brandenburger Arbeiterbewegung bis zum Sozialistengesetz von 1878* heraus, für einen zweiten Band war es zu spät.

29 Kusior, a. a. O., S. 89.
30 Zeitz, a. a. O., S. 37.

Am 6. September 1927 starb Otto Sidow und wurde unter großer Anteilnahme am Fuße der Symbolurne auf dem Krematorium beigesetzt. Er repräsentierte in seiner Person die Geschichte der alten Sozialdemokratie in Brandenburg. Ihn leitete das Motto: »Die Vaterstadt über die Partei«. Das Wohl der Allgemeinheit im Sinne sozialer Gerechtigkeit war ihm wichtiger als Sonderinteressen von Partei und einzelner Gruppen. In zeitgenössischen Würdigungen wurde er als zutiefst ehrlicher, selbstloser, realistischer und jedem Opportunismus abholder Mensch dargestellt.[31] Otto Sidow war sein Leben lang ein kämpferischer, mutiger Sozialdemokrat, der immer auf dem Boden blieb, und der ein Vorbild auch für die heutige Generation sein kann. Er blieb sein Leben lang bescheiden. Um ihn persönlich zu charakterisieren, pflegte einer seiner Söhne gelegentlich zu sagen: »Er starb in dem Bett, in dem er als Tabakarbeiter geschlafen hatte.«[32]

Literatur

Dankward Sidow: Otto Sidow, Leben und Wirken, Mutmaßungen und Tatsachen, in: Wolfgang Kusior, Thomas Reichel (Hg.), Erinnerungen an eine Rote Hochburg, Potsdam 2012, S. 64-91.

Wolfgang Kusior: Otto Sidow, Kommunalpolitiker, Verleger, Sozialdemokrat, in: Marcus Alert, Wolfgang Kusior (Hg.), 45 namhafte Brandenburger, Berlin 2002.

31 Kusior, a. a. O., S. 39.

32 Dankward Sidow, a. a. O., S. 90.

Arthur Stadthagen | »Anwalt der Armen«

von Christoph Wunnicke

Arthur Stadthagen

Der am 23. Mai 1857 in Berlin gemeinsam mit einem Zwillingsbruder geborene Arthur Stadthagen wuchs in der Mitte der Reichshauptstadt als dritter Sohn wohlhabender jüdischer Eltern auf. Von 1865 bis 1876 besuchte er das Gymnasium, um anschließend Jura zu studieren.

Die zu Beginn der zweiten Hälfte des 19. Jahrhunderts nach Berlin Einwandernden kamen überwiegend aus der Mark Brandenburg. Mit etlichen leistete Stadthagen von 1876 bis 1877, quasi zu Beginn seines Jurastudiums, Militärdienst in Berlin. Möglicherweise kam er hier zum ersten Mal in intensiveren Kontakt mit der Mark und ihren Menschen.

Die Studienzeit Stadthagens fiel zusammen mit dem Beginn des Sozialistengesetzes, das am 21. Oktober 1878 in Kraft trat. Gut einen Monat später, am 28. November 1878, entsprach der Bundesrat außerdem der Forderung Preußens, über Berlin sowie die Stadtkreise Charlottenburg und Potsdam, aber auch die Landkreise Niederbarnim, Teltow und Osthavelland den sogenannten »Kleinen Belagerungszustand« zu verhängen. Infolgedessen wurden knapp 70 Berliner Sozialdemokraten der Stadt verwiesen, deren Appell an die verbleibende Partei mit den Worten endete »An unserer Gesetzlichkeit müssen unsere Feinde zu Grunde gehen.« Gesetzlichkeit und Sozialdemokratie zu verbinden, war das zentrale politische

Ansinnen Arthur Stadthagens. So wurde er zum ersten »Rechtslehrer« der jungen Sozialdemokratie.

Jurist und Sozialdemokrat

Nach Ende seines Studiums war Stadthagen Assessor am Berliner Landgericht II. Er wurde zum »Anwalt der Armen«, vor allem solcher, die gegen das Sozialistengesetz verstoßen hatten. Ab 1885 war Stadthagen beispielsweise als Anwalt des »Arbeiterinnenvereins« um Emma Ihrer tätig. Dem entsprechend berichtete am 9. Juni 1886 das *Berliner Volksblatt* unter dem Titel »Die Leiterinnen der Berliner Arbeiterinnenbewegung vor dem Untersuchungsrichter«:

> »Gestern Vormittag erschienen die Vorstände und einzelnen Mitglieder des Fachvereins der Mantelnäherinnen, des Vereins der Arbeiterinnen Berlins (Nordverein) und des Vereins zur Wahrung der Interessen der Arbeiterinnen vor dem Untersuchungsrichter, Landgerichtsrat Hollmann. Im Ganzen waren 14 Vorladungen ergangen. Frau Dr. Marie Hoffmann, Frau Ihrer und Frl. Jagert empfingen dieselben erst Dienstag Morgen. Die letzteren und andere verweigerten auf den Rath ihrer Beistände, der Rechtsanwälte Stadthagen und Kaufmann, jedwede Äußerung. Der Verein zur Wahrung der Interessen der Arbeiterinnen hat im Laufe des Montages durch seinen Vertreter gegen die vorläufige Schließung des Vereins, die zu Unrecht erfolgt sei, Protest erheben lassen.«

Auch derartig entschlossene anwaltliche Tätigkeit für Unterprivilegierte führte dazu, dass im April 1887 anlässlich einer Feierlichkeit des »Vereins für Volksbildung«, an der sich Stadthagen als Festredner betätigte, seine eingehende polizeiliche Bespitzelung begann.

Zu diesem Zeitpunkt war Stadthagen bereits Mitglied der durch das Sozialistengesetz bekämpften sozialdemokratischen Partei, der er zwischen 1884 und 1887 beigetreten sein muss. Das genaue Datum ist unklar. Etwas verspätet vermeldete am 11. Mai 1889 die »Neue Preußische Zeitung«:

> »Der Rechtsanwalt Arthur Stadthagen soll nach einer kürzlichen Meldung der ›Vossischen Ztg.‹ seinen Beitritt zur sozialdemokratischen Partei definitiv vollzogen haben, ein Vorfall, der einigen Blättern Gelegenheit giebt, über das enge Zusammenwirken des Judenthums mit der Sozialdemokratie zu sprechen. Allerdings ist dafür im vorliegenden Falle ein neuer eklatanter Beweis gegeben, doch ist von größerem Gewicht wohl die Frage, in wie weit sich die Stellung eines offenen Anhängers der Sozialdemokratie mit derjenigen eines Rechtsanwalts verträgt.«

Diese Frage sollte sich einige Jahre später, zumindest für die Person Stadthagen, zu dessen Nachteil klären.

Bereits im Jahr 1887 stieg der Stimmenanteil der Sozialdemokraten im Reichstagswahlkreis Niederbarnim, dem größten preußischen Wahlkreis, von 2.893 auf 5.680 Stimmen. Zum letzten Mal wurde der Wahlkreis von einem Konservativen gegen den unterlegenen Sozialdemokraten Georg von Vollmar gewonnen.

Im Niederbarnim begann die Geschichte der organisierten Arbeiterbewegung mit Arbeiterbildungs- und Turnvereinen, einem Vertrauensmännersystem sowie unterschiedlichen genossenschaftlichen Organisationen. Im *Niederbarnimer Kreisblatt* war am 22. Mai 1889, einen Tag vor Stadthagens 32. Geburtstag, über einen Einsatz des Amtsvorstehers in Erkner zu lesen:

> »Am Bußtage hatten Sozialdemokraten aus Berlin eine Versammlung in dem benachbarten Dorfe Neu-Zittau geplant, von welchem Vorhaben dem hiesigen Amtsvorsteher Mitteilung zugegangen war und derselbe infolgedessen, begleitet von dem Gendarmerie-Oberamtmeister Noak aus Bernau, dem hiesigen berittenen Gendarm Lehmann und dem Fußgendarm Busse aus Kalkberge-Rüdersdorf, das Unternehmen inhibierte. Wie gebräuchlich, machte sich in den Reihen der Sozialdemokraten der Ärger über die ungewünschte Störung mehrfach in spöttischen Bemerkungen Luft, aber die Beamten ließen sich dadurch nicht aus ihrer Ruhe bringen, und ohne daß es zu unerquicklichen Weiterungen gekommen wäre, fuhren die ungebetenen Gäste wieder per Eisenbahn nach Berlin zurück.«[1]

Kandidatur und Wahlkampf

Dieser Zeitungsartikel zeigt einerseits das frühe »Verbundensein« des Niederbarnimer Wahlkreises mit der Berliner Sozialdemokratie, klärt aber andererseits nicht, wie genau Stadthagen an diesen Wahlkreis geriet. Das *Berliner Volksblatt* verkündete nämlich am 8. Oktober 1889:

> »Sozialdemokratischer Kandidat. In einer am Sonntag Nachmittag im Restaurant ›Zum Seeschlößchen‹ zu Reinickendorf abgehaltenen und von etwa 800 Personen besuchten öffentlichen Volksversammlung ward nach einem Referat des Rechtsanwalts Stadthagen der Referent einstimmig zum Reichstagskandidaten für den Nieder-Barnimer Kreis aufgestellt.«

Tatsächlich wurden von der Berliner Sozialdemokratie neben den beiden bereits aktiven Mandatsträgern Paul Singer und Karl Liebknecht auch in den Brandenburger Gebiet einschließenden Wahlkreisen Teltow-Beeskow-Charlottenburg mit Wilhelm Verner und Niederbarnim mit Arthur Stadthagen neue Kandidaten aufgestellt. Stadthagen rechnete wahrscheinlich lediglich mit einer Zählkandidatur.

Arthur Stadthagen kandidierte parallel auch für die Wahl zur Stadtverordnetenversammlung Berlins am 19. November 1889 und erhielt bei dieser Wahl sein erstes Parlamentsmandat, das er bis zu seinem Tode immer wieder gewann. Noch unter dem Sozialistengesetz wurde die Sozialistische Arbeiterpartei Deutschlands (SAPD) bei der Reichstagswahl am 20. Februar 1890 mit 1.427.298 Stimmen reichsweit die stärkste Partei. Auch Stadthagen lag in seinem Wahlkreis vorn, musste aber in die Stichwahl. So ging der Wahlkampf weiter. Bei einem Wahlkampfauftritt einer sozialdemokratischen

---

1 Holger Czitrich-Stahl: Arthur Stadthagen – Anwalt der Armen und Rechtslehrer der Arbeiterbewegung. Politische Biographie eines beinahe vergessenen sozialdemokratischen Juristen und Reichstagsabgeordnete, Hagen 2014. Diese Arbeit ist nicht nur die einzige umfassende Biografie Stadthagens, sie ist gleichzeitig die zentrale Datengrundlage vorliegenden Artikels, der ohne diese Arbeit nicht denkbar wäre.

Agitationsgruppe im Nordosten Berlins wurde diese von Mitgliedern des lokalen Kriegervereins, aber auch von Bauern angegriffen, was zu schweren Verletzungen führte und unter dem Namen »Blumberger Schlacht« in die Geschichte einging. Trotzdem hatte die SAPD ihren Zuspruch in den Orten um Berlin, in denen sich immer mehr Arbeiter ansiedelten, ausgebaut.

Abgeordneter

Mit dem knappen Stichwahlsieg Arthur Stadthagens am 1. März 1890 gegen seinen konservativen Gegenkandidaten, den Textilfabrikanten Arnold Lohren von der Deutschen Reichspartei, gelang der Sozialdemokratie erstmals auch außerhalb Berlins (zum Wahlkreis gehörten neben den späteren Berliner Orten Lichtenberg, Pankow, Reinickendorf, Weißensee, Friedrichshagen und Köpenick, Bernau und Oranienburg) ein Reichstagsmandat für die Sozialdemokratie zu erringen. In Bernau stimmten 942 von 1.670 wahlberechtigten Bürgern für Stadthagen. Fortan gehörte der Wahlkreis Niederbarnim zum unverlierbaren Bestand der Sozialdemokratie. Stadthagen verteidigte dieses Mandat bis zu seinem Tod im Ersten Weltkrieg.

Bis 1907 wurde Arthur Stadthagen neben August Bebel oder Paul Singer zu einem der häufigsten Redner der SPD im Reichstag. Zum ersten Mal taucht sein Name in den Protokollen der fünften Sitzung des Reichstags am 13. Mai 1890 auf. Seine erste Rede hielt er am 21. Juni 1890 während einer Beratung des »Entwurfs eines Gesetzes betreffend die Gewerbegerichte«. Seine erste Haushaltsrede zum Etatentwurf für die Justizverwaltung hielt Stadthagen am 16. März 1891.

Stadthagens Rednertalent wurde unterschiedlich beurteilt. Stanisław Stempowski, Übersetzer, Publizist und sozialdemokratischer polnischer Politiker, bereiste gelegentlich Deutschland und das politische Berlin. Er notierte über die Auftritte Berliner Sozialdemokraten:

»Meistens erfolgte das in großen Bierhallen, in denen die Arbeiter im Zigarrenrauch beim Krug Weißbier saßen und den Reden ihrer Abgeordneten und Agitatoren lauschten. Ich kann nicht sagen, ich wäre sehr angetan gewesen von diesem Oberlehrergehabe, es drehte sich nämlich um ganz praktische, bauchbetonte Fragen, die auf allzu simple Weise mit einem Generalschlüssel gelöst wurden, mit dem sich alles leicht öffnen ließ. Ich traf keinen einzigen talentierten Redner; dieser Stadthagen zum Beispiel, Abgeordneter, Redakteur und Publizist, marterte mich mit einem trockenen, hölzernen Vortrag.«[2]

Engagiert für die brandenburgische Sozialdemokratie

Die politische Agitation wurde jedoch zwangsläufig zu einer von Stadthagen immer wieder praktizierten Übung. Die Entlassung Bismarcks durch Kaiser Wilhelm II. am 18. März 1890 und das Auslaufen des Sozialistengesetzes am 30. September 1890 beendete die »Zuckerbrot-und-Peitsche-Politik«. Auf dem ersten legalen Parteitag der Sozialdemokratie vom 12. bis 18. Oktober 1890 in Halle, dem ersten Parteitag, den Stadthagen als Delegierter besuchte, folgte am 30. November 1890 eine erste, von Hunderten Sozialdemokraten besuchte Versammlung der SPD des Regierungsbezirkes Potsdam im Potsdamer Feuerheerdt'schen Lokal, Zimmerstraße 2. 33 Delegierte des Regierungsbezirks berieten über die zukünftige Organisation der Parteiarbeit. Einer der zentralen Diskussionsgegenstände war die schwierige Partei-, vor allem aber Agitationsarbeit in den ländlichen Regionen. Sie künftig besser zu gestalten, wurde ein »Agitations- und Organisations-Comite« gewählt, dem auch Arthur Stadthagen angehörte. Er setzte sich hier für eine bessere Verzahnung der starken Berliner Parteiarbeit mit der sozialdemokratischen Organisationsstruktur in der Provinz Brandenburg ein.

2 Dorota Danielewicz-Kerski, Maciej Górny: Berlin. Polnische Perspektiven: 19.–21. Jahrhundert, Berlin 2008, S. 69.

Die anstehenden sozialdemokratischen Feiern zum 1. Mai 1891 unterstützte Stadthagen agitatorisch auch in Brandenburg, beispielsweise in Strausberg mit einer Rede vor 1.000 Besuchern und einer weiteren Rede am Abend vor 750 Zuhörern in Bernau. Diese Kundgebung endete mit einem »Hoch« auf die »8-Stunden-Bewegung«.

Drei Monate später sprach Stadthagen am 2. August in Schöneiche, wo die örtliche Sozialdemokratie eine Veranstaltung zu den Getreidezöllen abhielt. Das *Niederbarnimer Kreisblatt* berichtete:

> »Am 2. d. Mts., Nachmittags 4 Uhr, fand hier im Pedall'schen Gasthofe eine socialdemokratische Versammlung statt, in der der Reichstagsabgeordnete unseres Kreises, Rechtsanwalt Stadthagen, zum ersten Male vor seinen Getreuen in unserer Gegend sprach. Wie sehr erklärlich, war der Versammlungssaal fast mehr als übervoll, da die Bewohner unserer Gegend, die das zweifelhafte Glück entbehren, an der Hauptheerstraße der Agitation zu liegen, ein wahres Schauspiel darin erblickten, einen wirklichen Reichstagsabgeordneten sprechen zu hören. Am Schlusse der Versammlung wurden die beiden folgenden Resolutionen gefaßt: 1. Abschaffung der Getreidezölle, 2. Verstaatlichung der dringend nothwendigen Lebensmittel.«

Es ging der Sozialdemokratie aber nicht nur um günstige Lebensmittel, Zölle und Arbeiterrechte. Nach dem Erfurter Programmparteitag von 1891 bewegte sich die Sozialdemokratie zwischen ihrer radikalmarxistischen Kapitalismuskritik und alltäglicher politischer (Parlaments-)Arbeit zum Wohle immer größerer Teile der benachteiligten Arbeiterschaft. Stadthagen versuchte, nach dem Erfurter Parteitag mit seiner juristischen Kompetenz den programmatischen Höhenflügen mit alltäglicher Realpolitik zu begegnen.

Die Sozialdemokratie des Niederbarnimer Wahlkreises gehörte zu den Eckpfeilern der Linken innerhalb der SPD. Mehrmals delegierte der Kreis Niederbarnim Rosa Luxemburg zu Parteitagen. Konservativere Sozialdemokraten wie Paul Brühl, seit 1909 Vorsitzender der sozialdemokratischen Parteiorganisation des Kreises

Niederbarnim, hatten jedoch auch als Minderheit einflussreiche Positionen in der Sozialdemokratie des Kreises inne. Arthur Stadthagen wiederum war bekennender Anhänger des von August Bebel und Karl Kautsky verfolgten Marxismus und Gegner von Reformismus und Revisionismus. Noch aber war die Parteiarbeit in den brandenburgischen Teilen des Wahlkreises von Stadthagen unterentwickelt. Die am 15. Mai 1892 in Berlin tagende »Parteikonferenz für die Provinz Brandenburg« beschloss deshalb verstärkte Agitationsmaßnahmen für diesen Raum. So trafen sich in den folgenden Monaten gelegentlich Arbeitergesangsvereine in Stralau, um singend und agitierend in Richtung Kaulsdorf zu ziehen.

Nicht mehr Anwalt – aber einziger Jurist in der Reichstagsfraktion

Am 17. November 1892 wurde Arthur Stadthagen wegen öffentlicher politischer Rede, vor allem öffentlicher Kritik an seinen Berufskollegen, aus dem Rechtsanwaltsstand ausgeschlossen. Der erste Rechtslehrer der Sozialdemokratie wurde somit von seinem Berufsstand verfemt.

Wenige Monate später wurde der Reichstag aufgelöst. Auf einer für den 7. Mai 1893 einberufenen SPD-Konferenz für die Provinz Brandenburg war Stadthagen der Überzeugung, dass die Vorzeichen für die Sozialdemokratie günstig seien, neben dem Agitieren aber auch organisiert und vor allem die Anhängerschaft verstärkt werden müsse. Die Reichstagswahlen am 15. Juni 1893 gewann Stadthagen im Wahlkreis Niederbarnim recht souverän mit 18.606 Stimmen gegenüber dem konservativen Mitbewerber, der 17.857 Stimmen erhielt.

Wenn auch nicht mehr Rechtsanwalt, war Stadthagen bis 1897 der einzige Jurist in der SPD-Reichstagsfraktion. Vor allem war er der erste Jurist in einer SPD-Reichstagsfraktion überhaupt. Als Stadthagen am 3. August 1895 im Niederbarnim eine Rede zum Agrarprogramm der SPD hielt, war der russische Revolutionär Wladimir Iljitsch Lenin unter seinen Zuhörern. Zwei Tage später starb Friedrich Engels, während Lenin in Berlin juristische Schriften Stadthagens erwarb. Vor allem das erste bedeutende Rechtswerk Stadthagens, *Das Arbeiterrecht*, wurde wegen seines großen Erfolgs 1896 neu aufgelegt und erfuhr bis 1904 insgesamt vier Auflagen. Im Vorwort zu seiner 1. Aufl. ist zu lesen:

> »Die vorliegende Schrift will dem gewerblichen Arbeiter die Möglichkeit erleichtern, die wenigen Rechte, die ihm aus dem Arbeitsvertrage und aus der sogenannten sozialpolitischen Gesetzgebung erwachsen, kennen zu lernen und möglichst selbstständig wahrzunehmen, sowie da, wo er als Gewerbegerichtsbeisitzer fungirt, seiner Aufgabe nachzukommen.«

Die sozialdemokratischen Abgeordneten stimmten am 1. Juli 1896 im Reichstag gegen das Bürgerliche Gesetzbuch, welches am 1. Januar 1900 in Kraft trat. Stadthagen war an diesem Abstimmungsverhalten als einziger Jurist der Fraktion wesentlich beteiligt. Er, der nie verheiratet war und ohne Nachfahren blieb, hatte sich im Vorfeld für ein kollektives Arbeitsrecht wie auch die Gleichberechtigung von Mann und Frau in der Ehe eingesetzt, was von den bürgerlichen Fraktionen abgelehnt wurde.

Nach Inkrafttreten des Bürgerlichen Gesetzbuchs verfasste Stadthagen das auf die Rechtsinteressen der Arbeiterschaft fokussierte Buch *Führer durch das Bürgerliche Gesetzbuch*, welches er entlang des Rechtsfortschritts fortschrieb und dadurch mehrere Auflagen erlebte.

Auch die dritte Provinzialkonferenz der Sozialdemokratie Brandenburgs am 15. September 1895 diskutierte erneut die Frage der unterentwickelten Landagitation. Reichsweit beschäftigten Stadthagen auch andere Themen. Am Ende des Gothaer Parteitags 1896 stritten die Delegierten um die Frage »Kunst und Sozialismus«. Ausgelöst durch das fast jeder Parteizeitung beigelegte Unterhaltungsblatt *Neue Welt*, welches zwei naturalistische Romane abgedruckt hatte, stritten viele Delegierte stundenlang über das »sexuell Gemeine«, das »in den Vordergrund gestellt« werde und »stinkende Schweinereien«. Positionen, denen sich Arthur Stadthagen weitgehend anschloss. Zwei Jahre später, auf dem Stuttgarter Parteitag, wurde in der Debatte über den Geschäftsbericht des Vorstandes die Parteitaktik und damit der Opportunismus diskutiert. Stadthagen griff hier Parteigenossen an, die das Endziel der sozialdemokratischen Bewegung sehr zurückgestellt hätten, was die Kampffreudigkeit der Genossen im vergangenen Wahlkampf geschwächt hätte.

Um die Problematik der Wahlen ging es wenig später auch in den »Niederungen« der brandenburgischen Politik. Eine Versammlung der Sozialdemokraten des Niederbarnim diskutierte am 5. September 1897 das Für und Wider einer Beteiligung an den Wahlen zum Abgeordnetenhaus Preußens im Jahr 1898. Während der Kölner Parteitag der SPD im Jahr 1893 sich dagegen ausgesprochen hatte und die Berliner Sozialdemokraten dieser Empfehlung folgten, wollten die Sozialdemokraten des Niederbarnim dies diskutieren. Stadthagen plädierte in seinem Grundsatzreferat gegen die Teilnahme an einer Wahl nach dem preußischen Dreiklassenwahlrecht. Einstimmigkeit konnte in der Sache nicht hergestellt werden.

Bei den Reichstagswahlen am 16. Juni 1898, einen Monat, nachdem Stadthagen wahrscheinlich zum ersten Mal länger mit Rosa Luxemburg zusammentraf, deren Rechtsberater er zeitweilig war, entschied Stadthagen seinen Wahlkreis mit 56,6 Prozent für sich.

Die Problematik sozialdemokratischer Agitation in der brandenburgischen Provinz war aber weiterhin ungelöst. Die Sozialdemokratie der Provinz Brandenburg gründete deshalb mit Parteitagsbeschluss vom 17. September 1899 die für die »Agitation der Schnitter, Wanderarbeiter und sonstigen ausgebeuteten Schichten der Landbevölkerung« gedachte monatlich erscheinende Zeitschrift *Die Fackel*. Stadthagen wurde ihr Chefredakteur und erhielt dafür ein monatliches Salär von 50 Mark. Im Editorial der ersten Ausgabe war (wahrscheinlich vom Verfasser Stadthagen) zu lesen:

> »Nicht ohne Opfer haben Eure Arbeitsbrüder in der Stadt die Zeitung geschaffen. Nun ist es an Euch, dieselbe zu erhalten und zu einem wirksamen Kampfmittel für das Recht in jeder Form und für die Befreiung der erwerbsthätigen Bevölkerung aufzubauen. ›Die Fackel‹ wird Euch jeder Zeit ein treuer Freund und Berather sein.

> Sie wird Euch alle Monate einmal Aufklärung über das bringen, was in der Stadt vorgeht.«

Weniger als ein Jahr später berichtete sie über die Beisetzung eines der ersten bekannten Sozialisten auf dem Zentralfriedhof in Berlin-Friedrichsfelde: Wilhelm Liebknecht!

Die am 6. September 1903 im Berliner Gewerkschaftshaus tagende SPD-Parteikonferenz für Berlin und die Provinz Brandenburg bereitete den SPD-Parteitag in Dresden ab dem 13. September vor und hörte eingangs Stadthagens Hauptreferat. Unter dem Titel »Was legt uns das Ergebnis der Reichstagswahlen für Verpflichtungen auf?« führte Stadthagen aus:

> »Liegt irgend ein Anlaß vor, in der Agitation, in der Organisation oder in der Presse anders vorzugehen als bisher? Hoffentlich sind wir alle einverstanden, daß jeder einzelne die doppelte und dreifache Verpflichtung hat, die Indifferenten aufzurütteln, zu bewußten Klassenkämpfern zu erziehen [...]«.

Die 6.000 Mitglieder starke Sozialdemokratie des Niederbarnim konstituierte sich am 3. Dezember 1905 zu einem Kreiswahlverein mit eigenem Statut. Ein »Verwaltungs- und Aktionsausschuß« wurde zum zentralen operativen Gremium. Stadthagen wirkte in der Agitationskommission und warb für ein Kartellverhältnis der sozialdemokratischen Kreisorganisationen der Provinz Brandenburg mit den Berliner Wahlvereinen, das ab 1906 auch vorübergehend existierte. Die Parteikonferenz für Berlin und Brandenburg am 2. September 1906 beriet über diese weitere Verklammerung der Parteiarbeit von Brandenburg und Berlin. Sozialdemokratische Agitation blieb (zwangsläufig) neben der Rechtspolitik Stadthagens Steckenpferd.

Ab 1906 unterrichtete Stadthagen an der Berliner Parteischule der SPD Rechtsfragen und Arbeitsrecht. Spätestens ab diesem Jahr lebte Stadthagen vor allem von den Diäten, seinen Honoraren beim *Vorwärts*, dessen Redakteur er mittlerweile war wie auch den *Fackel*-Honoraren sowie den Mieteinkünften eines ihm gehörenden

Hauses in der Berliner Manteuffelstraße. Diverse Einkünfte für seine Publikationen sicherten seine materielle Existenz noch darüber hinaus. Stadthagens Wohnung befand sich in dieser Zeit in der Friedrich-Wilhelm-Straße 13 in Berlin-Tiergarten.

Bei den siegreichen Reichstagswahlen des Jahres 1912 erhielt die Sozialdemokratie in Berlin 507.762 Stimmen, in Brandenburg 419.000. Der Kreisvorsitzende von Niederbarnim, Paul Brühl stellte fest: »Wir haben so gearbeitet, als wenn der Kreis zum ersten Male erobert werden sollte. Zu unseren Erfolgen haben auch unsere Rechtsauskunftsstellen beigetragen. Ein beachtenswertes Stück Arbeit haben die Genossen durch die Verteilung von 1.174.750 Flugblättern geleistet.«

Bei der Spaltung der Partei hält sich Stadthagen links

Die sogenannten »Revisionisten« innerhalb der SPD hofften nun stärker denn je, mit dem allgemeinen, geheimen und gleichen Wahlrecht auf dem Weg der Parlamentarisierung zu einer absoluten Mehrheit gelangen zu können. Sie bauten ihre Macht aus. Das seit 1906 bestehende Kartellverhältnis zwischen der Berliner und der brandenburgischen SPD, in dem vor allem die Unterstützung der SPD in den Provinzkreisen durch die Hauptstadt Sozialdemokratie festgeschrieben war, wurde auch deshalb auf Betreiben der Parteilinken in Berlin um Liebknecht und Stadthagen 1912 aufgekündigt.

Eine Sonderkonferenz der Linken innerhalb der SPD tagte im Juni 1912 in Eisenach, um eine gemeinsame Strategie in Fragen der Parteiorganisation abzustimmen. Neben Stadthagen waren auch andere wesentliche Träger der späteren Bildung der USPD anwesend. Auf dem Chemnitzer SPD-Parteitag im September 1912 schätzte Stadthagen das Kräfteverhältnis innerhalb der Reichstagsfraktion mit 60 Vertretern für die Linke, 30 Abgeordneten für die Rechte und 20 Indifferenten ein.

Nach Ausbruch des Ersten Weltkriegs am 1. August 1914 wurde das sozialdemokratische Leben im Niederbarnimer Wahlbezirk zurückgefahren, viele ehemals aktive Mitglieder waren im Kriegseinsatz. Auch die Parteischule stellte ihre Arbeit ein. Mit der Zäsur der Reichstagabstimmung über die Kriegskredite vom 4. August 1914 und die sogenannte »Burgfriedenspolitik« geriet nicht nur die SPD-Reichstagsfraktion, sondern die gesamte sozialdemokratische Partei in Streit. Anfang des Jahres 1915 belebte sich der innerparteiliche Diskurs innerhalb der SPD wieder. Der Burgfriedensbeschluss war aufgehoben, Stadthagen sah die Mission der Parteilinken darin, »die Mehrheit wieder auf den Weg der Grundlinien unseres Programms zurückzuführen«. Der radikallinke Parteiflügel um Rosa Luxemburg und Karl Liebknecht gründete aber Anfang 1915 die Gruppe »Internationale« innerhalb der SPD.

In der Reichstagssitzung am 20. März 1915 kritisierte Stadthagen die Einschränkungen der Presse. Militärische Befehlshaber würden die vollziehende Gewalt ausüben, was vor allem die sozialdemokratischen Medien, am schlimmsten den *Vorwärts* in Berlin, betreffen würde. Einen Monat später wurden Stadthagen und andere Sozialdemokraten an der Ausreise zur zweiten Zimmerwalder Konferenz vom 24. bis 30. April im schweizerischen Kienthal gehindert. Auf der »Zimmerwalder Konferenz«, dem Versuch, die »Sozialistische Internationale« neu zu organisieren, hatte sich die versammelte internationale Arbeiterbewegung in Reformisten und Revolutionäre oder auch Sozialdemokraten und Kommunisten gespalten. Stadthagen zählte sich eher zu den Letzteren.

Hunderte Berliner Arbeiterfunktionäre unterschrieben im Juni 1915 einen von Karl Liebknecht formulierten Protestbrief an die SPD-Führung, in dem diese aufgefordert wurde, entlang der Parteibeschlüsse und des Programms einen konsequenten Kampf für den Frieden zu beginnen. Stadthagen gehörte zu seinen Unterzeichnern.

Er verband seinen Idealismus aber weiterhin mit einem ausgeprägten Pragmatismus. So beantragte er 1915, dass nur solche Fraktionsbeschlüsse als verbindlich gelten können, die den Parteitagsbeschluss und dem Parteiprogramm entsprechen würden. Der Antrag wurde abgelehnt. Spätestens 1916 geriet auch *Die Fackel*, die von Stadthagen mitgegründete Agitationszeitschrift für die ländlichen Teile seines Wahlkreises und die brandenburgischen

Regionen darüber hinaus, unter die Vorherrschaft der gemäßigten und rechten Sozialdemokraten. Nach seiner Teilnahme an der dritten Zimmerwalder Konferenz schmuggelte Stadthagen das dort beschlossene Manifest in den Manschetten seines Hemdes nach Deutschland ein.

Am 24. März 1916 gründete die Minderheit der Kriegskrediteverweigerer innerhalb der SPD-Reichstagsfraktion eine 20 Mandatsträger umfassende »Sozialistische Arbeitsgemeinschaft« (SAG) als eigenständige Reichstagsfraktion. Angeführt von Karl Liebknecht gehörte ihr auch Arthur Stadthagen an. Er stimmte am 21. Dezember 1915 gegen die Kriegskredite. Die Arbeitsgemeinschaft tagte am 7. Januar 1917, kritisierte einerseits den Parteivorstand, wollte aber innerhalb der Partei weiterarbeiten. Nachdem der SPD-Parteivorstand trotzdem viele Parteilinke ausgeschlossen hatte, gründeten diese am 6. April 1917 im Gothaer Volkshaus »Zum Mohren« die Unabhängige Sozialdemokratische Partei Deutschlands (USPD). Stadthagen zählte als Teilnehmer der Zusammenkunft in Gotha zu ihren Gründungsvätern. In einem Debattenbeitrag sagte er dort: »Die Organisation soll nur eine provisorische sein, aber eine Kampforganisation.« Die meisten USPD-Gründer verfolgten nämlich das Ziel, diese Partei nur eine Weile bestehen zu lassen. Nach dem Krieg sollten die Meinungsverschiedenheiten mit der SPD geklärt und auf dieser Basis eine »Wiedervereinigung« vorgenommen werden.

Acht Monate später war Stadthagen tot. Er starb am 5. Dezember 1917 in Folge einer Nieren- und Bauchfellentzündung.[3] Bei dem Begräbnis auf dem Zentralfriedhof in Berlin-Friedrichsfelde sprach unter anderen Hugo Haase für die Sozialdemokraten.

Die Nachwahl für den durch den Tod Stadthagens vakant gewordenen Reichstagssitz fand im Wahlkreis Niederbarnim am 14. März 1918 statt. Der für die USPD angetretene Rudolf Breitscheid unterlag mit 17.815 gegen fast 27.000 Stimmen für den Sozialdemokraten Rudolf Wissell deutlich.[4]

---

3 Es ist kein nennenswerter Nachlass Arthur Stadthagens erhalten.

Literatur

Holger Czitrich-Stahl: Arthur Stadthagen Anwalt der Armen und Rechtslehrer der Arbeiterbewegung. Politische Biographie eines beinahe vergessenen sozialdemokratischen Juristen und Reichstagsabgeordneten, Hagen 2014.

Eugen Ernst | Ein (fast) vergessener brandenburgischer Sozialdemokrat

von Uli Schöler

Eugen Ernst

Eugen Ernst wurde am 20. September 1864 in Murowana Goślina, einer katholisch geprägten Kleinstadt im damaligen preußischen Regierungsbezirk Posen, dem heutigen Posnan, als Sohn eines Tischlermeisters geboren. Die Familie zog schon bald in das unwesentlich größere Werder an der Havel um, wo Eugen Ernst von 1870 bis 1878 die Volksschule besuchte.[1] Nach einer vierjährigen Buchdruckerlehre in Werder ging er für einige Jahre auf Wanderschaft. Im Januar 1886 wird er in die illegale Organisation der Berliner Sozialdemokraten aufgenommen. Illegal ist die Organisation deshalb, weil unter dem Bismarck'schen »Sozialistengesetz« sämtliche sozialdemokratische Organisationen und Vereine seit 1878 verboten sind. In den Folgejahren wird er schnell zu einem

1 Die biografischen Angaben vorliegenden Textes stützen sich ganz wesentlich auf die zusammenfassende Chronologie einer unveröffentlichten Potsdamer Dissertation aus dem Jahr 1988. Frauke Mingerzahn: Eugen Ernst. Lebensbild eines Sozialdemokraten im Spannungsfeld zwischen Reaktion und gesellschaftlichem Fortschritt, Dissertation (A), Potsdam 1988, S. 190 ff. Die Autorin hat eine Unmenge an wertvollen Details über den Lebensweg von Eugen Ernst zusammengetragen. Der Textkorpus dieser Arbeit ist allerdings mit seinen Einschätzungen und Wertungen ganz wesentlich vom damalig vorgegebenen »marxistisch-leninistischen« Geschichtsbild der SED geprägt und insoweit nur in engen Grenzen brauchbar.

wichtigen, um nicht zu sagen unersetzbaren Mitglied der illegalen Organisation. Er koordiniert als Leiter einer Gruppe die Verbreitung des illegalen Zentralorgans *Der Sozialdemokrat* im Norden Berlins und wird Mitglied des übergreifenden Koordinierungs- und Leitungsgremiums der Berliner Sozialdemokraten, des »Central-Comitées«. 1889 wird er schließlich zum Vorsitzenden des Wahlvereins des 6. Berliner Reichstagswahlkreises gewählt.

Die Opposition der »Jungen«

Ein Jahr später hat es mit der Verfolgung von Sozialdemokraten und Sozialisten unter der Ägide dieses Ausnahmegesetzes ein Ende. Während es für viele Sozialdemokraten – die Parteiführung eingeschlossen – vor allem darauf anzukommen schien, nun möglichst schnell zur »normalen« Aktivität der Partei und ihres parlamentarischen wie außerparlamentarischen Lebens zurückzukehren, gehörte Ernst zu denjenigen, die jetzt eine energischere Gangart der politischen Arbeit einforderten und der Parteiführung eine Politik des Nur-Parlamentarismus vorwarfen. Er schloss sich daher der innerparteilichen Oppositionsgruppe der »Jungen« an.[2] In Beantwortung von deren zunehmenden publizistischen Attacken hatte August Bebel, der unumstrittene Vorsitzende der Partei, 1891 erklärt, man werde der Opposition »Gelegenheit verschaffen, eine eigene Partei zu bilden«.[3] Eugen Ernst antwortete darauf empört, auf diese Weise werde die Opposition rechtlos gestellt. Er trat also in diesem Zeitpunkt als ein scharfer Kritiker seiner Partei »von links« auf. In seinen späten Erinnerungen liest man dazu allerdings nur, dass er sich bei diesen heftigen Auseinandersetzungen natürlich aufseiten der Opposition beteiligt habe.[4] Die »Jungen« blieben eine kleine Minderheit ohne großen Einfluss.

2 Vgl. Dirk H. Müller: Idealismus und Revolution. Zur Opposition der Jungen gegen den Sozialdemokratischen Parteivorstand 1890 bis 1894, Berlin 1975.

3 Zit. n. Müller, a. a. O., S. 91.

4 Eugen Ernst: Ein Leben für die Arbeiterbewegung. Ansporn für unsere Jugend, Berlin 1948, S. 21.

Eugen Ernst verließ im November 1891 für mehr als zwei Jahre lang die sozialdemokratische Partei[5], dieser Schritt findet aber in seinen Lebenserinnerungen keinerlei Erwähnung. Auch die folgenden Aktivitäten nicht: Am 8. November 1891 trafen sich in Berlin unter seiner Leitung etwa 500 Personen zur Gründung einer neuen Organisation, des »Vereins Unabhängiger Sozialisten« (VUS). Man konstituierte sich offiziell als Diskutier- und Bildungsverein, unterhielt aber zugleich einen konspirativen illegalen Zirkel. Zu einem von zwei Vorsitzenden wurde Eugen Ernst gewählt. Die Richtungsdifferenzen im VUS zwischen sozialdemokratischen Unabhängigen und Anarchisten waren schon kurz nach der Neugründung ausgebrochen. Am Ende der Streitigkeiten standen im Frühjahr 1893 der endgültige Bruch und das Ausscheiden der sozialdemokratischen Unabhängigen aus dem VUS.

Im Frühjahr 1894 trat Ernst erneut dem sozialdemokratischen Wahlverein des 6. Reichstagswahlkreises bei. Bereits im Oktober wurde er dort wieder zum »Abteilungsführer«, sprich zum Vorsitzenden, gewählt, was dokumentieren dürfte, dass er trotz seines zwischenzeitlichen oppositionellen Umwegs das Vertrauen seiner ehemaligen Mitstreiter nicht verloren hatte.

Unermüdlicher Organisator der Berliner Sozialdemokratie

Trotz Aufhebung des Sozialistengesetzes 1890 hat die politische Repression gegen die Sozialdemokratie nicht aufgehört. Dies bekam auch Eugen Ernst zu spüren, der im April 1895 wegen des Drucks eines sozialdemokratischen Liederbuchs verhaftet und zu sechs Wochen Gefängnisstrafe verurteilt wurde. Binnen Jahresfrist wurde er erneut Mitangeklagter in einem Prozess wegen Verstoßes gegen das Vereinsgesetz. Die politische Polizei operierte zur Überwachung mit einem weitgespannten Netz von Polizeispitzeln, deren Entlarvung zu einem regelrechten Steckenpferd von Eugen

5 Mingerzahn, a. a. O., S. 190.

Ernst wurde. Ihm gelang es wiederholt, eingeschleuste Spitzel zu fotografieren. Aufgrund der Verbreitung der Bilder innerhalb der Bewegung waren sie dann weitgehend »verbrannt«. Seine dabei gemachten Erfahrungen hat Ernst 1911 in einem seiner wenigen schriftlichen Zeugnisse als Broschüre zusammengefasst.[6]

Für die stark auf Berlin konzentrierte Partei war der brandenburgische Nachbarbezirk natürlich so etwas wie eine Diaspora. Es ist heute noch amüsant zu lesen, unter welch beschwerlichen Bedingungen die damaligen Sozialdemokraten den Versuch unternahmen, auch Teile der Landbevölkerung für ihre Ziele zu gewinnen. Eugen Ernst verschlug es auf seiner ersten Agitationstour nach Meyenburg im Kreis Ostprignitz. Er berichtet, man habe sich vorher kräftige Stöcke geschnitten, um sich der Hunde zu erwehren, die die Bauern gelegentlich auf sie hetzten.[7] Wie erfolgreich die Genossen bei dieser Art Landagitation waren, ist nicht bekannt. Wohl aber, dass es ihnen noch einen Strafbefehl wegen der Verbreitung von Flugschriften während der Kirchzeit eintrug.

Ab Mitte der 1890er-Jahre vollzieht sich ein kontinuierlicher und unaufhaltsamer Aufstieg Eugen Ernsts in der Berliner und preußisch-brandenburgischen Sozialdemokratie. Seit dieser Zeit wird er regelmäßig von seiner Grundorganisation als Delegierter zu den sozialdemokratischen Parteitagen auf Reichsebene gewählt. Mit einer Ausnahme (Magdeburg 1910) trat er dabei allerdings nicht als Redner in den Debatten auf. Er entwickelte sich bald zum schwer zu ersetzenden politischen Organisator, für den das »Anpacken« vor Ort sicherlich eine weit höhere Priorität besaß als die inhaltliche oder gar theoretische Auseinandersetzung mit Parteiintellektuellen auf einem Reichsparteitag. Wegen seiner organisatorischen »Meriten« wurde Ernst sogar für kurze Zeit, 1900/1901, als Beisitzer in den Parteivorstand gewählt.

---

6 Eugen Ernst: Polizeispitzeleien und Ausnahmegesetze, 1878–1910. Ein Beitrag zur Geschichte der Bekämpfung der Sozialdemokratie, Berlin 1911.

7 Ernst, a. a. O., 1948, S. 31.

An der Spitze der preußischen Sozialdemokratie

Ab 1902 rückte er auch beruflich mehr und mehr ins Zentrum der Partei. Er leitete den Umzug der Parteibuchhandlung und der *Vorwärts*-Redaktion in das neue Druck- und Verlagsgebäude in der Berliner Lindenstraße, fungierte für zwei Jahre als Geschäftsführer und Firmenträger der *Vorwärts*-Druckerei und übernahm anschließend – bis 1918 – die Hausmeisterfunktion für das ganze Gebäude. Dass er nun sogar auf Reichsebene wahrgenommen und geschätzt wurde, verdeutlichen folgende Gesichtspunkte:

Die Partei entsandte ihn als einen ihrer Delegierten auf die internationalen Kongresse 1904 in Amsterdam, 1907 in Stuttgart und 1912 in Basel. 1905 wurde er in die Kontrollkommission der Partei berufen, eine Funktion, die er bis 1917 bekleiden sollte. Im selben Jahr wurde er zum Vorsitzenden der sozialdemokratischen Wahlvereine für Berlin und Umgegend gewählt, eine Funktion, die – nach einer Statutenänderung – ab 1907 mit dem Vorsitz der preußischen Landeskommission der Sozialdemokratie zusammenfiel. Er war damit – in heutiger Diktion – Landesvorsitzender der preußischen SPD. Ersteres Amt übte er bis 1916, Letzteres bis 1918 aus.

Dies war auch die Funktion, aufgrund derer er 1910 auf dem Magdeburger Parteitag das Wort ergriff. Er erläuterte die Haltung der preußischen Sozialdemokratie in der Debatte zur Wahlrechtsfrage. Umstritten war ein Antrag Rosa Luxemburgs, mit dem sie die Partei konkreter auf Massenstreikaktivitäten verpflichten wollte. Eugen Ernst vertrat dazu eine Position, die sich weitgehend mit der Haltung der Parteiführung deckte. Man verwerfe das Mittel des Massenstreiks nicht, müsse aber jeweils von Fall zu Fall Stellung nehmen, ob dieses Mittel möglich sei oder nicht.

Bald 20 Jahre lang hatte Eugen Ernst seiner Partei jetzt treu gedient. Das Jahr 1914 allerdings stellte ihn vor eine neue gewaltige Herausforderung. Schon in den beiden Jahren davor mehrten sich die Gerüchte und Warnungen, dass Europa vor einem neuerlichen Krieg stehen könne. Getreu der antimilitaristischen und internationalistischen Ausrichtung der Sozialdemokratie, wie sie vor allem auf den Kongressen der Internationale und in deren Resolutionen zum Ausdruck gekommen war, organisierte er mit der Berliner Parteiorganisation stark besuchte Massenkundgebungen gegen den drohenden Krieg. Schon am 20. Oktober 1912 demonstrierten unter seiner organisatorischen Verantwortung eine Viertelmillion Proletarierinnen und Proletarier im Treptower Park gegen Lebensmittelteuerung, Dreiklassenwahlrecht und einen drohenden Krieg. Noch 1914 rief Ernst auf einer Berliner Antikriegsversammlung aus: »Es wird eine Welle des Chauvinismus über Euch hinweggehen, laßt Euch nicht mitreißen, bleibt Euren sozialistischen Prinzipien treu, behaltet klaren Kopf in der Zukunft.«[8]

Auf der Seite der Kriegskreditbewilliger

Der strikt antimilitaristische Kurs sollte allerdings nicht lange halten. Wie in zahllosen Geschichtswerken nachgelesen werden kann, vollzog die sozialdemokratische Reichstagsfraktion Anfang August 1914 einen dramatischen Schwenk und entschied sich mit (zunächst) großer Mehrheit für die Bewilligung der Kriegskredite.[9] Der Landesvorsitzende Eugen Ernst – soviel wissen wir – vollzog diesen Schwenk der Fraktions- und Parteimehrheit mit. Während es im Berliner Teil der preußischen Landesorganisation von Anbeginn an heftige Diskussionen um diese Frage gab, scheint sich der brandenburgische Teil relativ zügig auf die neue Position der Mehrheit begeben zu haben. So lesen wir in einer eigens zu diesem Thema herausgegebenen Broschüre, dass der Bezirksverband die Haltung der Reichstagsfraktion gebilligt habe. Der weitere Text diente der Popularisierung und Erläuterung dieser Haltung.[10]

Welch' enormen Sinneswandel Eugen Ernst hinter sich gebracht hatte, lässt sich nicht nur in Auseinandersetzung mit der inner-

8 Ders., zit. n. Karl Litke: Berlins greiser Vorkämpfer, in: Ernst, a. a. O., 1948, S. 3.
9 Vgl. instruktiv die verschiedenen Beiträge in Axel Weipert u. a. (Hg.): »Maschine zur Brutalisierung der Welt«. Der Erste Weltkrieg – Deutungen und Haltungen 1914 bis heute, Münster i. Westf. 2017.
10 Vgl. Bezirksvorstand der Provinz Brandenburg: Sozialdemokratie und Landesverteidigung, Berlin 1915.

parteilichen Streitfrage, dem Verhalten zu Krieg und Frieden, sondern auch anhand seines neuen Verhältnisses zur Frage der Legitimität innerparteilichen oppositionellen Verhaltens feststellen. Er, der vor einem Vierteljahrhundert zu den schärfsten innerparteilichen Kritikern zentralistischer Entscheidungsstrukturen gehört und aufgrund dieser Differenzen sogar seine Partei verlassen hatte, präsentierte sich nun als ein Verfechter unbedingter innerparteilicher Loyalität gegenüber den Zentralinstanzen. Das Berliner *Mitteilungsblatt*, das Willensbildungsorgan seines Parteibezirks, zitiert ihn mit scharfen Verurteilungen derjenigen, die – wie Karl Liebknecht und andere – offen gegen den neuen Kurs der Partei aufbegehrten. Es sei, so Ernst in einer Rede vor der Berliner Zentralvorstandssitzung im April 1915, die Aufgabe des Parteivorstandes, den geschilderten Treibereien und Sonderbestrebungen energisch entgegenzutreten.[11] Für den »späten« Eugen Ernst als SED-Mitglied war sein zeitgenössisches Verhalten natürlich alles andere als opportun. Seine Erinnerungsschrift umschifft diese Problematik denn auch mit eher vernebelnden Sätzen. Seine Zustimmung zur Bewilligung der Kriegskredite verschweigt er gänzlich und äußert nur Bedauern darüber, dass die Sozialdemokratie gespalten in die neue Zeit eingetreten sei.

Anders als im brandenburgischen Teil seines Landesverbandes schlug die Stimmung im Berliner Teil der Organisation bald um. Die dortige Mehrheit stellte sich im Dezember 1915 hinter die 20 Reichstagsabgeordneten, die die Zustimmung zu den Kriegskrediten verweigerten. Dieser Vorgang wiederholte sich im März 1916 mit der Folge, dass die »Abweichler« aus der sozialdemokratischen Fraktion ausgeschlossen wurden. Diese gründeten daraufhin die »sozialdemokratische Arbeitsgemeinschaft«.[12] Für ihr Verhalten hatten sie mittlerweile mehrheitliche Unterstützung in sämtlichen Kreisen der Berliner Sozialdemokratie gefunden. Eine deutliche Mehrheit auch des Berliner Zentralvorstands (42 gegen

---

11 Eugen Ernst in: Mitteilungsblatt Nr. 2 vom 12.5.1915, zit, n. Mingerzahn, a. a. O., S. 91.

12 Vgl. zu den verschiedenen Aspekten dieses Spaltungsprozesses Uli Schöler, Thilo Scholle (Hg.): Weltkrieg – Spaltung – Revolution. Sozialdemokratie 1916 bis 1922, Bonn 2018.

28) verurteilte (gegen die Stimme von Eugen Ernst) nicht die Abweichler, sondern das Verhalten der Fraktionsmehrheit.[13]

Wiederum gegen das ausdrückliche Votum Eugen Ernsts, der die Einberufung und Durchführung von Generalversammlungen unter dem Kriegszustand ablehnte, fand am 26. Juni gleichwohl die erste Berliner SPD-Generalversammlung während des Krieges statt. Wie sich die Kräfteverhältnisse geändert hatten, macht das Abstimmungsergebnis über den Vorsitz deutlich. Der linke Adolph Hoffmann erhielt 307, Eugen Ernst als bisher amtierender Vorsitzender nur 67 Stimmen und musste aus dem Vorstand ausscheiden. In seinem Schlusswort warf Ernst der Linken vor, die Partei spalten zu wollen: »Was wir abgelehnt und wogegen wir uns immer gewendet haben, ist, daß man die Organisation benutzen wollte zu Zwecken, die nicht in ihrer Aufgabe liegen [...] Was beschlossen ist, muß durchgeführt werden. Die Minderheit muß sich der Mehrheit fügen.«[14] Aus dem Rebellen der frühen 1890er-Jahre war also ein »Parteisoldat« geworden, dem die Organisation als Zweck mehr bedeutete als der Respekt vor der unzweifelhaft schwierigen Gewissensfrage in der Haltung zum Thema Krieg und Frieden.

Mit der Generalversammlung war Eugen Ernst also seiner Führungsposition in der Berliner Partei enthoben, was er in seinen Erinnerungen allerdings großzügig übergeht.[15] Und was bedeutete das für die preußische Landesorganisation? Noch vor der Generalversammlung hatten die den Mehrheitskurs auf Reichsebene stützenden Kräfte vorgesorgt. Entgegen der bereits erwähnten statuarischen Bestimmung beschlossen der Parteivorstand und die preußische Landeskommission, dass man eine zu erwartende Neuwahl nicht anerkennen werde und in diesem Falle die alte Landeskommission weiter amtieren solle. Das führte zu der kuriosen Situation, dass Eugen Ernst zwar seine Führungsrolle in der Berliner SPD los war, nicht aber die daran gekoppelte Funktion als Chef

13 Vgl. Lange: Das Wilhelminische Berlin, a. a. O., S. 705.
14 Eugen Ernst in: Vorwärts Nr. 174 vom 27.6.1916, zit. n. Mingerzahn, a. a. O., S. 98.
15 Ders., a. a. O., 1948, S. 47.

der preußischen SPD. So blieb er noch bis 1918 Landesvorsitzender der preußischen Sozialdemokraten.

Im Frühjahr 1917 kulminierten die Auseinandersetzungen zwischen Mehrheit und Minderheit. Durch Ausschlussverfahren und den Entzug innerfraktioneller Rechte sah sich die Minderheit schließlich zur organisatorischen Verselbstständigung genötigt. Im April 1917 wurde die Unabhängige Sozialdemokratische Partei, die USPD, gegründet. Zu ihr ging die übergroße Mehrheit der Berliner Parteiorganisation über. Zu gemeinsamen Vorsitzenden der nur noch etwa 6.000 Mitglieder (von ehemals 120.000) zählenden SPD wurden Eugen Ernst und Otto Wels gewählt. Noch war also Ernsts Weg nach oben nicht unterbrochen oder gar gestoppt. Der Würzburger Reichsparteitag der SPD, ihr einziger während des Krieges, wählte ihn 1917 als Beisitzer in den Vorstand.

Nach der Novemberrevolution: preußischer Minister und Polizeipräsident von Berlin

Ende des Jahres 1918 überschlugen sich die Ereignisse. Die von den Hafenstädten ausgehende Novemberrevolution fegte binnen kürzester Frist Monarchie und alte Ordnung beiseite. Eugen Ernst schloss sich dem Berliner Arbeiter- und Soldatenrat an. Ziel seiner Aktivitäten und der seiner Partei war es, die Entwicklung möglichst in ruhige und geordnete Bahnen zu lenken, eine Haltung, die auch später immer wieder als zu zögerlich auf Kritik gestoßen ist.[16] Im Januar 1919 wurde Ernst (allerdings nur bis Juni 1920) als Mitglied zunächst in die verfassungsgebende Nationalversammlung sowie als Vertreter des dritten Berliner Wahlkreises in den Reichstag gewählt.

Der Plan, den die Führung der MSPD mit Eugen Ernst verfolgte, war der, ihn zum Polizeipräsidenten von Berlin zu machen. Dies scheiterte jedoch an der Haltung des Zentralrats der Arbeiter- und Soldatenräte, der am 10. November den linken USPD-Vertre-

16 U. a. auch bei Willy Brandt; vgl. Uli Schöler: Gegen Ebert, für Luxemburg? Willy Brandts Urteil über die Novemberrevolution, Berlin 2019.

ter Emil Eichhorn mit dieser Aufgabe betraute. Als Kompensation wurde Ernst auf einen Kabinettsposten ohne Geschäftsbereich in die preußische Staatsregierung berufen. Er amtierte dort im Innenministerium gewissermaßen als Polizeipräsident auf Abruf. Die mit der Person Emil Eichhorn verknüpften Januarereignisse des Jahres 1919 sind vielfach – und bis heute durchaus kontrovers – beschrieben worden. Vordergründig ging es unter anderem um die Auszahlung der Entlohnung für die Mitglieder der Sicherungswehr, tatsächlich waren aber mit diesem Konflikt die grundsätzlichen Fragen des weiteren Verlaufs der Revolution verknüpft.

Am 4. Januar erhielt Eichhorn ein vom preußischen Ministerpräsidenten Paul Hirsch (MSPD) unterzeichnetes Entlassungsschreiben, in dem Eugen Ernst als sein Nachfolger präsentiert wurde. Als Eichhorn sich weigerte, der Entlassung Folge zu leisten, nahmen Teile der Revolutionären Obleute, der USPD und der gerade gegründeten KPD den Konflikt zum Anlass, zum Sturz der Regierung Ebert-Scheidemann aufzurufen. Dass diese Januarunruhen, häufig fälschlich »Spartakusaufstand« genannt, aufs Engste nicht nur mit dem Namen Emil Eichhorns, sondern auch dem Eugen Ernsts verknüpft sind, ist weniger bekannt. Erst nach der endgültigen Niederschlagung der Aufständischen in den Januarkämpfen konnte Eugen Ernst am 12. Januar sein Amt als Polizeipräsident antreten, eine alles andere als leicht zu bewältigende Aufgabe in diesen unruhigen, von immer neu auflodernder Gewalt geprägten Zeiten.[17] Im Februar 1920 begannen die unter dem Begriff »Kapp-Putsch« bekannt gewordenen neuerlichen paramilitärischen Auseinandersetzungen. Die Reichsregierung, des militärischen Schutzes weitgehend beraubt, floh aus Berlin. Emissäre der selbst ernannten neuen Kapp-Regierung suchten Eugen Ernst auf und boten ihm an, in seinem Amt bleiben zu können. Da er glaubte, eine solche Entscheidung nicht alleine treffen zu können, holte er sich Rückversicherung beim preußischen Innenminister Wolfgang Heine (MSPD). Der bat ihn, zunächst weiter im Amt auszuharren.

17 Mark Jones: Am Anfang war Gewalt. Die deutsche Revolution 1918/19 und der Beginn der Weimarer Republik, Berlin 2017.

Schutz bekam die junge Republik durch einen von Gewerkschaften und Arbeiterparteien initiierten, breit befolgten Generalstreik. Er bereitete den Putschisten ein schnelles Ende. Von Eugen Ernst heißt es, er habe sich an den kritischen Tagen nicht im Polizeipräsidium blicken lassen.[18] Er geriet allerdings ob seines Verhaltens in den Putschtagen bald sogar in der eigenen Partei ins Kreuzfeuer der Kritik. Tief deprimiert und verunsichert schrieb er am 27. März an seinen Vorgesetzten, Innenminister Heine: »Ich zermartere mir umsonst mein Gehirn, wo ich meine Pflicht als Parteigenosse und Mensch nicht erfüllt habe. [...] Wäre ich doch lieber im März gefallen, dann hätte ich doch wenigstens diese recht häßliche Enttäuschung nicht durchmachen brauchen.«[19]

Die »häßliche Enttäuschung« war auch darin begründet, dass Ernst zu denjenigen gehörte, die mit den »Kappisten« am 16./17. März über deren Rücktrittsbedingungen verhandelten. Als bald darauf der Putsch zusammenbrach, die Putschisten flohen und die legitime Reichsregierung aus Stuttgart zurückkehrte, verließ Ernst am 20. März Berlin. Er reagierte damit auf eine vorausgegangene Parteiversammlung. Gefordert wurde dort die Entlassung der aus ihrer Sicht am meisten kompromittierten Führer: Noske, Heine und Ernst. Letzterer wurde damit gewissermaßen zum »Bauernopfer«, obwohl sein Agieren sicherlich das Plazet nicht nur seiner Regierung, sondern auch der Parteiführung gehabt haben dürfte. Ernst wurde aus seiner sozialdemokratischen Bezirksorganisation ausgeschlossen und auf Beschluss der preußischen Staatsregierung von seinem Posten als Polizeipräsident von Berlin suspendiert. Man ließ ihn jedoch nicht gänzlich fallen, vielmehr wurde er im Mai 1920 neu auf die Position des Polizeipräsidenten von Breslau berufen.

Aber auch diese neue Aufgabe stand für ihn unter keinem guten Stern. Während er sich noch zur Erholung im Ausland aufhielt, kam es am 26. August 1920, also bereits unter seiner Präsidentschaft, zu gewaltsamen Ausschreitungen deutscher Nationalisten gegen das französische und das polnische Konsulat. Weil man diploma-

18 Annemarie Lange: Berlin in der Weimarer Republik, Berlin 1987, S. 273.
19 Zit. n. Mingerzahn, a. a. O., S. 122 f.

tische Verwicklungen mit Frankreich befürchtete, wurde Eugen Ernst als politisch Verantwortlicher kurzerhand wieder seines Postens enthoben und in den einstweiligen Ruhestand versetzt. Seine Biografin schreibt, dass er wohl selbst eher froh darüber gewesen sei und noch im Jahr 1920 nach Berlin zurückkehrte.[20] Damit war allerdings die überregionale Karriere des Politikers Eugen Ernst endgültig an ihr Ende gekommen.

Enttäuschter Rückzug in die brandenburgische Provinz und Weg in die SED

Über seinen Weg durch die 1920er-Jahre wissen wir wenig. Ernst übersiedelte 1926 von Berlin zurück nach Werder. Im SPD-Ortsverein begann er langsam neue Aktivitäten auf kommunalpolitischer Ebene. 1929 stellten ihn seine Genossen als einen ihrer Kandidaten auf, und gemeinsam mit vier anderen Sozialdemokraten wurde er in die Stadtverordnetenversammlung gewählt. Bereits im Januar 1930 erfolgte dort seine Wahl zum Mitglied des Magistrats der Stadt, eine unbesoldete Funktion in der Stadtregierung neben dem Bürgermeister. Zu den zentralen Aufgaben, die sich ihm und seiner Fraktion stellten, gehörte die Entwicklung von Maßnahmen zur Bekämpfung und Eindämmung der grassierenden Arbeitslosigkeit nach der großen Weltwirtschaftskrise. Diese hatte auch in Werder ca. 800 bis 900 Menschen arbeitslos gemacht.

Bei der nach der nationalsozialistischen Machtergreifung im März 1933 durchgeführten Kommunalwahl trat Ernst als Spitzenkandidat der SPD in Werder an. Er wurde wiedergewählt, die dominierende NSDAP stellte allerdings jetzt fast komplett den Magistrat. Bereits am 15. Mai, noch vor dem Verbot der SPD, legte Ernst sein Mandat nieder. Auch sein schon fortgeschrittenes Alter schützte ihn nicht vor dem einsetzenden nationalsozialistischen Terror. Nun hatte er sich täglich bei der Polizei zu melden. 1933 wurden drei Hausdurchsuchungen bei ihm durchgeführt, seine

20 Mingerzahn, a. a. O., S. 129.

Bücher und privaten Unterlagen beschlagnahmt. Im August erhielt er die Mitteilung, dass ihm alle Rechte aus seiner vorherigen Tätigkeit als Polizeipräsident entzogen seien. Er verlor damit auch seine Pension. Unter diesem Druck und aufgrund seines Bekanntheitsgrades war ihm sicherlich aktives widerständiges Agieren kaum möglich.

Als im November 1945 der Bezirksverband Brandenburg der SPD in Potsdam tagte, gehörte Eugen Ernst zu denjenigen, die nun – nach den Erfahrungen von Faschismus und Krieg – vehement für eine Aktionseinheit und Zusammenarbeit mit der KPD eintraten. Sein Leben wie sein politisches Denken hatten also eine neuerliche dramatische Wendung erfahren. Er, der in den Jahren des Ersten Weltkrieges zu den heftigsten Gegnern der innerparteilichen Linken gehörte, warb nun sogar für einen Zusammenschluss mit der KPD. Der Vereinigungsparteitag von KPD und SPD zur SED am 21./22. April 1946 sah Eugen Ernst an prominenter Stelle im Tagungspräsidium. Wenn ich es richtig sehe, hat er öffentlich keine Zweifel an dem hier eingeschlagenen und von ihm mitgetragenen Kurs der Einheitspartei erkennen lassen, obwohl bereits Ende der vierziger Jahre die ersten Kampagnen gegen Mitglieder früher abweichender Richtungen und gegen den »Sozialdemokratismus« begannen. Schließlich behinderte ihn ein Augenleiden daran, sich weiter intensiv politisch einzumischen. 89-jährig verstarb er am 31. Mai 1954 in seiner Heimatstadt Werder, die ihn später zu ihrem Ehrenbürger machte.

Literatur

Eugen Ernst: Ein Leben für die Arbeiterbewegung. Ansporn für unsere Jugend, Berlin 1948.

Frauke Mingerzahn: Eugen Ernst. Lebensbild eines Sozialdemokraten im Spannungsfeld zwischen Reaktion und gesellschaftlichem Fortschritt, Dissertation (A), Potsdam 1988.

Lily Braun | »Gleiche Rechte für alle«

von Willi Carl

Das war ihr Programm:

Lily Braun

> »Gleiche Rechte für alle: Männer und Frauen; Freiheit der Überzeugung; Sicherung der Existenz; Frieden der Völker; Kunst, Wissenschaft, Natur ein Gemeingut Aller; Arbeit eine Pflicht für Alle; freie Entwicklung der Persönlichkeit, ungehemmt durch Fesseln der Kaste, der Rasse, des Geschlechts, des Vermögens –: wie konnte irgendjemand, der auch nur über seine nächsten vier Wände hinaus dachte, sich der Richtigkeit und Notwendigkeit dieser Forderungen verschließen?!«[1]

Ein Programm im 21. Jahrhundert, gültig wie 100 Jahre zuvor, als eine Dame aus adligem Hause diese Zeilen in ihren *Memoiren einer Sozialistin, Lehrjahre* aufschreibt.

Ihr Name sagt vielen politisch Interessierten heute nichts mehr. Dabei war sie zu ihrer Zeit eine populäre Persönlichkeit. Sie schrieb viel beachtete Bücher und Artikel; als mitreißende Rednerin füllte sie die Säle. Ihr Thema war: die Frau. Die Rede ist von Lily Braun, geboren als Amelia Jenny Emilie Klothilde Johanna von Kretschmann am 2. Juli 1865 in Halberstadt. In erster Ehe wird sie dann bekannt als Lily von Gizycki und macht sich schließlich als Lily Braun einen

1 Lily Braun: Memoiren einer Sozialistin, München 1926, S. 523.

Namen. Sie stirbt am 9. August 1916 im damals selbstständigen Zehlendorf.

Sieben Jahre wohnte sie bis dahin im Ortsteil Kleinmachnow im Erlenweg 29 in dem heute unter Denkmalschutz stehenden Landhaus, das Lily Braun 1909 und ihr Mann Heinrich, der Politiker und sozialdemokratische Publizist, errichten ließen. Nebenan im Garten der Klausener Straße 22, damals Teil des Braun'schen Anwesens, kann noch heute das Grabdenkmal Lily Brauns und ihres Sohnes Otto in Augenschein genommen werden.

Die Familie

Wer konnte an der Wiege Lilys im Sommer 1865 ahnen, was aus dem ersten Kind der 22-jährigen Jenny Auguste Frieda Karoline von Gustedt (1843–1903) und ihres 33-jährigen Mannes Hans Alfred Konstantin von Kretschmann (1832–1899) – gelegentlich auch mit nur einem »n« – damals Hauptmann und Kompaniechef im 2. Magdeburgischen Infanterie-Regiment Nr. 27, werden würde: eine aufrührerische Sozialdemokratin und Frauenrechtlerin.

Freilich: Lilys Stammbaum verzeichnet Auffälligkeiten, die jedenfalls nicht für bedingungsloses Angepasstsein sprechen. Die Großmutter mütterlicherseits ist die Schriftstellerin Jenny von Gustedt (1811–1890), geborene Jeromée Catharina Rabe von Pappenheim, nichteheliche Tochter von Napoleons Bruder Jérôme Bonaparte (1784–1860), dem König von Westfalen, mit Diana Rabe von Pappenheim (1788–1844). – Lilys Großnichte war übrigens Marianne von Weizsäcker (1932), geborene von Kretschmann, die Frau von Bundespräsident Richard von Weizsäcker (1920–2015).

Lilys Kindheit und Jugend verlaufen nach den damals in Preußen üblichen Standards eines aristokratischen Hauses: Disziplin und Strenge sind die Hauptleitlinien der Erziehung. Dazu protestantische Gottesfurcht und Königstreue. Das sind keine Zutaten für eine glückliche Kindheit. Zwischen Mutter und Vater herrscht eine erdrückende Kälte. Lily leidet unter ihrer Mutter. In ihren Memoiren erinnert sie sich:

»Frau von Kretschmann war eine schöne Frau von mäßiger Intelligenz. Für sie waren die Formen eines ›standesgemäßen‹ Lebens und die Maßstäbe des protestantischen Glaubens die Werte, nach denen sie ihre Kinder erzog. So wirkten die mütterlichen Weisungen, die Lilys Entwicklung und später auch die ihrer jüngeren Schwester bestimmten, eher hemmend und einschnürend, knebelten sie mehr, als sie zu bilden und zu formen.«[2]

Trotz aller Widernisse liebt Lily ihre Eltern; vor allem den Vater. Seine Offenheit und Direktheit prägen sie. Seine kämpferische Natur hat sie geerbt – bisweilen zum eigenen Nachteil. Auch Jenny von Gustedt, die Großmutter mütterlicherseits, hat starken Einfluss. Sie warnt Lily Braun davor, ein Hausmütterchen zu werden. Das Schicksal von Soldatenfamilien damals wie heute: der häufige Standortwechsel. Auch die Familie Kretschmann zieht der Karriere des Vaters folgend wohl ein Dutzend Mal kreuz und quer durch Preußen und das Deutsche Reich.

Noch keine 14 Tage ist Lily auf der Welt, da wird der Vater an die Kriegsschule im beschaulichen oberschlesischen Neiße versetzt. Im Deutschen Krieg (Preußen-Österreich) kämpft er 1866 als Kompaniechef. Einen Tag nach Lilys erstem Geburtstag wird Hans von Kretschmann bei Königgrätz (Hradec Králové) schwer verwundet. Ausgezeichnet mit dem Roten Adlerorden IV. Klasse mit Schwertern unterrichtet Kretschmann danach an der Kriegsschule in der Residenzstadt Potsdam. 1869 wird er zum Major befördert, ehrenhalber dem Generalstab der Armee zugeordnet. Bald kehrt er als Direktor nach Neiße zurück.

Mit Verstand und Sorgen um den geliebten Vater erlebt Lily als 6-Jährige den nächsten Krieg: Im Deutsch-Französischen Krieg zieht Hans von Kretschmann wieder in mehrere Schlachten – diesmal als Generalstabsoffizier. Hochdekoriert kehrt er zurück und nimmt in Neiße seine Tätigkeit an der Kriegsschule wieder auf.

---

2 Dieter Borkowski: Rebellin gegen Preußen. Das Leben der Lily Braun. Frankfurt a. M. 1984, S. 9.

Weiter zieht die Familie Kretschmann nach Karlsruhe, wo der Vater im Generalstab des XIV. Armeekorps dient. Zweieinhalb Jahre darauf geht es in die boomende Reichshauptstadt Berlin, wo der Offizier als Abteilungsleiter im Großen Generalstab arbeitet. Als Oberstleutnant befehligt er dann eine Infanteriebrigade im mecklenburgischen Schwerin.

1889 ist Lily 24 Jahre alt. Da wird Hans von Kretschmann als General »unehrenhaft« in Pension geschickt, weil er in außenpolitischen Fragen Kaiser Wilhelm II. (1859–1941) widerspricht. Was diesen jedoch später nicht davon abhält, den Pensionär noch mit höchsten Orden zu dekorieren. Bis dahin wird Lily Braun nach den verstaubten Konventionen des Kaiserreichs erzogen. Für eine umfassende Bildung der höheren Töchter sorgen Privatschulen und Privatlehrer. Erstes Ziel ist jedoch: Die jungen Mädchen müssen recht schön aussehen, um zu gefallen. Denn es kommt für die Töchter dieser noblen Kreise in erster Linie darauf an, dass sie eine gute Partie machen – reich und standesgemäß heiraten.

Lily folgt dieser Zielvorgabe mit Widerspruch. Und sie hat Probleme mit ihren Mitschülerinnen. Sie gilt als Streberin. Damit gewinnt sie nicht viele Freundinnen. Andererseits genießt Lily die Privilegien der aristokratischen Militärfamilie. So kommt es auch dazu, dass sie dem späteren Kaiser Wilhelm II. begegnet.

Als Lilys Vater 1889 wegen seiner Kritik an der provozierenden Außenpolitik des Kaisers in Ungnade fällt, ist die Tochter gezwungen, sich eine eigenständige Existenz zu suchen. Nach eigenen Worten hat sie bis zu ihrem 25. Lebensjahr mit Tanz und Flirts in den kaiserlich-adeligen Kreisen ihrer Umgebung zugebracht.

Jetzt tritt eine andere Seite von Lily von Kretschmanns Wesen hervor. Früh hat Lily empfindlich auf soziale Ungerechtigkeiten und Grausamkeiten reagiert. Ihre Biografin Elisabeth Fetscher: »vielleicht auch ein Stück unbewusster Opposition gegen ein erzkonservatives, frömmelndes Elternhaus«. In dieser Situation der Suche nach einer neuen Lebensperspektive lernt Lily in Berlin den gelähmten Georg von Gizycki (1851–1895) kennen. Sie verdient ihren Lebensunterhalt mit literaturhistorischen Arbeiten. 1893 heiratet sie den 14 Jahre älteren von Gizycki. Als Anhänger und Wegbereiter der Ethischen

Bewegung führt er Lily in den philanthropisch-sozialen Kreis der »Deutschen Gesellschaft für ethische Kultur« ein. Er ist Mitherausgeber der Zeitschrift *Ethische Kultur* beziehungsweise *Ethische Zeitschrift*. Hier veröffentlicht Lily einige Artikel. Außerdem bringt er ihr die in bürgerlichen und erst recht aristokratischen Kreisen verpönte Sozialdemokratie nahe. Er ist allerdings nicht Mitglied der SPD. Auch Großmutter Jenny von Gustedt ermutigt Lily zu schriftstellerischer Tätigkeit und politischem Engagement.

Georg von Gizycki stirbt 1895. Lily wird Mitglied der SPD und katapultiert sich damit aus ihrer Familie. Jetzt ist Lily auf sich allein gestellt. Ihr Entschluss, der SPD beizutreten, bringt ihr mehr Verdruss als Vergnügen. Die Familie enterbt sie und ihre neuen Genossinnen und Genossen in der SPD empfangen sie nicht mit Sympathie und Wohlwollen, sondern mit verletzendem Misstrauen und sogar mit Ausgrenzung. Sie passt ihnen nicht. Aber als Hafen empfiehlt sich der sozialdemokratische Publizist und Politiker Heinrich Braun (1854–1927).

Heinrich Braun

Als Lily 1896 Heinrich Braun heiratet, sehen viele darin einen Skandal. August Bebel schreibt in einem Brief an sie: »Natürlich hat das Verhältnis zwischen Heinrich Braun und Ihnen gewaltig Staub aufgewirbelt und die männlichen und weiblichen Philister in Erregung versetzt.«

Was Bebel sicherlich nicht zu Unrecht anmerkt. Denn Braun hat bereits zwei Ehen hinter sich: 1890 lässt er sich nach siebenjähriger Ehe von seiner Frau Josefine scheiden. Fünf Jahre darauf heiratet er sein Hausmädchen Frieda. Alles noch hinnehmbar. Aber als er sich 1896 von der schwangeren Frieda scheiden lässt, um Lily von Gizycki – gerade verwitwet – zu heiraten, erregt das die Gemüter über Parteigrenzen hinweg. Im bürgerlichen Publikum sowieso, aber auch in der SPD.

Heinrich Braun, 1854 in Budapest geboren, Sohn eines Eisenbahningenieurs, ist eine akademische Laufbahn wegen seiner jüdischen Herkunft verwehrt. Aber er gehört gewissermaßen zum sozialdemokratischen Adel: Sein Bruder Adolf ist zeitweilig Mitglied des SPD-Parteivorstandes und MdR; seine Schwester Emma (1858–1935) heiratet Victor Adler (1852–1918), den Arzt und Begründer der Sozialdemokratischen Arbeiterpartei Österreichs.

Braun dient der SPD als Sekretär. August Bebel (1840–1913) sieht ihn zeitweise als kommenden Führer der Partei. 1903 bis 1904 ist er Mitglied des Reichstages. Er gehört zum reformistischen revisionistischen Flügel der SPD und befürwortet ein Bündnis mit dem linken Flügel der bürgerlichen Demokraten. Das führt schließlich zu seiner Ausgrenzung aus der SPD.

Sozialdemokratin und Frauenrechtlerin

Lily beschäftigt sich seit der Ehe mit Gizycki mit Fragen der Frauenbewegung und des Sozialismus. Sie wird Mitarbeiterin der Zeitschrift *Frauenbewegung* und Mitglied im Vorstand des Vereins Frauenwohl. Außerdem schreibt sie häufig Kommentare und Berichte für die zahlreichen sozialdemokratischen Tageszeitungen. Die Honorare der journalistischen Arbeit helfen der Familie. Mehr und mehr befasst sie sich mit dem Leben des Proletariats. Sie hat vor allem die Arbeiterinnen im Blick. 1894 hält sie eine viel beachtete Rede zum Frauenwahlrecht. Früh fordert sie, den Frauen einen eigenen Erwerbsberuf zu ermöglichen: »Allein die Entwicklung der Frauenarbeit kann die Frauen aus der Sklaverei zur Freiheit führen.«

Lily Braun, eine mitreißende Rednerin, bereist das Deutsche Reich, um für ihre Ideen und die Sozialdemokratie zu werben. Doch die revolutionär gestimmten Clara Zetkin (1857–1933) und Ottilie Baader (1847–1925) vermissen an ihr den proletarischen »Stallgeruch«. Streit hat Lily Braun zunehmend mit Clara Zetkin. Für diese wird die proletarische Frauenbewegung

> »[...] von der Auffassung geleitet, daß nur der revolutionäre Umsturz der bürgerlichen Gesellschaft und die Verwirklichung des

Sozialismus als Tat des sich kämpfend befreienden Proletariats der Gesundheit der Frauen voll erblühendes und sich auswirkendes Menschentum bringen werde und nicht die formale Gleichstellung der Geschlechter im Gesetz«.[3]

Letztlich kündigt Zetkin Lily die Mitarbeit an der sozialdemokratischen Frauenzeitschrift *Die Gleichheit*.

1901 erscheint Lily Brauns politisches Hauptwerk *Die Frauenfrage – Ihre geschichtliche Entwicklung und ihre wirtschaftliche Seite*. Darin entwickelt sie Lösungsvorschläge für die Vereinbarkeit von Mutterschaft und Beruf. Es ist umfangreicher als Bebels *Die Frau und der Sozialismus* und gewissermaßen die deutsche und feministische Antwort auf Friedrich Engels *Lage der Arbeiterklasse in England*. Mit seiner Analyse ist ihr Buch dem von Engels deutlich überlegen. Und es stellt die Rivalin Clara Zetkin in den Schatten. Lily Braun stellt durch ausführliches Zahlenmaterial belegt fest, dass die sozialistische Wirtschaftsform das notwendige Ergebnis der herrschenden Zustände ist:

> »Ohne die Frauenarbeit kann die kapitalistische Wirtschaftsform nicht bestehen und wird immer weniger ohne sie bestehen können. Die Frauenarbeit aber untergräbt die alte Form der Familie, erschüttert die Begriffe der Sittlichkeit, auf denen sich der Moralkodex der bürgerlichen Gesellschaft aufbaut, und gefährdet die Existenz des Menschengeschlechts, deren Bedingung gesunde Mütter sind. Will die Menschheit schließlich nicht sich selbst aufgeben, so wird sie die kapitalistische Wirtschaftsordnung aufgeben müssen.«[4]

Lily Braun bringt neue Ideen zur Reform der Hausarbeit ein. Es geht ihr aus eigener Anschauung um die »Dienstbotenfrage«. Ebenso wie zwischen dem Arbeiter und dem Unternehmer gebe es zwischen Herrschaft und Dienstboten keine Interessengemeinschaft. Die weiblichen Dienstboten sollten, so Lily Brauns Idee, eine eigen-

3 Sabine Richebächer: Uns fehlt nur eine Kleinigkeit, Frankfurt a. M. 1982, S. 142.
4 Lily Braun: Die Frauenfrage, Berlin/Bonn 1901, S. 556.

ständige Organisation gründen, um für die Abschaffung der Gesindeordnung und die Gleichstellung mit den Arbeiterinnen zu kämpfen.

> »Der Dienst des Hauses wird nur dann den Charakter des Sklavendienstes verlieren und zur Würde selbständiger Arbeit sich entwickeln, wenn das abhängige Dienstmädchen sich in die freie Arbeiterin verwandelt hat, die ihre Arbeitskraft nur stundenweise verkauft, die imstande ist, in Reih und Glied mit dem in der Sozialdemokratie organisierten Proletariat für ihre letzten Ziele zu kämpfen«.

Wegweisend ist auch ihre Forderung nach Haushalts- beziehungsweise »Wirthschaftsgenossenschaften«:

> »In einem Häuserkomplex, das einen großen hübsch bepflanzten Garten umschließt, befinden sich etwa 50 – 60 Wohnungen, von denen keine eine Küche enthält; nur in einem kleinen Raum befindet sich ein Gaskocher, der für Krankheitszwecke oder zur Wartung kleiner Kinder benutzt werden kann. An Stelle der 50 – 60 Küchen, in denen eine gleiche Zahl der Frauen zu wirthschaften pflegt, tritt eine im Erdgeschoß befindliche Zentralküche, die mit allen modernen arbeitsparenden Maschinen ausgestattet ist. [...] Vorrathsraum und Waschküche, die gleichfalls selbstthätige Waschmaschinen enthält, liegen in der Nähe, ebenso ein großer Eßsaal, der zu gleicher Zeit Versammlungsraum und Tags über Spielzimmer der Kinder sein kann. Ein kleineres Lesezimmer schließt sich ihm an.«[5]

Auch für Kinderbetreuung wird gesorgt. Ebenso will Lily Braun die Reinigung der Wohnungen zentralisieren. Finanziert wird das Ganze durch eine Genossenschaft bzw. eine geringe Umlage pro Familie (die Miteigentümer ist) und den »Einkauf im Großen«. Diese Idee hat Lily in den Grundzügen von August Bebels *Die Frau und der Sozialismus* übernommen.

---

5 Gisela Brinker-Gabler (Hg.): Frauenarbeit und Beruf, Frankfurt a. M. 1979.

Lily Braun: »Mit der Befreiung von der doppelten Arbeitslast der Hauswirtschaft und der außerhäuslichen Erwerbsarbeit würde einer der wichtigsten Teile der Frauenfrage ihrer Lösung entgegengeführt werden.« »Einküchenhäuser«, wie von Lily Braun gefordert, gab es dann auch Anfang des 20. Jahrhunderts in Berlin und zwischen den Weltkriegen in den Gemeindebauten wie dem Karl-Marx-Hof im »roten Wien«, mit Kindergärten, Waschküchen und Ähnlichem. Natürlich setzt sich Lily Braun in Artikeln auch in der *Gleichheit* sowie in Vorträgen mit dem Bild der Frau als Mutter auseinander. Damit ist sie innerhalb der Sozialdemokratie nicht die einzige Politikerin mit einem sehr auf die Mütterlichkeit bezogenen Frauenbild. Allerdings denkt sie praktisch und fordert ein Mutterschutzgesetz.

Der Streit um den Revisionismus

Im innerparteilichen Streit um den Revisionismus setzen sich Lily und ihr Mann für schrittweise Reformen zur Veränderung der Gesellschaft ein. Das ist für sie erfolgversprechender als ein revolutionärer Umsturz und Klassenkampf. An Karl Kautsky (1854–1938) schreibt Lily: »Die Sozialdemokratie verlangt von ihren Vertretern, dass sie auf dem Boden des Klassenkampfes stehen. Ich gestehe Ihnen offen, dass weder mein Mann noch ich diesen Satz verstanden haben.«

Nach der Niederlage der Revisionisten auf dem Parteitag 1903 in Dresden wollen Heinrich und Lily Braun die *Sozialistische Wochenschrift – Die neue Gesellschaft* als »revisionistisches Forum« neu beleben. Dafür setzen sie viel Geld ein. Aber sie ernten vor allem Anfeindungen. Nach nur zwei Ausgaben endet das Projekt in einem finanziellen Fiasko.

Lily Brauns Bemühen, zwischen bürgerlicher und proletarischer Frauenbewegung zu vermitteln, scheitert. Vielen Sozialdemokratinnen ist Lily Braun zu gemäßigt, den bürgerlichen Frauen zu radikal. Das Verhältnis zwischen den Brauns und Zetkin hat den Tiefpunkt erreicht, als sie ihre Teilnahme an einem im Wesentlichen von bürgerlichen Frauenrechtlerinnen organisierten Kongress zusagt.

Wegen angeblicher Unzuverlässigkeit strengt Zetkin gegen Lily Braun ein Ausschlussverfahren aus der sozialdemokratischen Frauenorganisation an. 1907 wird das Verfahren für Lily Braun zwar positiv entschieden. Lily Braun – wie ihr Mann im Revisionismusstreit eindeutig auf der Seite Eduard Bernsteins – hat der innerparteiliche Streit und die damit verbundenen Anfeindungen sehr mitgenommen. Wobei ihr kompromissloses Verhalten die Konflikte zeitweilig sogar fördert. Der Gegenwind aus den eigenen Reihen lässt sie resignieren. Sie zieht sich enttäuscht von der fruchtlosen Parteiarbeit zurück und konzentriert sich jetzt auf ihr Schaffen als Schriftstellerin. Erfolgreich.

Mit ihren 1909 bis 1911 erschienenen *Memoiren einer Sozialistin* macht sich Lily Braun einen literarisch-politischen Namen. In dem als Roman angelegten Werk zeichnet sie ihr privates und politisches Leben nach. Zugleich versucht die Autorin – das vermutet Julie Vogelstein-Braun, Heinrich Brauns vierte Ehefrau, »in den Memoiren Vergeltung zu üben«. Vergeltung offenkundig durch die Figur der Wanda Orbin, die keine andere als Clara Zetkin sein kann.

Der Erste Weltkrieg wirft einen Schatten auf Lily Brauns Ansehen und trifft sie in der Folge hart. Lily Brauns ganzer Stolz ist ihr geliebter Sohn Otto. Der folgt dem patriotischen Rausch vieler Sozialdemokraten und zieht in den Krieg. Er fällt 1918 als junger Offizier. Nach seinem Tod veröffentlichte Gedichte begründen seinen Ruf als beachtenswerter Lyriker.

Die Frauen und der Krieg

Lily Braun wird zu Recht vorgeworfen, sich nach 1914 in die grassierende Kriegseuphorie eingestimmt, ja sogar gesteigert zu haben – nationalistisch und chauvinistisch.

Nachzulesen ist das in ihrem Buch *Die Frauen und der Krieg*. Dort fordert sie 1915 einmalig krass, was selbst amtliche Kriegstreiber in Erstaunen versetzen musste:

> »Jetzt ist es an den Frauen, sich über sich selbst zu erheben – nein: zu sich selbst, dem heiligsten Gesetz ihrer Natur zurückzukommen, durch den starken, bewußten Willen zur Mutterschaft. Für jede Hand, die sich jetzt sterbend um die Waffen klammert, schafft andere Hände, – viele kleine Kinderhände, die sich sehnend der Sonne entgegenstrecken, die den Tempel des Friedens bauen werden, aus dem einmal unsere Opferfeuer rauchen. Und für all die Hirne, die die Kugeln durchbohren, schafft andere Hirne, viele kleine Kinderhirne, die den großen Gedanken von der Befreiung der Menschheit aus den Banden aller Knechtschaft einmal zu Ende denken.«[6]

Lily Brauns konkrete politische Forderungen:

> »Die unsichtbare Macht, die jene siebzigtausend Berlinerinnen vor dem Reichstag zusammenscharte, – nicht um für das Wahlrecht zu demonstrieren, sondern um sich der Kranken- und Verwundetenpflege zur Verfügung zu stellen –, war nur der gewaltsame Durchbruch jenes lange verschütteten weiblichen Gefühls, das nichts anderes will, als: helfen und heilen, – jenes primitiven Geschlechtsgefühls, das ein einziges Wort am reinsten darstellt: Mütterlichkeit.«[7]

Die mütterliche Natur der Frau verdrängt für Lily Braun plötzlich die Ideale der Frauenbewegung. Jetzt will sie den Kampf gegen die nationale Unterdrückung, wie sie den Kriegsausbruch versteht. Kehrt sie zu ihren konservativen Wurzeln zurück? Sie fordert nicht lediglich eine freiwillige Unterstützung des eben gegründeten Nationalen Frauendienstes, sondern will »das Dienstjahr der Frau in der Kranken- und Säuglingspflege«. Angesichts des Blutzolls, den sogenannte rechte Sozialdemokraten im Ersten Weltkrieg erbrachten, ist diese Sichtweise jedoch nicht selten, sondern entspricht dem Zeitgeist.

Lily Braun erleidet 1916 auf dem Weg zum Postamt Zehlendorf, wo sie nach Feldpost ihres Sohnes fragen will, einen Schlaganfall.

6 Lily Braun: Die Frauen und der Krieg, Leipzig 1915, S. 101.
7 Braun, a. a. O., S. 59

Sie stirbt nach längerer Krankheit ausgebrannt und überarbeitet am 9. August mit erst 51 Jahren im Krankenhaus. Vier Jahre nach Lilys Tod heiratet Heinrich Braun 1920 Julie Vogelstein (1883–1971), eine promovierte Philosophin und Kulturwissenschaftlerin, die der Familie schon lange verbunden war und nach Lilys Tod für die Edition ihrer Werke sorgte.

Die Werke Lily Brauns (Auswahl)[8]

Die Frauen und die Politik (1896)
Die Frauenfrage. Ihre geschichtliche Entwicklung und wirtschaftliche Seite (1901)
Frauenarbeit und Hauswirthschaft (1901)
Memoiren einer Sozialistin (1901)
Die Frauen und der Krieg (1915)
Frauenfrage und Sozialdemokratie. Reden anlässlich des Internationalen Frauenkongresses zu Berlin.

Literatur

Dieter Borkowski: Rebellin gegen Preußen. Das Leben der Lily Braun, Frankfurt a. M. 1984.

Gisela Brinker-Gabler (Hg.): Frauenarbeit und Beruf, Frankfurt a. M. 1979.

Sabine Richebächer: Uns fehlt nur eine Kleinigkeit, Die proletarische Frauenbewegung 1890–1914, Frankfurt a. M. 1982.

Julie Vogelstein: Lily Braun. Ein Lebensbild. Berlin. 1922.

8 Die Liste der schriftstellerischen und journalistischen Werke Lily Brauns zeigt, wie sie die eigene Familiengeschichte aufarbeitet, die aktuellen politischen Fragen erörtert, die vielfach auch heute noch ungelöst sind, und schließlich eine Art Rechenschaft ablegt aber auch den populären Markt bedient. Bemerkenswert ist die bunte Mischung der Verlage; das Spektrum reicht von sozialistisch bis tief bürgerlich.

Paul Neumann |
Ein Kampf für Gleichheit, Freiheit und Sozialismus

von Uwe Klett und Frank Reich

Paul Neumann

Ein unbehauener Findling auf dem Babelsberger (Nowaweser) Goethefriedhof, vielleicht gar in der Sandscholle nebenan geborgen und hier zu Ehren des Sozialisten aufgestellt. Die Grabinschrift, selten genug in damaliger Zeit, ohne Daten, nur in Handschrift sein Name und den seiner Frau Helene eingraviert. Nichts weiter. Selbst hier also: der große Modernisierer in einer Zeit, wo eher Grabkreuze und monumentale Erbbegräbnisse den Friedhof schmückten. Beide Söhne: Arno, der stadtbekannte Architekt und Kurt, der Gärtner, werden sicherlich entscheidend die Grabstätte gestaltet haben.

Die Neumanns: Eine jener Nowaweser Arbeiterfamilien, die die Geschichte des Ortes in der vor- und nachrevolutionären Zeit prägten. Und wie! Freund wie Feind, und davon hatten die Neumanns unter den Arbeitern einerseits und den »Bürgerlichen« und Monarchisten anderseits unzählige. »Viel Feind', viel Ehr'!« schien fast so eine Art Lebensmotto von Paul Neumann gewesen zu sein. In der kämpferischen Tradition des Gewerkschafters, Sozialdemokraten, Gemeindepolitikers und Gastwirtes Karl Gruhl (1862–1911) politisch gereift, wird man ihn bald den »Roten Zaren von Nowawes« nennen und seinen Sohn Arno den »Zarewitsch«.

In beengten, gedrückten Verhältnissen, dem Weberelend des 19. Jahrhunderts kaum entronnen, hat Paul Neumann am 20. Juli 1865 früh um 6.00 Uhr in der Kreuzstraße Nr. 4 das Licht der Welt erblickt. Pauls Vater, der Webermeister Josef Neumann und seine Mutter Emilie, eine geborene Sotschek, stammen beide aus altem Nowaweser »Adel«. Insofern verwundert es nicht, dass auch Sohn Paul das Weberhandwerk erlernt, wie so viele seiner damaligen Altersgenossen. Noch als Webergesell heiratet er mit 23 Jahren am 15. März 1889 die 19-jährige Helene Noack, eine Nachbarstochter, in der Friedrichskirche im alten Herzen von Nowawes. Es wird das letzte Mal sein, dass sie vor »Gottes Thron« treten. Als Anhänger einer zunehmend freidenkerischen Bewegung innerhalb der örtlichen Sozialdemokratie werden ihre Kinder Arno (1892–1946), Erna (1897–1962) und Kurt (1899–1985) nicht mehr getauft.

Erste politische Schritte

Aus dem Dunkel der Geschichte tritt Paul Neumann erstmalig in das Rampenlicht der Öffentlichkeit, als der *Vorwärts* in seiner Ausgabe vom 14. Oktober 1894 titelte: »Etwas von der Heiligkeit des Eigentums, der Staatsanwaltschaft und der Polizei«. Anlass war eine Rechtsauseinandersetzung zur Wiedererlangung beschlagnahmter Bücher Neumanns am 2. Juni 1893 durch die Polizei. Der Aufrührer ist nicht einmal 28 Jahre und schon so ein aufmüpfiger Geist – und ein belesener dazu! Vertrauensmann und Agitator ergreift er erstmalig auf der sozialdemokratischen Versammlung des Wahlkreises Teltow-Beeskow, zu dem Nowawes gehört, am 22. September 1895 in Rixdorf in einer Debatte über die Diäten sozialdemokratischer Reichstagsabgeordneter das Wort. Auch fordert er, nicht nur den 1. Mai als Feiertag einzuführen, sondern gleich das gesamte Arbeitsschutzrecht zu verändern. Viel Freunde macht er sich damit bei seinen Genossen nicht.

Trotzdem wird er schon 1896 beim Gothaer SPD-Parteitag als direkter Delegierter aus Teltow-Beeskow gewählt. Am 8. März 1896 ist es dann so weit: Im Beisein von Wilhelm Liebknecht, der unter großem Beifall zu den Nowaweser Arbeitern spricht, wird Paul Neumann mit nur 31 Jahren für die Gemeinderatswahlen aufgestellt. Er kandidiert für seinen sozialdemokratischen Wahlverein in der 3. Klasse des preußischen Wahlrechtes, also für die »Unterschicht«, die weitestgehend Besitzlosen, die zwar die große Mehrheit in der Weberkolonie ausmachen, denen aber nur ein Drittel der Sitze in der Gemeindevertretung zustehen.

Mit 27 Jahren wird er Redakteur des *Vorwärts – Berliner Volkszeitung, Central-Organ der Sozialdemokratischen Partei Deutschlands*, später wechselt er dann in die Buchhandlung des *Vorwärts* in der Berliner Lindenstraße 2-4, bis er dann von »seinen« Genossen Mitte 1917 wegen seiner USPD-Mitgliedschaft hinausgeworfen wird. Bis zu diesem Bruch werden aber noch viele Jahre vergehen. Seine Tätigkeit beim Berliner *Vorwärts* wird ihn auch materiell so weit absichern, dass die junge Familie Neumann das Haus seiner verwitweten Mutter Emelie in der Kreuzstraße verlassen kann und nunmehr in die gar nicht mehr so proletarische Gegend, in die Heinestraße 26, zieht.

Hier in der Heinestraße herrscht nicht mehr die Enge und Armut aus den alten Nowaweser Weberquartieren. Neue Nachbarn sind solche Herrschaften wie Königliche Kreissekretäre, Gärtnereibesitzer, Fabrik- und Bankdirektoren, aber auch in Nr. 10 Alwine Gruhl, die Frau des 1911 verstorbenen Karl Gruhl, dem »Nestor« der Nowaweser Linken. Der Verbundenheit von Paul Neumann zur Nowaweser Arbeiterschaft, sein Kampf für Gleichheit, Freiheit und Sozialismus tut der Wohnortswechsel keinen Abbruch.

Neue Aufgaben in der »Landgemeinde Nowawes«

1907 dann eine Art Zeitenwende in der ehemaligen »Weberkolonie Friedrich II.«. Mit seinen zumeist verarmten 19.000 Einwohnern vereinigt sich Nowawes mit dem eher bäuerlich geprägten Neuendorf mit seinen 7.000 Einwohnern zur neuen »Landgemeinde Nowawes«. Auch für die organisierte Arbeiterbewegung ist dies eine neue Herausforderung. Zwar trägt der SPD-Wahlverein schon Jahre vorher den Namen Nowawes-Neuendorf, aber während die Sozialdemokratie im Nowaweser Gemeinderat schon Jahrzehnte für die Interessen der Arbeitenden kämpfen kann, war ihr der Einzug in das Neuendorfer Gemeindeparlament bisher nicht gelungen. 1907 ist nun die Situation eine völlig andere. Die Kommunalpolitik für gut 26.000 Einwohner mitzugestalten, ruft auch Paul Neumann wieder auf den Plan. Trotz seiner aufreibenden Tätigkeit in der Berliner Lindenstraße stellt er sich seinem örtlichen Wahlverein zur Verfügung.

Nicht etwa am Wochenende, sondern werktags am Montag, den 21. und Dienstag, den 22. Januar 1907 findet die Gemeinderatswahl der III. Abteilung für die fusionierte Gebietskörperschaft statt. Mit 1.255 gegen 255 Stimmen fährt die Sozialdemokratie einen glänzenden Sieg ein. Dies sind auch 314 Stimmen mehr als bei den vorherigen Gemeinderatswahlen.

Paul Neumann, jetzt 42 Jahre alt, ist neben seinen Genossen Karl Gruhl, Paul Fesser, Richard Frenzel, Karl Gomoll, Otto Hiemke und Ernst Zöllner nunmehr Gemeindevertreter. Er wird in der Kommunalvertretung seines Ortes bis zu seinem Tode 1923 aktiv sein. Auch wenn die Bäume Pauls nicht gleich in den Gemeindehimmel wachsen, dauert es dennoch nicht lange, dass er sich für die sozialen Belange der Nowaweser Arbeiter lauthals artikuliert.

So kritisiert er zusammen mit Karl Gruhl schon im Juli 1907 die hohen Wasserpreise in der Gemeinde. Unter den Gemeindevertretern immer noch ein »junger Hase«, widmet er sich in seiner beschränkten Freizeit auch der Arbeit mit der Jugend der Gemeinde. Bei einer der ersten Arbeiter-Jugendversammlungen in Nowawes in Singers Volksgarten ist er dabei. Daher ist es nur konsequent, dass er sich für die Ausbildung der Weberjugend in der Fortbildungsschule am Weberplatz bemüht. Aber was nutzt die Schule, wenn man sie nicht nutzen kann? Als im April 1909 dazu die Debatte in der Gemeindevertretung geführt wird, greift Paul Neumann die Arbeitgeber scharf an, die es ihren Gesellen nicht ausreichend ermöglichen, die Fortbildungsschule zu besuchen. So stellt er fest, dass so mancher Schüler fast die Hälfte seiner Unterrichtsstunden versäumt, da er keine Freigabe von seinem Arbeitgeber erhält.

Nach dem viel zu frühen Tod des »Nestors« der Nowaweser Arbeiterbewegung, Karl Gruhl, im Jahre 1911 mit nur 49 Jahren, fällt es Paul Neumann zu, die Lücke zu schließen. Nach seinen ersten sechs Jahren als Gemeindevertreter stehen 1913 Kommunalwahlen an. Er kandidiert erneut und wird gewählt. Dennoch ist die Freude nicht ungetrübt. Wegen der geringen Wahlbeteiligung der Nowaweser Arbeiterschaft kommt im Wahlverein zu Auseinandersetzungen. So kritisiert Paul Neumann den mangelhaften Besuch der Veranstaltungen des Wahlvereins durch seine Mitglieder. Der Vereinsvorsitzende Karl Krohnberg hält ihm entgegen, dass eine Vielzahl der Sozialdemokraten durch örtliche Vereine zu sehr in Anspruch genommen sei. Paul Neumann gibt zu Protokoll, dass die Laubenkolonisten mehr mit ihren Lauben beschäftigt seien als mit ihrem Engagement in der Partei oder den Gewerkschaften. Freunde werden Neumann und Krohnberg nun nicht mehr werden.

Im Vorfeld des Jenaer Parteitages 1913 kommt es erneut zu heftigen Debatten über den Sinn der alljährlichen Maifeier. Paul Neumann beklagt, dass das Abflauen des Interesses an der Maifeier Schuld einiger Gewerkschaftsfunktionäre sei, die für eine einheitliche Durchführung der Arbeitsruhe bisher keinen Finger gekrümmt hätten und dass die Verlegung der Maifeier auf einen Sonntag das Unsinnigste wäre, was jemals beschlossen worden sei.

Krieg oder Frieden – Paul Neumann bei den Linkssozialisten

Angesichts der heraufziehenden Kriegsgefahr versammelt sich am Donnerstag, dem 29. Juli 1914, die Nowaweser Arbeiterschaft zu einer ihrer bisher größten Massenveranstaltungen. Da der große Saal bei Singer nicht ausreicht, verlegt man die Veranstaltung in den Garten des Arbeiterlokals. Kurt Heinig (1886–1956) spricht in bedrückender Stimmung über die herannahende Kriegskatastrophe: »Die Sozialdemokratie aller Länder will keinen Krieg.« Die imposante Versammlung reagiert mit einem tausendfachen Hoch auf dem Völkerfrieden. Drei Tage später ist das alles vergessen. Noch im Januar 1915 erklärt sich die SPD Nowawes nach einem Referat von Fritz Zubeil mit der Zustimmung der Reichstagsfraktion für die Kriegskredite einverstanden. Es wird die letzte kriegsbejahende, einheitliche Verlautbarung der Nowaweser Genossen sein.

Gegen die »Bewilligungspolitik« der SPD im Reichstag formulieren am 9. Juni 1915 Karl Liebknecht und Georg Ledebour ein Protestschreiben in Form eines Flugblattes an den Parteivorstand, das mehr als 1.000 oppositionelle Parteimitglieder unterzeichneten, darunter auch als einziger Nowaweser der Gemeindevertreter Paul Neumann:

> »Keinem, der noch länger zögert, kann fürderhin Gutgläubigkeit und Unkenntnis zugebilligt werden. Der Tatbestand liegt unzweideutig; die Situation ist vom letzten Nebel geklärt. Die Alternative lautet schlechthin: Parteirettung oder Parteizerstörung. [...] Wir fordern, dass Fraktion und Parteivorstand endlich ohne Zaudern dem Parteiverderben Einhalt tun, den Burgfrieden aufsagen und auf der ganzen Linie den Klassenkampf nach den Grundsätzen des Programms und den Parteibeschlüssen, den sozialistischen Kampf für den Frieden eröffnen. Die Verantwortung für alles, was sonst kommt, fällt denen zu, die die Partei auf die abschüssige Bahn getrieben haben und ferner darauf erhalten wollen.«[1]

Dass er zu den Unterzeichnern, von denen ca. 40 Prozent aus den Berliner Parteiorganisationen kamen, gehört, ist sicherlich auch darauf zurückzuführen, dass er als *Vorwärts*-Mitarbeiter in Berlin direkt im Zentrum der Auseinandersetzungen tätig ist und damit weit mehr als andere Oppositionelle der »Provinz« Zugang zu den innerparteilichen Kritikern der SPD-Kriegspolitik hat.

Nur gut zwei Monate später kommt es zum endgültigen Bruch: Fritz Zubeil, der Abgeordnete für Nowawes stimmt mit weiteren 17 Genossen der Reichstagsfraktion gegen die Bewilligung neuer

1 Dokumente und Materialien zur Geschichte der deutschen Arbeiterbewegung, Berlin 1958, S. 174.

Kriegskredite. Die Mehrheit im Parteivorstand und der Reichstagsfraktion geht mit großer Entschiedenheit gegen diese innerparteiliche Opposition vor und schließt am 24. März 1916 unter anderem Hugo Haase und Fritz Zubeil aus der Fraktion aus. Die Ausgeschlossenen bilden umgehend eine »Sozialdemokratische Arbeitsgemeinschaft« – die Keimzelle der künftigen USPD.

Auch die Nowaweser SPD erreichen die innerparteilichen Auseinandersetzungen um »Krieg und Frieden«. Viele Genossen sind zum Militär eingezogen. Dadurch und durch die strikte Pressezensur ist die Handlungsfähigkeit der örtlichen Sozialdemokratie stark eingeschränkt. Die Daheimgebliebenen versammeln sich am 4. Juni 1916 zur Mitgliederversammlung des Wahlvereins, unter ihnen auch Paul Neumann. Er stellt den Antrag, »bei etwaigen Entschließungen im Sinne der Bestrebungen der (sozialdemokratischen) Arbeitsgemeinschaft und des Genossen Zubeil zu stimmen«. Der Antrag wird mit 18 zu 14 Stimmen beschlossen.

Die Gründung der »Unabhängigen«

Dabei sollte es an diesem Tage nicht bleiben. Eine Woche zuvor, am 1. Mai 1916, tritt Karl Liebknecht auf einer Antikriegsdemonstration am Potsdamer Platz unter der Losung »Nieder mit dem Krieg! Nieder mit der Regierung!« vor Tausenden Arbeitern auf. Der Militärstaat zaudert nicht lange. Liebknecht wird von der Polizei verhaftet und angeklagt. Dieses Vorgehen gegen den Radikalen nimmt Paul Neumann zum Anlass, in der Wahlvereinsversammlung eine Sympathieresolution für Karl Liebknecht vorzulegen, die dann auch einstimmig (!) verabschiedet wird.

Die Auseinandersetzungen zwischen den Anhängern der »Sozialdemokratischen Arbeitsgemeinschaft« einerseits und der Ebert-Scheidemann-Mehrheit andererseits spitzen sich sowohl im Wahlkreis Teltow-Beeskow als auch vor Ort in Nowawes weiter zu. Neben grundsätzlich unterschiedlichen Haltungen zur Kriegs- und Friedensfrage überhäufen sich die Genossen mit Geschäftsordnungsfragen und auch persönlichen Angriffen. Dabei muss auch berücksichtigt werden, dass gerade der Wahlkreis Teltow-Beeskow von Fritz Zubeil, der nunmehr ja der USPD angehört, als besonders oppositionell galt, zumal er neben Nowawes auch die großen Berliner Vororte Neukölln, Charlottenburg und Schöneberg umfasst.

Mit Adolph Hoffmann (später USPD, KPD, SPD) wird ein ausgewiesener Linker und Kriegsgegner Vorsitzender der sozialdemokratischen Wahlvereine von Berlin und Umgebung. Damit stellt sich eine Mehrheit der Berliner Parteiorganisationen gegen die Partei im Reich. Noch wird von der Opposition die Einheit der Partei beschworen. Dennoch machen die Auseinandersetzungen auch nicht mehr halt vor dem Parteiblatt *Vorwärts*, das in seiner Zwitterstellung sowohl Sprachrohr des Vorstandes (Ebert) als auch mit dem Untertitel *Berliner Volksblatt* der – nunmehr oppositionellen – Berliner Parteiorganisation ist. Es erfolgt der »*Vorwärts*-Raub« – so die Unterstellung des Parteiblattes unter dem neuen Ebert-konformen Chefredakteur Friedrich Stampfer. Die damit verbundenen Konflikte werden auch am Arbeitsplatz von Paul Neumann eine politische Atmosphäre schaffen, die ein halbes Jahr später sein berufliches Ende bei der Parteipresse bedeuten.

Mit einer von den Anhängern der »Sozialdemokratischen Arbeitsgemeinschaft« scharf kritisierten Einladungspolitik versucht am 4. August 1916 der bisherige Nowaweser SPD-Vorstand auf einer außerordentlichen Mitgliederversammlung das Blatt noch zugunsten der Reichstagsfraktion zu wenden. Paul Neumann – an diesem Tage in der Minderheit – wirft dem Vorstand unter Karl Krohnberg vor, Beschlüsse des Vereins gröblich missachtet zu haben. Nur wenige Tage später, am 11. August, kommt es dann im Nowaweser Wahlverein zum »Showdown«: Für die »Linken« berichtet Fritz Frenken und für die »Rechten« Dr. Paul Lensch. Mit 82 zu 42 Stimmen siegen die Linken, die nunmehr auch stärker unter den Genossen mobilisiert hatten. Das wirkt sich auch auf den Ortsvorstand aus. Mit Karl Gruhl jun. und Fritz Frenken rücken ausgewiesene Linke in den Vorstand auf.

Am 10. September ist es Gewissheit: Die Nowaweser SPD bezahlt ihre Beiträge an den neuen (linken) Kreisvorstand. Am 4. Oktober 1916 treffen sich die unterlegenden »Mehrheits-Sozialdemokraten« (Ebert-Scheidemann) von Nowawes und konstituieren aus Sicht der örtlichen linken Mehrheit eine »Sonderorganisation«. Die Ereignisse überschlagen sich. Nicht einmal drei Wochen später, am 25. Oktober, versammelt sich die linke Mehrheit und beschließt, den Kreisvorstand in seiner oppositionellen Haltung zu unterstützen. Fritz Frenken und Paul Neumann werden Kreisdelegierte. Nach der Reichskonferenz der SAG am 9. Januar 1917 in Berlin, die sich »als unumgängliches Abwehrmittel gegen statutenwidrige und parteischädigende Handlungen des Parteivorstandes« versteht, erklärt der SPD-Parteivorstand im Reich am 18. Januar 1917, dass sich die Mitglieder der SAG von der Partei getrennt hätten. Damit ist der endgültige Bruch vollzogen.

Am 11. Februar 1917 beschließt die linke Berliner Generalversammlung, sich mit allen oppositionellen Organisationen reichsweit zusammenzuschließen. Im Gegensatz dazu gründet der Ebert-Parteivorstand überall dort neue Wahlvereine, wo die Linken die Mehrheit haben. In Nowawes ist dieser Prozess schon im Gange. Der alte Vereinsvorsitzende Karl Krohnberg übernimmt wieder den Vorsitz der Nowaweser Mehrheitssozialdemokraten, die im Ort aber in der Minderheit bleiben.

Paul Neumann und Genossen machen sich auf den Weg zur Konstituierung einer neuen sozialistischen Partei. Am 6. April 1917 wird sie dann in Gotha gegründet – die USPD. Paul Neumann ist gleich bei den »Unabhängigen«. Doch die werden beim »geraubten« Berliner *Vorwärts* der Mehrheitssozialdemokraten (MSPD) nicht mehr geduldet. Nach 25 Jahren Arbeit für das Flaggschiff der sozialdemokratischen Presse in Berlin wird er Mitte 1917 aus der *Vorwärts*-Buchhandlung entlassen. Begründen die einen dies mit fehlender Arbeit, vermuten andere eine klare Maßregelung wegen seiner USPD-Mitgliedschaft.

Auch in der Gemeindefraktion überstürzen sich im August 1917 die Ereignisse. Paul Neumann und Otto Hiemke erklären ihren Austritt aus der Fraktion. Zurück bleiben Dietrich Osmer, Ernst Zöllner und Hermann Hähnchen. Auch privat verändert sich so manches. Die Neumanns verkaufen im Juli 1917 ihr Haus in der Heinestraße und erwerben ein Grundstück in der Großberrenstraße 184. Ob die Arbeitslosigkeit Paul Neumanns der Grund für den Hausverkauf ist, kann vermutet werden. Hinzu kommt sicherlich auch, dass der Sohn Arno sich selbstständig macht und aus der elterlichen Wohnung auszieht und Kurt als Gärtner nun eine eigene Gärtnerei an der Großbeerenstraße betreibt.

Trotz der breiten Unterstützung der »Unabhängigen« unter dem Nowaweser Industrieproletariat sind die unter Kriegsbedingungen durchgeführten Gemeindewahlen am 10. März 1918 eine Ernüchterung. Noch scheinen die Mehrheitssozialdemokraten auch durch ihr persönliches Ansehen für viele Arbeiter der beste Garant ihrer Interessenvertretung zu sein:

Der »Rote« Paul Neumann macht Revolution in Nowawes

Mit der Revolution am Samstag, dem 9. November 1918, ändert sich die Situation schlagartig. In Berlin wird von Philipp Scheidemann die »deutsche Republik« und einige Stunden später von Karl Liebknecht die »sozialistische Republik« ausgerufen. Die Nachrichten verbreiten sich wie ein Lauffeuer in Nowawes. In der Lokfabrik von Orenstein & Koppel werden umgehend aus den Reihen der Arbeiter revolutionäre Obleute gewählt, an der Spitze Emil Treptow (USPD). Um 11.00 Uhr stehen dann alle Räder still. Nachmittags treffen sich Nowaweser USPDler im Lokal von Otto Hiemke in der Wallstraße. Gegen 20 Uhr kommen auch Paul und Arno Neumann, Emil Treptow und andere Parteifunktionäre der USPD zu Hiemke und man beschließt, das Rathaus zu besetzen. Bis zu 70 Demonstranten mit Unterstützung revolutionärer Soldaten des 3. Potsdamer Garde-Ulanen Regiments gelingt unter Mitnahme des alten sozialdemokratischen Banners und roter Fahnen die Besetzung ohne Zwischenfälle.

Unter der auf dem Rathaus gehissten roten Fahne konstituiert sich am Sonntag, dem 10. November 1918 im großen Gemeindesaal der »Nowaweser Arbeiter- und Soldatenrat«. Die Wahl beweist den Führungsanspruch der »Unabhängigen«. Paul Neumann und sein

Sohn Arno, Karl Dürre und Emil Treptow – alle für die USPD und Paul Singer für die MSPD sind die Hauptakteure. Der bisherige Bürgermeister Winkelmann wird abgesetzt und eine rote Sicherheitswehr aufgestellt. Der neue Rat übernimmt die Aufgaben der Gemeindeverwaltung, Paul Neumann wird »kommissarischer Gemeindevorsteher« oder richtiger »kommissarischer Bürgermeister«.

Durch das Auseinanderbrechen der paritätisch besetzten Regierung der Volksbeauftragten aus MSPD und USPD am 29. Dezember 1918 nimmt auch in der politisch organisierten Arbeiterbewegung in Nowawes die Auseinandersetzung an Schärfe zu. Am 3. Januar 1919 versammeln sich die Anhänger der USPD zu einer öffentlichen Volksversammlung in Singers Volksgarten mit dem 71-jährigen Reichstagsabgeordneten Fritz Zubeil, der »in einer wuchtigen Rede das Regierungs- und Unterdrückungssystem der Volksmassen« anklagt und mit den »bisherigen Machthabern« abrechnet.«[2]

Mit großem Optimismus hoffen die Anwesenden, aus den kommenden Wahlen als Sieger hervorzugehen. Auf Reichsebene wird dies eine Illusion bleiben, in Nowawes hingegen werden die Uhren anders ticken. Doch schon an diesem Abend folgen nicht alle USPDler dem Kurs von Paul Neumann. Eine kleine Minderheit trifft sich an diesem Abend sowohl im Arbeiterlokal von Pelz in der Mühlenstraße 7 als auch von Hiemke in der Wallstraße 55 und folgen dem Aufruf der drei Tage zuvor in Berlin gegründeten KPD und bilden erste, wenn auch für die nächsten Jahre in Nowawes noch relativ unbedeutende Ortsgruppen.

Am 8. Januar 1919 setzen sich die Nowaweser USPD-Mitglieder mit der Trennung von USPD und »Spartakus« auseinander. Schon auf der Kreisgeneralversammlung der USPD Teltow-Beeskow am 1. Januar 1919 ist Paul Neumann einer der energischsten Gegner der aus seiner Sicht sektiererischen Gründung der KPD. So stritt er für den Ausschluss all jener aus der USPD, die sich der neugegründeten Partei angeschlossen haben, da sie nunmehr Gegner der USPD seien.

2 Zit. in: Freiheit – Zeitschrift der USPD.

Bei den Wahlen zur Nationalversammlung am 19. Januar 1919 – die KPD boykottiert diese – erreicht die USPD in Nowawes entgegen dem Reichstrend 38,0 Prozent der Stimmen, die MSPD nur 30,4 Prozent. Fritz Zubeil bleibt auch für die Nowaweser Arbeiter ihr Reichstagsabgeordneter, einer von jedoch nur 22 USPD-Abgeordneten in Weimar. Doch die Wahl hat im »Bruderkampf« der beiden sozialistischen Parteien noch ein Nachspiel: Im *Vorwärts* wird der Nowaweser USPD vorgeworfen, mit der »Androhung von Handgranaten, Arbeiter am Wahltag zum Streik genötigt zu haben«. Besonders hat man es auf Paul Neumann abgesehen. Er hätte zusammen mit Franz Güth »schnoddrige Reden mit üblichen Gebrüll« gegen Ebert und Scheidemann vom Balkon des Rathauses aus gehalten. Zwar distanzieren sich eine Woche später Funktionäre der Nowaweser MSPD von einigen Übertreibungen und Unrichtigkeiten in der Berichterstattung. Dennoch: Persönliche Verletzungen werden auf beiden Seiten bleiben.

Reformbestrebungen

Die am 23. März 1919 abgehaltenen Kommunalwahlen festigen weiterhin den Ruf des »Roten Nowawes« als Hochburg der »Unabhängigen«, der Linkssozialisten. Dabei treten nicht einmal erkennbare Parteilisten an, sondern Namenslisten. Doch sind die Personen bereits so in aller Munde, dass beim Nennen der Namen schon deren politische Orientierung stadtweit bekannt ist.

Es muss für Paul Neumann und Genossen mehr als eine Genugtuung gewesen sein, nach Jahrzehnten der wahlrechtlichen Unterdrückung nunmehr im »Roten Nowawes« den Ton angeben zu können – und zusammen mit der MSPD unter dem Nowaweser Arbeitsamtsdirektor und späteren Herforder Oberbürgermeister Dietrich Osmer (1883–1944) eine satte Mehrheit von 66 Prozent der Stimmen der Nowaweser errungen zu haben. Nie wieder werden die Linken in Nowawes einen solchen grandiosen Sieg feiern können. Aber jetzt, im März 1919 scheint die sozialistische Revolution so nah – zumindest in Nowawes. Gestützt auf die Arbeitermassen aus den großen Betrieben des Maschinenbaus und der Textilindustrie, Anführern der großen, kampfstarken Metall- und Textilgewerkschaften, der Konsumgenossenschaft, des Mietervereins und der neuen sozialen Einrichtungen, ist Paul Neumann als »kommissarischer« Gemeindevorsteher bemüht, mit der neuen »sozialistischen« Mehrheit grundlegende kommunalpolitische Reformen im Wohnungs-, Gesundheits- und Bildungsbereich anzugehen.

Linkssozialistische Bildungspolitik in den Fokus Nowaweser Gemeindepolitik gerückt zu haben, ist ein Verdienst des Mitstreiters von Paul Neumann, des Nowaweser Lehrers und preußischen Staatsrats der USPD, später wieder SPD, Bruno La Grange (1882–1932). Schon im Juni 1921 bietet er mit Unterstützung der Gewerkschaften und der Freireligiösen Gemeinde in einem Klassenraum der 4. Gemeindeschule in der Scharnhorststraße Lebenskundeunterricht für Kinder, die vom Religionsunterricht abgemeldet sind, an. Der Weimarer Schulkompromiss vom August 1919 ermöglichte jedoch, noch einen Schritt weiterzugehen, um alle nichtkonfessionellen Kinder in einer eigenen Schule – einer »Sammelschule« – zusammenzuführen. Nach dem Beispiel der Berliner pädagogischen Reformbewegung in den dortigen Arbeiterbezirken wird auf Initiative der örtlichen Arbeiterparteien am 23. April 1922 die erste (!) weltliche Sammelschule der Provinz Brandenburg in der Priesterstraße (heute Bruno-H.-Bürgel-Schule) gegründet. Erst die Nazis stellen den Schulbetrieb im April 1933 ein und lösen die Schule auf.

Ein weiteres Ergebnis des nachrevolutionären Aufbruchs unter der Ägide von Paul Neumann ist auch die Bestellung eines ausgewiesenen sozialreformerischen Gemeindearztes. 1919 begann der Sozialmediziner und spätere leitende Stadtarzt von Berlin-Kreuzberg, Curt Bejach (1889–1944), seine Arbeit als »Stadtarzt« von Nowawes. Ihm folgte das USPD-Mitglied und spätere leitende Stadtarzt von Berlin-Reinickendorf, Max Hodann (1894–1946), ein Pionier der marxistischen Sexualpädagogik. Sein Büro hatte er im Rathaus. 1922 folgte ihm dann in Nowawes der Sozialhygieniker Georg Löwenstein (1890–1998), der spätere leitende Stadtarzt von Berlin-Lichtenberg wurde.

Genauso wegweisend war das Engagement Paul Neumanns, neue reformerische Ideen anzugehen und umzusetzen, um die Wohnungsnot der arbeitenden Bevölkerung zu lindern. Gegen den Widerstand der bürgerlichen Parteien setzte er durch, dass große Teile der unbebauten Sandscholle in der Neuendorfer Gemarkung südöstlich der Eisenbahnlinie vom Fiskus gleich nach der Revolution erworben und somit kommunales Bauland wurden. Im Auftrage der Gemeinde wurden die ersten 20 kommunalen Häuser entlang der Stahnsdorfer Straße im Stil einer Gartenstadt errichtet. Die »Neumannsche« Sandscholle war dann auch in den nächsten Jahrzehnten jenes Areal der Stadt Nowawes, wo kommunaler und genossenschaftlicher Wohnungsbau in großen Stil realisiert werden konnte. So baute die Stadt ab 1925 entlang der Großbeerenstraße und die 1928 von Gewerkschaftern gegründete GEWOBA entlang des Schützendamms (heute Paul-Neumann-Straße). Auch das von Paul Neumann verfochtene »Bauen zum Eigenbedarf« und nicht als Renditeobjekt wurde von vielen Arbeitern und Angestellten entlang der Rosenstraße und des Blumenweges realisiert. Ohne den mutigen Schritt von Neumann und Genossen im Jahre 1918 wäre der soziale Wohnungsbau in Nowawes nicht möglich gewesen.

Der Kapp-Putsch und die Folgen

Als am 13. März 1920 in Berlin General Walther von Lüttwitz und der Königsberger Generallandschaftsdirektor Wolfgang Kapp mit Unterstützung von Erich Ludendorff gegen die Reichsregierung putschte und auch die Potsdamer Garnison sich hinter die Putschisten stellte, folgten die Nowaweser Arbeiter umgehend dem Aufruf der Arbeiterparteien und Gewerkschaften zum Generalstreik. Unverzüglich bildete sich im Gebäude des Konsums in der Katzbachstraße (heute Fritz-Zubeil-Straße) ein 15er-Ausschuss aus den drei Arbeiterparteien USPD, SPD und KPD, der während des Streiks dafür Sorge trug, dass Notstandsarbeiten ausgeführt, Lebensmittel verteilt und Schulen mit Kohlen versorgt wurden. Trotz der überwältigenden Streikbereitschaft der Arbeiter bestand die Gefahr des

Einmarsches putschender Reichswehreinheiten aus Potsdam. Unter dem Vorwand, ein angebliches Waffenlager der Arbeiter, das es aber gar nicht gab, zu beschlagnahmen, entsandte der Kommandant der Garnison Potsdam, Generalmajor Walter von der Hardt, Militär nach Nowawes, um eine »bewaffnete Räterepublik« (Polizeibericht) niederzuschlagen. Dem Militär gelingt es jedoch nicht, Mitglieder des 15er-Komitees, insbesondere die bekannten USPD-Arbeiterführer Emil Treptow und Paul Neumann, zu verhaften. Das Militär fahndet insbesondere nach dem »Führer und Hetzer der kommunistischen (!) Gewaltbewegung«, dem Sohn von Paul Neumann, Arno Neumann, der zu dieser Zeit in der USPD ist, später wieder zur SPD zurückkehrt und nach der Befreiung vom Hitler-Faschismus erster Potsdamer Baustadtrat wird.

Nach der Niederschlagung des Kapp-Putsches durch den Widerstand aller Arbeiter ungeachtet ihrer politischen Orientierung hoffen viele auf eine Neubelebung bisher unvollendet gebliebener revolutionärer Forderungen wie der nach Sozialisierung und Entmilitarisierung. Die neue Regierung der »Weimarer Koalition« aus MSPD, DDP und Zentrum unter Führung des Sozialdemokraten Hermann Müller enttäuscht jedoch viele Arbeiter, die gemeinsam gegen Kapp und die Reaktion Front gemacht hatten. Bei den Reichstagswahlen am 6. Juni 1920 erleidet die MSPD eine heftige Niederlage. Viele Arbeiter wählten jetzt erst recht die Linkssozialisten von der USPD. Die KPD tritt zwar erstmalig zu Wahlen an, blieb aber weiterhin relativ bedeutungslos. Die Entwicklung der USPD zur dominierenden radikalsozialistischen Massenpartei gerade in Berlin und auch in Nowawes führt zu heftigen innerparteilichen Orientierungskämpfen, die auch von angefeuert werden.

Die Trennung

Der 2. Weltkongress, der als Kommunistische Internationale vom 19. Juli bis 7. August 1920 in Moskau stattfindet, beschließt jene »21 Moskauer Bedingungen zur Aufnahme in die KI«, die sowohl darauf abzielen, große linke Teile der deutschen USPD mit der vergleichsweise kleinen KPD zusammenzuführen als auch »zentralistische« Tendenzen von führenden USPDlern auszuschließen. Nun entbrennt in der USPD und auch in ihrer Nowaweser Parteiorganisation ein heftiger Richtungsstreit über den weiteren Weg der Partei, insbesondere ihres Verhältnisses zur 3. (kommunistischen) Internationale. Genossen, die in der Revolution und auch in den Tagen des Kapp-Putsches gemeinsam gegen die Reaktion und für eine neue sozialistische Gesellschaft gestritten hatten, finden sich nun auf verschiedenen Seiten der Auseinandersetzung wieder.

Eine Abstimmung soll die Entscheidung bringen. Anführer der »Moskauer« in Nowawes ist der Schuhmacher Gustav Mauritz, der »Gegner« Paul Neumanns. Die Urwahl am 4. Oktober 1920 endet in Nowawes mit einer knappen Niederlage für Paul Neumann und Genossen: Von 624 (!) Abstimmungsteilnehmern votieren 353 für die »Moskauer« und 271 dagegen. Der Riss in der Partei ist unübersehbar. Bisherige Kampfgefährten wie Emil Treptow oder Otto Thiele folgen Neumann nicht mehr.

Der Parteitag der USPD in Halle entscheidet sich bekanntlich mit 237 zu 156 Stimmen für den Anschluss an die Kommunistische Internationale. Paul Neumann bleibt in Nowawes in der (Rest-)USPD, andere schließen sich der VKPD an, viele jedoch ziehen sich resigniert aus den Arbeiterparteien und Gewerkschaften zurück. Von den 14 Gemeindevertretern gehen zwei zur VKPD, der größte Teil bleibt aber in der USPD. Dennoch ist die Hegemonie der Partei in Nowawes erschüttert. Zerrieben zwischen den Regierungssozialdemokraten und den Kommunisten, die nunmehr durch die Vereinigung mit der USPD-Linken erstmals zu einer Massenpartei werden, gingen die Mehrzahl der verbliebenen USPDler nach dem »Vereinigungsparteitag« am 24. September 1922 in Nürnberg in die SPD zurück. Bedeutende »Unabhängige« wie die Gewerkschafter Karl Gruhl jun., Paul Wolter, Albert Rose und Max Schröder und der Lehrer Bruno La Grange bestimmen in den nächsten Jahren die sozialdemokratische Gemeindepolitik in Nowawes entscheidend mit.

Paul Neumann bleibt nach der Entscheidung von Halle weiterhin seiner Partei treu. Zur Kreiswahl in Teltow am 20. Februar 1921 führt er noch einmal die USPD-Liste und wird wieder Kreistags-

abgeordneter. Es wird sein letztes Wahlamt sein, das er erringt. Mit der Wahl von Walter Rosenthal im Jahre 1921 zum neuen Gemeindevorsteher tritt Paul Neumann in die zweite Reihe des Gemeindevorstandes, bleibt aber weiterhin gewählter Schöffe. Dennoch wird es still um ihn. Am 4. Juli 1923 stirbt Paul Neumann in seinem Haus in der Großbeerenstraße. Im heutigen Babelsberg ist die Erinnerung an ihn lebendig.

Paul Neumann (rechts) am 1. Mai 1919 im Park Babelsberg mit Fritz Zubeil (links mit Hut).

Literatur

Laufende Jahrgänge des *Vorwärts*, der *Freiheit*, der *Märkischen Volksstimme*.

Sonderausgabe des *Potsdamer Volksblattes* in: Dokumente und Materialien zur Geschichte der deutschen Arbeiterbewegung, Bd. 2, Karl Dietz, Berlin 1958.

Gustav Noske | ... nicht nur der »Bluthund«

von Christoph Kleßmann

Gustav Noske

Hätte er nicht gegenüber den Aufständen in Berlin im Januar und im März 1919 und auf andere Weise auch beim Kapp-Lüttwitz-Putsch ein Jahr später eine fatale Rolle gespielt, wäre Gustav Noske vermutlich als tüchtiger Politiker vom rechten Flügel der Sozialdemokratie, aber nicht als Bluthund und negative Symbolfigur der frühen Weimarer Republik in die Geschichte eingegangen. Sein Biograf Wolfram Wette hat auf die stereotypen und auf den ersten Blick widersinnigen Interpretationsmuster hingewiesen: »Der erste sozialdemokratische Reichswehrminister wird im Regelfall von rechts gelobt, von den Sozialdemokraten als unverdaulich angesehen und von den Kommunisten verteufelt.«[1]

Zwar wird ihn heute niemand mehr als Retter der Republik vor einer bolschewistischen Bedrohung bejubeln, aber das interpretatorische Gegenstück ist häufig bekräftigt worden und als »System Noske« auch gleich auf die gesamte Führung der sozialdemokratischen Partei projiziert worden. So hat der Publizist und Drehbuchautor Klaus Gietinger hat 2009 in einer umfangreichen Biografie über Waldemar Pabst, den konterrevolutionären Auftraggeber des Mordes an Rosa Luxemburg und Karl Liebknecht, mit Eifer die politische Blutsverwandtschaft zwischen diesem und

1 Wolfram Wette: Gustav Noske. Eine politische Biographie, Düsseldorf 1987, S. 32.

Noske unterstrichen. Im Vorwort des Buches versteigt sich Karl Heinz Roth als damaliger linker Kritiker der Arbeiterbewegungsgeschichte dann zudem noch zu einem bemerkenswerten politischen Rundumschlag gegen »die Historiker der Sozialdemokratie« – wer auch immer dazu gezählt werden soll. Diese würden nun nicht mehr umhinkönnen,

> »[…] die rechtsextremistische Phase ihrer politischen Heimat in der Etappe des ›Burgfriedens‹ und der Konterrevolution selbstkritisch aufzuarbeiten, die Umbenennung der Friedrich-Ebert-Stiftung zu fordern und sich für die Wiedererrichtung des von den Nazis geschleiften Berlin Luxemburg-Denkmals einzusetzen.«[2]

Dieses Urteil führe ich hier vor allem an, weil es die zähe Langlebigkeit eines Geschichtsbildes zeigt, in dem die Rolle der Bösewichter in der langen Geschichte der (sozialdemokratischen) Arbeiterbewegung vorab ziemlich eindeutig festgelegt ist. Gietinger kreiert in diesem Rahmen eine »völkische SPD« und lässt in einer stilistisch schwer verdaulichen Schreibe kein gutes Haar an der Sozialdemokratie insgesamt. Wer solche Konstruktionen nicht mitmacht, muss sich bemühen, das historische Umfeld, die komplexe und widersprüchliche innere Entwicklung der SPD und die Entscheidungssituationen und -zwänge der nachrevolutionären Phase, das heißt der erst im Entstehen begriffenen Weimarer Republik, abwägend einzubeziehen, ohne damit einer simplen Apologie der Regierenden das Wort zu reden. Diesen Spagat werde ich hier im Anschluss an größere Arbeiten versuchen.[3] Grundlegend für jede Beschäftigung mit dieser umstrittenen Person ist die eingangs genannte voluminöse, sehr gründliche und kritische Bio-

2 Klaus Gietinger: Der Konterrevolutionär. Waldemar Pabst – eine deutsche Karriere, Hamburg 2009, S. 11.

3 Susanne Miller: Die Bürde der Macht. Die deutsche Sozialdemokratie 1918–1920, Düsseldorf 1978. Heinrich August Winkler: Von der Revolution zur Stabilisierung, Bonn 1984. Mark Jones: Am Anfang war Gewalt. Die deutsche Revolution 1918/19 und der Beginn der Weimarer Republik, Berlin 2017.

grafie von Wolfram Wette.[4] Das keineswegs nur mit dem Namen Noske eng verbundene Zentralproblem von politischer und militärischer Gewalt in der ersten deutschen Republik ist jüngst vor allem von dem irischen Historiker Mark Jones eindrucksvoll analysiert worden.

Gustav Noskes Lebenslauf in der Stadt Brandenburg, wo er 1868 als Sohn des Webers Carl Noske und der Arbeiterin Emma (geb. Herwig) geboren wurde, liest sich zunächst wie der eines lupenreinen Aufsteigers aus dem Proletariat im Kaiserreich. Er war zwar von der Herkunft ein Brandenburger Sozialdemokrat, seine wichtige politische Rolle aber spielte er primär in Chemnitz und Berlin, später (eher unbedeutend) in Hannover. Hier soll der Akzent daher auf der Frühphase bis zu seiner Schlüsselfunktion in der Revolution 1918/19 liegen. Die Quellen zu seiner Person sind dürftig. Zu den Wichtigsten gehören neben einer knappen zeitgenössischen autobiografischen Skizze und der ebenfalls zeitgenössischen Publikation »Von Kiel bis Kapp« (April 1920) seine 1934/36 geschriebenen, aber erst 1947 in Zürich und Offenbach in einem kleinen Verlag erschienenen Erinnerungen »Erlebtes aus Aufstieg und Niedergang einer Demokratie«.[5] Dieser Rückblick bietet interessante Einblicke in das politische und parlamentarische Leben eines Sozialdemokraten im Kaiserreich und strotzt vor Selbstbewusstsein gegenüber einer feindlichen politischen Umwelt, in der Sozialdemokraten als vaterlandslosen Gesellen galten. Er zeigt aber auch die Prägungen des Kommunalpolitikers, Journalisten und Reichstagsabgeordneten Noske, die manche schwer verständlichen späteren Entscheidungen und Verhaltensweisen zumindest etwas plausibler erscheinen lassen.

---

4 Dass dessen seinerzeit im Militärgeschichtlichen Forschungsamt in Freiburg in Auftrag gegebenes Manuskript im Beirat zur Veröffentlichung abgelehnt, dann aber vom Institutschef doch akzeptiert wurde, mag ein weiterer Hinweis auf die Heftigkeit der bis heute divergierenden Urteile über Noske und seine historische Rolle sein.

5 Gustav Noske: Wie ich wurde, Berlin 1919. Ders.: Von Kiel bis Kapp, Berlin 1920. Ders.: Erlebtes aus Aufstieg und Niedergang einer Demokratie, Offenbach a. M. 1947.

Schul- und Lehrzeit, berufliche und politische Aktivitäten

Über Noskes Jugend und seine Familie wissen wir kaum Genaues, weil seine Aufzeichnungen nur sehr wenig zu seinem privaten Leben hergeben. Sie bieten aber ein erschreckendes und im Wesentlichen realistisches Bild von den Arbeits- und Lebensverhältnissen der Arbeiterklasse im Kaiserreich in der zweiten Hälfte des 19. Jahrhunderts. Näheres zu seinem Elternhaus und später zu seiner eigenen Familie findet man dort nicht, und das war offenbar gewollt und passt zu seinem Selbstbild. Eine wichtige Passage aus der autobiografischen Skizze betrifft die Schulzeit:

> »Meine ersten Schuljahre habe ich an einer Volksschule verbracht. Dann siedelte ich in die sogenannte Bürgerschule über, da mein Vater, der selbst nur ganz notdürftig schreiben gelernt hatte, trotz seinen bescheidenen Einkommensverhältnissen Wert darauf legte, daß ich etwas bessere Schulbildung bekam. Daß ich ein Musterschüler gewesen bin, wird keiner meiner Lehrer mir nachsagen. Ich habe zwar ziemlich leicht gelernt, aber nicht gerade über ein besonderes Maß von Sitzfleisch verfügt.«[6]

Da er seinen Berufswunsch Förster aus finanziellen Gründen nicht realisieren konnte, machte er eine Lehre als Korbmacher. Als Geselle kam er auf der Wanderschaft nach Halle/Saale, Frankfurt/Main, Amsterdam und Liegnitz. Nach seiner Rückkehr aus Liegnitz engagierte er sich politisch in seiner Heimatstadt Brandenburg und wurde nach dem Ende des Sozialistengesetzes schon 1892 mit 24 Jahren Vorsitzender der SPD. Auch sein gewerkschaftliches Engagement fällt in diese Zeit, als er in der für die Brandenburger Wirtschaft sehr wichtigen Reichsteinschen Kinderwagenfabrik arbeitete. Seit 1893 arbeitete er auch als Redakteur bei der Brandenburger Zeitung und wechselte 1897 zur Königsberger »Tribüne«. Dort übernahm er kurzzeitig ebenfalls die Redaktion des von Otto Braun heraus-

---

6 Noske, a. a. O., 1919, S. 11.

gegebenen »Ostpreußischen Landboten«. Als einziger Sozialdemokrat wurde er 1899 zudem in die konservativ dominierte Königsberger Stadtverordnetenversammlung gewählt.

Zu den Merkwürdigkeiten des Bismarck'schen Gesetzes gegen die Sozialdemokratie gehörte es, dass die Partei faktisch verboten war und alle Aktivitäten polizeilich verfolgt wurde, dass aber zur Reichstagswahl Kandidaten aufgestellt und Wahlwerbung in Grenzen möglich wurden. Noske entwickelte schon in Brandenburg Ambitionen für eine Kandidatur. In seinen Erinnerungen schrieb er später selbstbewusst und wohl auch etwas überzogen zu seiner Reichstagskandidatur in der brandenburgischen SPD und seinem Konkurrenten Ferdinand Ewald aus Berlin: Er

> »[...] verfügte zwar nur über geringes Wissen, sah aber gut aus und konnte mit lauter Stimme stundenlang Reden halten, die auf die politisch völlig ungeschulten Zuhörer Eindruck machten, so daß er sich bald einer beträchtlichen Popularität erfreute. Er wurde Reichstagskandidat. [...] Da ich bis tief in die Nacht über den Büchern saß, wußte ich mehr als Ewald. Es gab Spannungen, dann gerieten wir in schärferen Gegensatz und schließlich in offenen Kampf. Beinahe wäre ich aus der Partei ausgeschlossen worden. Ewald berief dazu eine Versammlung ein.«[7]

Schon diese Darstellung macht deutlich, dass Noske ein entschlossener Kämpfer für seinen eigenen Aufstieg ebenso wie für die Interessen der Sozialdemokratie im autoritären Kaiserreich war.

Überregionale Resonanz fand er als Redakteur und seit 1906 als Chefredakteur der sozialdemokratischen »Volksstimme« in Chemnitz, für die er bis 1918 arbeitete. Diese sächsische Industriestadt mit einer starken organisierten Arbeiterbewegung wurde Ausgangsbasis für seine Karriere in der Sozialdemokratie. Die Chemnitzer Genossen wählten ihn Ende 1906 zum Stadtverordneten und wenige Wochen später in den Reichstag. Ein interessantes Detail hat Noske für die Zeit kurz vor seinem Abschied aus Königsberg be-

7 Noske, a. a. O., 1947, S. 13.

richtet. Er wurde – ein völlig überdimensioniertes Urteil – zu drei Monaten Gefängnis verurteilt wegen Beleidigung des berüchtigten, scharf antisozialistischen und antisemitischen Berliner Dom- und Hofpredigers Adolf Stöcker. Die Haft konnte er in seinem nächsten Wirkungsort in Chemnitz antreten, offenbar unter vergleichsweise erfreulichen Bedingungen. »Denn der Direktor der Strafanstalt hielt mich wie in einer Art Festungshaft und gewährte mir jede nur zulässige Erleichterung. Besonders war ich im Lesen von Zeitungen und Büchern fast völlig unbehindert [...].«[8]

Im Reichstag beschäftigte sich Noske mit Fragen der Kolonialpolitik, insbesondere aber mit Problemen der Heeres- und Marinepolitik. Auf diesem Gebiet machte er sich bald über die sozialdemokratische Reichstagsfraktion hinaus einen Namen, und hier sollte in Zukunft seine erfolgreiche und ebenso seine fatale historische Rolle liegen. In seiner stramm nationalen Gesinnung gehörte er während des Ersten Weltkrieges wie die Mehrheit seiner Fraktionsgenossen zu den Befürwortern der Kriegskredite und des mit dem »Vaterländischen Hilfsdienstgesetz« geschaffenen »Burgfriedens«. In seiner autobiografischen Skizze legt Noske besonderen Wert auf seine zahlreichen Frontbesuche. Das war vor allem dem Informationsbedürfnis des Experten der Reichstagsfraktion geschuldet, vielleicht aber auch dem Umstand, dass er aus gesundheitlichen Gründen nie Soldat geworden war. Für einen national denkenden Sozialdemokraten – und davon gab es sehr viele – dürfte das ein arges Manko gewesen sein, das nach Kompensation verlangte. Zum vollständigen Bild des national engagierten Reichstagsabgeordneten gehört aber auch seine Aktivität zur Aufklärung von Gewinnen der Rüstungsfirmen und Versuche ihrer Kontrolle.[9]

Noske war ohne Frage ein begabter, sehr willensstarker, selbstbewusster und aufstiegsorientierter Arbeiter und Sozialist, der mit großer Energie für eine Verbesserung der unerträglichen sozialen Verhältnisse kämpfte, sich zugleich völlig pragmatisch verhielt und wenig Interesse an theoretischen Fragen zeigte. Seine rhetorische

8 Noske, a. a. O., 1947, S. 24.
9 Noske, a. a. O., 1947, S. 64 f.

Begabung bildete zumindest eine Voraussetzung für seinen späteren Erfolg und seine wichtige Rolle in der SPD, wie auch immer das Gesamturteil ausfällt. Die Sozialpolitikerin und Historikerin Hedwig Wachenheim hat ihn aus zumindest flüchtiger persönlicher Kenntnis mit einem gewissen Kontrapunkt zum gängigen Bild so charakterisiert: »Noske war im persönlichen Umgang ein angenehmer, liebenswürdiger, bescheidener Mensch, nicht sehr wortgewandt; das waren aber beispielsweise Legien und Otto Braun auch nicht, und doch waren sie bedeutende Männer mit großen Leistungen.«[10] Woher sein besonderes Faible für das Militär stammte, bleibt ein offenes Problem.

Noske als Politiker

Als sozialdemokratischer Experte für Militär- und Marinefragen wurde er von der letzten kaiserlichen Regierung unter Prinz Max von Baden im November 1918 nach Kiel geschickt, um dort nach dem Matrosenaufstand, dem Beginn der Revolution, für Beruhigung und Ordnung zu sorgen. Seine Schilderung bietet einen plastischen Eindruck von dem Erfolg dieses nicht einfachen und ungefährlichen Auftrags. Noskes Popularität bei den Matrosen wird dabei paradoxerweise ebenso deutlich wie seine Distanz zu den Arbeiter- und Soldatenräten. Man berief ihn in Kiel gleichwohl zum Gouverneur. In Berlin ging derweil die Macht von der zusammengebrochenen Monarchie an den Rat der Volksbeauftragten über, der je drei Vertreter der Mehrheitssozialdemokratie (MSPD) und der Unabhängigen (USPD) umfasste. Er verkündete am 12. November in nüchternen Sätzen die wichtigsten Errungenschaften der Revolution und strebte baldige Wahlen an. Der erste Kongress der Arbeiter- und Soldatenräte, der am 16. Dezember in Berlin im Zirkus Busch zusammentrat, legte mit großer Mehrheit den 19. Januar 1919 fest als Termin für die Wahl einer Nationalversammlung, die eine neue

10 Hedwig Wachenheim: Vom Großbürgertum zur Sozialdemokratie. Memoiren einer Reformistin, Berlin 1973, S. 110.

demokratisch-parlamentarische Verfassungsordnung schaffen sollte. Der kommunistische Spartakusbund und die USPD lehnten diesen Wahltermin ab, weil sie andere Zielsetzungen hatten und die Revolution zunächst weitertreiben wollten.

Noch bevor das Revolutionsjahr zu Ende ging, kam es in Berlin zu blutigen Kämpfen. Die drei Vertreter der USPD nahmen das zum Anlass, um aus dem Rat der Volksbeauftragten auszuscheiden. Noske wurde daraufhin von Ebert dringlich aus Kiel nach Berlin gerufen und zum Mitglied dieser nun rein mehrheitssozialdemokratischen vorläufigen Regierung ernannt (28. Dezember). Die als »Blutweihnacht« in die Geschichte eingegangenen bewaffneten Konflikte um das von einer spontan gebildeten Volksmarinedivision besetzte Berliner Schloss und den Marstall lassen sich bereits als ein Wendepunkt der friedlich begonnenen Revolution verstehen.[11] »Jeden Tag ist auf den Straßen Berlins etwas Neues los; aber das Reich geht dabei zum Teufel«, notierte der Diplomat und Publizist Harry Graf Kessler am 22. Dezember 1918 in seinem Tagebuch. Dank der zwischenzeitlich von der Front zurückgekehrten Truppen sei die Zeit »reif für eine große Entscheidung«: »Wenn die Regierung Energie hat, wird sie sie benutzen, um die ganz radikalisierte Matrosendivision aus Berlin hinauszubringen; wenn nötig mit Gewalt.«[12]

Den Höhepunkt der massiven gewaltsamen Auseinandersetzungen in Berlin bildeten jedoch erst die Januarunruhen und der Märzaufstand 1919. Noske spielte in beiden Situationen eine Schlüsselrolle, die sein Bild in der zeitgenössischen Politik und in der Historiografie geprägt hat. Die früher oft zu Unrecht als »Spartakusaufstand« charakterisierten Januarunruhen wurden nicht nur von konservativen und bürgerlichen Kreisen, sondern auch von den Volksbeauftragten und führenden sozialdemokratischen Beobachtern als bolschewistische Bedrohung wahrgenommen, gegen die mit Gewalt vorgegangen werden sollte. Eine ähnliche Situation

---

11 Martin Sabrow: »Eberts Blutweihnacht«. Der unheilige Abend der Novemberrevolution, <https://doi.org/10.14765/zzf.dok-1322>.

12 Ebd.

wiederholte sich im März. Das Gespenst eines drohenden Bolschewismus war in allen gewaltsamen Konflikten dieser Zeit in einem schwer nachvollziehbaren Ausmaß präsent. Zur Erklärung der Verhaltensweisen nicht nur Noskes und seiner Anhänger ist es daher unerlässlich, sich diese bis zur Hysterie gesteigerten Klischees und Falschinformationen, die ständige Hetze und den Radikalismus der linken und der rechten Presse, die überall verbreiteten wilden Gerüchte und Berichte über bestialische Gräueltaten, aber auch die unkontrollierten Schießereien und Mordaufrufe vor Augen zu führen. Sie gehören zum Tableau von politischer Gewalt in dieser Zeit, mit fatalen Langzeitwirkungen, auch wenn man Hinweise in der Literatur auf Kontinuitäten zu NS-Zeit für problematisch hält.[13]

Noske traute ebenso wie Ebert im allgemeinen Chaos der Demobilisierung der Truppen und der wüsten Pressepolemiken der Spartakusanhänger den eigenen zur Verfügung stehenden bewaffneten Einheiten nicht und stützte sich daher ohne ausreichende Kontrolle auf die angeworbenen, meist (aber keineswegs nur) rechts gerichteten Freikorps. Deren Brutalitäten und Exzesse bei der Niederschlagung der Unruhen sind vielfach beschrieben worden und haben das Bild Noskes als Oberbefehlshaber und Reichswehrminister in den Gründungsjahren Weimars geprägt. Das führte bereits zu einem erheblichen Vertrauens- und Stimmenverlust der MSPD bei den Wahlen zur Nationalversammlung am 19. Januar 1919 und zum ersten Reichstag am 6. Juni 1920. Die schlimmsten, schon bürgerkriegsähnlichen Kämpfe fanden im März 1919 im Zusammenhang mit dem Generalstreikbeschluss der Arbeiter- und Soldatenräte in Berlin und der Verhängung des Belagerungszustands durch Noske (als Oberbefehlshaber für Berlin und die Marken) statt. Noske ging auch hier von der Unvermeidbarkeit militärischen Eingreifens aus und fand dafür viel Resonanz. Die Einzelheiten sind in der Literatur eingehend beschrieben worden.[14] Das Ergeb-

13 Extreme Beispiele dafür finden sich vielfach bei Gietinger, a. a. O. Deutlich überzogen scheinen mir aber auch einige eher angedeutete Urteile bei Jones a. a. O., S. 339 f.; 254 (zum Schießbefehl).

14 Zuletzt vor allem Jones, a. a. O., Kapitel 11.

nis der grausamen und oft chaotischen Kämpfe, in deren Kontext auch der berüchtigte Schießbefehl Noskes gehörte, waren etwa 1.200 Tote. Der Reichswehrminister konnte trotzdem auf dem Weimarer Parteitag der SPD im Juni 1919, auf dem harsche Kritik an seiner Politik erwartet wurde, nach einer kämpferischen und geschickten Rede seine Position behaupten und viel Beifall seiner Genossen ernten.[15] Aber der Rückhalt dauerte angesichts der immer offener drohenden Gefahren von rechts aus dem Umfeld der alten Heeres- und Marineoffiziere nicht mehr lange. Noskes problematische Rolle beim Kapp-Lüttwitz-Putsch im März 1920, den er nicht hatte verhindern können, bedeutete dann politisch das Ende seiner herausgehobenen Karriere.

Einer Anweisung der Interalliierten Militärkontrollkommission folgend, befahl Noske am 29. Februar, die Marinebrigaden Ehrhardt und von Loewenfeld aufzulösen, um die von den Alliierten vorgegebene Zahl des Hunderttausend-Mann-Heeres zu erreichen. Dem widersetzte sich der ranghöchste Reichswehrgeneral Walther von Lüttwitz und besetzte am 13. März mit der Marinebrigade Ehrhardt, aus der nahe gelegenen Döberitzer Heide kommend, das Berliner Regierungsviertel und ernannte den Generallandschaftsdirektor Wolfgang Kapp zum Reichskanzler. Noske war vage über bevorstehende Aktionen unterrichtet worden und hatte daraufhin – so seine eigene Darstellung – noch ohne genaue Kenntnis Lüttwitz' Entlassung und Kapps Festnahme befohlen, jedoch ohne Erfolg.

Die Brigade Erhardt zog im Morgengrauen des 13. März im Paradeschritt durchs Brandenburger Tor, Generallandschaftsdirektor Kapp wurde in die Reichskanzlei gesetzt – und war ratlos, was zu tun war.[16] Die Regierung hatte sich auch auf Noskes Rat in der Nacht nach Dresden und Stuttgart abgesetzt, um nicht Opfer einer möglichen Festnahme zu werden. Der chaotisch organisierte Putsch brach nach wenigen Tagen zusammen, vor allem dank des erfolgreichen Aufrufs der Gewerkschaften zum Generalstreik.

---

15 Wette, a. a. O.,S. 446 ff.

16 Die bühnenreife Groteske in Berlin wird anschaulich beschrieben bei Hagen Schulze: Weimar. Deutschland 1917–1933, Berlin 1982, S. 215 f.

Noske trat gegen den Willen Eberts, aber ohne Unterstützung in der Parteispitze am 22. März 1920 als Minister zurück. Dass zu den von den Gewerkschaften formulierten Bedingungen für den Abbruch des Generalstreiks Noskes Rücktritt gehörte, belegte überdeutlich, wie fatal der Verlust an Unterstützung bei der Arbeiterschaft mittlerweile geworden war.[17] Es gelang nicht, einen geeigneten Nachfolger aus der SPD zu finden. Erst 1969 ist mit Helmut Schmidt wieder ein Sozialdemokrat Verteidigungsminister (der Bundesrepublik) geworden.

Noske wurde nach einer kurzen Übergangszeit der Posten des Oberpräsidenten der Provinz Hannover angeboten, den er bis zu seiner Beurlaubung im Frühjahr 1933 und Entlassung im Herbst durch die Nationalsozialisten bekleidete. Eine Rückkehr in die große Politik gelang ihm jedoch nicht mehr. Im Zusammenhang mit dem Attentat vom 20. Juli 1944 auf Hitler wurde er verhaftet und in Fürstenberg, einem Außenlager des KZ Ravensbrück, später in Berlin-Moabit inhaftiert. Er wurde erst nach der Eroberung Berlins befreit. Am 30. November 1946 erlitt er einen Schlaganfall und starb in Hannover.[18]

Noske – eine immer noch umstrittene historische Figur

Eine Steilvorlage für scharfe und historisch unvermeidliche Kritik an seiner Politik hat Noske bekanntlich selber geliefert mit seiner (vermutlich zunächst nicht für irgendeine Öffentlichkeit gedachten) Formulierung vom »Bluthund«.[19] Viel Blut wäre wohl auch ohne

---

17 Die großen Streiks und bürgerkriegsähnlichen Kämpfe im Ruhrgebiet gehörten zu den Folgen des Kapp-Lüttwitz-Putsches, sie werden hier ebenso wie zuvor die Aktionen gegen die Räterepubliken in Bremen und München nicht behandelt.

18 Die hier nicht mehr berücksichtigte, komplizierte und verworrene Geschichte von Noskes Verhalten im Dritten Reich und seiner Kontakte zur Verschwörung gegen Hitler wird bei Wette, a. a. O. im Schlusskapitel dargestellt.

19 Wette, a. a. O., S. 300 f. Es ging um die berühmte Szene in der Reichskanzlei am 6. Januar, als Ebert angesichts der Aufrufe vom Vortage zum Generalstreik und zum Sturz der Regierung forderte, man müsse sich eine verlässliche Truppe schaffen. Als

ihn damals geflossen, angesichts völlig chaotischer und bürgerkriegsähnlicher Zustände vor allem in Berlin, aber auch in anderen Städten. Heute weiß man, dass manche der brutalen Aktionen vermeidbar gewesen wären, die vor allem auf Noskes geradezu obsessiven Vorstellungen von Wiederherstellung von »Ruhe und Ordnung« zurückzuführen sind.

Ob es prinzipielle Alternativen zu seiner Kooperation mit den »alten Gewalten« gab und ob es ohne diese Kooperation überhaupt eine zukunftsfähige Grundlage für die junge Weimarer Republik hätte geben können, ist jedoch nach wie vor umstritten. Dabei ging es keineswegs nur um die Kooperation mit dem Militär, die ja schon vor Noskes Eintritt in den Rat der Volksbeauftragten mit der Übereinkunft zwischen Ebert und General Groener ein wichtiges und vermutlich unverzichtbares Element von Kontinuität schuf.[20] Dass Noskes politische Ansichten und Verhaltensweisen im Weltkrieg und in der revolutionären Umbruchphase stark von einem Zeitgeist geprägt waren, der Gewalt nicht per se verdammte oder für vermeidbar hielt, muss Ausgangspunkt auch einer sehr kritischen Bewertung bleiben. Noske war aber mit einer Aufgabe, die mehr Flexibilität erfordert hätte, offensichtlich überfordert.

In Kiel hatte er in einer äußerst brisanten und komplizierten Situation seine Organisations- und Führungsqualitäten unter Beweis gestellt, eine aus dem Ruder laufende Eskalation verhindert und gezeigt, dass er bei den aufständischen Matrosen eindrucksvolles Vertrauen genoss. Die Problematik revolutionärer Veränderungen einer hoch entwickelten modernen Industriegesellschaft – von Richard Löwenthal treffend mit dem viel zitierten Begriff »Anti-Chaos-Reflex« charakterisiert – war Noske in rudimentärer Form

in der Diskussion um den Einsatz von Waffen der Name Noske fiel, erklärte dieser: »Meinetwegen! Einer muss der Bluthund werden. Ich scheue die Verantwortung nicht!« Auch der berüchtigte Schießbefehl vom 9.3.1919 gehört in dieses Bild, das aber auch in den Zusammenhang der Falschmeldung über die angeblichen Lichtenberger Morde eingeordnet werden muss. Dazu Wette, a. a. O., S. 419 ff.; Jones, a. a. O.,S. 254 ff.

20 Vgl. das kritische, aber differenzierte Urteil über Wettes Buch in der umfangreichen Rezension von Hartmut Soell in der FAZ vom 19.2.1988.

möglicherweise bewusst. Seine lebhaften und stark apologetisch gefärbten Schilderungen der völlig unübersichtlichen Verhältnisse in Berlin 1919 sprechen ebenso dafür wie seine obsessive Orientierung an »Ruhe und Ordnung«.

Der Bolschewismus drohte weniger und Handlungsspielräume waren größer, als Noske und auch viele andere Zeitgenossen glaubten. In dieser Hinsicht ist sich die Historiografie heute weitgehend einig. Aber das sagt wenig über die damalige Wirksamkeit von Ängsten. Noskes nahezu unreflektierte Bereitschaft zum hemmungslosen Einsatz militärischer Macht rechtfertigt insofern das dominierende desaströse Urteil über ihn. Seine Kooperation mit reaktionären Militärs erscheint in der Rückschau geradezu naiv. Ein differenzierter Blick in die damalige Bürgerkriegssituation in Berlin und anderen Städten und in eine Gesellschaft, die Gewalt im Krieg in bis dato unvorstellbarem Ausmaß erfahren, zunächst auch akzeptiert und für legitim gehalten hat, legen jedoch auch Maßstäbe nahe, die mit der gängigen Kritik von heute aus schwer zu fassen sind. Insofern bleibt das Bild ambivalenter. »Am Anfang war Gewalt« ist daher eine richtige Charakterisierung der durchaus diffusen Gesamtsituation. Im Kern ist auch das Urteil immer noch treffend, das der linke Historiker Arthur Rosenberg in seiner klassisch gewordenen Geschichte der Weimarer Republik (1935) formulierte:

> »Die Gewaltanwendung gegen Utopisten [gemeint sind die Berliner Aufständischen; C. K.] war gar nicht zu vermeiden. Noskes Schuld liegt nicht darin, dass er die Verantwortung für die Niederkämpfung des Aufstandes übernahm. Seine Fehler im Januar und in den folgenden Monaten liegen überhaupt nicht auf dem moralischen, sondern auf dem politischen Gebiet. Das Verhängnis für die deutsche Republik kam nicht dadurch, dass Noske Gewalt anwandte, sondern mit was für Truppen er Gewalt anwandte.«[21]

21 Zit. n. Miller, a. a. O., S. 233.

Literatur

Klaus Gietinger: Der Konterrevolutionär. Waldemar Pabst – eine deutsche Karriere, Hamburg 2009.

Mark Jones: Am Anfang war Gewalt. Die deutsche Revolution 1918/19 und der Beginn der Weimarer Republik, Berlin 2017.

Susanne Miller: Die Bürde der Macht. Die deutsche Sozialdemokratie 1918–1920, Düsseldorf 1978.

Wolfram Wette: Gustav Noske. Eine politische Biographie, Düsseldorf 1987.

Heinrich August Winkler: Von der Revolution zur Stabilisierung, Bonn 1984.

Gustav Noske (rechts) mit Walther von Lüttwitz um 1920

Otto Braun | »Der rote Zar von Preußen«

von Siegfried Heimann

Otto Braun

Otto Braun war während der Weimarer Republik wohl – neben Friedrich Ebert – der bekannteste Sozialdemokrat nicht nur in Preußen. Den Beinamen »Der rote Zar von Preußen« ließ sich der von 1920 bis 1932/33 mit kurzer Unterbrechung amtierende Ministerpräsident Braun nicht ohne wohlwollendes Schmunzeln gerne gefallen. Nach seinem Weg in die Schweizer Emigration und nach dem von ihm herbeigesehntem Ende der Nazi-Diktatur aber war er vergessen. Bekannt ist die kleine Episode, die Paul Löbe (SPD) – Reichstagspräsident mit nur kurzer Unterbrechung von 1920 bis 1932 – im Jahre 1950 erlebte und in der Wochenschrift *Die Zeit* beschrieb. Löbe stellte den 1950 zu einem Besuch in Bonn weilenden Otto Braun dem amtierenden Bundestagspräsidenten Hermann Ehlers (CDU) als Ministerpräsident Braun vor. Ehlers begrüßte ihn freundlich, fragte dann aber nach: »Ich weiß im Moment nicht – In welchem Land sind Sie doch Ministerpräsident?«

Dieses Bild vom vergessenen preußischen Ministerpräsidenten hat sich zumindest in der Geschichtsschreibung inzwischen gewandelt. Brauns Leistungen als sozialdemokratischer Ministerpräsident werden mit großem Lob hervorgehoben, sein resignierter Rückzug aus der Politik nach dem »Preußenputsch« des antidemokratischen Reichskanzlers Franz von Papen im Juli 1932 dagegen wird als »Rätsel« beschrieben, das weiterhin viele Fragen aufwerfe.

Im Folgenden soll – nach einer kurzen Skizze seiner Biografie bis zum Jahre 1920 – deshalb vor allem von Braun als Ministerpräsident die Rede sein.[1]

Herkunft, politische Anfänge bis 1918 und preußischer Landwirtschaftsminister

Otto Braun, der Sohn eines Schuhmachermeisters ohne Fortune und späteren Eisenbahnarbeiters, wurde im Januar 1872 in Königsberg geboren. Seine Mutter war die Tochter eines Landarbeiters. Braun erlernte nach der Volksschule den angesehenen Beruf eines Steindruckers, fand 1888 eher zufällig zur damals noch illegalen Sozialdemokratie. Er gehörte zur linken Opposition der »Jungen«, machte dennoch schnell Karriere in der Königsberger SPD und in der Kommunalpolitik der Stadt und war Mitbegründer einer Zeitung.

Er war damals schon besonders an der sozialen Situation und an der politischen Organisation der Landarbeiter interessiert und regte die Gründung eines Landarbeiterverbandes an. Wegen »Majestätsbeleidigung« erhielt er zwei Wochen Gefängnis, wenig später war er wegen »Hochverrats« mehrere Wochen in Untersuchungshaft. Im Jahre 1898 war er Vorsitzender der SPD Ostpreußens und langjähriger Stadtverordneter in Königsberg. Zuvor hatte er 1894 geheiratet und zog bald mit seiner selbstbewussten Frau Emilie nach Berlin um. Im Jahre 1905 begann sein Aufstieg in der SPD auf Reichsebene. Zunächst Mitglied der Kontrollkommission, war er seit 1911 als Kassierer Mitglied des Parteivorstandes. 1913 wurde er in der letzten Wahl nach dem Dreiklassenwahlrecht im Wahlkreis Niederbarnim noch in das preußische Haus der Abgeordneten gewählt.

---

1 Der Beitrag ist eine gekürzte Fassung meines Aufsatzes: Otto Braun (1872–1955), in: Peter Brandt, Detlef Lehnert (Hg.), Sozialdemokratische Regierungschefs in Deutschland und Österreich 1918–1983, Bonn 2017, S. 159-185. Dort auch weitere Belege. Die Darstellung der Politik des Ministerpräsidenten Otto Braun stützt sich vor allem auf mein Buch: Siegfried Heimann: Der Preußische Landtag 1899–1947. Eine politische Geschichte, Berlin 2011.

Bei Kriegsausbruch 1914 stand er auf der Seite der Mehrheitssozialdemokratie. Dem linken Flügel, vor allem dem Kreis um Rosa Luxemburg und Karl Liebknecht, aus dem später die KPD hervorging, stand er sehr kritisch gegenüber. Er war und blieb der Landwirtschaftsexperte der Partei; als Abgeordneter war er ein verlässlicher Arbeiter, jedoch kein großer Rhetoriker – auch als Ministerpräsident und als Wahlredner sprach er später sachlich-nüchtern und wenig mitreißend.

Bei Beginn der deutschen Revolution von 1918/1919 wurde Braun Mitglied des Berliner Arbeiter- und Soldatenrates. Seit dem 12. November 1918 war er in der revolutionären preußischen Regierung Hirsch-Ströbel zusammen mit Hugo Simon von der USPD Volksbeauftragter für Landwirtschaft. Das blieb er anfänglich auch in allen folgenden preußischen Regierungen. Im März 1920 erschütterte der Kapp-Putsch die Weimarer Republik im Reich und in Preußen. Nach der Niederlage der Putschisten schlug die Stunde für einen weiteren Karriereschritt von Otto Braun.

Der Ministerpräsident seit 1920

Der preußische Ministerpräsident war spätestens nach der Verabschiedung der preußischen Verfassung am 30. November 1920 nur noch »Primus inter Pares«. Die preußische Regierung fasste alle Beschlüsse gemeinsam, der Ministerpräsident besaß bei Stimmengleichheit keine entscheidende Stimme. Ein starker Ministerpräsident, wie es seit März 1920 Otto Braun sein sollte, konnte dennoch mit dem Instrument der Richtlinienkompetenz großen und entscheidenden Einfluss in der preußischen Regierung ausüben.

Der erste Ministerpräsident Paul Hirsch, seit 1913 einer von damals zehn sozialdemokratischen Abgeordneten im preußischen Abgeordnetenhaus, galt als schwach. Nach dem Kapp-Putsch im März 1920 war auch in Preußen eine Regierungsumbildung überfällig. Die mit ihrem Generalstreik gegen die Putschisten erfolgreichen Gewerkschaften forderten politische Konsequenzen. Die USPD war allerdings nicht zum Eintritt in eine Koalitionsregierung zu bewegen. Nur eine Neuauflage der Weimarer Koalition – aber mit neuem Personal – blieb übrig. Die Nominierung Otto Brauns zum Ministerpräsidenten kam dann doch für einige in der SPD-Fraktion eher überraschend. Da der neue Ministerpräsident weiterhin Landwirtschaftsminister blieb, verlor die SPD die Mehrheit im Kabinett. Die Autorität von Brauns Persönlichkeit aber war von Anfang an unbestritten.

Otto Braun hatte eine preußische Sozialdemokratie an seiner Seite, die sich von der Partei im Reich sehr unterschied, was auch in der unterschiedlich erfolgreichen praktischen Politik der SPD-Fraktionen im Reichstag und im Preußischen Landtag erkennbar war. Im Preußischen Landtag war die SPD bis 1932, als sie von der NSDAP überholt wurde, stets stärkste Fraktion. Im Gegensatz zur Reichstagsfraktion waren die meisten Abgeordneten Neulinge im Landtag, da vor 1918 nur zehn SPD-Abgeordnete überhaupt im preußischen Haus der Abgeordneten Erfahrungen hatten sammeln können. Für jüngere Sozialdemokraten war der Weg in den Reichstag versperrt, da verdiente ältere Genossen, die schon vor 1918 Mitglied im Reichstag gewesen waren, darauf wieder Anspruch erhoben. Diese jüngeren Parteimitglieder fanden sich, soweit sie Erfahrungen als Partei- und Gewerkschaftsfunktionäre und als Kommunalpolitiker hatten, nun im Preußischen Landtag wieder.

In der preußischen Landtagsfraktion gab es, anders als in der Reichstagsfraktion, faktisch einen strikten Fraktionszwang. Der Fraktionsvorsitzende hatte jedoch die Einhaltung der Disziplin selten einzufordern und die einheitliche Abstimmung zu verlangen. Mehr als im Reichstag waren die Abgeordneten im Landtag bereit, »ihren« Ministern den Rücken frei zu halten. Auch gab es in Preußen keine SPD-Landesorganisation, der die Fraktion Rechenschaft schuldig gewesen wäre. Mit dieser SPD, mit dieser Fraktion gelang es dem Ministerpräsidenten Braun, wenn auch nicht immer im Konsens, bis 1932 erfolgreich Politik zu machen.

Am 29. März 1920 wurde Braun erstmals preußischer Ministerpräsident. Er hatte das Amt, von zwei kurzen Unterbrechungen abgesehen, tatsächlich bis zum »Preußenputsch« und formell noch bis zum 25. März 1933 inne. Braun besaß nach einhelliger Meinung seiner Zeitgenossen große Entschlusskraft und Willensstärke, die er schon als preußischer Landwirtschaftsminister gezeigt hatte. Durch sein Eintreten für die Interessen der Landarbeiter und seine entschiedene Kritik an dem gegenrevolutionären Auftreten des Pommerschen Landbundes war er allerdings im agrarisch-konservativen Lager überaus verhasst.

Mit der Bildung einer Regierung der Großen Koalition im November 1921 ging eine mehrmonatige Regierungskrise zu Ende, die nach den Wahlen zum ersten Preußischen Landtag im Februar 1921 begonnen hatte. SPD und Deutsche Demokratische Partei (DDP) hatten viele Mandate verloren. Eine Erweiterung der Koalition unter Einbezug der großen Wahlsiegerin Deutsche Volkspartei (DVP) stand auf der Tagesordnung. Die SPD lehnte über Monate eine Große Koalition ab, während DDP und das katholische Zentrum es eher alleine wagen wollten. Sie hoben den Zentrums-Minister für Volkswohlfahrt Adam Stegerwald aufs Schild und wählten ihn Ende April 1921 zum Ministerpräsidenten. Sein Kabinett hinterließ, obwohl ein sogenanntes »Kabinett der Fachleute«, keine bleibenden Spuren – und im November 1921 hieß der Ministerpräsident wieder Otto Braun. Die Weimarer Koalition gehörte allerdings nun auch in Preußen bis 1925 der Vergangenheit an. Der Einfluss der SPD im preußischen Kabinett war weiter gesunken.

Das Ergebnis der Landtagswahl am 7. Dezember 1924 hatte erneut eine Regierungskrise ausgelöst. Am gleichen Tag war der Reichstag neu gewählt worden und die konservativen Parteien, durch das Wahlergebnis in Preußen und im Reich ermutigt, probten den Aufstand. Verlängert wurde die Debatte um eine neue preußische Koalition durch die für 1925 anstehende Neuwahl des Reichspräsidenten, die durch den Tod Friedrich Ebert noch zusätzliche politische Dramatik erhielt. Die Idee einer preußischen Regierung ohne SPD schien Aussicht auf Erfolg zu haben. Das schon im Reich gewagte Experiment einer Regierung der »bürgerlichen Mitte«, eventuell unter Einbezug der DNVP, sollte daher in Preußen wiederholt werden. Die Folge war jedoch nur eine wochenlange Regierungskrise mit Wilhelm Marx als Übergangsministerpräsident. Diesmal waren es vor allem die preußische Zentrumspartei und deren einflussreicher Abgeordneter Joseph Heß, die eine Wiederbelebung der Weimarer Koalition wünschten. Im April 1925 war das wochenlange Tauziehen zu Ende. Die neue Regierung der Weimarer Koalition mit dem Ministerpräsidenten Otto Braun an der Spitze war bis 1928 ohne eigene Mehrheit, jedoch gerade darum umso erfolgreicher, da der Zwang zur Zusammenarbeit stets deutlich war.

Die Wahl Brauns war möglich geworden, da die Wahl eines neuen Reichspräsidenten Mitte 1925 die politischen Machtverhältnisse in Preußen wieder ins Lot brachten. Nach dem Tod des ersten sozialdemokratischen Reichspräsidenten Friedrich Ebert im März 1925 hatte die SPD den eben als Ministerpräsidenten zurückgetretenen Otto Braun als Kandidaten benannt, der sich nach kurzem Zögern – er wollte lieber in Preußen einflussreich bleiben – zur Kandidatur bereit erklärt hatte. Braun erzielte mit fast 8 Millionen der Stimmen (29 %) ein sehr respektables Ergebnis, aber er war in der Reihe der acht Kandidaten nur Zweiter geworden. Um den rechtsliberalen und deutschnationalen Kandidaten Karl Jarres zu verhindern, kam es zu einem Handel: Die SPD unterstützte im zweiten Wahlgang den wenig bekannten Zentrumskandidaten Marx, dafür wählte das Zentrum am 3. April 1925 Otto Braun wieder mit zum preußischen Ministerpräsidenten.

Die Wahl Hindenburgs zum Reichspräsidenten konnte dieser politische Handel allerdings nicht verhindern. Die rechtsgerichteten Parteien zogen ihren ebenfalls wenig bekannten Kandidaten Karl Jarres zurück und nominierten für den zweiten Wahlgang den Generalfeldmarschall a. D. Paul von Hindenburg. Die Stimmabgabe im ersten Wahlgang weckte die Hoffnung auf eine Mehrheit gegen einen konservativen Kandidaten. Die KPD beharrte jedoch auf ihrem Kandidaten Ernst Thälmann und die rechtslastige Bayerische Volkspartei (gegenüber dem Zentrum eigenständig wie heute die CSU im Verhältnis zur CDU) entschied sich mehrheitlich für Hindenburg. Der Kandidat der »Weimarer Koalition«, Wilhelm Marx, blieb erfolglos. Der sozialdemokratische *Vorwärts* nannte das Ergebnis einen »Überrumpelungssieg der Reaktion, gewonnen durch den kommunistischen Verrat an der Republik«.

Die neue preußische Regierung sollte dennoch bemerkenswert lange (bis 1932) mit Otto Braun an der Spitze die Geschicke Preußens lenken, als sich im Reich die politische Instabilität bereits in den sich mehrfach ablösenden Regierungen mit den unterschiedlichsten Koalitionen dokumentierte. Das war deshalb möglich, weil im Preußischen Landtag die Fraktionen der die Regierung tragenden Parteien der Weimarer Koalition in wachsendem Maße einen »parlamentarischen Schutzkordon« um die von Braun geführte preußische Regierung bildeten.

Die preußische Regierung bekannte sich von Anfang an – für nicht wenige der mehrheitlich unitarisch gesonnenen Sozialdemokraten überraschend – zur Weiterexistenz von Preußen. Otto Braun versuchte als Ministerpräsident trotz mancher Rückschläge, dieses Bekenntnis zu Preußen in praktische Politik umzusetzen. Vom ersten Tage der Republik an hatte sich das Verhältnis zwischen Reich und Preußen grundlegend verändert. Die Personalunion von Reichskanzler und preußischen Ministerpräsidenten, die fast immer seit 1871 bestanden hatte, gehörte endgültig der Vergangenheit an. Der Einfluss Preußens auf das Reich war beträchtlich vermindert. Es blieb weiterhin die schiere territoriale Größe, was zugleich bedeutete, dass allein die Zahl der preußischen Polizisten und Beamten die Zahl aller Beamten in den übrigen deutschen Ländern übertraf. Preußen war weiterhin der bevölkerungsreichste Bundesstaat mit einer eindrucksvollen Wirtschaftskraft.

Der preußische Ministerpräsident Braun beklagte daher im Landtag immer wieder eine Benachteiligung Preußens gegenüber den anderen deutschen Ländern. Besonders in der Auseinandersetzung mit Bayern wurde die Tonlage immer schriller. Preußen hieß trotz früherer Beteuerungen jedes kleine Land willkommen, das sich Preußen anschließen wollte. Besonders die süddeutschen Länder nahmen diese beharrliche Politik Brauns und der preußischen Regierung, die von fast allen Parteien im Preußischen Landtag mitgetragen wurde, mit wachsender Missbilligung wahr.

Die Verteidigung der Republik und der gescheiterte Volksentscheid zur Auflösung des Preußischen Landtags 1931

Der »Kampf gegen rechts« blieb in Preußen und im Reich während der Weimarer Republik stets aktuell. Aus der Sicht von Otto Braun und seiner Regierung war nach dem Kapp-Putsch 1920 bereits Mitte der 1920er-Jahre die Verteidigung der Republik erneut dringend geboten, da im Frühjahr 1926 Putschpläne rechtsextremer Organisationen bekannt geworden waren. Für Braun blieb das Bekenntnis zur Republik und der Schutz der Republik an erster Stelle seines politischen Handelns, so war auch der immer wieder aufflammende »Flaggenstreit« – also der Versuch der Konservativen, die schwarz-rot-goldene Fahne der Republik nicht zeigen zu müssen – für Braun kein bloßer Streit um ein Symbol.

Die preußische Regierung sah in der Verordnung über den »Flaggenstreit«, die im Landtag heftige Debatten auslösen sollte, einen Beitrag zum Kampf gegen rechts. Der Beschluss der Regierung sollte in der Öffentlichkeit dokumentieren, dass diese das Ansehen der Republik und ihrer Institutionen vor Angriffen zu schützen gewillt war.

Die KPD war dabei schon bald keine Hilfe mehr. Sie schwor ihrer kurze Zeit praktizierten Politik einer »Aktionseinheit« mit der SPD Ende der 1920er-Jahre endgültig ab. Die SPD war für die KPD nicht länger mehr ungeliebter Konkurrent in der deutschen Parteienlandschaft, sondern sie wurde zum »Hauptfeind« stilisiert, die als »sozialfaschistische« Partei weitaus gefährlicher sei als die erste Wahlerfolge feiernde NSDAP. Schließlich kam es daher sogar zu gemeinsamen politischen Aktionen von NSDAP und KPD, die selbst Kritiker der KPD wie Otto Braun nicht für möglich gehalten hatten.

Zu Beginn der 1930er-Jahre wuchs die Zahl der Gegner der Republik und des »roten Preußens« immer mehr. Im Reichstag wurde die NSDAP im September 1930 die zweitstärkste Fraktion nach der SPD. Wie überall im Reich gab es auch in Preußen eine Konkurrenz vieler rechtsextremistischer und konservativ-monarchistischer Organisationen und Parteien, die sich gegenseitig an

Militanz zu übertreffen suchten. Die Wehrorganisation »Der Stahlhelm« mit ihrem Bundesführer Franz Seldte gehörte dazu. Der Bund organisierte vor allem ehemalige Frontsoldaten und war zunehmend in rechtsextremistisches Fahrwasser geraten. Wie alle rechten Organisationen sah auch der »Stahlhelm« zu Recht in Preußen ein »Bollwerk der Demokratie«. Dieses Bollwerk zu zerstören, hatte auch der »Stahlhelm« auf seine Fahne geschrieben.[2]

Ein Volksbegehren und ein Volksentscheid sollten Neuwahlen erzwingen, um die im Reich seit den Reichstagswahlen 1930 erkennbare Entwicklung nach rechts in Preußen gleichfalls nachzuvollziehen. Neben weiteren »vaterländischen Verbänden« hatten die NSDAP, die DNVP und auch die DVP zum Volksbegehren aufgerufen. Fast sechs Millionen stimmten dem Begehren zu, durch einen Volksentscheid den Landtag aufzulösen. Nach diesem Ergebnis wurde der bevorstehende Volksentscheid auch Thema der Debatten im Preußischen Landtag. Im Mai 1931 ergriff Ministerpräsident Braun das Wort, um mit den Initiatoren des Volksbegehrens ins Gericht zu gehen. Braun versuchte zunächst, den Erfolg des »Stahlhelms« kleinzureden. Nur 5,9 Millionen Stimmen bei 26,3 Millionen Stimmberechtigten seien ein »bescheidener Erfolg«, der nur durch Druck auf wirtschaftlich Abhängige zustande gekommen sei. In Ostelbien sei der Druck weit über den »vor dem Krieg dort üblichen Terror« hinausgegangen.

Die KPD hatte im Oktober 1930 starke Worte gefunden, um das Volksbegehren abzulehnen. Die KPD-Fraktion forderte zwar auch die Auflösung des Landtags, lehnte aber ein Zusammengehen mit den rechten Parteien in dieser Frage ab. Auch Thälmann verurteilte jedes Zusammengehen mit der NSDAP. Die KPD hatte jedoch die Rechnung ohne ihren Wirt in Moskau gemacht. Der Kampf gegen die »Sozialfaschisten«, womit die Sozialdemokraten gemeint waren, schien offenbar wichtiger zu sein und erlaubte auch ein Zusammengehen mit der NSDAP. So kam es zur großen Überraschung in der Öffentlichkeit dazu, dass ab Juli 1931 nicht nur die

---

2 Vgl. Heinrich August Winkler: Der lange Weg nach Westen, Bd. 1, München 2000, S. 481 ff.

NSDAP, die DNVP und die DVP, sondern auch die KPD in einer befremdlichen Koalition den Volksentscheid des »Stahlhelms« unterstützten.[3] Ministerpräsident Otto Braun nahm im August 1931 diese merkwürdige Kumpanei zum Anlass, um in einem Aufruf seiner Regierung vor der Teilnahme am Volksentscheid zu warnen.

Der Appell in letzter Stunde veranlasste vielleicht einige noch zum Nachdenken. Am 9. August 1931 ergab die vorläufige Auszählung, dass der Volksentscheid klar gescheitert war. Bei der Reichstagswahl im September 1930 hatten die Parteien, die zum Volksentscheid aufgerufen hatten, in Preußen wesentlich mehr Stimmen erhalten. Es war erkennbar, dass die Anhänger der KPD ihrer Führung nicht blindlings gefolgt waren. Thälmann erklärte das wenige Monate später mit »Stimmungen« in der Mitgliedschaft, die die Regierung Braun-Severing fälschlicherweise für ein kleineres Übel hielten im Vergleich zu einer Regierung Hitler-Goebbels.

Der »Preußenschlag« im Juli 1932 und das Ende der Regierung »Otto Braun«

Nach dem Scheitern der Regierung Brüning begann mit dem im Juni 1932 zum Reichskanzler ernannten Franz von Papen im Reich die Herrschaft einer »Junta von Ultrakonservativen« (Christopher Clark), die sich schon bald daran machte, die demokratische Republik abzuschaffen. Haupthindernis auf diesem Wege war weiterhin Preußen, das »Bollwerk der Demokratie« mit Otto Braun an der Spitze. Dieses Hindernis zu beseitigen, hatte sich Papen daher unmittelbar nach der Bildung der Reichsregierung als erste Aufgabe vorgenommen.

Der Reichskanzler lud am 20. Juli 1932 um 10 Uhr die preußischen Minister Severing, Hirtsiefer und Klepper – Otto Braun war

3 So erklärt Hans-Peter Ehni den Schwenk der KPD. Vgl. Hans-Peter Ehni: Bollwerk Preußen?, Bonn 1975, S. 205 ff. Vgl. auch Hermann Weber: Die Wandlung des deutschen Kommunismus, Frankfurt a. M. 1969, S. 242 f.

nicht in Berlin – zu einer Besprechung in die Reichskanzlei ein, in der er den Ministern mitteilte, dass er »den preußischen Ministerpräsidenten Dr. Braun und den preußischen Minister des Innern Dr. Severing ihrer Ämter enthoben habe«. Die rechtmäßige preußische Regierung beschloss, den Staatsgerichtshof anzurufen.

Es gab keinen Zweifel: Der »Preußenschlag«, sprich: der Staatsstreich des Reichskanzlers von Papen am 20. Juli 1932 hatte die rechtmäßige preußische Regierung entmachtet. Ministerpräsident Braun und seine Minister setzten dieser Amtsenthebung außer verbalem Protest und der Klage beim Staatsgerichtshof keinen Widerstand entgegen. Der Staatsgerichtshof gab mit seinem Urteil im Oktober 1932 nur scheinbar beiden Seiten recht. Die Entscheidung bedeutete in Wahrheit: Die rechtmäßige Regierung Preußens durfte sich weiterhin so nennen, aber die von der Reichsregierung eingesetzten Kommissare durften regieren. Die Reichsregierung sah sich deshalb in ihrer Rechtsauffassung voll bestätigt, während Ministerpräsident Braun das vehement bestritt und die Ermächtigung »wesentlich eingeschränkt« sah.

Die legale Staatsregierung Braun konnte im November 1932 nur hilflos konstatieren, dass die Reichsregierung ihre Pflicht, die ihres Amtes enthobenen preußischen Minister wieder einzusetzen, nicht erfüllte. Danach tagte das »Kabinett Braun« zwischen dem 24. November und dem 16. Dezember 1932 noch viermal, danach bis zum 22. März 1933 noch sechsmal. Braun wollte nicht begreifen, dass mit seiner legalistischen Argumentation nichts zu erzwingen war.

Am 30. Januar 1933 wurde Adolf Hitler Reichskanzler und von Papen Vizekanzler. Die legale Regierung Braun-Severing tat, was sie schon einmal erfolglos getan hatte, sie reichte im Februar 1933 Klage gegen eine neue Notverordnung vor dem Staatsgerichtshof in Leipzig ein. Den Beschluss dazu hatte das Staatsministerium in seiner Sitzung am 6. Februar 1933 unter dem Vorsitz von Braun gefasst. Es war die letzte Sitzung, an der Otto Braun teilnahm. Zur vorletzten Sitzung des legalen Staatsministeriums am 15. März, nach den »Märzwahlen«, konnte und wollte der bei seiner kranken Frau in der Schweiz weilende Braun nicht mehr anreisen.

Hindenburg und Papen hatten mit dem von ihnen inszenierten »Putsch« vom 20. Juli 1932 den Nazis das letzte Bollwerk aus dem Weg zur Macht geräumt. Über die Aussichten, gegen diese angemaßte Regierungstätigkeit Widerstand zu leisten, waren die Meinungen in den demokratischen Parteien der Weimarer Koalition sehr geteilt. Die legale Regierung Otto Brauns setzte von Anfang an allein auf die Anrufung des Staatsgerichtshofs in Leipzig, obwohl die Klage keinerlei aufschiebende Wirkung besaß. Es war der Anfang der »legalistischen Resignation« der SPD-Führung.[4]

Die preußischen Sozialdemokraten, allen voran Otto Braun, waren vor allem deshalb so resigniert, weil sie bis zur Landtagswahl im April 1932 immer noch glauben wollten, dass in Preußen die Uhren anders gingen. Sie waren im Preußischen Landtag fast immer die stärkste Fraktion gewesen und hatten fast ununterbrochen den Ministerpräsidenten gestellt. Otto Braun schien der Garant des »Bollwerk Preußen« zu sein. Aber er war gerade deswegen der denkbar ungeeignetste Politiker, der sich an die Spitze eines bewaffneten Aufstandes hätte stellen wollen. Braun sah sich nicht als Deserteur, der davon lief. »Tausende treuer Republikaner in einem völlig aussichtslosen Kampf zu opfern, dazu fehlte mir die politische Grundsatzlosigkeit, [...] die zu solch unverantwortlichem Handeln erforderlich ist«, schrieb er später in seinen Erinnerungen. Braun war zudem schwer krank und nach zwölf Amtsjahren durch die aufreibenden Wochen seit Beginn des Jahres 1932 auch am Ende seiner Kräfte.

Nicht wenige Sozialdemokraten empfanden das Verhalten Brauns nach den Wahlen in Preußen dennoch unverständlich. Julius Leber notierte:

> »[...] das Vertrauen in die Führung bekam den ersten tödlichen Stoß. [...] Und das Verhalten des Kabinetts Braun-Severing? Diese Männer konnten nicht anders handeln, als sie es taten. Denn sie

4 Karl Dietrich Bracher: Die Auflösung der Weimarer Republik, Villingen 1960, S. 591.

> waren – bei aller Achtung vor den Menschen Braun und Severing muß es ausgesprochen werden – Bürokraten der Politik geworden.«[5]

Emigration, Kriegsende und keine Rückkehr

Als Fazit bleibt: Otto Braun machte als Ministerpräsident sehr erfolgreich Politik für Preußen und er war Anfang 1932 – nicht wissend, dass seine Tage als Ministerpräsident gezählt waren – sehr stolz auf das Erreichte. Seine politische Persönlichkeit zeichnete sich durch Besonnenheit und Pragmatismus aus, was die Weimarer Koalition in Preußen anders als im Reich zu einem Erfolgsmodell werden ließ. Er besaß eine tiefe »Verbundenheit mit Preußen und hatte großen Respekt vor der Legitimität des preußischen Staates«. Aber er war zugleich der »Antityp zur altpreußischen Agrarelite«, wie Christopher Clark ihn später charakterisierte. Sein autoritärer Führungsstil brachte ihm den nicht nur beifällig gemeinten Beinamen »Roter Zar von Preußen« ein.[6]

Seine letzten Jahre als preußischer Ministerpräsident waren überschattet von der Sorge um seine schwerkranke Frau und von der eigenen physischen und psychischen Erschöpfung, die ihn nach dem »Preußenputsch« im Juli 1932 resignieren ließen. Er emigrierte in die Schweiz.

Er sah sich jedoch weiterhin als preußischer Ministerpräsident. In einer Denkschrift über die Zukunft Deutschlands nach der voraussehbaren Niederlage, die er auf Bitten von politischen Freunden im Jahre 1943 verfasste, schrieb er selbstbewusst, dass im Reich wohl eine neue Regierung gebildet werden müsse, in Preußen sei dagegen die Situation ganz anders:

> »Hier besteht noch die Regierung Braun zu Recht, ist zur Zeit nur durch Gewalt an der Amtsausübung behindert. […] Alle Maß-

---

5 Julius Leber: Ein Mann geht seinen Weg. Schriften, Reden, Briefe, Berlin 1952, S. 242.

6 Christopher Clark: Preußen, München 2006, S. 740.

> nahmen, die Göring als preußischer Ministerpräsident auf Grund seiner usurpierten Macht getroffen hat, sind rechtswidrig, so daß nach Zusammenbruch des Naziregimes und Beseitigung seiner Exponenten die Regierungsgewalt an das alte verfassungsmäßige Kabinett übergeht.«[7]

Die alliierten Sieger kümmerte die Sicht dieses einsamen Rufers aus der Schweiz nicht. Fritz Stern nannte daher wohl zu Recht Otto Braun, den Mann einfacher Herkunft aus Ostpreußen, »eine heute weitgehend vergessene Schlüsselfigur der Weimarer Politik«.[8]

Literatur

Otto Braun: Von Weimar zu Hitler, Hamburg 1949.

Siegfried Heimann: Otto Braun (1872–1955): Als Ministerpräsident »der rote Zar von Preußen«, in: Peter Brandt, Detlef Lehnert (Hg.), Sozialdemokratische Regierungschefs in Deutschland und Österreich 1918–1983, Bonn 2017, S. 159-185.

Hagen Schulze: Otto Braun oder Preußens demokratische Sendung. Eine Biographie, Berlin 1977.

Fritz Stern: Fünf Deutschland und ein Leben. Erinnerungen, München 2007.

7 Otto Braun: Von Weimar zu Hitler, Hamburg 1949, S. 292.

8 Fritz Stern: Fünf Deutschland und ein Leben. Erinnerungen, München 2007, S. 104.

Otto Wels |
»... aber die Ehre nicht!«

von Christel Dettmann und Sabine Hering

Otto Wels

Von August 1990 bis April 2006 war die Zentrale der Brandenburger SPD in dem ansprechenden Haus in der Friedrich-Ebert-Straße 61 in Potsdam beherbergt: im Otto-Wels-Haus. Der Landesverband, der im Mai 1990 nach 57 Jahren Verbot und Verfolgung wieder gegründet worden war, hatte beschlossen, das Haus nach Otto Wels zu benennen, einem entschiedenen Gegner von Hass und Unverstand. Der unermüdliche Gegner von Rechts- und Linksextremismus hatte sich in vielen Funktionen von Jugend an bis zu seinem Tod im Exil 1939 große Verdienste für die SPD erworben. Eine besondere Verbindung hatte er zur SPD der Provinz Brandenburg: Seit 1907 war er deren erster hauptamtlicher Sekretär.

Als Vorsitzender der SPD und in der Fraktion im Reichstag wehrte er sich in den 1930er-Jahren mit aller Kraft, wenn auch erfolglos, gegen die Feinde der Demokratie von rechts und von links. In seiner großen Rede gegen Hitlers Ermächtigungsgesetz im Reichstag 1933 beschwor er die Bedeutung der Sozialdemokratie für den Erhalt der Republik.

Er hat das Ende der Nazi-Herrschaft nicht mehr erlebt. Und auch das Abwürgen der Demokratie in »Sowjetdeutschland« nicht; erneut herrschte eine Diktatur auf deutschem Boden und wieder wurden Sozialdemokratismus und andere aufrechte Demokraten verfolgt, verschleppt und ermordet. Doch am 7. Oktober 1989 haben mutige DDR-Bürgerinnen und -Bürger in Schwante die Sozialdemokratische Partei (SDP) in der DDR unter konspirativen Umständen gegründet; ihr Ziel: die Grundrechte von Demokratie und Freiheit einzufordern. Und so schließt sich der Kreis – Otto Wels behielt recht: Die SPD lebt, auch nach 57 Jahren, in zwei Diktaturen.

Die ersten Stationen im Leben von Otto Wels

Wels kam am 15. September 1873 in Berlin als Sohn eines Gastwirtsehepaares zur Welt.

> »In der Gastwirtschaft der Eltern im Berliner Norden trafen sich in den Jahren des Sozialistengesetzes die Mitglieder der SPD. Der junge Otto lernte hier beeindruckende Führungspersönlichkeiten der SPD wie z. B. August Bebel und Wilhelm Liebknecht kennen, so dass er sich schon frühzeitig zum Sozialismus zugehörig fühlte«

– so beschreibt Manfred Stolpe die Jugendjahre von Otto Wels in einer Ansprache, die er 2002 in der Evangelischen Akademie zu Berlin gehalten hat.[1]

Nach der Volksschule lernte er das Tapezierhandwerk, trat 1891 in die SPD ein und ging als Handwerksbursche von Berlin bis Regensburg und München auf die Walz. 1893 kehrte er nach Berlin zurück und heiratete Berta Antonie Reske, die als Näherin arbeitete. Aus dem Militärdienst von 1895 bis 1897 entlassen, besuchte er die von Wilhelm Liebknecht gegründete Arbeiterbildungsakademie und setzte die politische Arbeit in der SPD fort.

Otto Wels engagierte sich zunächst gewerkschaftlich im Berliner Tapeziererverband. Hier wurde er 1898 zum Vorsitzenden der Agitationskommission und 1900 in den Berliner Verbandsausschuss sowie den Vorstand des Verbandes und dann 1902 zu einem der

---

1 Manfred Stolpe: Otto Wels und die Verteidigung der Demokratie. Vortrag im Rahmen der Reihe »Profile des Parlaments« in der Ev. Akademie zu Berlin am 14.2.2002, S. 13.

Vorsitzenden gewählt. Folgerichtig übernahm er 1902 das Amt des hauptamtlichen Gewerkschaftssekretärs. Darüber hinaus betätigte er sich in der Berliner Armen- und Schulkommission. In der Handwerkskammer Berlin-Potsdam wurde er als Vorsitzender der Arbeitnehmer gewählt.[2]

Parteisekretär in der Provinz Brandenburg

Nach seiner erfolgreichen Tätigkeit in der Gewerkschaft trat Wels 1907 mit 34 Jahren das Amt des ersten hauptamtlichen Parteisekretärs der SPD für die Provinz Brandenburg an. Er galt damals schon als einer der bekanntesten Berliner Arbeiterführer und – nicht zuletzt durch seine Wahl in die Pressekommission des *Vorwärts* – als erfahrener Organisator und »Netzwerker«, wie man ihn heute nennen würde.

Am 15. Juli 1907 bezog Otto Wels in der Lindenstraße 69 in Berlin-Kreuzberg sein Büro – ganz in der Nähe der SPD-Zentrale, damals noch unter der Regie von August Bebel. »Brandenburg galt damals als politisches Entwicklungsgebiet. Umso notwendiger war die Selbstaufopferung einzelner wie Otto Wels, die auch in kleinen Städten und Dörfern politische Aufklärungsarbeit leisteten.«[3]

Um die SPD in Brandenburg aufzubauen, mussten zunächst die Hürden überwinden werden, die das preußische Vereinsgesetz politischen Organisationen in den Weg gelegt hatte.

> »Wels hatte also echte Aufbauarbeit zu leisten, um die SPD über einige Hochburgen der Industriearbeiter hinaus zu verankern. Mit ›Groß-Berlin‹ bestand jedoch ein ›Kartellverhältnis‹, wonach die Provinz keine eigenen Einnahmen, aber dafür massive Unterstützung aus der Hauptstadt bekam. Eine gemeinsame ›Agitationskommission‹ plante mit Wels die Wahlkämpfe und sorgte für die Verteilung

2 Stolpe, a. a. O., S. 14.
3 Ebd., S. 15.

des Materials [...] der ›Märkische Landbote‹ beispielsweise in einer Auflage von 320.000.«[4]

Mit erfolgreicher Agitation verdoppelte sich die Mitgliederzahl von 17.312 (1907) auf 34.783 (1914). Bei den Wahlen zum Reichstag 1912 gab es erstmals – trotz des noch bestehenden Dreiklassenwahlrechts – eine Mehrheit für die SPD in den Städten Brandenburg, Frankfurt (Oder), Cottbus, Forst, Luckenwalde und sogar im »Kaiserwahlkreis« Potsdam mit dem Spitzenkandidaten Karl Liebknecht. Mit seinem Sieg in Calau-Luckau konnte auch Otto Wels 1912 als Abgeordneter in den Reichstag einziehen.

Auf Vorschlag von August Bebel gehörte Wels ab 1913 zum SPD-Vorstand. Nach der Abspaltung der USPD im April 1917 wurde Wels zum Berliner SPD-Vorsitzenden und 1919 zusammen mit Hermann Müller zum Vorsitzenden der SPD gewählt.

In den Wirren der Novemberrevolution

Nach der Gründung der USPD, der sich auch die Berliner Parteiorganisation angeschlossen hatte, stand Otto Wels ab Ostern 1917 vor der Aufgabe, die Mehrheitssozialdemokratie in der Hauptstadt neu zu formieren. Die Probleme verschärften sich, als die SPD aufgefordert wurde, in die Regierung einzutreten, nachdem die Oberste Heeresleitung darum gebeten hatte, Waffenstillstandsverhandlungen einzuleiten. »Wie einige andere befürchtete auch Otto Wels, der Eintritt in ein solch ›bankrottes Unternehmen‹ könne der Partei nur schaden, und lehnte den Schritt ab.«[5] Er konnte sich allerdings nicht durchsetzen. Friedrich Ebert gelang es, eine Mehrheit für die Beteiligung zu gewinnen.

Die revolutionäre Stimmung, die sich aus der erfolgreichen Meuterei in Kiel wie ein Flächenbrand ausbreitete, erfasste am

4 Heiko Tammena: Geschichte in Geschichten. 130 Jahre Sozialdemokratie in Brandenburg (1868–1998), S. 23 f.

5 Stolpe, a. a. O., S. 18.

9. November Berlin. Nachdem Otto Wels noch am Morgen die Sitzung des Reichstags eröffnet hatte, folgte er einer Bitte der als besonders kaisertreu geltenden Naumburger Jäger, ihnen die politische Lage zu erläutern. Er richtete an die Soldaten einen eindringlichen Appell, einen Bürgerkrieg zu verhindern und auf keinen Fall auf die demonstrierende Bevölkerung zu schießen – und am Ende seiner Rede wechselten sie sogar zu den Aufständischen über. So war es am Abend dieses dramatischen Tages Otto Wels zu verdanken, dass der befürchtete Bürgerkrieg ausblieb; nach dem Erfolg bei den Naumburger Jägern hatte er erfolgreich weitere Bataillone aufgesucht. Wels wurde noch an diesem Tag Mitglied des Arbeiter- und Soldatenrats in Berlin. Er setzte sich dafür ein, dass dort neben der SPD auch die USPD gleichberechtigt vertreten war. Tags darauf wurde er zum Stadtkommandanten von Berlin gewählt.

Die Straßenkämpfe in Berlin waren jedoch keineswegs beendet. Als Stadtkommandant gab Wels am 6. Dezember 1918 den Befehl, das Feuer auf demonstrierende Spartakisten zu eröffnen; es gab 16 Tote. Auch seine Verhandlungen mit der Volksmarinedivision, die Schloss und Marstall besetzt hatte, verliefen unglücklich. Wels wollte nicht auf die Forderungen der Meuterer eingehen, weshalb sie ihn vom 23. bis zum 24. Dezember im Marstall festsetzten und misshandelten.

Der Preis für die Freilassung von Otto Wels und die Räumung von Marstall und Stadtschloss war schließlich die Zusage des Rücktritts von Wels als Stadtkommandant, der Auszahlung des ausstehenden Solds und des Erhalts der Volksmarinedivision als Truppe vom Rat der Volksbeauftragten. Angesichts dieser Vorfälle entzog die SPD Otto Wels das Vertrauen. Am 27. Dezember 1918 erfolgte deshalb sein Rücktritt.

> »Die Erfahrungen der Revolutionszeit hinterließen im Leben von Otto Wels einen tiefen Eindruck und beeinflussten in vieler Hinsicht sein zukünftiges politisches Wirken. Er zog den Schluss, dass sein Platz in der Partei und nicht in staatlichen Ämtern sei.«[6]

6 Stolpe, a. a. O., S. 20.

Die »Eiserne Front«

Als Parteiorganisator, Gewerkschafter, Agitator, Reichstagsabgeordneter arbeitete Wels unermüdlich für die Verbesserung der Lebens- und Arbeitsbedingungen der Arbeiterschaft. Er verfolgte mit seinen Genossen klare Ziele, die die Regierung der Volksbeauftragten innerhalb kurzer Zeit umsetzte: die Einführung des gesetzlichen Acht-Stunden-Arbeitstages, des Streik- und Tarifrechtes mit der Anerkennung der Gewerkschaften, die Einführung der Arbeitslosenversicherung und des Frauenwahlrechtes.[7]

Im Juni 1919 wurde Otto Wels neben Hermann Müller zum SPD-Vorsitzenden gewählt. Er war zudem Mitglied der im Januar 1919 gewählten verfassungsgebenden Weimarer Nationalversammlung, aus der zusammen mit der Zentrumspartei und der DDP eine SPD geführte Regierung hervorging.

Um im März 1920 den Kapp-Putsch niederzuschlagen, riefen SPD, Gewerkschaften und KPD zum Generalstreik auf. Unter Führung von Otto Wels und Carl Legiens, des Gewerkschaftsvorsitzenden, der auch SPD-Abgeordneter des Reichstages war, bereiteten die Arbeiter dem Putsch ein schnelles Ende. Otto Wels setzte daraufhin den Rücktritt des Reichswehrministers Gustav Noske (SPD) durch, weil der es versäumt hatte, die ehemaligen kaiserlichen Militärs aus ihren Positionen zu entfernen und somit den Putsch erst ermöglicht hatte. Weil sich weder Otto Wels noch andere SPD-Führer bereit erklärt hatten, das Amt des Reichswehrministers zu übernehmen, fiel dieses strategisch wichtige Amt daraufhin an andere Parteien.

Wegen des aufkommenden Faschismus in Italien und Spanien wurde die Stärkung der Zusammenarbeit auf internationaler Ebene für Otto Wels ein wichtiges Arbeitsfeld. Ab 1923 gehörte er zum Vorstand der Sozialistischen Arbeiterinternationale und unterstützte deren reformistischen Flügel mit Nachdruck.

Die innenpolitischen Spannungen waren jedoch die größten Herausforderungen. Um die Republik gegen ihre radikalen Feinde

7 Vgl. Tammena, a. a. O., S. 28.

zu schützen, gründeten die drei Parteien der Weimarer Koalition 1924 den politischen Wehrverband Reichsbanner Schwarz-Rot-Gold, Bund der republikanischen Kriegsteilnehmer. Anfang der 1930er-Jahre war das Reichsbanner mit rund drei Millionen Mitgliedern die größte demokratische Massenorganisation der Weimarer Republik.

> »Als die Wahlsiege der Nationalsozialisten nach 1930 deutlich zeigten, dass die demokratische Republik nur noch durch eine gewaltige Kraftanstrengung gerettet werden konnte, wurde die ›Eiserne Front‹ geschaffen. Hier waren die Kräfte der freien Gewerkschaften, des Reichsbanners und des Arbeiter Turn- und Sportbundes organisatorisch zusammengefasst.«[8]

Es wurden jedoch nicht die Möglichkeiten genutzt, diese Kräfte für die Verteidigung der Demokratie einzusetzen. Es fehlte der politische Wille, die Freiwilligen durch Polizeioffiziere auszubilden und als Polizeireserve bereitzustellen. Auch schreckten SPD und Gewerkschaften davor zurück, die Jungen nach dem bedenkenlosen Vorbild der SA im geheimen auszubilden und Waffenlager anzulegen.

> »Die Eiserne Front marschierte bei politischen Kundgebungen in wuchtiger Stärke auf und füllte Riesensäle in deutschen Großstädten. An dem Anblick ihrer Masse begeisterten sich die Redner, riefen das deutsche Volk gegen faschistische Gewaltstreiche zum äußersten Widerstand auf. [...] Darüber, dass die Republik äußerstenfalls nicht mit bloßen Fäusten verteidigt werden konnte, war sich jeder Einsichtige klar.«[9]

Im ganzen Reich plünderten und zerstörten bewaffnete SA-Horden Einrichtungen demokratischer Organisationen. Doch die unbewaffneten Männer der Eisernen Front konnten diesem Ansturm

8 Wilhelm Hoegner: Flucht vor Hitler, München 1977, S. 27.
9 Ebd., S. 29 f.

nicht Einhalt gebieten. Am Ende fielen sie selbst dem Nazi-Terror zum Opfer – viele gingen auch in das feindliche Lager über.

Die parlamentarische Demokratie der ersten deutschen Republik endete am 27. März 1930 mit der Auflösung der letzten parlamentarischen Mehrheitsregierung unter dem Reichskanzler Hermann Müller (SPD). Danach tolerierte die SPD die »Regierung Brüning« – entschieden befürwortet von Otto Wels. Eine linke Einheitsfront mit der KPD wurde abgelehnt.

> »Die neue Reichsregierung unter Franz von Papen holte zum ›Preußenschlag‹ aus. Die Weimarer Koalition in Preußen mit dem Kabinett Braun wurde abgesetzt. Die deutsche Sozialdemokratie räumte die rote Feste Preußen kampflos. Dabei war der Versuch des Widerstandes gegen den Staatsstreich gar nicht aussichtslos. [...] Aber die deutsche Sozialdemokratie besaß schon damals nicht mehr die Kraft zu einer entschlossenen Tat. Vielmehr versuchten die Vorstände der SPD und der freien Gewerkschaften ihre Ohnmacht und Entschlusslosigkeit zu bemänteln.«[10]

Otto Wels hielt sich damals zur Erholung von einer Herzkrankheit in der Schweiz auf. Er soll angesichts der Ernennung Hitlers zum Reichskanzler einen Generalstreik angeraten haben, stieß damit jedoch in der SPD-Führung auf Ablehnung. Schon im Vorfeld hatte er mit scharfen Worten versucht, die Partei auf die Bedrohungen aufmerksam zu machen, die bevorstanden und das Unrecht, das bereits geschehen war:

> »In der Front der Faschisten sind die Industriekapitäne tonangebend, die bei der Verfolgung ihrer ruchlosen Pläne, den Kapitalismus auf Kosten der schaffenden aber mal abermals ›gesund‹ zu machen, sich den Teufel um das Los der Millionen kümmern, die ihre Wirtschaftsanarchie erwerbslos gemacht und ruiniert hat. [...] Neben den Wortführern des Kapitals stehen die aus dem ›Stahlbad‹ des Weltkrieges gesund und munter nach Deutschland zurückgekehrten

10 Hoegner, a. a. O., S. 27.

Söhne die letzten regierenden Hohenzollern, die anderen deutschen Potentaten a. D., militärische Würdenträger aus der wilhelminischen Zeit, Alldeutsche und die deutschnationalen Hugenberger.«[11]

1933 – Erhobenen Hauptes in den Untergang

Am 23. März 1933 legten die Nationalsozialisten dem Reichstag das Ermächtigungsgesetz vor. Das sollte der Regierung das Recht einräumen, für vier Jahre Gesetze zu beschließen, die von der Reichsverfassung abwichen. Die für die Abstimmung nötige Zweidrittelmehrheit sollte durch Manipulation der Geschäftsordnung erreicht werden.[12] Den Abgeordneten der KPD waren ihre Mandate aberkannt und viele von ihnen bereits verhaftet worden. Als ernsthafte Opposition blieben nur die Abgeordneten der SPD.

»Das Nein der SPD war von der Regierung einkalkuliert, erforderte aber ein hohes Maß an Mut. Vor der Kroll-Oper, dem provisorischen Tagungsort des Reichstages, mussten sich die Abgeordneten, die nicht zum Regierungslager gehörten, ihren Weg durch grölende Massen von Parteigängern der Nationalsozialisten ihren Weg bahnen. Im Inneren des Gebäudes wimmelte es von Angehörigen der SA und SS, die besonders dort an den Saalausgängen postiert waren, wo die Sozialdemokraten saßen. An der Sitzung nahmen 93 von insgesamt 120 Abgeordneten der SPD teil. Als vierundneunzigster kam vor der Abstimmung noch der kurz zuvor verhaftete, inzwischen aber wieder frei gekommene Carl Severing, der langjährige preußische Innenminister hinzu. Von den Abwesenden waren einige bereits inhaftiert, darunter der Lübecker Abgeordnete Julius Leber, der auf dem Weg in den Reichstag festgenommen worden war. Von den Politikern jüdischer Abstammung hatten sich einige, [...] im Einvernehmen mit der Fraktionsführung wegen Krankheit entschuldigt;

11 Zit. in: 1933 – Wege in die Diktatur, Berlin 1983, S. 87.
12 Vgl. Heinrich August Winkler: Die Ehre der deutschen Republik, in: Otto Wels – Mut und Verpflichtung, SPD-Bundestagsfraktion im März 2018, S. 24.

> andere waren bereits emigriert. Ein Abgeordneter, der ehemalige Reichsinnenminister Wilhelm Sollmann, war zwei Wochen zuvor von SA und SS Männern in seiner Kölner Wohnung überfallen und zusammengeschlagen worden und lag seitdem im Krankenhaus.«[13]

Die Nazis hatten Otto Wels persönlich immer wieder bedroht. Die SA verfolgte ihn, und wiederholt war die Polizei in seine Wohnung gekommen, um ihn zu suchen und einzuschüchtern.[14] Nachdem Hitler seine Regierungserklärung abgegeben hatte, stimmten ihm die bürgerlichen Parteien zu. Die einzige ablehnende Antwort erteilte der Fraktionsvorsitzende der SPD Otto Wels.

> »Seine Rede war nach Form und Inhalt ein Meisterwerk, ein letzter Gruß an das verblichene Zeitalter der Menschlichkeit und des Menschenrechts. Am Ende seiner Rede bekräftigt er: Wir deutschen Sozialdemokraten bekennen uns in dieser geschichtlichen Stunde feierlich zu den Grundsätzen der Menschlichkeit und der Gerechtigkeit, der Freiheit und des Sozialismus. Kein Ermächtigungsgesetz gibt Ihnen die Macht, Ideen, die ewig und unzerstörbar sind, zu vernichten.«[15]

Hitlers Gegenrede enthielt viele Lügen und Verleumdungen gegen die Sozialdemokraten, sodass sich die SPD-Abgeordneten zunächst mit Zwischenrufen wehrten, jedoch verstummten, als nationalsozialistische Bewaffnete schimpften und drohten: »Maul halten«, »Landesverräter«, »ihr werdet heute noch aufgehängt.«[16] Mit

---

13 Ebd.

14 Vgl. Stolpe a. a. O., S. 11.

15 Der langjährige Parteigenosse von Otto Wels, Wilhelm Hoegner, der spätere Bayerische Ministerpräsident, der an dem denkwürdigen Tag im Reichstag anwesend war, beschreibt die Situation am Ende der Rede in seiner Lebenserinnerung folgendermaßen: »Zuletzt richtete Otto Wels mit halb erstickter Stimme unseren Gruß an die Verfolgten und Bedrängten im Lande. Das waren die Männer und Frauen, die schuldlos, nur ihres politischen Bekenntnisses Willen, bereits die Gefängnisse und Konzentrationslager füllten.« (S. 138).

16 Hoegner, a. a. O., S. 139.

444 Stimmen wurde das Ermächtigungsgesetz angenommen – gegen 94 Stimmen der Sozialdemokratinnen und Sozialdemokraten.

Exil und Tod

> »Mit der Ernennung Adolf Hitlers zum Reichskanzler, der Notverordnung nach dem Reichstagsbrand und der Annahme des Ermächtigungsgesetzes begann der Weg der deutschen Sozialdemokratie in die Illegalität und Emigration. [...] Kernstück der Emigrationsvorbereitungen war die Rettung der liquiden Mittel des Parteivorstandes, die auch weitgehend gelang. Frühzeitige Kontakte mit den sudetendeutschen Sozialdemokraten ermöglichten eine angesichts der Verhältnisse relativ problemlose Übersiedlung der Parteizentrale in die Tschechoslowakei«.[17]

Im Mai 1933 floh Wels mit dem Parteivermögen nach Prag, um von dort mit den Genossinnen und Genossen der Exil-SPD die Weltöffentlichkeit über die Vorgänge in Deutschland aufzuklären. Zunächst führten diese Aktivitäten zu Streitigkeiten über den Führungsanspruch der Partei mit der in Deutschland verbliebenen Reichstagsfraktion unter Führung von Paul Löbe.

> »Der Berliner Restvorstand versuchte durch die Distanzierung von den Exil-Genossen, das Überleben der Partei in Deutschland zu retten, vergebens. Am 22. Juni, nur vier Monate nach dem Tag von Potsdam, führte das NS-Regime den entscheidenden Schlag gegen die SPD: Jede Betätigung der Partei wurde verboten, sämtliche Mandate wurden kassiert. Mit der SPD fiel die letzte Verteidigungslinie der Demokratie.«[18]

---

17 Marlis Buchholz, Bernd Rother: Der Parteivorstand der SPD im Exil. Protokolle der Sopade 1933–1940, 1995, Bonn 1994, S. 3.

18 Stolpe, a. a. O., S. 26.

Durch diesen Vorgang war der Führungsanspruch der Exil-SPD, die sich »Sopade« nannte, bestätigt. Von Prag aus wurde über »Grenzsekretäre« Informationsmaterial nach Deutschland und aus Deutschland herausgeschmuggelt, das in den fast 10.000 Seiten umfassenden Sopade-Berichten zusammengefasst und veröffentlicht wurde. In erster Linie ging es aber dem Parteivorstand im Exil um eine Zusammenarbeit mit der Internationale im Sinne eines grenzüberschreitenden Bündnisses gegen den Faschismus. Offizielles Blatt des Parteivorstandes war der *Neue Vorwärts*. Die theoretischen Plattformen waren die *Zeitschrift für Sozialismus* und das *Prager Manifest*, nach Worten von Otto Wels der Versuch, die geistige Führung der Partei zu konzentrieren.

> »Nicht alle Widerstandsgruppen wünschten Verbindungen zum Exil-Parteivorstand. Politische Vorbehalte gegenüber der Parteiführung, die für die Niederlage verantwortlich gemacht wurde, aber auch abweichende Vorstellungen über die Organisation und die Aufgaben des Widerstandes belasteten besonders die Beziehungen des Exilvorstandes zu jüngeren sozialdemokratischen Aktivisten in Deutschland.«[19]

Otto Wels wurde im August 1933 die deutsche Staatsangehörigkeit aberkannt. In Prag und – nach dem Münchener Abkommen – in Paris gehörte er zu den treibenden Kräften der deutschen Sozialdemokratie im Exil. Er wies allerdings vehement die von Genossinnen und Genossen der Internationale erhobenen Vorwürfen wegen angeblicher strategischer Fehler bei der Wahl Hindenburgs und der defensiven Haltung zum schrittweisen Abbau demokratischer Prinzipien in Deutschland zurück.

> »Diese Kritik wurde besonders stark, als der Parteivorstand entschieden jegliche Einheits- oder Volksfront mit der KPD ablehnte. Ein Treffen von Parteivorstands-Vertretern mit Repräsentanten des KPD-ZK am 23. November 1935 in Prag – es war das einzige

19 Ebd.

> offizielle Treffen der Spitzen beider Parteien während des Exils – blieb ergebnislos. Nach dem Beginn der Moskauer Schauprozesse und insbesondere nach dem Abschluss des deutsch-sowjetischen Nichtangriffspaktes fühlte sich der Parteivorstand in dieser Haltung bestätigt.«[20]

Unabhängig von internen Kontroversen griff Otto Wels mit ungebrochener Schärfe die Verbrechen der Nazis an: »Zu ihrer Abwehr ist die ganze Kulturwelt verpflichtet, wenn sie nicht zum Mitschuldigen werden will an dem Verbrechen, das in Deutschland nicht nur an den Juden, sondern am ganzen Volke verübt wird.«[21] Ein letzter Appell, den er an das deutsche Volk richtete, klagte den Überfall auf Polen am 1. September 1939 an: »Ein Frieden, der die Gewaltakte Hitlers wiedergutmacht, dem totalitären System ein Ende setzt und dem deutschen Volk wie allen vergewaltigten Völkern Recht und Freiheit wiedergibt, ist das Ziel unserer Politik.«[22] Am 16. September 1939 starb Wels in Paris mit nur 66 Jahren – ein viel zu früher Tod, den seine langjährige Krankheit, aber vermutlich auch die vielen bitteren Enttäuschungen und die bedrückenden Lebensbedingungen im Exil herbeigeführt hatten.

Die »große Rede« als Auftrag der Sozialdemokratie

2018 würdigte die SPD-Bundestagsfraktion mit einer Broschüre die Ablehnung des »Ermächtigungsgesetzes« durch die SPD-Abgeordneten am 23. März 1933 – und vor allem den Einsatz von Otto Wels an diesem Tag. On der Publikation sind Texte prominenter SPD-Politiker zusammengestellt, unter anderem von Willy Brandt, Thomas Oppermann, Gerhard Schröder, Peter Struck, Frank-Walter Steinmeier, Hans-Jochen Vogel und dem Historiker Heinrich August Winkler.

20 Stolpe, a. a. O., S. 12.
21 Zit. in Stolpe, a. a. O., S. 27.
22 Ebd.

Im Vorwort dafür schreibt Andrea Nahles als Vorsitzende der SPD-Bundestagsfraktion:

> »In der 155-jährigen Geschichte der deutschen Sozialdemokratie gab es immer wieder Ereignisse, die uns Sozialdemokratinnen und Sozialdemokraten noch heute gegenwärtig sind, die uns stolz machen und die unser Selbstverständnis bestimmen. Dazu zählen zum Beispiel die Einführung des Wahlrechts für Frauen im Jahr 1918 unter dem sozialdemokratischen Reichspräsidenten Friedrich Ebert und die Friedens- und Ostpolitik Willy Brandts in den 1960er und 1970er Jahren. Doch kaum ein Datum ist so prägend wie der 23. März 1933. An diesem Tag wurde, das von den Nationalsozialisten unter der Führung Adolf Hitlers entworfene Ermächtigungsgesetz im Reichstag verabschiedet.«[23]

Die Bedeutung der Rede von Otto Wels beschreibt Peter Struck als die »mutigste Rede, die je gehalten wurde«,[24] während der Historiker Heinrich August Winkler die Rede zum Ausgangspunkt für eine Analyse sozialdemokratischer Politik in der Weimarer Republik macht: »Freiheit und Leben kann man uns nehmen, die Ehre nicht«: Kein Satz aus der Rede, mit der Otto Wels am 23. März 1933 das Nein der Sozialdemokraten zu dem sogenannten Ermächtigungsgesetz begründete, hat sich der Nachwelt so eingeprägt wie dieser. Was Wels der deutschen Sozialdemokratie zur Ehre anrechnete, waren vor allem die Leistungen, die die SPD in der Weimarer Republik erbracht hatte.«[25]

Alle Autorinnen und Autoren betonen vor allem eines: Die Verpflichtung, welche die Haltung der SPD im Jahre 1933 für die Genossinnen und Genossen von heute bedeutet: »Der mutige Einsatz unserer Genossinnen und Genossen bleibt in uns wach, auch jenseits von Jubiläumsfeiern und Jahrestagen. Sie sind und bleiben

23 Andrea Nahles: SPD-Bundestagsfraktion: Otto Wels – Mut und Verpflichtung. Berlin 2018, S. 7.

24 Ebd., S. 41.

25 Ebd., S. 17.

ein Vorbild für jede und jeden von uns.«[26] Peter Struck fasst den Auftrag folgendermaßen zusammen:

> »Der 23. März 1933 lehrt aber auch, dass Weghören und Wegsehen der Weimarer Republik das Ende bescherten. Zu wenig Demokraten stemmten sich gegen die drohende Katastrophe. Für uns heute muss das bedeuten, dass wir allen Feinden der Demokratie rechtzeitig und energisch entgegentreten.«[27]

Literatur

1933 – Wege in die Diktatur, Berlin 1983.

Marlis Buchholz, Bernd Rother: Der Parteivorstand der SPD im Exil. Protokolle der Sopade 1933–1940, 1995, Bonn 1994.

Wilhelm Hoegner: Flucht vor Hitler, München 1977.

SPD-Bundestagsfraktion: Otto Wels – Mut und Verpflichtung, Berlin 2018.

Manfred Stolpe: Otto Wels und die Verteidigung der Demokratie. Vortrag im Rahmen der Reihe »Profile des Parlaments« der Ev. Akademie zu Berlin am 14.2.2002 (Gesprächskreis Geschichte/Heft 45).

Heiko Tammena: Geschichte in Geschichten. 130 Jahre Sozialdemokratie in Brandenburg (1868–1998), Potsdam 1998.

26 Nahles, a. a. O., S. 8.
27 Ebd., S. 43.

Richard Hauschildt | Ein Leben mit Hoffnungen und Illusionen[1]

von Horst Klein

Richard Hauschildt

Richard Hauschildts Lebensweg gleicht zunächst dem unzähliger Arbeiter, die nach der Aufhebung des Sozialistengesetzes 1890 der SPD anschlossen und in dieser politisch ihren Platz fanden. In den Kämpfen seiner Zeit, die durch Weltkrieg 1914/18, Revolution 1918 und nationalsozialistische Diktatur 1933 geprägt waren, bewährte sich Richard Hauschildt als aufrichtiger Streiter für eine bessere Welt. Seine Biografie erzählt brisante Ereignisse der Geschichte der sozialdemokratischen Arbeiterbewegung, wobei sein journalistisches und politisches Wirken in Kassel, Wuppertal, Berlin und Strausberg besondere Aufmerksamkeit verdient. Zu berichten ist über den jungen Schriftsetzer, der selbstbewusst den Weg zur Buchdruckergewerkschaft und Sozialdemokratischen Partei fand, in der Novemberrevolution 1918 sich für eine parlamentarische Demokratie entschied und diese mit aller Entschiedenheit zu verteidigen wusste. In der Auseinandersetzung mit der nationalsozialistischen Ideologie und Politik führte er eine scharfe

1 Eine ausführliche Biografie »Richard Hauschildt (1876–1934)« konnten wir mit Unterstützung der Tochter Adelheid (1914–2015) erstmals 2011 und 2014 in erweiterter Fassung in unserer Edition »Strausberger Studien zur Geschichte« vorstellen.

Klinge. Die Nationalsozialisten rächten sich mit Gestapo-Haft, Folter, Konzentrationslager und trieben den psychisch und physisch Gebrochenen in den Tod.

Auf dem Weg zum Parteijournalisten mit schriftstellerischem Talent

Am 12. November 1876 in Hamburg als Sohn eines Gärtners geboren, absolvierte er dort die Volksschule und Ausbildung zum Schriftsetzer. Er hatte sich für einen Beruf entschieden, der sehr früh sein politisches Interesse weckte und ihn zur Mitarbeit im Buchdruckerverband bewegte. Er ging wie üblich auf Wanderschaft, arbeitete als Volontär in verschiedenen Redaktionen sozialdemokratischer Zeitungen, etwa seit 1900 als selbstständiger Redakteur in Mainz, Magdeburg, Würzburg und Offenbach.

29-jährig kam er 1905 nach Kassel und wurde Redakteur beim sozialdemokratischen *Casseler Volksblatt*, dessen Chefredakteur Philipp Scheidemann war. Alsbald übernahm Hauschildt diese Funktion. Seine ausgeglichene, freundliche und sachliche Art des Umgangs mit den Bürgern, seine Sachkenntnis und Rhetorik verhalfen ihm schnell, Vertrauen in der Bürgerschaft und bei seinen Genossen zu gewinnen. Von 1906 bis 1922 war Richard Hauschildt besoldeter Vorsitzender der Kasseler SPD. Mit der aufkommenden Antikriegsstimmung gewannen die Sozialdemokraten 1916 zwei weitere Mandate. Nun konnte auch Richard Hauschildt Stadtverordneter und ab 1919 Vorsitzender seiner Fraktion im Kasseler Rathaus werden.

Weltkrieg und Revolution

Bei Ausbruch des Ersten Weltkrieges wurde Hauschildt Soldat. Die dann folgenden grausamen Fronterlebnisse machten ihn zum entschiedenen Kriegsgegner und Verfechter der Völkerverständigung. Ende Januar 1918 beteiligten sich auch in Kassel die Arbeiter der

Rüstungsindustrie an Streiks. Dem dann folgenden eintägigen Generalstreik sollen sich mehr als zehntausend Arbeiterinnen und Arbeiter angeschlossen haben.

Im Rathaus konstituierte sich am 4. November sofort ein Arbeiter- und Soldatenrat aus Mitgliedern der SPD und der USPD sowie zwei Soldaten. Den Vorsitz des Rates, dem unter anderem der Vorsitzende des Gewerkschaftskartells und spätere preußische Innenminister Albert Grzesinski angehörte, übernahm Richard Hauschildt. In dieser Eigenschaft wurde er zum Delegierten der beiden Reichsrätekongresse in Berlin im Dezember 1918 und im April 1919 gewählt.

In Kassel engagierte er sich für einen friedlichen Verlauf revolutionärer Aktionen der Arbeiterschaft. Demonstrationen und Kundgebungen verliefen im Unterschied zu München, Kiel und Berlin ohne Straßenkämpfe. Forderungen nach einer »Rätediktatur« oder »deutschen Sowjetrepublik« blieben aus. So war Hauschildt in seiner Überzeugung bestärkt, dass der von der Sozialdemokratie angestrebte soziale Fortschritt nur friedlich und demokratisch zu erringen sei. In diesem Sinne sah er sich auf den beiden Rätekongressen ermutigt, Partei zu ergreifen für eine parlamentarische Demokratie mit umfassenden sozialen Verbesserungen für die Arbeiterschaft. Der sehr belesene Hauschildt erinnerte sich vermutlich an Friedrich Engels' Empfehlung, die Sozialdemokratie solle vor allem den Kampf für demokratische Freiheiten, soziale Reformen und letztlich für die Errichtung einer demokratischen Republik führen. Als Schriftführer des Ersten und als Vorsitzender des Zweiten Kongresses war er mit einer Vielfalt unterschiedlicher Auffassungen konfrontiert, die für seine eigene Positionsfindung abzuwägen waren. In seinem Schlusswort bezeichnete er den Kongress als historisch bedeutsames »Revolutionsparlament«. Im Weiteren erklärte er: Die gewaltige »Revolution, in der wir augenblicklich noch stehen«, könne »von heute auf morgen nicht verwirklicht werden. Aber wir alle haben gemeinsam zu arbeiten und mit aller Kraft dahin zu wirken, unsere hohen sozialistischen Ziele so schnell wie möglich in die Wirklichkeit umzusetzen.«[2] Hauschildts politische Haltung fand in der Mehrheitssozialdemokratischen Partei

Deutschlands respektvolle Aufmerksamkeit. So war er für die Zeit 1920/1921 Mitglied des zentralen SPD-Parteiausschusses und von 1919 bis 1924 Mitglied des Preußischen Landtages.

Auch nach dem Kongress vom April 1919 sah sich Hauschildt in seiner Überzeugung bestätigt, die Revolution könne friedlich und demokratisch voranschreiten. Es hatte ja schon Friedrich Engels auf die »Ironie der Weltgeschichte« aufmerksam gemacht, wonach diese alles auf den Kopf stelle. Wir, so schrieb Engels,

> »die ›Revolutionäre‹, die ›Umstürzler‹, wir gedeihen weit besser bei den gesetzlichen Mitteln als bei den ungesetzlichen und dem Umsturz. Die Ordnungsparteien, wie sie sich nennen, gehen zugrunde an dem von ihnen selbst geschaffenen gesetzlichen Zustand.«[3]

Mit der erfolgreichen Benutzung des allgemeinen Stimmrechts war, wie Engels voraussah, »eine ganz neue Kampfweise des Proletariats in Wirksamkeit getreten, vor der sich die Bourgeoisie mehr fürchte, als vor der ungesetzlichen Aktion der Arbeiterpartei, vor den Erfolgen der Wahl als vor denen der Rebellion«.[4] In der Tat: Bei den Wahlen zum Stadtparlament im März 1919 verzeichnete die SPD in Kassel einen beachtlichen Stimmenzuwachs: Sie stellte im 72-köpfigen Stadtparlament 37 Stadtverordnete, zu diesen zählte erneut Richard Hauschildt. Die Euphorie legte sich bald. Auch Richard Hauschildt lebte mit Hoffnungen und Illusionen, gewann so vielfältige politische Erfahrungen. Bei den Kommunalwahlen im Mai 1924 gewann Hauschildt zwar sein Mandat wieder, aber die SPD verlor ihre absolute Mehrheit.[5] Richard Hauschildt entschied sich, weiterhin als Parteijournalist zu arbeiten.

---

2 Siehe II. Kongreß der Arbeiter-, Bauern- und Soldatenräte Deutschlands am 8. bis 14.4.1919 im Herrenhaus zu Berlin. Stenographisches Protokoll, Berlin 1919, S. 139.

3 Friedrich Engels: Einleitung zu Marx' »Klassenkämpfe in Frankreich 1848 bis 1850« (1895), in: Karl Marx, Friedrich Engels, Werke (MEW), Bd. 22, Berlin 1963, S. 525.

4 Engels, a. a. O., S. 519.

5 Siehe: 100 Jahre SPD Fraktion im Kasseler Rathaus, hg. v. der SPD-Stadtfraktion Kassel, Februar 2010, S. 12 f.

Von Wuppertal nach Berlin-Brandenburg

Von der SPD Elberfeld-Barmen lag ein Angebot für die Redaktion der *Freien Presse* vor. Im Oktober 1925 zog er mit seiner bereits urwüchsigen sozialdemokratischen Familie, zu der inzwischen auch die Töchter Ottilie und Adelheid gehörten, nach Elberfeld, damals noch eine selbstständige Stadt, ab 1930 Stadtteil von Wuppertal. Die *Freie Presse*, seit 1900 Eigentum der SPD, galt als »Stammmutter« vieler sozialdemokratischer Zeitungen am Niederrhein und im Ruhrgebiet. Die Geburtsstadt von Friedrich Engels genoss damals weltweit den Ruf als »historischer Boden des Sozialismus«. Engels und Moses Heß gaben hier eine der ersten sozialkritischen Zeitungen in Deutschland, den *Gesellschaftsspiegel*, heraus.

Hauschildt war sich der progressiven Traditionen seines neuen Wirkungsfeldes bewusst. Er begleitete journalistisch und als erfahrener Kommunalpolitiker die Entwicklung der 1899 gegründeten Konsumgenossenschaft, die mit der Konsum-Vereinigung von Barmen, Elberfeld und Velbert unter dem Namen »Vorwärts-Befreiung« 1924 zur fünfgrößten in Deutschland wuchs und ein Drittel der städtischen Bevölkerung preisgünstig versorgte. Am 28. Februar 1926, dem ersten Todestag Friedrich Eberts, war er Zeuge einer von mehr als fünftausend Bürgern besuchten Gedenkveranstaltung des Reichsbanners. Die *Freie Presse* berichtete über die Enthüllung eines Gedenksteins, eines drei Meter hohen Granitfindlings mit der Aufschrift: »Dem Ersten Präsidenten der Deutschen Republik – Friedrich Ebert«. Zu dieser Zeit, 1928/1929, bekam Richard Hauschildt bereits wieder ein neues Arbeitsfeld angeboten.

Alleinautor der Parteikorrespondenz und Kommunalpolitiker in Strausberg

Der SPD-Parteivorstand schätzte Richard Hauschildts journalistische Erfahrungen sehr und betraute ihn 1929 mit der Leitung der Abteilung »Sozialdemokratische Parteikorrespondenz«. Sie war eine von Wilhelm Liebknecht 1890 ins Leben gerufene Informations- und Argumentationsschrift für die Redaktionen der Provinzzeitungen, Referenten und Funktionäre. Die Parteikorrespondenz sollte zur besseren Organisation der Parteipresse beitragen und Informationen über Reichstagsverhandlungen, über politische Geschehnisse im In- und Ausland für die sozialdemokratische Lokalpresse anbieten. Sie erschien zuweilen auch als Doppel- oder Sonderheft und stand ab Januar 1929 unter redaktioneller Verantwortung von Richard Hauschildt. Die Broschüren hatten durchschnittlich einen Umfang von ungefähr 120 Seiten. Die von Hauschildt verfasste und kritisch kommentierte Übersicht über Politik, Ideologie und Wirtschaft, Parteien- und Regierungspolitik war nach Themen gegliedert: Deutsches Reich, Länder, Ausland, Sozialismus und gegnerische Parteien. Das letzte Heft erschien im Januar/Februar 1933.

Wie sich Fritz Heine[6] erinnerte, habe Hauschildt die Parteikorrespondenz »als Alleinredakteur bis zum Ende bearbeitet – eine (wie ich meine) ganz hervorragende Leistung«.[7] Die neue Aufgabe erforderte den Umzug der Familie von Elberfeld nach Strausberg bei Berlin, wo der Parteivorstand für seine Mitarbeiter eine Villa besaß. Die Töchter engagierten sich aktiv in der Ortsgruppe der Sozialistischen Arbeiter-Jugend (SAJ) und in ihrem SPD-Ortsverein.

Richard Hauschildt fand aufgrund seiner Sozialkompetenz schnell die vertrauensvolle Nähe zur Strausberger SPD und zu ihren Kommunalpolitikern, insbesondere zum damaligen sozialdemokratischen Stadtkämmerer und späteren Bürgermeister Paul Fischer, der ihn vermutlich überzeugte, den im Dezember 1929 neu zu besetzenden Posten des unbesoldeten Beigeordneten für seine Partei anzunehmen. Die Stadtverordnetenversammlung bestätigte den Neubürger problemlos in diesem Amt. In seiner neuen, nun-

6 Fritz Heine (1904–2002), 1922 Mitglied der SPD, 1925 Volontär beim Parteivorstand, 1939 Mitglied im Vorstand der Sopade (SPD im Exil), 1946–1958 Mitglied des SPD-Vorstandes, 1958–1974 Geschäftsführer der Konzentration GmbH, Vorstandsmitglied der Friedrich-Ebert-Stiftung.

7 Fritz Heine: Brief an Günter Krüschet vom 4.2.1983, Fritz Heine Nachlass, Archiv der sozialen Demokratie der Friedrich-Ebert-Stiftung, Sign. 06, 2 Bl., hier Bl. 1.

mehr wieder kommunalpolitischen Funktion widmete Hauschildt sich mit besonderer Umsicht den sozialen Problemen der Bürger. Die Folgen der Weltwirtschaftskrise führten auch in Strausberg zu einer hohen Arbeitslosigkeit mit all den damit einhergehenden sozialen und politischen Konsequenzen. Deshalb entwickelte Hauschildt gemeinsam mit dem seit 1930 für eine Wahlzeit von zwölf Jahren amtierenden Bürgermeister Paul Fischer Konzepte der wirtschaftlichen Entwicklung und der Arbeitsbeschaffung. Im September 1930 konnten sie den Stadtverordneten ein »Notstandsprogramm« gegen die Arbeitslosigkeit vorlegen. Kern des Programms war nicht etwa ein moralisierender Appell an die Arbeitgeber, Arbeitsplätze zu schaffen, sondern ein allumfassendes soziales Programm für den Wohnungs-, Kanalisations- und Straßenbau, mit dem circa 500 Arbeiter der Stadt und aus dem nahen Umland zu Lohn und Brot kamen.

Hauschildt hinterließ nicht nur sichtbare Spuren sozialer Kommunalpolitik; er war auch ein brillanter Rhetoriker. Seine Publikationen und Reden, die in der Parteikorrespondenz und örtlichen Presse jener Zeit nachlesbar sind, enthalten die Sorge um die Gestaltung und den Erhalt der demokratischen Republik sowie der errungenen sozialen Fortschritte. Im Weiteren widmete er sich der Auseinandersetzung mit der Demagogie der Nazis. In zahlreichen Reden und Publikationen geißelte er den Nationalsozialismus als die extremste Art des Verbrechertums, des Rassenhasses und Antisemitismus, enthüllte er dessen Ursachen und Ziele.

Im Oktober 1929 erschien ein Sonderheft der Parteikorrespondenz mit dem Titel *Die vom Hakenkreuz – Hitler und Konsorten*. Darin enthüllte Hauschildt die Sinnentleerung und Demagogie der von den Nazis für ihre Selbstdarstellung beanspruchten Begriffe »Nationalsozialismus« und »Arbeiterpartei«. Um unwissende Arbeiter einzufangen, so Hauschildt, »haben diese Nachäffler Mussolinis das Wort Sozialismus als Aushängeschild gewählt«, obwohl ihre Bewegung das Gegenteil von sozialistisch sei. An Beispielen schilderte er, dass die Nazis »Nicht Arbeiter-Partei, sondern rein militärisch organisierte Schutztruppe des Kapitals« seien. Ihre Rolle in den Parlamenten erschöpfe sich »in hyperradikalem Getue und in einem Sauherdenton, [...], das nennen die Hitlerianer parlamentarische Arbeit. Spotten ihrer selbst!«[8]

Die *Strausberger Nachrichten* – eine seit 1905 vom Buchdrucker und SPD-Stadtverordneten Carl Müller herausgegebene Zeitung für die Arbeiterschaft – begleitete aufmerksam Hauschildts Wirken in Strausberg. »Genosse Hauschildt begeistert die Massen für Freiheit und Demokratie«, so ein Bericht über eine Versammlung der Eisernen Front. Hauschildt habe gewarnt, die

> »Faschisten wollen zum tödlichen Schlag gegen die Freiheit und Demokratie ausholen. [...] Das SA- und SS-Verbot soll aufgehoben werden. Dem Großgrundbesitz des Ostens sollen weitgehendste Zustimmungen gemacht werden, damit sie wie die ehemaligen deutschen Fürsten, auf Generationen hinaus ein feudales Leben führen können. [...] Die Arbeitslosenversicherung in der heutigen Form soll beseitigt werden und in eine Wohlfahrtsunterstützung umgewandelt werden. Ebenso sollen die Verbindungen des Tarifrechts durch das Kabinett von Papen für nichtig erklärt werden. Grafen, Barone und Adlige, die das Kabinett bilden, geben dem Dritten Reich und den Angehörigen der Nationalsozialisten den Stempel als ›Arbeiterpartei‹.«[9]

Ebenso mutig setzte er sich nach der Machtübertragung an Hitler im letzten Heft der Parteikorrespondenz mit dem Nazismus auseinander. Er führte den nazistischen Hass auf die »Novemberverbrecher« beziehungsweise Sozialdemokraten ad absurdum. Unser Novemberverbrechen – so schrieb er damals – soll darin bestehen,

> »daß wir die Republik schufen, allen Staatsbürgern, Männern und Frauen gleiche Rechte gaben, das allgemeine gleiche Wahlrecht für Staat und Gemeinde einführten, die Sozialversicherung verbesserten,

8 Sonderausgabe 3 der Sozialdemokratischen Parteikorrespondenz: Die vom Hakenkreuz – Hitler und Konsorten, hg. v. Vorstand der Sozialdemokratischen Partei Deutschlands, verantwortlicher Redakteur R. Hauschildt, Berlin 7.10.1929, S. 3; 14.

9 Genosse Hauschildt begeistert die Massen für Freiheit und Demokratie, in: Strausberger Nachrichten vom 4.6.1932, S. 2.

die Arbeitslosenversicherung durchsetzten, den Arbeitslohn tariflich gegen Unternehmerdruck sicherten, daß wir den Beamten das Koalitionsrecht gaben, die Mieter gegen die Hausbesitzer schützten, daß wir den Achtstundentag proklamierten, Volksbühnen schufen, Arbeiterwohnsiedlungen errichteten, mit Licht und Luft und Grünflächen und Spielplätzen – das ist *unser* Novemberverbrechen!«[10]

In den Fängen der Nazis

Hauschildts Auseinandersetzung mit der braunen Ideologie und Politik wurde von den nationalsozialistischen Instanzen mit Argusaugen verfolgt. Er geriet, wie er einem Genossen schilderte, kurz, nachdem Hitler die Macht übertragen bekam, in Berlin für Tage in die Hände der Gestapo.[11] Für ihn begann ein tödliches Martyrium. KPD und SPD waren, wie Helga Grebing schreibt, »von den Ereignissen überrollt und wie gelähmt«. Nur kurzzeitig habe es in der SPD »die Illusion, im ›Dritten Reich‹ legale Opposition treiben zu können«,[12] gegeben. Nachdem von den Nazis inszenierten Reichstagsbrand waren die Weichen für die völlige Zerstörung der Weimarer Demokratie und der demokratischen Organisationen gestellt. Bereits weit im Vorfeld der für den 5. März 1933 deklarierten Wahlen zu Reichstag, Landtagen und kommunalen Vertretungen am 12. März, richtete sich der Terror vorzugsweise gegen die namhaften Redakteure und Abgeordneten von KPD und SPD. Durch fortgesetzte Verhaftungen von Reichstagsabgeordneten und die Annullierung der KPD-Mandate sicherte sich Hitler die für die Änderung bzw. Aufhebung der Weimarer Verfassung und Annahme des Ermächtigungsgesetzes erforderliche Zweidrittelmehrheit.

Am 4. Februar 1933 veranstaltete die »Eiserne Front« Strausbergs eine Kundgebung. Die Bevölkerung war aufgerufen, gegen die

10 Sozialdemokratische Parteikorrespondenz, 1933, Nr. 1 (Januar/Februar), S. 24 f.

11 Willi Goethe: Erklärung an Eidesstatt, Kassel, den 28.12.1950, Stadtarchiv Kassel, Bestand: S. 1 Nr. 3207, 2 Bl., hier Bl. 1.

12 Helga Grebing: Geschichte der deutschen Arbeiterbewegung. Von der Revolution 1848 bis ins 21. Jahrhundert, Berlin 2007, S. 112.

faschistische Regierung Hitler-Papen-Hugenberg zu demonstrieren. Unter der Losung »Strausberg bleibt rot« versammelten sich mehr als tausend Republikaner, Anhänger von SPD und einigen der KPD. Der im Schutz der Dunkelheit in der Presse anonym gebliebene Redner Richard Hauschildt appellierte unter anderem mit den Worten: »Strausberger Arbeiter, seid und bleibt einig, wenn ihr nicht entrechtete Sklaven wie in Italien werden wollt.«[13]

Bei den Wahlen am 5. März 1933 kandidierte er für die Stadtverordnetenversammlung und wurde erneut in den Magistrat gewählt. Es galt die Reichstagsbrandverordnung, mit der Meinungs- und Pressefreiheit sowie alle demokratischen Rechte aufgehoben waren. Auf dem Strausberger Rathaus wehte bereits die Hakenkreuzfahne, es herrschten eine nazistische Siegeseuphorie und Pressezensur. Die Strausberger Zeitungen hatten den Bürgern ein noch scheindemokratisches Bild der Wahlen zu vermitteln. Bei der Konstituierung der unter diktatorischen Bedingungen gewählten Parlamente und auch danach galten abwesende Abgeordnete als anwesend. So blieb zum Schein »Demokratie« gewahrt und das Mehrheitsverhältnis der Nazis in den parlamentarischen Vertretungen gesichert.

Wie in ganz Deutschland beschlossen auch die Strausberger Stadtverordneten am 20. April 1933 per Akklamation die Ehrenbürgerschaft für Hitler und Hindenburg, dazu gehörte auch eine Hitler-Eiche vor dem Rathaus. In der örtlichen Geschichtsschreibung wurde noch 1987 und 1995 unterstellt, dass die Sozialdemokraten und so auch Hauschildt für die Nazis gestimmt hätten. Dabei berief sich der Autor auf eine amtlich zensierte Pressemitteilung und auf ein Foto, auf dem die Köpfe der vermeintlichen Abgeordneten als schwarze Punkte zu zählen waren. So ignorierte er völlig die Konsequenzen des Ermächtigungsgesetzes.[14] Am 21. Juni 1933 setzte eine verstärkte Terrorwelle ein. Auch Richard Hauschildt wurde erneut verhaftet und von den Nazis in das Konzentrationslager

13 Horst Klein: Geschichte des SPD-Ortsvereins Strausberg 1887–2007, Strausberg 2008, S. 157 f.

14 Siehe: Rolf Barthel: Geschichte der Stadt Strausberg. Monographische Gesamtdarstellung, Berlin 1987, S. 189; ders.: Strausberg – Von der Markgrafenburg zum Generalstabsquartier, Strausberg 1995, S. 58.

Oranienburg gebracht. Er war einer von zehn Strausberger Sozialdemokraten, die in Oranienburg oder Sonnenburg eingekerkert waren.[15]

Für die folgende Zeit liegen Briefe von Richard Hauschildt vor, die er bis zu seinem bitteren Ende an seine Tochter Ottilie und den Schwiegersohn Walter geschrieben hatte und die zu den erschütterndsten Dokumenten dieser Zeit zählen. Das erste Lebenszeichen aus dem Konzentrationslager Oranienburg kam am 6. Juli 1933, darin beklagte er seine Trennung von der Familie und bat um Geduld. Er schrieb:

> »Ich weile hier, weil nach einer mir heute zugestellten Verfügung des Herrn Landrats Ott aus Gründen der öffentlichen Staatssicherheit meine vorläufige Festnahme erforderlich geworden war. [...] Wenn Du, liebe Otti, gelegentlich einmal an mich denkst, bereitest Du mir große Freude. Für jede Zeile und – gelegentlich – einen ganz kleinen Lebensmittelzuschuß (etwas Wurst? etwas Butter?) bin ich dankbar«.[16]

Natürlich sind kritische politische Äußerungen den Briefen nicht zu entnehmen.

Hauschildts Schwiegersohn Walter Bremer schreibt in seinem Manuskript zum Briefwechsel: »Von Anfang der KZ-Haft an stand neben Verfolgung, Folter und Not der Hunger. Deshalb schon im ersten Brief aus dem KZ die Bitte um einen ›ganz kleinen Lebensmittelzuschuß‹.«[17] Aus den nachfolgenden Briefen spricht die Sorge um das soziale Überleben der Familie, um eine bezahlbare Wohnung, denn die Nazis forderten die Räumung der SPD-eigenen Villa. Geldsorgen belasteten beträchtlich die Lebensumstände. Aus den Briefen spricht die Hoffnung auf eine baldige Freilassung. Er wusste um diesbezügliche Bemühungen seiner Frau bei den zu-

15 Siehe Klein, a. a. O., S. 513.

16 Walter Bremer: Erinnerungen an Richard Hauschildt, in: Richard Hauschildt (1876–1934), Strausberg 2014., S. 65.

17 Bremer, a. a. O., S. 66.

ständigen Behörden. Die Nazis machten eine mögliche Freilassung vom Wegzug der Familie aus Strausberg abhängig. Nachdem Richard Hauschildt eine eidesstattliche Erklärung unterschreiben musste, dass er mit seiner Familie den Wohnort Strausberg verlassen und er Berlin nicht mehr betreten werde, wurde er am 3. August 1933 mit weiteren Auflagen aus dem Konzentrationslager entlassen. Frieda Hauschildts Mutter, die in Kassel wohnte, bot an, die Familie aufzunehmen und bei der Wohnungssuche zu helfen.

Über das während der Haft Erlebte wollte Hauschildt, wie Bremer berichtet, nicht sprechen. Durch die Folgen der brutalen Lagerhaft sei er eingeschüchtert, bedrückt und schweigsam gewesen. »Fragt mich nicht«, war seine müde Antwort auf Fragen seiner Familie. Zu seinen eigenen Drangsalen habe Richard Hauschildt geschwiegen.

In einem mit dem 14. September 1933 datierten Brief berichtete er Ottilie und Walter Bremer freudig über die Ankunft der Familie in Kassel: »Groß ist der Kreis derer, die mich auf den Straßen grüßen.«[18] In den späteren Briefen kommen bereits die Sorgen um die soziale Existenz und Wohnungssuche stärker zur Sprache. Hausbesitzer weigerten sich, sobald sie den Namen Hauschildt hörten. Im Brief vom 5. Oktober schrieb er: »Das, liebe Otti, ist das Schicksal von uns ›Marxisten‹. Wir sind mittel-, existenz- und wohnungslos.«[19]

Im Weiteren schildert Hauschildt seine Hoffnungen, vielleicht doch eine schriftstellerische Tätigkeit aufnehmen zu können. Zunächst versuchte er, sich als Kleinhändler einer Seifen- und Waschmittelfirma über Wasser zu halten. Der Kasseler Sozialdemokrat Willi Goethe schilderte, wie er die Lebenssituation von Hauschildt wahrnahm: Auch nach Ankunft in der Stadt sei dieser regelmäßig und ausführlich von der Gestapo vernommen »und ihm erneut die Auflage erteilt (worden), sich wöchentlich bei der Gestapo zu melden«. Er hat mir

---

18 Bremer, a. a. O., S. 70.
19 Bremer, a. a. O., S. 71 f.

»[…] des öfteren mitgeteilt, daß er auf den Wegen bei der Verteilung seiner Seifen von Kasseler Nazis, die ihn noch sehr gut von seiner früheren Tätigkeit her kannten, auf der Straße geschmäht und beleidigt wurde. R. H. erzählte mir auch damals, er vermeide schon jeden unnötigen Weg durch die Straßen der Stadt Kassel, um nicht gesehen zu werden. In dieser Zeit, etwa Mitte 1934, fühlte sich R. H. sehr schwach. Um seinen Seifenvertrieb durchzuführen, legte er sich einen kleinen Handwagen zu, da er nicht mehr in der Lage war, sein kleines Musterköfferchen zu tragen. […] Das letzte, was ich von R. H weiß, wurde mir von einer Frau erzählt, deren Namen ich jetzt nicht mehr kenne. Sie sagte mir, sie habe R. H. einen Tag vor seinem Tode auf dem Friedhof sitzen gesehen und nachdem sie ihn angesprochen habe, habe er geweint und ihr nicht geantwortet.«[20]

Am 6. Dezember 1934 sah er sich mit den Schikanen der Nazis und seinen Lebensängsten hoffnungslos alleingelassen und entschied sich für den so erzwungenen »Freitod«.

In einem Brief schilderte Tochter Ottilie das Gedenken an ihren Vater:

»Die Einäscherungsfeier war überwältigend. Das Krematorium war überfüllt. Es war wie eine große Demonstration. Es hatte nur eine kleine Annonce in einer Sonntagszeitung gestanden, aber die Nachricht hatte sich wie ein Lauffeuer von Mund zu Mund verbreitet. Die Gedenkrede hielt Vaters Kollege aus seiner Kasseler Redaktionszeit, der spätere Landrat Häring. Er selbst hat so geweint, daß er die Rede immer auf Minuten unterbrechen mußte. Als er zu Anfang sagte, daß alle in den letzten Tagen, Wochen und Monaten erlebt haben, wie er um sein täglich Brot den Kampf geführt habe, ging durch das ganze Krematorium ein Schluchzen, und kein Auge war tränenleer.«[21]

20 Goethe, a. a. O., Bl. 1 f,
21 Bremer,a. a. O., S. 82.

Fritz Heine schrieb über ihn:

> »Die Briefe von Richard Hauschildt gehören zu den erschütterndsten Dokumenten, die ich in letzter Zeit gelesen habe. Bei der Lektüre ist mir wieder die ganze Wut über die Schandtaten der Nazis hochgekommen. [...] Die Tragik im Leben dieses im Grunde genommen so friedlichen und freundlichen Mannes, der niemandem etwas antun wollte, ist unübersehbar. Angesichts der Terrormaßnahmen und Schikanen gegen ihn, die die Nazis verübten, besaß er zweifellos nicht die Widerstandsfähigkeit und Statur, sich zu behaupten. [...] Die ganze Schande des widerwärtigen Regimes widerspiegelt sich in seinen Briefen, die ich als außerordentlich wesentliche Dokumente des sogenannten Alltags im Dritten Reich empfinde.«[22]

In Strausberg erinnern seit 2005 eine Gedenktafel am früheren Wohnhaus der Familie in der Paul-Singer-Straße 1 und in Kassel seit 2018 ein Stolperstein in der Artilleriestraße 1 an Richard Hauschildt.

Literatur

Horst Klein (Hg.): Richard Hauschildt (1876–1934) – Spuren eines sozialdemokratischen Lebens und Kampfes für eine bessere Welt. Strausberger Studien zur Geschichte; 53, Strausberg 2014.

Horst Klein: Geschichte des SPD-Ortsvereins Strausberg 1887–2007. Eine chronologische und biografische Skizze, Strausberger Studien zur Geschichte; 9, Strausberg 2008.

Gerhart Seeger: Konzentrationslager Oranienburg, Karlsbad 1934. Neu hg. v. Irene A. Diekmann, Klaus Wettig: Konzentrationslager Oranienburg. Augenzeugenberichte aus dem Jahre 1933. Gerhard Seger – Reichstagsabgeordneter der SPD; Max Abraham – Prediger aus Rathenow, Potsdam 2003.

22 Fritz Heine: Brief an Herbert Pinno am 30.6.1988, Fritz Heine Nachlass, Archiv der Sozialen Demokratie der Friedrich-Ebert-Stiftung Bonn, Signatur 6, 275 Bl., hier Bl. 1.

Ernst Schrader | »… für die Nationalsozialisten ein rotes Tuch«

von Kurt Schilde

Ernst Schrader als Garde-Ulan 1900

Der in der Uckermark geborene Ernst Schrader ist der maßgebliche Pionier der gewerkschaftlichen Organisierung von Polizisten in Deutschland. Er stand im Kaiserreich und in der Weimarer Republik im Zentrum langwieriger Auseinandersetzungen. Die von ihm initiierte Polizeigewerkschaft hat sich unter seiner Leitung von militärischen Traditionen befreit und sich nach dem Ersten Weltkrieg eindeutig zum demokratisch-republikanischen Staat bekannt. Bis zu dem von der deutschen Reichsregierung 1932 erfolgten und als »Preußenschlag« bezeichneten Staatsstreich verstand sie sich als »Bollwerk der Republik«. Der langjährige Vorsitzende Ernst Schrader hatte Führungsfunktionen bei mehreren Vorläufern der heutigen Gewerkschaft der Polizei, die dem Deutschen Gewerkschaftsbund (DGB) angehört.

Kindheit – Jugend – Familie

Ernst Schrader wurde am 3. März 1877 in Zützen – heute ein Ortsteil der Stadt Schwedt in der Uckermark – geboren. Die Mutter Maria Wilhelmine Luise, geb. Graf, ist am 29. Dezember 1848 in

Reichenfelde in Neumark – heute Polen – geboren worden. Dort heirateten die Eltern am 25. Januar 1872. Sein Vater war der am 9. April 1844 in Dobberzin – das Dorf ist heute ein Stadtteil von Angermünde – geborene Chausseearbeiter Hermann-Heinrich Schrader. Auch dessen Vater Carl Ludwig Schrader übte diesen Beruf aus, erst in seiner Geburtsstadt und dann in Zützen. Er ist am 18. September 1908 und die Mutter am 31. Mai 1918 in Zützen verstorben. Ernst Schrader hatte einen Bruder, den 1872 geborenen Friedrich August, und fünf Schwestern: Bertha, Maria Auguste, Ida und Johanna.[1] Er verbrachte seine Kindheit im Chausseewärterhaus des damals 220-Seelen-Dorfes. Hier besuchte er auch die einklassige Dorfschule.

Als 18-Jähriger wurde er 1895 Soldat und trat in das 1. Garde-Ulanen-Regiment in Potsdam (heute Schmiedegasse 8) ein, wo er es bis zum Obergefreiten brachte. Am 11. November 1901 ging er als Polizeiwachtmeister zur Berliner Schutzmannschaft. Im Jahr darauf heiratete er am 10. Oktober in Potsdam – der Geburtsstadt seiner Frau – die am 13. Januar 1880 geborene Hedwig Stengel. Seit 1905 lebte die Familie Schrader mit den beiden Töchtern zunächst in Grüntaler Straße 7 im heutigen Bezirk Wedding. Am 10. Juli 1903 war Johanna Hedwig Elisabeth in der Lortzingstraße 16 und am 15. November 1908 Gertrud Johanna Hedwig in der Prinzenallee 17 geboren worden. Die Familie ist häufig innerhalb Berlins umgezogen. Zuletzt lebte er bis zu seinem Tod 1936 in Berlin-Mariendorf im Königstuhlweg 21 im eigenen Haus. Seit 1931 hielt sich Ernst Schrader oft auf seinem Landgut in Ravensbrück auf.

1 Die Angaben wurden einem Stammbaum der Familie des Ernst Schrader entnommen, den der Enkel Prof. Dr. Wolfgang Klose zur Verfügung gestellt hat. Ich danke ihm herzlich für seine vielfältige Unterstützung.

Die Anfänge in der Polizei und Gewerkschaft

Für seine Karriere im Apparat der Polizei hatte die am 2. November 1913 in den Blumen-Festsälen in Berlin als erste Interessenvertretung der Polizei in Preußen gegründete »Vereinigung Berliner Schutzleute« große Bedeutung: Er wurde zu einem der Stellvertreter des Vorsitzenden gewählt. Da dem Berliner Polizeipräsidenten Traugott von Jagow (1865–1941) missfiel, dass sich Polizisten gewerkschaftlich organisierten, ließ er die Organisation zunächst verbieten. Auf einer kurz darauf erfolgten erneuten Versammlung der »Vereinigung Berliner Schutzleute« im Januar 1914 wurde Ernst Schrader zum dritten Vorsitzenden, als Nachfolger der strafversetzten Kollegen Franz Fuhrmann und Rudolf Hönow gewählt. Auch Schrader wurde abgestraft, mehrfach vernommen und von seinem Posten als Telegrafist in den einfachen Straßendienst versetzt. Er ließ sich aber nicht davon abhalten, an den weiteren streng geheimen Versammlungen teilzunehmen und diese zu leiten.[2]

Gründungsgeschichte

Nachdem die Polizeiführung ihren Widerstand gegen die organisatorischen Bestrebungen der Polizisten schrittweise aufgeben musste, konnte endlich am 13. Dezember 1915 ein »Verband der Kameradenvereine« offiziell gegründet werden. Dieser organisierte zunächst etwa 6.000 Mitglieder und wählte nun Ernst Schrader direkt zum Vorsitzenden. In den folgenden Jahren erfolgten Zusammenschlüsse, Abspaltungen und Umbenennungen der nach ihm auch »Schrader-Verband« genannten Gewerkschaft. Dies war zwar keine offizielle Bezeichnung, aber sie verwies auf die Bedeutung seines Gründungsvorsitzenden.

2 Vgl. Laura Ede: 70 Jahre »Gewerkschaft der Polizei«. Ein wichtiger Pfeiler demokratischer Stabilität, in: Deutsche Polizei. Das Magazin der Gewerkschaft der Polizei, Heft 9 2020, S. 6-14.

Der Verbandstag am 23./24. November 1917 beschloss die damals noch auf Berlin beschränkte Organisation auf ganz Preußen auszudehnen und in »Verband der Königlichen Schutzmannschaft Preußens« umzubenennen. Schrader wurde als hauptamtlicher Leiter bestätigt.

Er engagierte sich für die Interessen seiner Kollegen. Ein Beispiel: Als am 26. April 1919 die *Vossische Zeitung* eine Umfrage zu »Mehr Sicherheit in Groß-Berlin!« veranstaltete, beteiligte Schrader als Verbandsvorsitzender sich daran. Er setzte sich unter anderem dafür ein, auf den Säbel zu verzichten und statt seiner Gummiknüppel anzuschaffen. Weiter äußerte er sich zur Umgestaltung der Schutzmannschaft:

> »Nicht mit Unrecht weisen die Schutzleute darauf hin, daß sie in den Zeiten der Berliner Unruhen zwischen der Sicherheitswehr und der republikanischen Soldatenwehr auf der einen Seite und der Volksmarinedivision auf der anderen einen schwierigen Stand hatten, und daß es Selbstmord gewesen wäre, wenn sie allein im Gegensatz zu diesen Truppenkörpern in derselben Weise wie früher aufgetreten wären. Sie schreiben dieses Versagen in erster Linie dem Mangel an Schutzleuten, sodann besonders dem Fehlen junger Kräfte zu, endlich auch der mangelhaften Bewaffnung und Ausbildung. [...]
> Auch die Bewaffnung und Ausrüstung ist schon seit Jahren als ungeeignet erkannt worden. Vor allen Dingen hat sich der Säbel schon immer als lästig und hinderlich erwiesen, und es ist auch in Deutschland schon lange nach englischem Vorbild die Einführung des Gummiknüppels empfohlen worden. [...]
> Die Dienstzeit soll gesetzlich geregelt werden, und die Dienstbereitschaft für den Straßendienst im Allgemeinen so begrenzt werden, dass nach einer bestimmten Reihe von Jahren jeder Schutzmann in den leichteren inneren Dienst übernommen werden kann. [...]«[3]

Während der Novemberrevolution 1918 war Schrader bei der Belagerung des Berliner Polizeipräsidiums durch Angehörige des

3 URL: <https://republikpolizei.de/archive/3655#more3655>, Zugriff am 23.10.2020.

Arbeiter- und Soldatenrates Verhandlungsführer. Nicht zuletzt den Deeskalations- und Einigungsbemühungen Schraders und anderer Verbandsfunktionäre war es zu verdanken, dass die Polizei ihrer Auflösung durch die Revolutionskräfte entging.

Ernst Schraders demokratische und republiktreue Haltung bestimmten den Verband wesentlich. Zu der sozialdemokratischen Regierung Preußens, insbesondere zu deren Innenminister Carl Severing (1875–1952), pflegte Schrader gute Beziehungen. Sein Wort hatte bei den politischen Verhandlungspartnern Gewicht. Deshalb konnten viele Forderungen des »Schrader-Verbandes« umgesetzt werden.

Aus der Dachorganisation wird eine Einheitsgewerkschaft

Als am 3./4. Mai 1919 die Polizeigewerkschaften der einzelnen deutschen Länder den »Reichsverband der Polizeibeamten Deutschlands« gründeten, fiel die Wahl des Vorsitzenden erneut auf Schrader. In seiner Amtszeit schlossen sich weitere Polizeigewerkschaften dem Reichsverband an. Schließlich setzte er auf dem Verbandstag am 12. Juni 1920 die »Umorganisation von einer Dachorganisation zu einer Einheitsgewerkschaft«[4] durch.

Da er sich auf seine gewerkschaftliche Arbeit konzentrieren wollte, schied er am 30. Juni 1920 aus dem aktiven Polizeidienst aus. Dies war aber nur aus gesundheitlichen Gründen möglich. Daher »trank er Unmengen Kaffee, rannte die Treppen rauf und runter, ging zum Arzt und ihm wurde Untauglichkeit für den aktiven Dienst bescheinigt.« So überliefert es zumindest sein Enkel Wolfgang Klose 2004 in einem Interview.[5]

---

4 Manfred Reuter: »In Treue fest« – Eine Studie über ausgewählte Polizeigewerkschaften und Polizeigewerkschafter in der Weimarer Republik. Schriftenreihe der Deutschen Gesellschaft für Polizeigeschichte e. V., Bd. 14, Frankfurt a. M. 2012, S. 89.

5 Zit. n. Martin Endemann: Artikel »Schrader, Ernst (1877–1936)«, in: Siegfried Mielke (Hg.) in Verbindung mit Günter Morsch, Gewerkschafter in den Konzen-

Ernst Schrader (mit Zylinder) ca. 1928

Am 20. Februar 1923 schlossen sich der »Preußische Polizeibeamtenverband« und der »Verband der Polizeibeamten Preußens« zum »Verband Preußischer Polizeibeamten« zusammen. Bis 1930 schlossen sich von Preußen ausgehend im ganzen Deutschen Reich mehrere Polizeigewerkschaften zur »Reichsarbeitsgemeinschaft Deutscher Polizeiverbände« zusammen. Vorsitzender wurde wieder Schrader – an seiner Seite stets als Geschäftsführer Emil Winkler (1882–1933), Ex-Soldat und SPD-Mitglied wie Schrader.[6] Die beiden Männer betrieben auch die Integration in den »Deutschen Beamtenbund«, in dessen Bundesleitung Schrader 1930 gewählt wurde.

---

trationslagern Oranienburg und Sachsenhausen. Biographisches Handbuch, Bd. 3, Berlin 2005, S. 506.

6 Kurt Schilde: Emil Winkler (1882–1933). Verband Preußischer Polizeibeamten e. V., Reichsgewerkschaft Deutscher Polizeibeamten, Fédération Internationale des Fonctionaires de Police, in: Siegfried Mielke/Stefan Heinz unter Mitarbeit von Julia Pietsch (Hg.): Gewerkschafter in den Konzentrationslagern Oranienburg und Sachsenhausen. Biografisches Handbuch, Band 4, Berlin 2013, S. 295-306.

Fédération Internationale des Fonctionnaires de Police

Die nationale Polizeigewerkschaft hatte schon früh Kontakte zu ausländischen Organisationen wie dem Verband der Gemeinde-Polizei-Beamten der Niederlande. »Schon auf der Tagung des Verbandes Preußischer Polizeibeamten 1921 waren holländische Delegierte zugegen und verliehen Schrader zu diesem Anlass ihre Ehrenmitgliedschaft. Im Gegenzug nahm auch Schrader im folgenden Jahr an der Verbandstagung in den Niederlanden teil.«[7] Die internationale Zusammenarbeit europäischer Polizeigewerkschaften intensivierte sich und am 24. September 1924 gründeten im schweizerischen Genf Delegierte aus den Niederlanden, Deutschland, Frankreich, Belgien, Österreich und Skandinavien einen internationalen Bund der Polizeibeamten. Endgültig vollzogen wurde dieser auf einem europaweiten Treffen in Luxemburg am 17./18. Mai 1927. Der »Fédération Internationale des Fonctionnaires de Police« trat die deutsche Polizeigewerkschaft bei und als deren Präsident wirkten wieder Schrader und als Sekretär Winkler. Der offizielle Name der Internationale war Französisch, wie auch die Verkehrssprache im Verband. Dessen Sekretariat zog von Amsterdam nach Berlin um, wo sich im Bezirk Schöneberg in der Lützowstraße 73 schon das Sekretariat der nationalen Polizeigewerkschaft befand.

SPD-Mitgliedschaft

Parteipolitisch organisierte sich Schrader wie Winkler in der SPD, für die er bei den Reichstagswahlen am 28. Mai 1928 kandierte. Er stand auf Platz 13 des Landeswahlvorschlags der SPD: »Ernst Schrader, Polizeiwachtmeister i. R. und Generalsekretär [sic] des Verbandes Pr[eußischer] Polizeibeamten, Wohnort Berlin-Mariendorf«.[8] Auf dem ersten Platz befand sich der preußische Ministerpräsident

7 Endemann, a. a. O., S. 506.
8 Büro des Preußischen Landtags 1928, zit. n. Reuter, a. a. O., S. 91.

Otto Braun (1872–1955), auf Platz 2 Staatsminister a. D. Carl Severing (1875–1952) und auf Platz 3 der preußische Innenminister Albert Grzesinski (1879–1947). Zwar hatte die SPD vier Listenplätze erringen können, aber es konnten die Kandidaten bis einschließlich Platz 9 in das Parlament einziehen. »Schrader verpasst[e] also nur relativ knapp den Einzug ins Parlament.«[9] Trotz seiner sozialdemokratischen Überzeugung sprach Schrader sich immer für eine parteipolitische Neutralität der Polizeigewerkschaft aus.

Siedlungsprojekt in Ravensbrück

Obwohl der aus der Uckermark stammende Schrader schon lange mit seiner Familie in Berlin lebte, engagierte er sich in einem ehrgeizigen Projekt für eine Einfamilienhaussiedlung auf dem Gut Ravensbrück.

> »Der Entwurf, den der Regierungsbaumeister a. D. Alfred Lagotz 1931 für den damaligen Gutsbesitzer Otto Jahn geliefert hatte, beinhaltete rund 280 neue Siedlungsgrundstücke östlich des Ortskernes von Ravensbrück. Auch ein eigener Bahnhof sowie ein Begräbnisplatz waren für die Siedlung konzipiert worden..«[10]

1932 »fiel das Gut im Zuge einer Zwangsversteigerung an Ernst Schrader, der [...] das Projekt weiter vorantrieb. [...] Die Zahl der Grundstücke wurde auf etwa 260 reduziert sowie ein Gemeinde-

---

9 Ebd.

10 Barbara Schulz: Konzentrationslager Ravensbrück und »Lager Uckermark«. Neue Forschungen zu Topographie und Baugeschichte, in: Brandenburgische Denkmalpflege NF 2 (2016), Nr. 1, S. 41-72, hier: S. 41. Im Zuge aktueller Forschungen zu dem Gelände des Gutes Ravensbrück, auf dem später das erste Frauen-Konzentrationslager entstand, ist die Baugeschichte untersucht worden. Ich danke Dr. Andrea Genest für den Hinweis auf die Arbeit der Historikerin Kristin Witte (u. a. 2018/19 wissenschaftliche Mitarbeiterin der Gedenkstätte Ravensbrück) und ihr für ihre Informationen.

sportplatz hinzugefügt.«[11] Er hat das Gut nach Aussage seiner Tochter Johanna Huhn in

> »[...] stark verschuldetem und heruntergewirtschaftetem Zustande übernommen. Die Viehställe waren leer, Aecker [sic] und Wiesen lagen brach. Da mein Vater in seiner Jugend Landwirtschaft betrieben hat, hatte er es verstanden, [das Gut, K. S.] durch fachmännische Bewirtschaftung wieder flott zu machen, sodass die Wirtschaft jetzt [im Oktober 1933, K. S.] über einen ansehnlichen Viehbestand verfügt.«[12]

Schrader pendelte zwischen Ravensbrück und der inzwischen erworbenen eigenen Wohnung in Berlin-Mariendorf, Königstuhlweg 21. In dieser Zeit erkrankte er schwer und konnte aufgrund einer Herzmuskelschwäche monatelang seine Amtsgeschäfte nicht voll ausüben. Hinzu kam, dass seine Frau Hedwig am 4. Dezember 1931 starb. Am 11. März 1934 heiratete der Witwer die am 18. Januar 1889 geborene Olga Schrader, geb. Ziegler, geschiedene Galle.

Schrader im Visier der NSDAP

In der gesundheitlichen Schwächephase des Vorsitzenden geriet der »Schrader-Verband«, der 1930 insgesamt 71.025 Mitglieder erfasste und damit rund 80 Prozent des Personals der preußischen Polizei organisierte,[13] zunehmend ins Visier der Nationalsozialistischen Deutschen Arbeiterpartei (NSDAP). Nach dem Willen von deren Fraktion im Preußischen Landtag sollte die inzwischen auf

11 Ebd., S. 41.

12 Schreiben von Johanna Huhn vom 7.10.1933 an Staatsanwaltschaftsrat Dr. Konradi, Privatarchiv Wolfgang Klose.

13 Siehe Elisabeth Volquardts: Beamtenverbände im Nationalsozialismus. Gleichschaltung zum Zwecke der Ausschaltung aufgrund politischer oder weltanschaulicher Gegnerschaft. Dargestellt am Beispiel des Deutschen Beamtenbundes, des Verbandes Preußischer Polizeibeamten e. V. und der Gewerkschaft Deutscher Lokomotivführer e. V., juristische Dissertation, Universität Kiel 2001, Publikation: München 2001, S. 112.

83.620 Mitglieder angewachsene Gewerkschaft aufgelöst werden. So wurde in einem Antrag am 3. Juni 1932 gefordert: »Der Landtag wolle beschließen: Das Staatsministerium wird ersuchen [sic], im Bereich des Freistaates Preußen aus Gründen der politischen Sauberkeit und Moral den sogenannten Schrader-Verband der Polizeibeamten sofort aufzulösen.«[14] Dieser Antrag ist am 4. Juli 1932 gegen die Abgeordneten der NSDAP-Fraktion mit den Stimmen der übrigen Fraktionen abgelehnt worden.

Mit dem wenige Wochen später am 20. Juli 1932 »Preußenschlag« oder »Papen-Putsch« genannten Staatsstreich beendete Reichspräsident Paul von Hindenburg (1847–1934) die letzte wesentliche Regierungsbeteiligung der SPD in der Weimarer Republik. Mit einer Notverordnung wurde die preußische Regierung unter dem seit 1920 amtierenden Ministerpräsidenten Otto Braun abgesetzt. Zum Reichskommissar in Preußen ernannte von Hindenburg den aus der Deutschen Zentrumspartei stammenden Reichskanzler Franz von Papen (1879–1969). Die SPD nahm den Angriff auf die Demokratie passiv hin und setzte ihre Hoffnung auf die am 31. Juli 1932 terminierte Wahl zum Reichstag, aus der jedoch die NSDAP als Siegerin hervorging. Damit endete im Grunde genommen die Weimarer Republik.

Der »Schrader-Verband« war in dieser Zeit »[...] in ein von Panik geprägtes Wechselspiel zwischen Anpassung und Selbstbehauptung, Rechtfertigung und dem Eingeständnis von Irritation geraten.«[15] Schon einen Monat vor dem Staatsstreich hatte Schrader am 20. Juni 1932 aus gesundheitlichen Gründen um Amtsenthebung vom Verbandsvorsitz gebeten und einen Erholungsurlaub angetreten. Er konnte seine Tätigkeit nicht mehr ausüben und verzichtete schließlich am 13. September 1932 endgültig auf den Vorsitz des Verbandes. Damit war die Vereinigung – die 1933 noch 84.000 Mitglieder hatte – praktisch führungslos. »Schrader war für die Natio-

14 Zit. n. Friedrich Gniesmer: Der Weg zur und mit der GdP, in: Die deutsche Polizei. Ihre Geschichte, ihre Gewerkschaft, Daten, Fakten, Meinungen. 1950–1980. 30 Jahre Gewerkschaft der Polizei, Hilden 1980, S. 29.

15 Volquardts, a. a. O., S. 113.

nalsozialisten ein rotes Tuch, sein Rücktritt ein Erfolg.«[16] Er wurde von der NSDAP sogar persönlich angegriffen und ihm vorgeworfen, Verbandsgelder vergeudet zu haben. Die *Nationalsozialistische Beamten-Zeitung* vom 20. November 1932 diffamierte ihn als »Schädiger des Preußischen Staates, des preußischen Volkes und der preußischen Polizeibeamten.«[17] Solche Angriffe hielten bis zum Ende der Weimarer Republik an, wie ein »Offener Brief an die preußische Polizeibeamtenschaft« in der *Nationalsozialistischen Beamten-Zeitung* vom 20. Januar 1933 zeigt, »der in zahlreichen Punkten dem Vorstand des Verbandes Preußischer Polizeibeamten die Verschwendung der Beitragsgelder bzw. eine gezielte Misswirtschaft unterstellte.«[18]

Kurz vor der Ernennung des NSDAP-Vorsitzenden Adolf Hitler zum deutschen Reichskanzler gab es von republikanischen Kräften innerhalb des Verbandes einen letzten Rettungsversuch. Der ehemalige Kommandeur der Berliner Schutzpolizei Magnus Heimannsberg (1881–1962), beim »Preußenschlag« zusammen mit dem Berliner Polizeipräsidenten Albert Grzesinski (1879–1947) und dessen Stellvertreter Bernhard Weiß (1880–1951) und anderen seines Amtes enthoben, wurde auf dem 7. Ordentlichen Verbandstag vom 23. bis 25. Januar 1933 zum neuen Vorsitzenden gewählt. Er wollte den Verband im Sinne Schraders weiterführen und sagte unter dem Beifall der Delegierten: »Ich bin ein Schüler und werde ein Schüler Ernst Schraders bleiben, des stärksten Mannes des preußischen Polizeibeamtenverbandes.«[19] Er versprach: »Solange ich Vorsitzender des Verbandes preußischer Polizeibeamter sein werde, [...] wird der Verband weiter wie unter Schrader parteipolitisch neutral geführt werden.«[20]

16 Ebd.

17 Zit. n. Endemann, a. a. O., S. 507.

18 Volquardts, a. a. O., S. 118. Vgl. »Offener Brief an die preußische Polizeibeamtenschaft. Polizeibeamte! Augen und Ohren auf!«, in: Nationalsozialistische Beamten-Zeitung Nr. 2 vom 20.1.1933, S. 18 f., Privatarchiv Klose.

19 Bericht über den Kongreß der Preußischen Polizeibeamten vom 25.1.1933, Bl. 7, zit. n. Volquardts, a. a. O., S. 114.

Doch Heimannsberg konnte nicht lange amtieren, denn schon kurz nach dem Machtwechsel am 30. Januar 1933 wurde er zum Rücktritt gezwungen. Seine Nachfolge trat der zweite Vorsitzende Hans Brebeck an. Dieser unterrichtete den Staatskommissar Kurt Daluege (1897–1946) von den Veränderungen, die als Kapitulation des Verbandes verstanden werden können:

> »Sie dürfen versichert sein, dass ich im Namen der Mitglieder des Verbandes Preußischer Polizeibeamten spreche, wenn ich Sie davon unterrichte, dass es im Willen unserer Mitglieder liegt, mit ein Mittel zu sein, um die Polizei zu einem willigen und brauchbaren Machtinstrument des Staates zu machen bzw. zu erhalten.«[21]

Auflösung der Polizeigewerkschaft

Auf der außerordentlichen Verbandstagung am 29. Juli 1933 wurde die längst von Nationalsozialisten unterwanderte Polizeigewerkschaft aufgelöst. Das Vermögen und die Organisation wurden dem nationalsozialistischen »Kameradschaftsbund Deutscher Polizeibeamter e. V.« zugeführt, dessen Sitz im Haus der früheren Gewerkschaft in der Lützowstraße 73 in Berlin-Schöneberg verblieb.

Resignation und Ende

Der nicht mehr im Amt befindliche Ernst Schrader hatte offenbar resigniert. Er beantragte am 1. August 1933 sogar die Mitgliedschaft im nationalsozialistischen Kameradschaftsbund. In deren Zeitschrift *Der Deutsche Polizeibeamte* wurde seine Eintrittserklärung ab-

20 Leipziger Volkszeitung vom 28.1.1933, zit. n. Volquardts, a. a. O., S. 114.
21 Schreiben Brebecks an Staatskommissar Daluege vom 8.3.1933, zit. n. Volquardts, a. a. O., S. 121.

gedruckt und süffisant kommentiert: »Auch eine Eintrittserklärung, die selbstverständlich abgelehnt wurde.«[22]

Wenige Tage darauf wurde Schrader am 8. September 1933 nach Aussage seiner Tochter Johanna Huhn auf seinem Gut in Ravensbrück bei Fürstenberg »mitten aus seiner Arbeit, vom Heuwagen herunter, verhaftet, und wurde von Beamten der Geheimen Staatspolizei, Berlin, mitgenommen.«[23] Seine Witwe Olga Schrader erinnerte sich 1946 an den Namen des ihn verhaftenden SS-Führers Willy Luckner.[24]

Er kam in »Schutzhaft« – wie auch sein früherer Mitarbeiter Emil Winkler[25] – und wurde in das erste Konzentrationslager in Preußen gebracht. »Anlass bot eine Verhaftungsaktion im Kreis Niederbarnim am 21. März 1933. SA-Leute des Sturmbannes III der Standarte 208 brachten auf Lastkraftwagen 40 mißhandelte Häftlinge abends in die sogenannte Alte Brauerei in der Berliner Straße.«[26] Waren hier anfangs fast ausschließlich Kommunisten inhaftiert, kam ab Juni/Juli 1933 eine geringe Anzahl von Sozialdemokraten hinzu. Unter ihnen befanden sich der Gewerkschaftsführer Otto Scharfschwerdt, die Reichstagsabgeordneten Gerhart Seger, Ernst Heilmann, Friedrich Ebert jun. und Franz Künstler, die Abgeordneten des Preußischen Landtags Johann Bauer, Willi Drügemüller, Erwin Münchow, Otto Schwarz und Paul Szillat. Der ehemalige Vorsitzende des Verbandes Preußischer Polizeibeamter und SPD-Mitglied Ernst Schrader hat möglicherweise den einen oder anderen Genossen zu Gesicht bekommen. Er befand sich seit dem 9. September 1933 im KZ Oranienburg, wie er seiner Familie

22 Der Deutsche Polizeibeamte vom 15.9.1933, zit. n. Endemann, a. a. O., S. 508.

23 So Johanna Huhn am 7.10.1933 in einem Schreiben an den Staatsanwaltschaftsrat Dr. Konradi, Privatarchiv Klose.

24 Vgl. Magistrat der Stadt Berlin, Abteilung für Sozialwesen, Hauptausschuss »Opfer des Faschismus« vom 21.1.1946, Landesarchiv Berlin, C Rep. 118-01, Nr. 9126. Ich danke Kristin Witte für diese Information.

25 Vgl. Kurt Schilde: Polizeigewerkschafter als Opfer des NS-Terrors, in: Deutsche Polizei. Zeitschrift der Gewerkschaft der Polizei, Heft 8 2013, S. 32-34.

26 Klaus Drobisch: Oranienburg – eines der ersten nationalsozialistischen Konzentrationslager, in: Günter Morsch (Hg.), Konzentrationslager Oranienburg. Schriftenreihe der Stiftung Brandenburgische Gedenkstätten, Nr. 3, Berlin 1994, S. 13.

mit einer Postkarte mitteilte: »Liebe Kinder, Bin seit 8.9. hier in Schutzhaft. Befinde mich wohl, macht Euch keine Sorge. Für Ravensbrück habe ich Winters gebeten, mich zu vertreten. Sie wissen dort doch Bescheid. Viele herzliche Grüße. Euer Vater.«[27] In diesen Tagen mussten sich die Töchter Johanna Huhn und Hedwig Klose um die Angelegenheiten des Gutes kümmern.

In einem Schreiben an den »Herrn Staatsanwaltschaftsrat Dr. Konradi« in Berlin bemühte sich Johanna Huhn zugunsten ihres Vaters:

> »Als Tochter meines Vaters bitte ich Sie, da es in Ihrer Macht steht, sehr geehrter Herr Staatsanwaltschaftsrat, recht herzlich, meinem Vater die Freiheit wiederzuschenken. Sollte es nicht gleich möglich sein, so bitte ich Sie doch meinem Mann eine Sprecherlaubnis zu geben, damit er mit meinem Vater über die notwendigsten Fragen der Bewirtschafte [sic] Rücksprache nehmen kann und mir dieselbe nach hier zu senden.«[28]

Nach der Verhaftung Schraders hatte sich zunächst die jüngere Tochter Hedwig Klose nach Ravensbrück begeben. Johanna Huhn löste ihre Schwester ab,

> »und beaufsichtigte nun, so gut ich es als Stadtmensch kann, die Wirtschaft. Ich habe dafür Sorge getragen, dass die Kartoffelernte eingebracht wurde. Hierzu hatte mein Vater 3 arbeitslose Familienväter, die seit Jahren ohne Beschäftigung waren, eingestellt.«

Schrader hatte – wie die Tochter hervorhob –

---

27 Postkarte von Ernst Schrader, KZ Oranienburg, 1. Kompanie, 1. Zug, Nr. 1588, vom 9.9.1933 an den Schwiegersohn Karl Huhn, Berlin-Mariendorf, Königstuhlweg 21, Privatarchiv Klose. Bei den genannten Winters handelt es sich nach der Erinnerung von Herrn Klose um Bekannte aus der Nachbarschaft: Edmund und Frieda Winter lebten wie Schrader im Königstuhlweg.

28 Schreiben von Johanna Huhn vom 7.10.1933 an den Staatsanwaltschaftsrat Dr. Konradi, Privatarchiv Klose. Frau Huhn befand sich zum Zeitpunkt des Schreibens auf dem Gut ihres Vaters. Die folgenden Zitate ebenda.

> »[…] im Sinne des Arbeitsbeschaffungsprogramms der Regierung, einen Arbeitsplan für den Herbst aufgestellt, Wiesen regulieren lassen, Gräben räumen und anderes mehr. Außerdem hat mein Vater einen Teil des ehemaligen Gutes Ravensbrück parzelliert. Mein Vater, der allein nur über die Lage der Parzellen und Aufstellung des Siedlungsplanes unterrichtet ist, kann nun durch seine Abwesenheit mit Interessenten nicht in Verbindung treten bezw. verhandeln. Wäre mein Vater hier, so wäre es bestimmt schon wieder zu Abschlüssen mit Interessenten gekommen, die dann ihrerseits mit dem Bau ihrer Häuser beginnen könnten. Auch dadurch würden hier wieder Arbeitslose Beschäftigung finden.«

Diese Argumente hatten keinen Erfolg.

Im KZ Oranienburg hatte Schrader die Häftlingsnummer 1588, wie ein Ausweis bestätigt, der am 2. November 1933 ausgestellt wurde. An diesem Tag ist er in einer Zweigstelle des KZ im Rittergutsvorwerk Elisenau in Blumberg (Gemeinde Ahrensfelde) registriert worden. Dort sind die Gefangenen zum Abriss einer alten Ziegelei und deren Einebnung sowie zum Abholzen mehrerer Waldstücke eingesetzt gewesen.[29] Der Tagesablauf Schraders lässt sich mithilfe seines Notizbüchleins rekonstruieren:[30]

> »½ 6 Uhr Wecken, ½ 6 – 6 Betten machen, 6 Uhr antreten, 6 – ¼ 7 Bewegung, Erkräftigung, ¼ 7 – 7 Waschen, anziehen, 7 – ¼ 8 Kaffee, ¼ 8 – ½ 1 Arbeitsdienst, ½ 1 Essen, – ½ 2 Ruhe, ½ 2 – 4 exerzieren etc., 4 – ½ 6 Sport, 7 Uhr Essen, ½ 9 Locken [sic], 9 Uhr Zapfenstreich«.

Die Familie bemühte sich mehrfach um die Freilassung. Am 7. November 1933 hat sie drei Schreiben an den Amtsvorsteher von Ravensbrück Junius, den preußischen Ministerpräsidenten Hermann

29 Vgl. <https://web.archive.org/web/20130622152543/http://www.elisenau.de:80/index.php/geschichte?view=featured>, Zugriff am 9.1.2021.

30 Vgl. »Herausgerissene Seiten aus Notizbüchlein« von Ernst Schrader, Privatarchiv Klose.

Göring und Reichskanzler Adolf Hitler per Einschreiben abgeschickt. Eine Reaktion ist nicht bekannt. Am 15. Dezember 1933 erhielt die Tochter Hedwig Klose eine Mitteilung, dass zu Weihnachten nicht mit einer Entlassung zur rechnen ist und nur für den 1. Feiertag nachmittags eine zweistündige Besuchszeit gewährt wird.[31]

Von seinem Mithäftling Seger (1896–1967) wird eine am 12. November 1933 erlebte Episode berichtet: An diesem Tag fand im Zusammenhang mit der Volksabstimmung über den Austritt Deutschlands aus dem Völkerbund eine Reichstagswahl statt, an der sich die Häftlinge im KZ Oranienburg beteiligten. Auch die in der im September 1933 eingerichteten Zweigstelle Elisenau gefangenen Männer nahmen teil – sicherlich auch Ernst Schrader. Nachdem die Gefangenen am Freitag vor der Wahl von ihrem Quartier, dem Rittergutsvorwerk Elisenau, in das Dorf Blumberg in einen Gasthof geführt worden waren, wo eine Rundfunkübertragung der Rede Hitlers im Berliner Siemenswerk stattfand, wurde am Sonnabendabend vor der Wahl im Aufenthaltsraum der Gefangenen die Ansprache Hindenburgs übertragen.[32] In Blumberg wurden »73 Stimmen abgegeben, 61 Ja, 9 Nein 3 ungültig.« Mit diesem Ergebnis war der Blumberger Kommandoführer, SA-Sturmbannführer Maue, nicht zufrieden: »Ihr Schweine habt gezeigt, daß Ihr die Konzentrationslager noch zwanzig Jahre nötig habt.«

Aber Schrader musste nicht bis zur Auflösung des Lagers in Elisenau dort bzw. im KZ Oranienburg bleiben. Als schwer kranker Mann ist er am 18. Dezember 1933 im Zuge einer Amnestie entlassen worden. Über seine Haftzeit ist wenig bekannt. In den Briefen an seine Töchter durfte er sich nur zu privaten Themen äußern. In seinen Briefen aus dem KZ Oranienburg beschwerte er sich auch über Brief- und Besuchssperren.

---

31 Vgl. »Überlieferte Originalnotizen, Briefe, ...« von Ernst Schrader, Privatarchiv Klose.

32 Gerhart Seger: Konzentrationslager Oranienburg, Karlsbad 1934. Neu hg. v. Irene A. Diekmann, Klaus Wettig: Konzentrationslager Oranienburg. Augenzeugenberichte aus dem Jahre 1933. Gerhard Seger – Reichstagsabgeordneter der SPD; Max Abraham – Prediger aus Rathenow, Potsdam 2003, S. 72. Die folgenden Zitate S. 72 f.

In dieser Korrespondenz ist auch die Rede von »der finanziellen Lage des Landgutes«[33] in Ravensbrück. Seine Witwe Olga Schrader berichtete 1946 in einem Fragebogen des Hauptausschusses »Opfer des Faschismus« über die zwangsweise Enteignung:

> »Ich wurde unter Androhung der Verhaftung gezwungen nach dem an den Folgen des KZs eingetretenen Tode meines Mannes das Gelände an den Kameradschaftsbund Deutscher Polizeibeamten für eine einmalige Entschädigung von RM 3000 abzugeben, damit das Gelände dem damaligen Reichsführer SS Himmler zu seinem 50. Geburtstag geschenkt werden konnte. Noch nicht einmal die Vermessungskosten von RM 18.000 wurden mir zurückvergütet. Dadurch hatte ich große wirtschaftliche Schwierigkeiten, denn mein ganzes Vermögen ist durch diese Machenschaften verloren gegangen.«[34]

Der Reichsführer SS und Chef der Deutschen Polizei Heinrich Himmler bedankte sich in einem Schreiben an den Chef der Ordnungspolizei Kurt Daluege für das Geschenk. Er fügte hinzu, »dass ich das Grundstück endgültig für die Errichtung eines Frauenkonzentrationslagers bestimmt habe. Daneben wird es soweit der Platz reicht, zur Unterkunft von SS-Wachmannschaften und als Sportplatz für diese Verwendung finden.«[35] Dieses Schreiben kann als Gründungsdokument zur Errichtung des Frauen-Konzentrationslagers Ravensbrück bezeichnet werden.

Der frühere Eigentümer des Grundstücks Ernst Schrader ist schon am 13. Juli 1936 in Berlin, wo er mit seiner zweiten Ehefrau Olga wohnte, 59-jährig an den Folgen seines langjährigen Krebsleidens verstorben.

---

33 Endemann, a. a. O., S. 508.

34 Magistrat der Stadt Berlin, Abteilung für Sozialwesen, Hauptausschuss »Opfer des Faschismus« vom 21.1.1946, Landesarchiv Berlin, C Rep. 118-01, Nr. 9126. Ich danke Kristin Witte für die Information. Da Himmler 1900 geboren wurde, muss es sich um den 40. Geburtstag gehandelt haben.

35 Schreiben von Heinrich Himmler an Kurt Daluege vom 27.6.1938, zit. n. Schulz 2016, S. 42.

Vom »Schrader-Verband« zur Gewerkschaft der Polizei

Fünf Jahre nach dem Untergang des »Dritten Reiches« ist 1950 in der Tradition des »Schrader-Verbandes« die bis heute bestehende »Gewerkschaft der Polizei« (GdP) entstanden. Sie nahm 1955 den Kontakt zur »Union Internationale des Syndicats de Police« (UISP) auf und wurde am 19. April 1955 dort aufgenommen. Die UISP setzt die Tradition der »Fédération Internationale des Fonctionnaires de Police« und damit auch ihres letzten Präsidenten Ernst Schrader fort.

Literatur

Laura Ede: 70 Jahre »Gewerkschaft der Polizei«. Ein wichtiger Pfeiler demokratischer Stabilität, in: Deutsche Polizei. Das Magazin der Gewerkschaft der Polizei, Heft 9 2020, S. 6-14.

Martin Endemann: Artikel »Schrader, Ernst (1877–1936)«, in: Siegfried Mielke (Hg.) in Verbindung mit Günter Morsch, Gewerkschafter in den Konzentrationslagern Oranienburg und Sachsenhausen. Biographisches Handbuch, Bd. 3, Berlin 2005, S. 505-509.

Manfred Reuter: »In Treue fest« – Eine Studie über ausgewählte Polizeigewerkschaften und Polizeigewerkschafter in der Weimarer Republik. Schriftenreihe der Deutschen Gesellschaft für Polizeigeschichte e. V., Bd. 14, Frankfurt a. M. 2012.

Kurt Schilde: Polizeigewerkschafter als Opfer des NS-Terrors, in: Deutsche Polizei. Zeitschrift der Gewerkschaft der Polizei, Heft 8 2013, S. 32-34.

Elisabeth Volquardts: Beamtenverbände im Nationalsozialismus. Gleichschaltung zum Zwecke der Ausschaltung aufgrund politischer oder weltanschaulicher Gegnerschaft. Dargestellt am Beispiel des Deutschen Beamtenbundes, des Verbandes Preußischer Polizeibeamten e. V. und der Gewerkschaft Deutscher Lokomotivführer e. V., Juristische Dissertation, Universität Kiel 2001, Publikation: München 2001.

Marie Juchacz | »Die Vollwertigkeit der Frau als Mensch und Arbeiterin«

von Cornelia Wenzel

Marie Juchacz

Bis zum Jahr 2019 war Marie Juchacz im kollektiven Gedächtnis als Gründerin der Arbeiterwohlfahrt (AWO) gespeichert. Doch dann avancierte sie unversehens zum Shootingstar eines ganz anderen Jubiläums: zum symbolträchtigen Bild für 100 Jahre Frauenwahlrecht. Das Foto, das auf der 70-Cent-Briefmarke, für Plakat und Katalog der großen Frankfurter Ausstellung »Damenwahl« und bei zahlreichen anderen Gelegenheiten benutzt wurde, zeigt Marie Juchacz, wie sie im Juni 1919 resolut von einem Balkon hinunter zu einer Kundgebung spricht. Vier Monate vorher hatte sie als erste weibliche Abgeordnete – für die SPD entsandt vom Wahlkreis 4, Potsdam I – in einem deutschen Parlament das Wort ergriffen. Diese Tatsache und ihre dortige Rede waren es wohl, die sie 100 Jahre später zum Markenzeichen des Frauenstimmrechts machten.

Nun ist Marie Juchacz als Sozialdemokratin selbstverständlich immer engagiert für das Frauenwahlrecht eingetreten – jedoch: Bahnbrechend und herausragend waren in diesem Kampf andere gewesen. An Louise Otto-Peters, Hedwig Dohm und August Bebel sei hier erinnert oder auch an Anita Augspurg und Lida Gustava Heymann. Wenngleich Marie Juchacz als Stimmrechtssymbol also ein wenig fragwürdig ist, so war sie doch zweifellos eine der prägendsten und wirkmächtigsten Frauen der deutschen Sozialdemokratie in der ersten Hälfte des 20. Jahrhunderts und hat die sozialdemokratische Frauenbewegung nach der Ära Zetkin maßgeblich geprägt. Das war ihr nicht in die Wiege gelegt.

Kindheit und Jugend

Marie Juchacz wurde als Marie Luise Gohlke am 15. März 1879 in Landsberg an der Warthe (heute Gorzów Wielkopolski in der polnischen Woiwodschaft Lebus) geboren.

Sie hatte einen älteren Bruder und eine jüngere Schwester, beide sollten in ihrem Leben eine wichtige Rolle spielen.

Die Mutter entstammte einer Tagelöhnerfamilie, der Vater war Zimmermann, fand aber nur schwer ein Auskommen, »ständige Einschränkung«, schrieb sie später, »war in der Familie an der Tagesordnung.«[1] Marie bot deshalb an, sich vor der Schule eine Kinderarbeitsstelle zu suchen, um zum Familieneinkommen beizutragen. Das wurde von der Mutter abgelehnt, sie wollte ihrer Tochter die Erfahrungen ihrer eigenen schweren Kindheit ersparen. Den Besuch der Volksschule, in der jeweils zwei Jahrgänge in einem Raum unterrichtet wurden, hat Marie Juchacz in ihren Lebenserinnerungen in keiner guten Erinnerung – »alles war ödeste Wiederholung« –, wohl aber den Lesestoff zu Hause: »Als Handwerksmeister war mein Vater Mitglied des Gewerbe- und Handwerkervereins. [...] er war ständiger Benützer der reichhaltigen und recht guten Bibliothek, wovon wir Kinder profitierten. Ich habe als Kind und in meiner Jugend alles gelesen, was mir nur erreichbar gewesen ist.« Wie die meisten Frauen der proletarischen Frauenbewegung lernte Marie Juchacz sehr früh, jede Chance zu autodidaktischer Bildung zu nutzen.

1 Sofern sie nicht anders ausgewiesen sind, stammen alle folgenden Zitate aus ihren Jugenderinnerungen in: Marie Juchacz, Gründerin der Arbeiterwohlfahrt – Leben und Werk, hg. v. AWO-Bundesverband, Berlin, 2. Aufl. 2004, S. 9-69.

Nach der Schule ging sie zunächst als Haushaltshilfe »in Stellung«, wechselte aber bald zur Fabrikarbeit im Schichtdienst und wurde schließlich für zweieinhalb Jahre Wärterin in der Landesirrenanstalt. Eine Ausbildung war dafür damals nicht erforderlich:

> »Wir wurden nur angelernt. [...] Doch lernte man zweifellos sehr viele Dinge gründlich. Das waren: Sauberkeit und peinliche Ordnung, die Einordnung in ein Ganzes, die straffe Einteilung und Einhaltung der Arbeitszeit nach Minuten. Aber auch das Aufgehen im Krankenbetrieb und eine Teilnahme am Kranken wurden uns gelehrt und zur Pflicht gemacht.«

Der Dienst war lang und anstrengend, wurde aber vergleichsweise gut bezahlt. Doch sie strebte eine Berufsausbildung an und hatte schließlich genug gespart, um zwar keine Lehre, aber doch einen Kurs als Schneiderin machen zu können.

Sozialdemokratische Prägung

Marie Juchacz hatte in der Fabrik als junges Mädchen erlebt, wie 1892 das Nachtarbeitsverbot für Frauen dazu führte, dass die Frauen entlassen und stattdessen Männer eingestellt wurden und wie diese Frauen deshalb »auf die Regierung schimpften, die ein schlechtes, arbeiterinnenfeindliches Gesetz gemacht habe. Mir wollte das Ganze nicht in den Kopf. Es stimmte nach meinem Gefühl etwas nicht.« Dass es nicht beim Gefühl blieb, sondern Wissen und Erkenntnisse dazukamen, dafür sorgte ihr sieben Jahre älterer Bruder Otto. Er war Sozialdemokrat geworden und gab der kleinen Schwester das Erfurter Programm zu lesen. »Den ersten Teil verstand ich nicht und seine Erklärungen machten es mir auch nicht verständlicher. Über den zweiten Teil, die Gegenwartsforderungen, haben wir viel und ernsthaft diskutiert.« In diese Diskussionen wurde später auch die jüngere Schwester Elisabeth mit einbezogen. Man las gemeinsam die in den Zeitungen abgedruckten Parlamentsreden der sozialdemokratischen Abgeordneten. Sie halfen den Schwestern

> »[…] in ihrer Schärfe und Ausführlichkeit sehr zum Verstehen der politischen Zusammenhänge. […] Es blieb nicht bei den sich an das Lesen regelmäßig anschließenden Debatten, sondern pflanzte sich fort in einem weiten Freundes- und Bekanntenkreis, mit dem man nach Feierabend zusammentraf. Ich lernte verschiedene Dinge dadurch: Die Bedeutung des Staates für die Menschen, die darin leben; ein Urteil darüber, wie dieser Staat beschaffen war und wie man ihn sich denken und wünschen konnte. Man lernte die Macht und die Ohnmacht des damaligen Reichstags kennen, vieles über die soziale Lage der lohnarbeitenden Menschen. Vor allem, man lernte allgemein denken, stellte sich selber und seine Umwelt nicht in den Mittelpunkt des Denkens, sondern betrachtete sich als einen Teil des Ganzen.«

Marie Juchacz verfolgte aufmerksam die Parteitage und die Entwicklung der SPD. Parteimitglied konnte sie, wie alle Frauen, erst 1908 nach der Aufhebung des Preußischen Vereinsgesetzes werden, das Frauen politische Betätigung und die Mitgliedschaft in Parteien untersagte. Doch vor ihrem aktiven Einstieg in die Partei machte sie erst einmal die Erfahrung einer kurzen Ehe und wurde Mutter zweier Kinder.

Alternatives Familienleben

Marie Gohlke heiratete 1901 den Schneidermeister Bernhard Juchacz, 1903 wurde die Tochter Lotte geboren, 1905 der Sohn Paul. 1906 trennte sich Marie Juchacz von ihrem Mann, die Ehe wurde fünf Jahre später geschieden. In ihren Erinnerungen erwähnt sie diese Phase in ganzen zwei Sätzen: »Auch geheiratet habe ich. Daß ich in der Ehe nicht glücklich war, soll hier nicht besprochen werden.« Es ist aber aus heutiger Sicht wohl doch erwähnenswert, dass der Ehemann bei Meinungsverschiedenheit zuschlug, statt zu diskutieren. Das war Marie Juchacz nicht bereit hinzunehmen.[2] Zusam-

2 Vgl. die Ausführungen von Lydia Struck, die Notizen und Aufzeichnungen im Bundesarchiv ausgewertet hat. S. 20, Fn. 17.

men mit ihrer Schwester Elisabeth und den beiden Kindern verließ sie 1906 Mann und Heimat und zog nach Berlin, wo zunächst der große Bruder, inzwischen ein Familienvater mit vier Kindern, Unterschlupf gewährte.

Schnell entwickelten die Schwestern eine Lebens- und Arbeitsgemeinschaft, die bis 1933 währte und zu der später zeitweise auch Elisabeths erster Ehemann Christian Michael (Gustav) Röhl, ihr Sohn Fritzmichael Röhl, die Mutter Henriette Gohlke und Elisabeths zweiter Ehemann Emil Kirschmann gehörten. Für Marie Juchacz war diese Lebenssituation Energiezelle und Basisstation. »Das ständige kameradschaftliche Zusammensein mit Elisabeth war die am stärksten wirkende Kraft in meinem Leben«, schrieb sie später rückblickend. Marie und Elisabeth arbeiteten als Schneiderinnen zunächst bei verschiedenen Firmen, später in Heimarbeit. Sie wurden zunehmend routinierter und professioneller und es gelang ihnen, ihre politischen Aktivitäten gut mit der Erwerbsarbeit zu koordinieren.

> »Bei der Heimarbeit waren wir ja nun auch nicht mehr so unerfahren. Wir fanden eine Firma, für die wir auch ›musterten‹, selber die Kleider zuschnitten und fertigstellten. Da konnte dann eine von uns ruhig mal 14 Tage oder drei Wochen wegfahren. Es bereicherte unser Leben, vermehrte unsere Erfahrungen, die wir wieder für die Bewegung nutzbar machen konnten«

– eine Patchworkfamilie mit Ich-AG würde man das heute nennen! Diese Organisation des Alltags war dringend nötig. In Berlin wollten Marie und Elisabeth endlich richtig in die Parteiarbeit einsteigen und nahmen unverzüglich Kontakt zu Arbeiterinnenvereinen auf, denn: »Mittlerweile war es uns nun wirklich klar geworden, daß wir, wenn wir mehr als gelegentliche Mitläufer sein wollten, den Umweg über die sozialdemokratische Frauenbewegung zu gehen hatten.«

Frauenbewegung als Türöffner

Es begann in Schöneberg. Da vor 1908 politisch anmutende Frauenvereine schnell verboten wurden, organisierten sich sozialdemokratische Frauen in Bildungsvereinen; Kommunikation und Zusammenhalt wurden über Vertrauenspersonen gewährleistet. Marie und Elisabeth nahmen an den Treffen des Schöneberger Frauen- und Mädchenbildungsvereins teil, knüpften Kontakte und abonnierten die Zeitschrift *Die Gleichheit – Zeitschrift für die Interessen der Arbeiterinnen*. Es währte nicht lange, bis Marie Juchacz die Leitung des Vereins übernahm. Sie lernte die zu jener Zeit maßgeblichen Frauen der SPD kennen: Clara Zetkin, Herausgeberin der *Gleichheit*, Luise Zietz, Frauensekretärin beim Parteivorstand und Ottilie Baader, bis 1908 Zentralvertrauensperson.

Dann endlich wurde das Vereinsgesetz revidiert: »Froh und stolz traten wir 1908 der Sozialdemokratie bei, die seit Jahrzehnten sich vorbehaltlos für die Rechte der Frauen eingesetzt hatte.« Das war zugleich das Ende der sozialdemokratischen Frauenvereine, die »als nicht sehr beliebtes Mittel zum Zweck gesehen worden waren. Es war zu einer einzigen Selbstverständlichkeit geworden, daß man den Anschluß unter fast vollständiger Aufgabe jeder eigenen Vereinstätigkeit vollzog.«[3] Marie Juchacz und Elisabeth Röhl avancierten zu gefragten Rednerinnen der SPD in Berlin und Brandenburg, sprachen immer selbstsicherer in immer größeren Versammlungen und wurden als Delegierte zu Parteikongressen entsandt. Marie Juchacz' Rede- und Organisationstalent führte schließlich 1913 zu ihrer Berufung als Parteisekretärin für die Obere Rheinprovinz.

3 Marie Juchacz: Die politische Erziehung der Frauen in der sozialdemokratischen Partei, in: Die Frau, 36. Jg., Heft 5, S. 263.

Parteiarbeit als Beruf

»Weder Elisabeth noch ich hatten je daran gedacht, unsere Parteiarbeit als Beruf auszuüben«, schreibt Marie Juchacz in ihren Erinnerungen. Doch genau das geschah nun. Die Patchworkfamilie zog nach Köln um und ermöglichte Marie Juchacz den Start in die Parteikarriere. Nur ein Jahr später war sie mit dem Beginn des Ersten Weltkriegs als Parteisekretärin vor ganz neue Herausforderungen gestellt. Bei der Bewilligung der Kriegskredite 1914 durch die SPD fühlte sie »die Schwere der Entscheidung wie eine Zentnerlast,« nahm sie jedoch als notwendig hin und wandte sich den praktischen Notwendigkeiten des Lebens zu. Während des Ersten Weltkrieges organisierten sich große Teile der bürgerlichen Frauenbewegung gemeinsam mit der sozialdemokratischen zur »Aufrechterhaltung der Heimatfront« im Nationalen Frauendienst (NFD). Der NFD übernahm zahlreiche Aufgaben, die von der Arbeitsmarktorganisation über die Lebensmittelversorgung bis zur Fürsorge reichten. Marie Juchacz organisierte das alles in Köln tatkräftig mit, bis sie 1917 nach Berlin zurückgerufen wurde.

Denn mit der Abspaltung der USPD waren den Mehrheitssozialisten in der Führungsebene zwei markante Frauen abhandengekommen: Clara Zetkin und Luise Zietz. Marie Juchacz beerbte beide in ihren Ämtern, wurde Frauensekretärin beim Parteivorstand und Herausgeberin der *Gleichheit*.[4] Damit war die sozialdemokratische Frauenpolitik nicht nur mehrheitssozialistisch abgesichert, der Bruch markierte zugleich die sukzessive Veränderung des politischen Selbstverständnisses der Parteifrauenarbeit vom – grob gesagt – Politischen ins Soziale.

Doch bevor das richtig zum Tragen kam, stand zunächst Marie Juchacz' anfangs erwähnter großer Auftritt an. Mit der Manifestation der Weimarer Republik trat das allgemeine, gleiche, geheime und direkte Wahlrecht in Kraft. Marie Juchacz wurde für den Wahlkreis 4, Potsdam I in die Nationalversammlung und später als Ab-

4 Dies nur für knapp zwei Jahre, im April 1919 übernahm Clara Bohm-Schuch; Parteisekretärin blieb sie bis 1933.

geordnete in den Reichstag entsandt. Sie sprach am 19. Februar 1919 als erste gewählte Volksvertreterin in einem Parlament auf deutschem Boden und betonte in dieser Rede – wie dem Protokoll zu entnehmen ist:

> »[...] daß es die Revolution gewesen ist, die auch in Deutschland die alten Vorurteile überwunden hat (Sehr richtig! bei den Sozialdemokraten), daß es die erste sozialdemokratische Regierung gewesen ist, die ein Ende gemacht hat mit der politischen Unmündigkeit der Frau (Bravo! bei den Sozialdemokraten).«

Und sie erklärte auch, dass nun »die Frauenfrage [...] in ihrem alten Sinne nicht mehr besteht (sehr richtig! bei den Sozialdemokraten)« – was aber war der neue Sinn?

Frauenbewegung und Wohlfahrtspflege

Wir finden die Antwort auf diese Frage in derselben Rede:

> »Die gesamte Sozialpolitik überhaupt, einschließlich des Mutterschutzes, der Säuglings-, der Kinderfürsorge wird im weitesten Sinne Spezialgebiet der Frauen sein müssen. Die Wohnungsfrage, die Volksgesundheit, die Jugendpflege, die Arbeitslosenfürsorge sind Gebiete, an denen das weibliche Geschlecht ganz besonders interessiert ist und für welche das weibliche Geschlecht ganz besonders geeignet ist. (Sehr richtig! links.)«[5]

Das war nun in frauenbewegten Kreisen keine neue Erkenntnis. Auch weite Teile der bürgerlichen Frauenbewegung waren der Überzeugung, dass Frauen ihre qua Geschlecht gegebene Eignung für soziale und pädagogische Aufgaben in Staat und Gesellschaft

5 Alle Zitate dieser Rede aus: Die Deutsche Nationalversammlung im Jahre 1919, hg. v. Eduard Heilfron, Bd. 1, Berlin o. J., S. 422 f.

zur Wirkung bringen müssen. Daraus wurde unter anderem der Anspruch auf staatsbürgerliche Gleichstellung abgeleitet.

Die proletarische Frauenbewegung unter Clara Zetkin hatte dem allerdings immer das Prinzip der Gleichheit entgegengehalten. Ihr war es nicht um das spezifisch weibliche Wesen in Politik und Gesellschaft gegangen, sondern um Frauenrechte als Menschenrechte, um Gleichberechtigung als Selbstverständlichkeit ohne Begründungsnotwendigkeit, unabhängig vom Geschlecht. Marie Juchacz stellte diesen Gleichheitsanspruch keineswegs infrage. Sie war jedoch entscheidend geprägt durch die Erfahrungen im NFD, in dem die Frauen auf den sozialen Feldern brilliert und sich professionalisiert hatten. Dort hatte auch die sozialdemokratische Frauenbewegung allgemeine Anerkennung gefunden und war in Entscheidungsprozesse vor allem auf kommunaler Ebene mit einbezogen worden. Folgerichtig konzentrierten sich die weiblichen Reichstagsabgeordneten nun ganz überwiegend auf diese Themen.

Um diese Einflussnahme und eine spezifisch auf ArbeiterInnen ausgerichtete, nicht paternalistisch, sondern demokratisch organisierte soziale Arbeit auf Dauer zu erhalten, war reine Parteifrauenarbeit nicht genug. Nötig war eine Organisation, die mit den kirchlichen Playern auf diesem Gebiet auf Augenhöhe mithalten konnte – es brauchte einen sozialdemokratischen Wohlfahrtsverband. Marie Juchacz stieß mit dieser Überzeugung in der SPD zwar keineswegs auf ungeteilte Zustimmung, schaffte es aber dennoch in kürzester Zeit, große Teile der Partei zu überzeugen.

»Selbsthilfe, Kameradschaftlichkeit und Solidarität«: Die AWO

Am 13. Dezember 1919 wurde der Hauptausschuss für Arbeiterwohlfahrt gegründet, Vorsitzende: Marie Juchacz. Sie selbst charakterisierte die AWO so:

> »Eine Organisation, hervorgewachsen aus der Arbeiterbewegung, mit dem bewussten Willen, in das große Arbeitsgebiet der Wohlfahrtspflege ihre Ideen hineinzutragen, die Idee der Selbsthilfe, der Kameradschaftlichkeit und Solidarität. [...] Die Arbeiterwohlfahrt will nicht wohlwollend geduldet sein, sie verlangt das Recht zur Pflichterfüllung im Staat und in der Gesellschaft. Sie will nicht politische Funktionen der Sozialdemokratischen Partei übernehmen, aber sie will dadurch, daß sie in den ihr gezogenen natürlichen Grenzen an der Verhütung, Linderung und Aufhebung sozialer Notstände mitwirkt, und auch durch ihre Erziehungs- und Schulungsarbeit im staatsbürgerlich demokratischen Sinn wirken und damit selbstverständlich auch der sozialdemokratischen Weltanschauung dienen, wie das die Vertreter anderer Weltanschauungen mit ihrer Arbeit ebenso bewußt tun.«[6]

Hedwig Wachenheim notierte in ihren Lebenserinnerungen die Gründung der AWO folgendermaßen:

> »Marie Juchacz bat mich, Mitglied des Hauptausschusses zu werden – ich war wohl die einzige in der Organisation und Agitation tätige Parteigenossin, die eine soziale Ausbildung hatte. Die meisten Mitglieder des Hauptausschusses saßen sozusagen ex officio in diesem Gremium: Elfriede Ryneck vom Parteivorstand, ferner der Parteikassierer Friedrich Bartels, die Frauensekretärin des Allgemeinen Deutschen Gewerkschaftsbundes Gertrud Hanna und Karl Schultz vom Verband der Krankenkassen. Neben mir, sozusagen als

6 Marie Juchacz, Johanna Heymann: Die Arbeiterwohlfahrt. Voraussetzungen und Entwicklung, Berlin o. J. [1924], S. 5; 8.

> Außenseiter, Dr. Hans Caspari, der spätere Landeshauptmann der Provinz Grenzmark, Generalkonsul Moritz Schlesinger, Referent für die Ostgebiete im Auswärtigen Amt. Über seine Rolle in der Arbeiterwohlfahrt habe ich mir nie ein Bild machen können. Aber Marie Juchacz zog Menschen heran, von denen sie erwartete, daß sie sie immer unterstützen würden. Sie war sich der kritischen Gegnerschaft von Elfriede Ryneck wohl bewußt und wollte ihr von vornherein Genossen, auf die sie sich verlassen konnte, entgegenstellen.«[7]

Marie Juchacz blieb bis 1933 Reichstagsabgeordnete und Frauensekretärin beim Parteivorstand, aber Dreh- und Angelpunkt ihres Wirkens wurde die AWO. Diese war bis zur Selbstauflösung 1933 ein Parteiausschuss der SPD, erst seit 1947 ist sie ein eigenständiger Wohlfahrtsverband. Möglicherweise liegt darin ein formaler Grund dafür, dass sie in der 1924 gegründeten Deutschen Liga der Freien Wohlfahrtsverbände zunächst nicht Fuß fassen konnte, es gab aber vermutlich auch ideologische Vorbehalte vonseiten der konfessionellen Verbände. Marie Juchacz vernetzte sich nichtsdestotrotz intensiv in der Wohlfahrtspflege, gehörte zum Beispiel auch von 1921 bis 1931 dem Vorstand des »Deutschen Vereins für öffentliche und private Fürsorge« an.

Auf ihre Anregung hin organisierte Alice Salomon – die ja schon seit Jahrzehnten die Professionalisierung und Modernisierung der Wohlfahrtspflege vorantrieb – 1920 einen ersten Lehrgang zur Ausbildung von Arbeiterinnen an der Berliner Sozialen Frauenschule, denen weitere in anderen Städten folgen sollten. Marie Juchacz schrieb Fachartikel und Broschüren und gab 1924 zusammen mit Johanna Heymann das Grundlagenwerk »Die Arbeiterwohlfahrt« heraus. Ab Oktober 1926 erschien die Zeitschrift *Arbeiterwohlfahrt* und 1928 eröffnete die AWO in Berlin unter der Leitung von Hedwig Wachenheim eine eigene Wohlfahrtsschule. Diesem Höhenflug und der so vielversprechenden Entwicklung setzte 1933 die nationalsozialistische Machtübernahme ein abruptes Ende.

---

7 Hedwig Wachenheim: Vom Großbürgertum zur Sozialdemokratie, Berlin 1973, S. 118.

Exil und Rückkehr

Der Parteivorstand der SPD emigrierte im Mai 1933 nach Prag. Marie Juchacz, als Frauensekretärin Mitglied des Vorstandes, »wurde nicht aufgefordert, sie dorthin zu begleiten, was sie mit Recht enttäuschte«.[8] Sie flüchtete mit der inzwischen etwas veränderten Wahlfamilienkonstellation. Elisabeth Kirschmann war 1930 verstorben, die Kinder waren aus dem Haus, zu Marie Juchacz und Emil Kirschmann hatte sich zwischenzeitlich als Hausgenossin Käthe Fey, die spätere zweite Ehefrau von Emil Kirschmann, gesellt. Deren Heimatstadt Saarbrücken stand seit 1920 unter dem Protektorat des Völkerbundes und bot sich daher als erstes Fluchtziel an. Doch 1935 führte eine Volksabstimmung zur Eingliederung des Saargebiets ins Deutsche Reich. Über mehrere Stationen in Frankreich und eine abenteuerliche Flucht über die Pyrenäen gelangten die drei schließlich nach Lissabon und konnten 1941 in die USA emigrieren.

Für Marie Juchacz war das zwar die Rettung vor der Verfolgung, aber zugleich der Verlust all dessen, was ihr Leben bisher bestimmt hatte. Ihr war weder die Sprache noch die Kultur der neuen Heimat geläufig, sie war 62 Jahre alt und konnte keine formale Ausbildung vorweisen. Der Status, den sie in Deutschland als bekannte Politikerin und Führungspersönlichkeit der Arbeiterwohlfahrt genossen hatte, war in den USA völlig irrelevant. Wie viele EmigrantInnen musste sie einen massiven Statusverlust verkraften. Doch sie lernte die Sprache, entwickelte Kontakte zu GenossInnen und begann nach einiger Zeit mit dem Aufbau der AWO USA, einer Organisation, die mit Spendenkampagnen Mittel aufbrachte, um Hilfslieferungen an Verfolgte in Europa zu schicken. Nach dem Krieg wurde damit Hilfe für Opfer des Nationalsozialismus organisiert. Marie Juchacz war als Präsidentin der AWO USA die treibende Kraft.

Der Entschluss, auch diese Aufgabe wieder aufzugeben und nach Deutschland zurückzukehren, scheint ihr nicht leicht gefallen zu sein. Als sie es 1949 dennoch tat, hatte sie zwar die große Freude,

---

8 Walter Friedländer: Begegnungen mit Marie Juchacz in der Emigration, in: Juchacz, a. a. O., 2004, S. 119.

alte FreundInnen und ihre Kinder und Enkel wiederzusehen, doch wurde schnell offensichtlich, dass es nicht gelingen würde, an die Situation der Weimarer Republik wieder anzuknüpfen. Marie Juchacz wurde hochgeehrt, aber nicht mehr gebraucht. »Ein restloses Glücksgefühl ist es nicht, wieder heimgekommen zu sein«, schrieb sie an eine Freundin. »Es geht hier auch ohne mich, es wäre auch gegangen, wenn ich nicht mehr herübergekommen wäre, aber es ist auch schön für mich, daß ich [...] ein kleines bescheidenes Bißchen noch dabei helfen kann. Nicht das Entscheidende, das tun die anderen [...]«[9]

Marie Juchacz war eine typische Vertreterin der emanzipierten Frauen ihrer Generation. Sie erlebte die Blütezeit der Frauenbewegung und die Legalisierung der Sozialdemokratie. Das ermöglichte ihr eine Lebensgestaltung und einen politischen Aufstieg, der zuvor undenkbar gewesen war. Sie gestaltete die erste deutsche Republik mit und musste deren Zusammenbruch im Nationalsozialismus erleben – eine Biografie voller Höhenflüge und Abstürze. Am 28. Januar 1956 starb Marie Juchacz im Alter von 76 Jahren.

Literatur

Bundesverband der Arbeiterwohlfahrt (Hg.): Marie Juchacz – Gründerin der Arbeiterwohlfahrt. Leben und Werk, Berlin, 2. Auflage 2004.

Christiane Eifert: Marie Juchacz, in: Stadtbild und Frauenleben. Berlin im Spiegel von 16 Frauenporträts, hg. v. Henrike Hülsbergen, Berlin 1997, S. 105-122.

Marie Juchacz, Johanna Heymann: Die Arbeiterwohlfahrt. Voraussetzungen und Entwicklung, Berlin o. J. [1904].

Fritzmichael Roehl: Marie Juchacz und die Arbeiterwohlfahrt, überarb. v. Hedwig Wachenheim, Hannover 1961. Das vollständige, für die Publikation stark gekürzte Manuskript befindet sich im Nachlass von Fritzmichael Roehl (hier Röhl) im Bundesarchiv, Sign. 0N 1315/8.

Lydia Struck: »Mir geht so vieles durch den Kopf und durchs Herz«. Marie Juchacz – Briefe und Gedanken zum Neuanfang der AWO, Berlin 2017.

9 Brief an Eva Pfister vom 11.09.1949, zit. n. Eva Pfister: Begegnungen mit Marie Juchacz in der Emigration, in: Juchacz, a. a. O., 2004, S. 128.

Clara Bohm-Schuch | »Ich stimme mit Nein – und wenn sie mich in Stücke reißen!«[1]

von Gisela Notz

Clara Bohm-Schuch

Clara Bohm stammte aus dem Westhavelland, ging dort zur Dorfschule in Stechow und zum Konfirmandenunterricht. Später zog es sie nach Berlin, wo sie sich der Arbeiterbewegung anschloss. Sie kämpfte für das Frauenwahlrecht und gegen den Ersten Weltkrieg, schrieb Gedichte, Aufsätze, Zeitungsartikel und war eine begehrte Rednerin. Als eine der ersten Frauen zog sie, als das Wahlrecht erkämpft war, in die Nationalversammlung und später in den Reichstag ein. Sie war Chefredakteurin der sozialdemokratischen Frauenzeitschrift *Die Gleichheit*. Die Nazis brachten sie ins Gefängnis, danach lebte sie nicht mehr lange.

1 Die Erwähnung der eindrucksvollen Worte, die Clara Bohm-Schuch zusammen mit Louise Schroeder anlässlich der Vorbereitung zur Abstimmung über das Ermächtigungsgesetz am 24. März 1933 formuliert hat, finden sich in: Rundfunkmanuskript *Die Oberbürgermeisterin*, RIAS Berlin vom 2.4.1987, in: Archiv der sozialen Demokratie, Sammlung Personalia Louise Schroeder.

Die Familie

Clara Bohm erblickte am 5. Dezember 1879 in Stechow im Westhavelland als Tochter armer Kleinbauern das Licht der Welt. Sie wuchs mit fünf Geschwistern auf. Schmalhans war oft Küchenmeister. Die Eltern erzogen sie – wie die Geschwister – früh zur Pazifistin. Nach innerem Glaubenskampf während des Konfirmandenunterrichts erklärte sie ihren Kirchenaustritt und bezeichnete sich fortan als Dissidentin. Ihr Besuch der Dorfschule von 1886 bis 1894 war zunächst ihre einzige formale Bildung. Danach verdiente sie ihren Lebensunterhalt als Dienstmädchen und Verkäuferin. Weil sie sich weiterbilden wollte, ging sie nach Berlin und besuchte zwischen 1895 und 1897 eine Handelsschule in der damals selbstständigen Stadt Rixdorf (heute Berlin-Neukölln). Rixdorf hatte damals eine besonders lebendige, aufstrebende Arbeiterbewegung. Nach erfolgreichem Abschluss arbeitete sich Clara Bohm von der Stenotypistin zur Chefsekretärin und Buchhalterin empor.

Der Aufbruch in die Politik

Die Lektüre von Gerhart Hauptmanns *Die Weber* war der Anstoß, sich mit der Situation der Unterschichten auch theoretisch und politisch zu befassen. Als 1903 auf Betreiben der Sozialdemokraten ein Kinderschutzgesetz verabschiedet wurde, stellte sie sich in Rixdorf als Leiterin der Kinderschutzkommission zur Verfügung, die die Einhaltung des Gesetzes überprüfen sollte.

Außerdem unterstützte sie 1903/04 die über 8.000 streikenden Textilarbeiterinnen im sächsischen Crimmitschau, die für den Zehnstundentag und bessere Arbeitsbedingungen kämpften. 1904 hörte sie Rosa Luxemburg (1871–1919) in einer Versammlung der SPD und engagierte sich fortan für die Partei, die Gewerkschaftsbewegung (Zentralverband der Hausangestellten) und die sozialistische Frauenbewegung. Bald trat sie selbst als Rednerin und Initiatorin kultureller Veranstaltungen der Arbeiterbewegung, der Arbeitersänger und der SPD auf. Sie wurde Vorstandsmitglied des »Vereins für Frauen und Mädchen der Arbeiterklasse« und gründete in Rixdorf gemeinsam mit anderen Frauen die SPD-Frauengruppe.

Als Hausfrau in der Gemeindefürsorge

1906 heiratete Clara Bohm den Kaufmann Willy Schuch, bekam mit ihm eine Tochter namens Clara Maria und blieb zunächst Hausfrau in Berlin, das zum Zentrum ihres Lebens wurde. Mit ihren Vorträgen und Artikeln kämpfte sie als begehrte Rednerin für das allgemeine, gleiche und direkte Wahlrecht für Frauen und Männer, wie es bereits seit 1891 in das Erfurter SPD-Programm gefordert war. Mit ihren Reden gegen den sich abzeichnenden Ersten Weltkrieg appellierte sie an die besondere Verantwortung der Frauen und Mütter für ihre Familien. Sie beließ es nicht bei theoretischen Erörterungen, sondern arbeitete zwischen 1907 und 1919 ehrenamtlich im Gemeindefürsorgewesen, wo sie sich besonders für sozial benachteiligte Familien engagierte. Für die armen Berliner Frauen forderte sie die Einrichtung kommunaler Mütterberatungsstellen. Mithilfe aufgeschlossener Berliner ÄrztInnen konnte sie das Anliegen umsetzen und leistete damit einen ersten und wichtigen Beitrag zur Minderung der hohen Säuglingssterblichkeit und zur Verbesserung der gesundheitlichen Lebenssituation und zur sexuellen Selbstbestimmung der Frauen.

Gemeinsam mit GenossInnen sorgte sie für die Eröffnung des ersten Berliner »Heims für die berufstätige Jugend«. 1916 veröffentlichte sie die Broschüre *Die Kinder im Weltkriege*,[2] die einen lebendigen Eindruck der Not der Kinder vor und während des Ersten Weltkriegs bietet. Kurz davor unterzeichnete sie den Aufruf *Die Frauen und der Frieden* für den sofortigen Friedensschluss.

2 Clara Bohm-Schuch: Die Kinder im Weltkriege, Berlin 1916.

Als Frauenpolitikerin in der November-Revolution

Clara Bohm-Schuch begrüßte die November-Revolution zum Ende des Ersten Weltkriegs 1918 als einen wichtigen Schritt zur Demokratisierung. In einem Artikel im sozialdemokratischen *Vorwärts* verwies sie auf die Dringlichkeit des Engagements der Frauen, um die Errungenschaften der Revolution, wozu sie vor allem das Wahlrecht zählte, zu festigen.[3] Sie appellierte an die Einigkeit der Arbeiterschaft. Diese sei notwendig, damit die Errungenschaften der Revolution nicht in Gefahr kommen.

Große Hoffnung setzte sie deshalb auf die Solidarität der Frauen. Immer wieder betonte sie, wie wichtig die eigenständige Existenzsicherung (auch) für Frauen sei. Vehement wandte sie sich gegen das Abdrängen von Frauen in die Erwerbslosigkeit; ohne finanzielle Absicherung wären sie auch an der politischen Beteiligung und dem Wahrnehmen ihrer gerade errungenen Rechte behindert. Gerade weil Frauen während der vier Kriegsjahre schwere Lasten zu tragen gehabt hätten, sollten sie nun die neu errungenen Staatsbürgerrechte im Interesse der Gesamtheit wahrnehmen.

Clara Bohm-Schuch warnte, es sei bereits verfügt worden, dass die Kriegsteilnehmer an die alten Arbeitsplätze zurückkommen sollten, das sei jedoch nur dann in Ordnung, wenn die Frauen, die vier Jahre lang das Wirtschaftsleben aufrechterhalten hatten, ihre Verdienstmöglichkeiten behalten könnten. Zumindest soweit sie als Kriegerwitwen, Frauen von Kriegsverletzten, aber auch als junge Mädchen, für sich selbst und ihre Familien sorgen mussten. Sie verwies darauf, dass jede Frau zusätzlich im Haushalt volkswirtschaftlich nützliche und wertvolle Arbeit verrichte und dass sie deshalb nicht auf eine unzureichende Arbeitslosenunterstützung verwiesen werden sollte. Die kosteten Staat und Gewerkschaften Geld, aber das Privatkapital werde nicht berührt. Sollten Frauen wegen der Versorgung von Kindern und Haushalt zu Hause bleiben, so sollte der Frau solange wie möglich der Arbeitslohn weitergezahlt werden.

3 Clara Bohm-Schuch: »Die Frauen und die Revolution«, in: Vorwärts vom 3.12.1918, Abendausgabe, S. 1 f.

»Ehrenamtliche Arbeit«, von der es auch nach der Auflösung des Nationalen Frauendienstes genug gab, sollte nur da eingesetzt werden, wo sie nicht durch bezahlte Arbeit ersetzt werden konnte.

Clara Bohm-Schuch beließ es in diesem Artikel nicht dabei, sich für das Recht der Frauen auf existenzsichernde Arbeit einzusetzen, sondern auch für ihr Recht auf Wohnung. Keine Frau und kein Mädchen sollten durch Armut und Obdachlosigkeit auf die Straße getrieben werden.

Vor allem mussten Frauen im politischen wie im wirtschaftlichen Leben mit ihren Anliegen gehört werden. Daher plädierte Clara Bohm-Schuch dafür, dass in die nach der Revolution gebildeten Betriebsausschüsse und Arbeiterräte auch Arbeiterinnen gewählt werden.

Sie fürchtete, dass viele Frauen noch einer Gesellschaftsordnung anhingen, die in Sozialistinnen den »Todfeind« sahen, der nun besiegt worden sei. Diese Frauen gälte es nun zu überzeugen. Hoffnung setzte sie auf die Wahlen zur Nationalversammlung und eine darauf folgende sozialistische Regierung in einem demokratischen Staat, in dem die Produktionsmittel in öffentliches Eigentum übergehen, der Sozialstaat ausgebaut wird und die Versorgung mit Lebensmitteln für alle Menschen sichergestellt ist.

Als Sozialpolitikerin gehörte Clara Bohm-Schuch dem Reichsausschuss für Sozialistisches Bildungswesen an und dem Sozialistischen Kulturbund. Auch fühlte sie sich der am 13. September 1919 auf die Initiative von Marie Juchacz gegründeten Arbeiterwohlfahrt verpflichtet, in deren Hauptausschuss sie von 1919 bis zu seiner Auflösung 1933 mitarbeitete und die sie mit dem Schreiben von Artikeln und Aufsätzen unterstützte.

Verantwortlich für *Die Gleichheit*

Von 1919 bis 1922 belohnte die SPD ihren schriftstellerischen Einsatz, indem sie Clara Bohm-Schuch zur Chefredakteurin der sozialdemokratischen Frauenzeitschrift *Die Gleichheit* bestellte. Die war zuerst von 1891 bis 1917 von Clara Zetkin (1857–1933) und nach deren Wechsel in die USPD von 1917 bis 1922 von Marie Juchacz (1879–1956) redigiert worden. Die Zeitschrift hatte eine Auflage von bis zu 33.000 Exemplaren. Der Untertitel hieß nun nicht mehr wie zuerst *Zeitschrift für die Interessen der Arbeiterinnen* oder später *Zeitschrift für Arbeiterfrauen und Arbeiterinnen*, sondern *Zeitschrift für die Frauen der Sozialdemokratischen Partei Deutschlands*. Er manifestierte die Verbundenheit der *Gleichheit* mit der SPD und legte zum ersten Mal den Identifikationsschwerpunkt auf die Zugehörigkeit zu einer Partei anstatt zu einer Klasse.[4] Dennoch abonnierte zu diesem Zeitpunkt nur noch jede achte Sozialdemokratin die Zeitschrift.

Clara Bohm-Schuch war keine Neueinsteigerin. Sie war bereits Mitarbeiterin und hatte schon 1906 ein Gedicht in der *Gleichheit* veröffentlicht. Das war mit »Rosen« überschrieben und handelte sowohl vom »süßen duftenden Leben« als auch von dessen Vergänglichkeit.[5] Als Chefredakteurin übernahm Clara Bohm-Schuch die Rubrik »Politische Rundschau«. Darin setzte sie sich besonders mit der politischen Konkurrenz der SPD von links und rechts auseinander.

Sie votierte dafür, den Versailler Vertrag abzulehnen, weil seine Bedingungen (Reparationen, Abtreten der Kolonien und Zuweisung der Kriegsschuld) nach ihrer Meinung die junge Republik für lange Zeit mit einem Erbe belasteten, das sie nicht zu verantworten habe. Sie verfasste größere Artikel, vor allem zur Bevölkerungspolitik und der Frauenerwerbstätigkeit.[6] Sie setzte sich aber auch mit der Schuldfrage der Deutschen, mit dem Schicksal der deutschen Kriegsgefangenen und in drei Ausgaben mit dem Kapp-Putsch auseinander.

---

4 Vgl. Mirjam Sachse: Von »weiblichen Vollmenschen« und Klassenkämpferinnen. Frauengeschichte und Frauenleitbilder in der proletarischen Frauenzeitschrift »Die Gleichheit« (1891–1923), Dissertation an der Universität Kassel 2010.

5 Clara Bohm: Rosen, in: Gleichheit, 16. Jg. Heft 13 vom 27.6.1906, S. 90.

6 Clara Bohm-Schuch: Bevölkerungspolitik, in: Gleichheit, 28. Jg., Heft 4 vom 23.11.1917, S. 25-27; Clara Bohm-Schuch: Die Frauenarbeit in der Übergangswirtschaft, in: Gleichheit, 28. Jg., Heft 21 vom 19.7.1918, S. 163-165 und Gleichheit, 28. Jg., Heft 22 vom 2.8.1918, S. 171-172.

Während ihrer Zeit als Chefredakteurin sprach sie als Delegierte auf den SPD-Parteitagen; danach besuchte sie diese als Reichstagsabgeordnete. Am 31. Januar 1922 trat Clara Bohm-Schuch auf eigenen Wunsch von der Tätigkeit in der *Gleichheit* zurück. Ihre Nachfolgerin wurde Elli Radtke-Warmuth (ihre Lebensdaten sind unbekannt). Ihr folgte nach der Vereinigung der Frauenzeitschriften von MSPD und USPD am 1. November 1922 Mathilde Wurm (1874–1935), die bis dahin Redakteurin der USPD-Frauenzeitschrift *Die Kämpferin* war. Am 15. August 1922 wurde die *Gleichheit* eingestellt. Der Parteivorstand wollte einen Versuch mit einer anderen Zeitungsform starten.

In den folgenden Jahren wurden zwei Nachfolgerinnen herausgegeben: von 1924 bis 1933: *Die Genossin – SPD-Informationsblatt für Funktionärinnen*. Sie erschien monatlich und diente der Schulung und Vernetzung der Organisation. Ebenfalls von 1924 bis 1933: Die *Frauenwelt – eine Halbmonatsschrift*. Sie war eher ein Unterhaltungsblatt, mit dessen Hilfe von Ortsgruppen auch sogenannte »Frauenweltsabende« unterhaltsam gestaltet wurden.[7]

Als Sozialpolitikerin im Parlament

Nachdem die Frauen das Wahlrecht erstritten hatten, das noch im Oktober 1918 alle Parteien außer der SPD abgelehnt hatten, ging Clara Bohm-Schuch, die nun 40 Jahre alt war, sofort in der parlamentarischen Arbeit auf. Von Januar 1919 bis Juni 1920 arbeitete sie als Schriftführerin für die MSPD in der Weimarer verfassunggebenden Nationalversammlung und im parlamentarischen Untersuchungsausschuss für die Schuldfragen des Ersten Weltkriegs. Zeitweise gehörte sie auch dem Verfassungsausschuss an.

In der 39. Sitzung der Nationalversammlung am 12. Mai 1919 ergriff sie das Wort. Sie machte darauf aufmerksam, dass die Frauen nicht nur in Deutschland, sondern in allen Ländern während des Krieges unsagbar gelitten und um das Leben der Soldaten ge-

7 Sachse, a. a. O., S. 139.

bangt hätten. Alle hätten das »bittere Weh, dass Menschen von Menschen getötet wurden«, erlitten, egal, aus welchem Land sie kamen. »Solange der Krieg tobte«, sei das Leid der Frauen und Mütter international gewesen und international hätten die Frauen auch gegen den Krieg gekämpft.[8] Nach Kriegsende vermisste sie die Solidarität der »Schwestern jenseits der Grenzen«, denn die Hungerblockaden, die auch nach dem Krieg fortgesetzt würden, hätten zu unsäglichem Leid besonders bei Frauen und Kindern geführt. Sie wollte jedoch keinen neuen Hass, sondern »Gerechtigkeit an Stelle von Gewalt« und einen versöhnenden Frieden. Daher lehnte sie unter großem Beifall die Unterzeichnung des Versailler Vertrages ab. Stattdessen forderte sie Verhandlungen. Auch äußerte sie die Hoffnung, dass die deutschen Frauen, auch im Interesse ihrer Kinder, dafür kämpfen werden, dass »dieser Krieg der letzte gewesen ist.«[9]

Am 30. Juli 1919 hielt sie eine flammende Rede für die rechtliche Gleichstellung des sogenannten unehelichen Kindes.[10] Durchsetzen konnten sich die sozialdemokratischen Frauen damals nicht. Das galt auch für den Antrag zur Fristenlösung bei Schwangerschaftsabbruch, für die sich Bohm-Schuch gemeinsam mit den MSPD-Genossinnen einsetzte.[11]

Nach den ersten Reichstagswahlen wurde Clara Bohm-Schuch 1920 Abgeordnete im Deutschen Reichstag, dem sie bis zu seiner Auflösung 1933 viele Jahre als Schriftführerin des Präsidiums angehörte. Hier setzte sie sich vor allem für die Gleichberechtigung der Frauen, die Verbesserung der Lebensverhältnisse von Frauen und Kindern, für Gesundheitsfragen und Fragen der öffentlichen Fürsorge, für den Arbeitsschutz für Frauen und Jugendliche sowie den Mutter- und Kinderschutz ein und unterstützte die Gründung eines Ausschusses zur Untersuchung der Auslösung des Ersten

8 Reichstagsprotokolle 1919/20,2, 39. Sitzung, 12.5.1919, S. 1089-1091.
9 Ebd.
10 Regine Deutsch: Die politische Tat der Frau aus der Nationalversammlung, Gotha 1920, S. 12 f.
11 Die Frauen der USPD und die KPD forderten zu gleicher Zeit die Streichung der §§ 218-220 aus dem Strafgesetzbuch.

Weltkrieges. Auch die Reform des Erziehungswesens und der Berufsausbildung trägt ihre Handschrift. Daneben schrieb sie Gedichte und Aufsätze und sprach auf zahlreichen Kongressen und Versammlungen.

Der »Einigungsparteitag«

Als am 24. September 1922 beim »Einigungsparteitag« in Nürnberg Teile der von der SPD wegen deren Zustimmung zu den Kriegskrediten abgespaltenen Mitglieder der USPD zurück zur MSPD fanden, begrüßte Clara Bohm-Schuch diesen Schritt. In der Frauenbeilage der sozialdemokratischen Bremer Volkszeitung vom 20. Oktober 1922 drückte sie aber auch die Ambivalenz aus, mit der die Frauen den »Vereinigungsprozess« begleiteten: »Nicht mit lauten Jubelfanfaren begrüßen wir diesen Tag, dazu liegt zu hartes Erleben hinter uns, zu schwere Zeit vor uns. Aber eine starke stolze Freude steht über allem: wir haben Frieden geschlossen; wir sind wieder die Sozialdemokratische Partei.«[12] Einerseits entstand wieder eine große Partei und viele aktive Frauen kehrten in die Partei zurück, andererseits hatten die Frauen in beiden Organisationen ein eigenes Profil entwickelt, oft in bewusster Abgrenzung zur anderen Frauengruppe. Diese Hürden mussten erst noch durch die gemeinsame Formulierung des neuen Parteiprogramms für die Gesamtpartei genommen werden.

Gedichte und Ratgeberin für junge Frauen

Clara Bohm-Schuch schrieb Gedichte unter anderem für die *Gleichheit* und für Arbeitersängerchöre. Ihre Gedichte wurden häufig auf SPD-Parteitagen vorgetragen und gesungen. Das Gedicht *Ich warte dein* wurde zu einer Parteitagshymne – von Gustav Uthmann vertont (»Komm, goldner Freiheitstag, ich warte dein«). 1932 ver-

12 Bremer Volkszeitung vom 20.10.1922.

öffentlichte sie ihren einzigen Gedichtband. Daneben schrieb Clara Aufsätze und kleine Bücher vor allem zur Aufklärung junger Frauen.

> »Ob Ihr Fabrik, Haus, Land, Laden – oder Kontorarbeit verrichtet, darauf kommt es nicht an, sondern darauf, dass ihr in eurer Arbeit tüchtige Menschen werdet. Ihr werdet arbeiten, um Geld zu verdienen, damit Ihr euren Lebensunterhalt möglichst bald selbst bestreiten könnt«,

... schrieb sie 1922 in dem Büchlein *Willst Du mich hören?: Weckruf an unsere Mädel.*[13] Schon damals wandte sie sich dagegen, dass junge Frauen die Berufsarbeit als Übergangslösung vor einer Heirat ansahen, wenn sie schrieb:

> »Viele von Euch sind vielleicht noch so erzogen, dass sie meinen, die Berufsarbeit sei etwas Vorübergehendes, weil der Mann kommen wird, der euch heiratet und ernährt. Jedes Mädchen, dem die Ehe ein hohes Ideal bedeutet, wird sich nicht um der Versorgung willen verheiraten; sie wird dem Manne Lebensgefährtin werden, den sie achtet und liebt«.

Den jungen Mädchen empfahl sie, die Jugendzeit mit den GenossInnen aus der Arbeiter-Jugend bei Wanderungen, Spielen und Tänzen kameradschaftlich zu genießen. Sie riet ihnen aber auch »besondere Mädchenabende« zu organisieren, um bei Näharbeiten und anderen Handarbeiten über ihre Probleme zu diskutieren.

In den 1920er-Jahren nutzte und schätzte sie auch den Frauenfunk als Medium für ihre Agitation. Sie wusste, dass Arbeiterinnen oft schlechten Zugang zu Literatur hatten und dass ihnen die Zeit zum Lesen oft fehlte. Über das Radio hoffte sie, ein breiteres Publikum zu erreichen. Das gelang ihr offensichtlich durch den *Frauen- und Jungmädchenfunk* der *Deutschen Welle*.

---

13 Clara Bohm-Schuch: Willst Du mich hören? Weckruf an unsere Mädel, Berlin 1922.

Aufruf zur Nutzung des Frauenwahlrechts

Noch immer beschäftigte sie, dass viele Frauen das mühsam erkämpfte Wahlrecht gar nicht in Anspruch nahmen. Daher rief sie noch 1930 die Wählerinnen auf: »Frauen, Mütter, Jungwählerinnen! Heute, in der Deutschen Republik, sind wir gleichberechtigt, dürfen wir mitbestimmen in Gesetzgebung und Verwaltung durch unser Wahlrecht. Wer nicht wählt, versäumt seine Pflicht und sein Wahlrecht«.[14] Sie drohte aber nicht nur mit dem erhobenen Zeigefinger, sondern machte auch informative und unterhaltsame Sendungen, wie zum Beispiel: »Das Mädchen und ihr Beruf«, wobei sie von einer »doppelten Orientierung« auf Familie und Beruf ausging.[15] Unter dem Titel »Aus der Enge in die Welt« ermutigte sie junge Frauen, andere Länder kennenzulernen und dort zu arbeiten. Bemerkenswert ist, dass Clara Bohm-Schuch als Vertreterin der sozialdemokratischen Frauenbewegung einen Platz in diesen Rundfunksendungen bekam, die sonst nur Protagonistinnen der bürgerlichen Frauenbewegung Raum boten.

Widerständig 1933 – »... und wenn sie mich in Stücke reißen.«[16]

Clara Bohm-Schuch war eine der 94 SPD-Abgeordneten, die gegen das Ermächtigungsgesetz stimmten, mit dem der Reichstag die gesamte Staatsgewalt an Adolf Hitler übertrug. Der Bundesvorsitzende des Reichsbanners Schwarz-Rot-Gold und SPD-Abgeordnete Karl Höltermann (1894–1955) schlug in der letzten SPD-

14 »Das junge Mädchen als Staatsbürgerin«, Zwiegespräch mit Elly Heuss-Knapp im Jungmädchenfunk der »Deutschen Welle« am 28.11.1930.

15 Clara Bohm-Schuch: Vortrag im Jungmädchenfunk der »Deutschen Welle« am 17.1.1930 sowie Vortrag im Jungmädchenfunk der »Deutschen Welle« am 14.3.1930.

16 Rundfunkmanuskript *Die Oberbürgermeisterin*, RIAS Berlin vom 2.4.1987, ohne Seitenzahlen, in: Archiv der sozialen Demokratie, Sammlung Personalia Louise Schroeder.

Fraktionssitzung aus Angst vor möglichen Repressionen vor, nicht an der Abstimmung teilzunehmen.

Abgeordnete des Zentrums hatten davor gewarnt, die SA werde die SPD-Abgeordneten nicht lebend aus der Krolloper, wo die Sitzung stattfand, herauslassen. Dagegen wandte sich Clara Bohm-Schuch mit geballten Fäusten. Sie schloss vehement ein Fernbleiben aus. Zusammen mit der späteren Berliner Bürgermeisterin Louise Schroeder (SPD) sagte sie »Ich stimme mit Nein, und wenn sie mich in Stücke reißen.«

Verfolgung und Verhaftung

Es nutzte nichts. Am 5. März 1933 löste Reichspräsident v. Hindenburg auf Wunsch von Hitler den Reichstag auf. Die Machtübergabe an die Nazi-Faschisten wurde zum zentralen Einschnitt im politischen Leben der Sozialdemokratinnen. Sie setzte der politischen Arbeit von linken Parteien, Gewerkschaften und sozialistischen Frauenverbänden und ihren Aktivistinnen und damit auch von Clara Bohm-Schuch ein Ende.

Sie wurde verhaftet, weil sie sich für misshandelte und inhaftierte SPD-Bezirksverordnete von Köpenick, u. a. Maria Jankowski (1887–1946) und für ähnliche Fälle, die im Zusammenhang mit der Verabschiedung des Ermächtigungsgesetzes erfolgten, einsetzte und in ihrer Wohnung aufgenommen hatte.

Bald kam Clara Bohm-Schuch selbst ins Polizeigefängnis Berlin-Alexanderplatz und danach in das Frauengefängnis Barnimstraße. Obwohl sie nur 15 Tage in Haft war, konnte sie sich von den gesundheitlichen Schäden nicht mehr erholen. Nach ihrer Freilassung wurde sie ständig polizeilich überwacht, mit Wohnungsdurchsuchungen und Vorladungen drangsaliert und musste sich regelmäßig bei der Polizei melden. Die physischen und psychischen Belastungen, verbunden mit dem Ende der politischen Arbeit und damit der Zerstörung ihres Lebensinhalts, führten zu ihrem frühen Tod.

Clara Bohm-Schuch starb am 6. Mai 1936 im Alter von 56 Jahren an einem Schlaganfall als Folge der in der Gefangenschaft erlittenen Gesundheitsschäden. Zur Trauerfeier für die beliebte Reichstagsabgeordnete im Friedhof Baumschulenweg in der Kiefholzstraße in Berlin riefen widerständige SozialdemokratInnen auf. Die Feier wurde – trotz Geheimhaltung des Termins und Überwachung durch die NS-Behörden – eine spektakuläre Demonstration gegen das NS-Regime. Mehr als 5.000 Frauen und Männer nahmen daran teil. Der Trauerzug zog vom Bahnhof Baumschulenweg zum Krematorium. Nicht alle Trauernden erreichten den Sarg – es war zu voll. In einer bewegenden Zeremonie reichten sie die Blumen über ihre Köpfe nach vorn.

Das im Prager Exil erscheinende sozialdemokratische Wochenblatt *Neuer Vorwärts* berichtete unter der Schlagzeile »Im Kampfe gegen das braune System – Wir leben!« über die Trauerfeier. Jung und Alt kamen, »um der unermüdlichen Vorkämpferin für das Recht der Unterdrückten und Armen, der großen Idealistin, der Führerin der proletarischen Frauen den letzten Gruß zu erweisen.« Der geschmückte Sarg wurde zum Zeichen für die Solidarität der GenossInnen.

1966 wurde in Berlin-Neukölln eine Straße nach ihr benannt: der Bohm-Schuch-Weg. Seit 1992 erinnert in der Nähe des Reichstags an Clara Bohm-Schuch eine der 96 Gedenktafeln für die von den Nationalsozialisten ermordeten Abgeordneten des Reichstags.

Literatur

Clara Bohm-Schuch, in: Franz Osterroth, Dieter Schuster, Chronik der deutschen Sozialdemokratie. Bd. 1: Bis zum Ende des Ersten Weltkrieges, Bonn/Berlin 1975, S. 32.

Marie Juchacz: Sie lebten für eine bessere Welt. Lebensbilder führender Frauen des 19. und 20. Jahrhunderts, Berlin/Hannover 1955.

Gisela Notz: Clara Bohm-Schuch (1879–1936). Politikerin und Kämpferin für das Frauenwahlrecht, in: Gisela Notz (Hg.), Wegbereiterinnen. Der Kalender 2007, Bonn 2006.

Gisela Notz: Clara Bohm-Schuch (1879–1936), in: Wegbereiterinnen. Berühmte, bekannte und zu Unrecht vergessene Frauen aus der Geschichte, 3. Aufl., Neu-Ulm 2020.

Mirjam Sachse: Von »weiblichen Vollmenschen« und Klassenkämpferinnen. Frauengeschichte und Frauenleitbilder in der proletarischen Frauenzeitschrift »Die Gleichheit« (1891–1923), Dissertation, Kassel: <https://kobra.uni-kassel.de/handle/123456789/2011020735654>, Zugriff am 28.11.2020.

Sozialdemokratinnen in der Weimarer Nationalversammlung (v. l. n. r.): Marie Juchacz, Wilhelmine Kähler (stehend), Elisabeth Röhl, Clara Bohm-Schuch

Anna Flügge | Gegen die Verdrängung der Kleingärten

von Jeanette Toussaint und Ursula Demitter

Anna Flügge mit ihren Kindern, Juni 1915

Über das frühe politische Wirken von Anna Flügge finden sich kaum Dokumente. Das Verbot der SPD 1933 und die Hausdurchsuchungen durch die nationalsozialistische SA sind sicherlich Gründe für diese Leerstelle. Mit 44 Jahren wurde sie 1929 SPD-Stadtverordnete in Potsdam. Wann sie der Partei beigetreten ist, kann nur vermutet werden – vielleicht kurz nach dem Ersten Weltkrieg. Ein Abzeichen für die 40-jährige Mitgliedschaft in Arbeiterparteien, Ende der 1950er-Jahre von der SED überreicht, deutet jedenfalls darauf hin. Einfluss auf die Entscheidung habe ihr Ehemann Eduard gehabt, der bereits Sozialdemokrat gewesen sei, so die Enkelin Ursula Demitter.[1]

Anna Wilhelmine Paula Schütze kam am 3. September 1885 als zweite Tochter des Kalligrafen Paul Julius Ernst Schütze und seiner Frau Emma Luise Bertha Drucklieb in der Potsdamer Junkerstraße 57 (Gutenbergstraße) zur Welt. Ihr Vater arbeitete als Schreiblehrer und gestaltete in kunstvoller Handschrift Urkunden. Die Familie war – wie die Mehrheit in Preußen – evangelischen Glau-

1 Die Erinnerungen stammen aus Gesprächen und Telefonaten mit Ursula Demitter seit 2018.

bens.[2] Die Religion spielte für Anna Flügge eine untergeordnete Rolle – allerdings verbrachte sie ihre letzten Lebensjahre im evangelischen Bürgerstift in der Potsdamer Ludwig-Richter-Straße.

Anna Flügges Vater starb zwischen 1891 und 1894. Mutter Emma Schütze musste ihre Töchter nun allein aufziehen und arbeitete ebenfalls als Schreiblehrerin. Die Adressbücher verzeichnen sie bis 1905 stadtweit als Einzige dieses Faches. Doch viel Geld kam wohl trotzdem nicht zusammen. Deswegen haben Anna und ihre Schwester Clara nach dem Besuch der Volksschule vielleicht keinen Beruf erlernt, sondern schnell zum Familieneinkommen beigetragen. Anna Schütze brachte sich zum Beispiel autodidaktisch Schreibmaschineschreiben bei und konnte so unter anderem wissenschaftliche Texte abtippen. Auch ihre kunstvollen Strickereien waren gefragt.

Ein neuer Lebensabschnitt begann für Anna Schütze mit der Heirat am 6. Oktober 1906. Ihr Bräutigam Eduard Friedrich Flügge stammte aus Köslin (poln. Koszalin). Er wurde am 28. Februar 1880 als eines von fünf Kindern des Ehepaares Paul Georg Flügge und Anne Helene Sönnke geboren; auch sie waren evangelisch.[3] Die Familie zog nach Potsdam, wo der Vater zu Beginn des Jahrhunderts eine Tapeziererei gründete. Auch der Sohn Eduard erlernte dieses Handwerk – blieb ihm aber nicht treu. 1906 eröffnete Eduard Flügge auf dem Hof der Kirchstraße 13 – der Verbindung zwischen der Straße Am Alten Markt und Joliot-Curie-Straße – eine Mineralwasser- und Bierfabrik. Anna Flügge übernahm 1907 die »Licht- und Seifen-Handlung« der Witwe Mauer im Vorderhaus. Eine Postkarte aus diesem Jahr zeigt sie in der Tür ihres Ladens mit rundem Bauch. Bald darauf kam Tochter Margarethe zur Welt. 1910 zog das Paar in die nahe gelegene Grünstraße 7 (Joliot-Curie-Straße). Eduard Flügge hatte seine Fabrik nach zwei Jahren aufgegeben und arbeitete künftig als Installateur. Anna Flügge führte auch hier

2 Privatbesitz Ursula Demitter, Eheurkunde Anna und Eduard Flügge und Geburtsurkunde Anna Schütze.

3 Privatbesitz Ursula Demitter, Eheurkunde Anna und Eduard Flügge.

ein Seifengeschäft,[4] schloss es aber recht bald – vermutlich mit der Geburt des Sohnes Friedrich 1911.

Leben für die Kleingartenbewegung

Zu Beginn des Ersten Weltkriegs wurden Anna und Eduard Flügge Teil der Potsdamer Kleingartenbewegung. Ihren ersten Garten bewirtschafteten sie in der Berliner Vorstadt am Hasengraben. Auf einem um 1915 aufgenommenen Foto ist Anna Flügge vor einer kleinen, neu errichteten Laube zu sehen – um sie herum noch unbestellte Beete und kahle Bäume. Die Kinder freuen sich über eine eigene Schaukel. Da es sich wie damals üblich um Bauland handelte, war die Kündigung absehbar. Doch zunächst konnte Anna Flügge dort für die Familie Gemüse anbauen und so die Hungerzeit besser überstehen. Eduard Flügge musste wahrscheinlich Kriegsdienst leisten.

Um 1919 wechselte die Familie auf die gerade parzellierte Freundschaftsinsel. Es ist das Jahr der Geburt ihrer Tochter Hildegard und vermutlich des Eintritts von Anna Flügge in die SPD. Die wirtschaftliche Not im Ersten Weltkrieg hatte die Bedeutung des Kleingartenwesens für die Ernährung der Bevölkerung wachsen lassen. Die bescheidenen Möglichkeiten der Selbstversorgung waren in den Blick der staatlichen Institutionen gerückt. Die Gesetzgebung musste dem Rechnung tragen.

Das Eindämmen der Pachtpreise und das Bereitstellen städtischer Flächen für den Anbau von Gartenprodukten wurden schon im Krieg verwirklicht. Abschluss war jedoch am 31. Juli 1919 die Verabschiedung der KGO, der Kleingarten- und Kleinpachtlandordnung – dem Tag, an dem die Nationalversammlung die Weimarer Verfassung annahm. Jetzt hatten die organisierten Kleingärtner und -gärtnerinnen Rechtssicherheit im Umgang mit Eigentümern und Eigentümerinnen von Grund und Boden sowie Verwaltungsbehörden. Erwerbsmäßige Generalpacht war nun verboten. Ferner legte

4 Stadtarchiv Potsdam, Foto, 1-9/1168 Bl. 1a.

die KGO die Unkündbarkeit von Pachtverträgen und die Einrichtung von Einigungsämtern fest. Damit stellte das von Sozialdemokraten geformte Gesetz den entscheidenden Schritt dar, Kleingartenland zu sichern.

Die KGO gab der Kleingartenbewegung nach 1919 einen mächtigen Auftrieb. Nur den Garten zu bewirtschaften, genügte Eduard Flügge deshalb nicht. So wurde er 1921 Vorsitzender des Kleingartenvereins »Hoffnung«, der Einzelpächter und -pächterinnen der gesamten Stadt vertrat. Der Verein ging 1927 in den neu gegründeten Ortsverband der Kleingartenvereine Potsdam und Umgebung ein, an dessen Spitze ebenfalls Eduard Flügge stand.[5] Der Verband pflegte eine gute Zusammenarbeit mit dem »Bund Deutscher Lebensreformer« und mit Adolf Damaschke, dem Gründer des »Bundes deutscher Bodenreformer«.

Der Schutz vor Verdrängung der Kleingärten blieb eine der wichtigsten Aufgaben des Verbandes. Denn Bauland war damals so gefragt wie heute. Und die konservativen Oberbürgermeister Potsdams waren den Kleingärtnern nicht immer wohlgesonnen. Daher forderte auch der Vorsitzende des Reichsverbandes der Kleingartenvereine Deutschlands 1929 im Hinblick auf die kommenden Wahlen:

> »Wir müssen viel mehr als bisher an unsere Parteien herantreten, damit sie durch die Tat ihr Interesse für das Kleingartenwesen bestätigen. Es ist auch notwendig, daß die Kleingärtnerschaft Vertreter in den Parlamenten hat, die auf die kleingärtnerischen Interessen eingestellt sind, vor allem in den Gemeindeparlamenten. Dort fällt ja letzten Endes die Entscheidung. Hier können alle Fragen der Kündigung, der Bereitstellung von Ersatzgelände, von Dauerkolonien und die wichtige Frage der Finanzierung zur Sprache gebracht werden.«[6]

---

5 Karola Paepke: Die Entwicklung der Kleingartenbewegung in Potsdam in volkskundlicher Sicht. Diplomarbeit an der Humboldt-Universität zu Berlin 1970, S. 16.

6 Heinrich Förster: Geschäftsbericht zum 7. Reichs-Kleingärtnertag in Essen am 8.9.1929, zit. n. Peter Warnecke: Laube, Liebe, Hoffnung. Kleingartengeschichte, hg. v. Filmmuseum Potsdam, Berlin 2001, S. 99.

Politisches Wirken und Verfolgung

Anna und Eduard Flügge, 1950er-Jahre

Mit der Stadtverordneten Anna Flügge hatten die Kleingartenvereine in Potsdam eine Verfechterin ihrer Interessen im Stadtrat. Sie stellte sich am 17. November 1929 für die SPD zur Wahl und gehörte mit zwei weiteren Genossinnen – Pauline Wuttke und Hedwig Pusch – bis März 1933 zur 13-köpfigen SPD-Fraktion. In ihre Legislaturperiode fiel der Antrag, »mit der Regierung in Verhandlungen einzutreten, um auch für Potsdam eine Erweiterung der Dauer-Kleingartenkolonien zu erreichen.«[7] Hintergrund dafür war die weitverbreitete Praxis von Landeigentümern, nur einjährige Pachtverträge für Kleingärten abzuschließen und diese bei Bedarf zu verlängern oder zu kündigen. Der Vorstoß der SPD hatte jedoch keinen Erfolg, da zu diesem Zeitpunkt noch Verhandlungen darüber mit der Regierung liefen.

Neben ihrem Amt als Stadtverordnete war Anna Flügge Schriftführerin im SPD-Wahlverein und engagierte sich im Potsdamer Ortsverband der 1919 gegründeten sozialdemokratischen »Arbeiterwohlfahrt« (AWO). Da Forschungen zur Potsdamer AWO ausstehen, ist ihre Funktion dort noch unklar.

Überliefert ist jedoch ein Brief von Anna Flügge an ihre Tochter Margarethe von Juni 1961, in dem sie die Monate nach dem SPD-Verbot am 22. Juni 1933 und auch den Wohlfahrtsverband erinnert:

7 Dieter Hübener: Zur Kommunalpolitik der SPD in der Potsdamer Stadtverordnetenversammlung in der Zeit von 1919 bis 1933. Dissertation an der Pädagogischen Hochschule Potsdam 1988, S. 160.

»[...] 1933 wurde auch bei uns in Potsdam die SPD aufgelöst, nachdem vorher die KPD[8] das gleiche Schicksal erlitten hatte. Unsere Zeitung [*Potsdamer Volksblatt*, J. T.] wurde verboten und unsere Stadtverordneten-Mandate für ungültig erklärt. Kurze Zeit darauf traf ich auf der Straße Rechtsanwalt Dr. Levy[9], der gleich mir Stadtverordneter gewesen war. Als ich ihn freundlich begrüßte, raunte er mir zu: ›Gehen Sie weiter, sprechen Sie nicht mit mir. Ich werde beobachtet, es könnte Ihnen schaden, wenn man Sie mit mir zusammen sieht!‹ Bevor ich etwas erwidern konnte, wandte er sich rasch ab und ging weiter. Das war einer unserer Juden, ich habe ihn nie wieder gesehen.
Bei diesen Aktionen der Auflösung hatte man unsere Arbeiterwohlfahrt im Anfang vergessen. Erst im September erschien die SA in unserer Geschäftsstelle in der Charlottenstraße. Man durchsuchte unseren Raum besonders nach verbotenen Drucksachen, beschlagnahmte unsere Nähmaschine und Schreibmaschine sowie die restlichen Sachen aus unseren Sammlungen. Mit jeder von uns anwesenden Frauen gingen zwei SA-Männer mit, um auch bei uns Haussuchungen durchzuführen. Das ging bei uns nicht in so roher Weise vor sich, wie man es zuweilen hört. Ich musste sämtliche Schränke öffnen, damit sie ihren Inhalt kontrollieren konnten. Als sie dabei an unseren Kleiderschrank kamen, hatte ich wildes Herzklopfen, denn ich wusste genau, daß in der Brusttasche von Vaters Anzug ein illegales Flugblatt steckte, wenn sie das fanden, waren wir reif für die Gestapo. Zum Glück wühlten sie nicht alle Taschen durch, sondern fühlten sie nur von außen ab. Wahrscheinlich suchten sie Waffen. Aus dem Bücherschrank wurden verschiedene Bücher beschlagnahmt und auch einige Zeitschriften.

---

8 Offiziell wurde die KPD nicht verboten, ihre Mitglieder jedoch verfolgt, die Organisationsstrukturen zerschlagen und die politischen Mandate annulliert.

9 Ludwig Levy war von 1928 bis 1933 SPD-Stadtverordneter und danach mehrfach in Haft, unter anderem vom 24. bis 28.6.1933. Vgl. Hans Bergemann, Simone Ladwig-Winters: Für ihn brach die Welt, wie er sie kannte, zusammen ... Juristen jüdischer Herkunft im Landgerichtsbezirk Potsdam, Köln 2003, S. 120; 121. Ihm gehörte das Haus Waisenstraße (Dortustraße) 17, in das 1926 das Potsdamer Volksblatt einzog.

Schon im Laufe des Jahres 1933 hatte Fritz [ihr Sohn, J. T.][10] zusammen mit einigen jungen Leuten versucht, Flugblätter herzustellen und zu verbreiten. Sie waren zu Besprechungen zuweilen in unserer Laube zusammengekommen. Da erhielt Euer Vater durch einen bekannten Polizeibeamten eine Warnung, daß Fritz bereits in Verdacht stehe und beobachtet würde. Daraufhin meldete sich Fritz zu dem damals noch freiwilligen Arbeitsdienst. Auf diese Weise kam er von Potsdam fort und es passierte ihm nichts.«[11]

»Meckerer und Giftpilze«

Die Nationalsozialisten zwangen Eduard Flügge 1933 dazu, den Vorsitz im Ortsverband der Kleingartenvereine niederzulegen, um für antidemokratische Organisationsstrukturen und neue Funktionäre Platz zu machen. 1934 begann die Teilauflösung der Kolonie »Freundschaftsinsel«. Hans Friedrichs (NSDAP), Potsdams frisch gewählter Oberbürgermeister, plante hier einen Schau- und Lehrgarten, um die Stadtmitte touristisch aufzuwerten. Er selbst wohnte auf dem Brauhausberg. Waren ihm die unterschiedlich gestalteten Kleingärten auch ein Dorn im Auge?[12]

Die Provinzgruppe Berlin-Brandenburg der Kleingärtner und die Betroffenen wehrten sich gegen die Kündigungen mit Eingaben an den Oberbürgermeister, den Regierungspräsidenten und den preußischen Minister für Wirtschaft und Arbeit. Eduard Flügge verfasste ein Gedicht mit der Bitte um Unterstützung an Adolf Hitler, das zwei Kinder aus der Kolonie dem Diktator überreichten,

10 Friedrich Flügge schloss sich zunächst der SPD-Jugendorganisation »Sozialistische Arbeiter-Jugend« an, später auch der Partei. 1931/32 wirkte er als Beisitzer im Potsdamer SPD-Ortsvorstand. Vgl. Hübener, a. a. O., S. 243.

11 Privatbesitz Ursula Demitter, Kopie des Briefes vom 21.6.1961, weitergeführt am 24. und 28.6.1961.

12 Noch einmal griff Hans Friedrichs in Bauarbeiten in seinem unmittelbaren Umfeld ein, als Fritz Staar das Kino »Bergtheater« am Leipziger Dreieck projektierte und Friedrichs in diesem Zusammenhang 1938 erfolgreich eine Großtankstelle verlegen ließ. Vgl. Landeshauptstadt Potsdam, Untere Denkmalschutzbehörde, Acta specialia, Leipziger Str. 73/74.

als er auf einem Boot an der Freundschaftsinsel vorbeifuhr.[13] Das führte zu Ermittlungen durch die NSDAP gegen das Ehepaar Flügge und weitere Beteiligte:

> »Bei der Untersuchung der Vorfälle dort berichtete die Ortsgruppe ›Garnisonkirche‹ der NSDAP auch davon, daß das Kleingärtnerehepaar Flügge [...] noch im Frühjahr 1934 offen gegen die NSDAP auftrat, und daß sozialdemokratische Kleingärtner den Bierausschank auf der Parzelle Thomas zu langen politischen Diskussionen benutzten. Aus der gleichen Kolonie wird berichtet, daß die Mehrheit der Kleingärtner sich noch bis zum Sommerfest 1933 erfolgreich gegen das Hissen der Hakenkreuzfahne in der Kolonie wehrten.«[14]

Eduard Flügge habe stets Schwarz-Rot-Gold geflaggt, sei am 1. Mai 1934 in der Arbeiterfront mitmarschiert und außerdem

> »[...] in Kleingarten-Vereinssachen sehr beschlagen. Er hat ständig mit den zuständigen Stellen auf dem Regierungspräsidium verhandelt, wo er die maßgebenden Beamten, Sozialdemokraten und Demokraten, persönlich gut kannte. Im Provinzialverband der Kleinsiedler [...] waren Juden die maßgebenden Führer, mit denen Flügge sich gut verstand.«[15]

Und der *Potsdamer Beobachter* titulierte in seiner Ausgabe vom 23./24. September 1934 das Ehepaar Flügge und andere Widerständige als unverbesserliche Meckerer, Giftpilze und abgetakelte SPD-Leute. Letztlich mussten die Gärten aufgegeben werden. Dafür erhielten die Pächterinnen und Pächter Ausgleichsflächen am Pfingstberg, die zur ersten Dauerkleingartenanlage in Potsdam

13 Warnecke, a. a. O., S. 106-109.

14 Paepke, a. a. O., S. 47. Ihre Anmerkung, Eduard Flügge sei auch SPD-Stadtverordneter gewesen, kann nicht belegt werden.

15 Brief der NSDAP-Ortsgruppe an die NSDAP-Kreisleitung Potsdam am 14.9.1934, zit. n. Warnecke, a. a. O., S. 108.

wurde. Hier gründete das Ehepaar Flügge 1935 den Verein »Bergauf« mit.[16]

Neun Jahre später kam Anna Flügge in Haft. Das Attentat auf Adolf Hitler am 20. Juli 1944 löste die Aktion »Gewitter« (auch »Gitter«) aus, bei der am 22. und 23. August 1944 ehemalige Funktionärinnen, Funktionäre und Abgeordnete der Weimarer Republik verhaftet wurden. Sie gehörten vorwiegend der SPD, KPD und den Gewerkschaften an. Unter ihnen waren Anna Flügge und ihre Genossin Hedwig Pusch. Die Gestapo überstellte sie am 1. September ins KZ Ravensbrück, ließ sie jedoch am 7. September wieder frei, Hedwig Pusch am 20. September.[17]

Daran erinnernd schrieb Anna Flügge im Juni 1961 ihrer Tochter Margarethe:

> »[…] am 22. August 1944 bekam ich es mit der Polizei zu tun. Am Vormittag von der großen Wäsche weg wurde ich aus der Waschküche geholt und verhaftet. Man ließ mir noch Zeit mich umzuziehen, dann ging es mit dem Auto zur Polizei. Es war an diesem Tag eine Massenaktion im Gange, die sich ›Aktion Gewitter‹ nannte. […] Ich traf daher auf der Polizei viele alte Bekannte aus der SPD und der KPD. Es kamen im Frauengefängnis der Polizei in der Priesterstr. [Henning-von-Tresckow-Straße, J. T.] ungefähr 24 Frauen zusammen […], Frauen aus der ganzen Umgebung bis Brandenburg, Zehdenick, usw. Unser Verhör war nur kurz und beschränkte sich fast nur auf Personalien. […] Alle waren wir uns keiner Schuld bewusst. Seit mehr als 10 Jahren hatten wir jede politische Tätigkeit eingestellt und nur für unsere Familien gelebt. Das Schlimmste

16 Geschichte des Kleingartenvereins »Bergauf« <https://kgv-bergauf.de/verein/geschichte/#g10>, Zugriff am 1.12.2020; Erhart Hohenstein: Der Wandel eines verwilderten Kleingartens am Berghang, in: Potsdamer Neueste Nachrichten vom 3.5.2004, <https://www.pnn.de/potsdam/eine-ganz-gaesteschar-wurde-vom-giganten-satt/22299918.html>, Zugriff am 23.11.2020. Hier wird als Gründungsjahr fälschlich 1936 genannt.

17 Zugangsliste des KZ Ravensbrück vom 1.9.1944, <https://www.alvin-portal.org/alvin/imageViewer.jsf?dsId=ATTACHMENT-0224&pid=alvin-record:109645>, Zugriff am 21.11.2020; Bundesarchiv, NS 3/1577, Häftlingskarteikarte des Wirtschafts-Verwaltungs-Hauptamtes.

war die völlige Ungewißheit, das völlige Abgeschiedensein von der Außenwelt. [...] Während ich im Potsdamer Polizeigefängnis war, hatten sich Vater und Hilde sehr um meine Befreiung bemüht. Vater hatte viele Stunden im Büro der Polizei gesessen und auf eine Sprecherlaubnis gewartet, und endlich nach langem Warten erfahren, daß der Antrag abgelehnt war. Während dieser kummervollen Tage kam Fritz zu einem kurzen Fronturlaub nach Hause. Auch er lief wiederholt zur Polizei und bat darum, mich sprechen oder mir wenigstens frische Leibwäsche bringen zu dürfen.
Nach vielen vergeblichen Wegen erhielt er eines Vormittags den Bescheid, daß wir vor 10 Minuten fortgebracht worden seien und über Berlin nach Oranienburg fahren. Er lief sofort zur Bahn und es gelang, uns am Stettiner Bahnhof einzuholen. Dort kam es zu einem wahrhaft schmerzlichen Wiedersehen zwischen mir und Fritz, bei dem die Tränen reichlich flossen. Der uns begleitende Polizist wurde dabei sehr unruhig, doch ließ er uns einige Minuten miteinander sprechen, was er eigentlich gar nicht tun durfte. [...]
Doch nun zur Ankunft in Ravensbrück. Als wir durch das große Eingangstor geführt wurden, lag vor uns ein graues, staubiges Gelände mit vielen großen Baracken bebaut. Wir kamen zuerst zu der Aufnahmebaracke, in der sich die Geschäftsräume befanden. Vor deren Tür mußten wir erst einmal viele Stunden warten, denn vor uns war ein anderer Transport angekommen, der vorher abgefertigt wurde. [...] So standen wir, die wir am Vormittag abgefahren waren, bis zum späten Nachmittag. Zu essen gab es in dieser Zeit nichts. Wir hatten am Morgen einen Becher sogenannten ›Kaffee‹ bekommen, dazu eine dicke Scheibe Schwarzbrot trocken natürlich. [...] Als wir endlich in den Betten lagen war es längst dunkel und trotz allen Jammers schlief ich vor Erschöpfung ein, denn die Stimmung war inzwischen auf den Nullpunkt gesunken.
Am nächsten Morgen wurden wir um 5 Uhr geweckt. An einer Reihe Waschbecken konnten wir uns waschen. Die sanitären Anlagen waren in einem schlimmen Zustand, verdreckt und verstopft. Hier umfing uns sofort eine ganz andere Atmosphäre. Die Aufseherinnen brüllten uns an, denn wir Neuen wussten ja noch nicht, was wir tun sollten. Erst allmählich begriffen wir, daß wir auf dem freien

Platz vor der Baracke zum Appell antreten mußten. Dabei wurden wir gezählt, das wiederholte sich jeden Morgen. Da es so früh am Morgen im September schon recht kühl ist, froren wir natürlich. Aber das machte den Leuten, die uns hier eingespannt hatten nichts aus, denn wir waren ja nur noch Nummern. Nach dem Appell gab es die schwarze Brühe, die man Kaffee nannte und wir blieben uns selbst überlassen. [...] Bei Tage durften wir vor der Baracke umhergehen, wovon wir oft Gebrauch machten. Lieber froren wir draußen ein bißchen, als daß wir uns in der überfüllten Baracke aufhielten, in der wir keinen anderen Platz hatten als auf unserem Bett, auf dem wir auch sitzend unser Mittagessen verzehren mußten, das aus einer Suppe mit Gemüse oder Grütze bestand. [...] Die Tage vergingen uns eintönig. Da stieß mich eines Abends, als wir schon auf den Betten lagen, meine Nachbarin an, denn meine Nummer wurde aufgerufen. Ich stand auf und ging zur Tür, da wurde mir mitgeteilt, daß ich entlassen würde.
Ich konnte es zuerst kaum glauben, auch waren vorher noch allerlei Formalitäten zu erledigen. [...] Als alles erledigt war, stellte sich heraus, daß der Lagerkommandant nicht mehr da war, der meinen Entlassungsschein unterschreiben mußte. Das war eine Enttäuschung, aber nur eine kleine, denn auf eine Nacht kam es auch nicht mehr an, da ich am anderen Morgen bestimmt entlassen werden sollte. Am nächsten Morgen noch einmal antreten zum Appell, doch schon vor dessen Ende wurde ich herausgerufen und zum Geschäftszimmer gebracht. Dort mußte ich noch lange warten und wurde noch mehrmals ohne jeden Grund angebrüllt, also noch bis zum Schluß unter Druck gehalten. Endlich war es so weit und es ging zu der Baracke, wo ich Straßenkleidung empfangen sollte. Jetzt erfuhr ich erst, daß mein Sohn auf mich wartete um mich abzuholen. [...] Im äußeren Büro konnte ich dann endlich unseren Fritz umarmen und durfte mit ihm das Lager verlassen.«[18]

18 Privatbesitz Ursula Demitter, Kopie des Briefes vom 21.6.1961.

In die SED übernommen

Nach dem Krieg trat Anna Flügge wieder der SPD bei; 1946 wurde sie in die SED übernommen. Die Vereinigung der Arbeiterparteien KPD und SPD zur SED fand sie aufgrund ihrer Erfahrungen richtig. Beide Parteien sollten in Zukunft zusammenhalten, so ihre Enkelin. Eine Position in der SED bekleidete sie nicht; eine Entschädigung für ihre Haftzeit oder die Anerkennung als Opfer des Faschismus hat sie nie beantragt. Mit ihrem Mann versorgte sie den Garten und kümmerte sich um die Enkelkinder. Eduard Flügge starb am 12. März 1955 in Potsdam.[19] Anna Flügge zog später ins evangelische Bürgerstift; dort lebte sie bis zu ihrem Tod am 19. Oktober 1968.[20]

Zum 100. Jubiläum des Frauenwahlrechts beschloss die Potsdamer Stadtverordnetenversammlung 2019, eine der neuen Straßen am Alten Markt nach Anna Flügge zu benennen, an jenem Ort also, wo sie für knapp dreieinhalb Jahre als Abgeordnete des Stadtparlaments[21] wirkte, und unweit der Straßen, in denen sie als junge Unternehmerin tätig war.

Erinnerungen von Ursula Demitter

»Als meine Großmutter starb, war ich 23 und hatte meine Kindheit und Jugend im familiären Kontakt mit ihr verbracht.
Nach dem 17. Juni 1953 floh meine Tante Hilde, Omas jüngste Tochter, in den Westen. Sie hatte auf einer Betriebsversammlung des VEB Kraftverkehr Potsdam das Wort ergriffen und war vor der drohenden Verhaftung gewarnt worden. Oma blieb in der SED, ging aber nicht mehr zu den Versammlungen. Mit der DDR war sie im Großen und Ganzen einverstanden. Ihrer Meinung nach hätten

19 Privatbesitz Ursula Demitter, Sterbeurkunde Eduard Flügge.
20 Stadtarchiv Potsdam, Sterbeurkunde vom 22.10.1968 im Sterbebuch P 222, Urkundennr. 1635.
21 Die Stadtverordnetenversammlung tagte ab 1920 im Stadtschloss.

die beiden linken Parteien zusammen Hitler verhindern können. Für meine Oma waren wir diejenigen, die für den Weltfrieden eintraten. Das glaubte sie von Westdeutschland nicht.
Bis zu dreimal im Jahr fuhr sie zur Schwester nach Hamburg oder zu den Töchtern nach Bonn und München. Im Zug nach München wurde sie einmal als Kommunistenschwein beschimpft, weil sie die DDR verteidigte. Danach schrieb sie ihre Erlebnisse aus dem KZ auf und gab sie nur den Enkeln im Westen. Als ich danach fragte, meinte sie, wir hätten genug in der Schule gelernt und könnten uns auch informieren. Aber drüben, im Westen, sei noch viel von dem Braunen geblieben.
Meine Großmutter war Atheistin, lebte in einem evangelischen Heim und bekam zu einem runden Geburtstag von der SED eine Auszeichnung für 40 Jahre Parteizugehörigkeit. Die SPD-Zeit mit eingerechnet. Das Abzeichen habe ich noch. Ein rotes Banner mit den Profilen von Marx, Engels und Lenin. Wir sind noch vier Enkelinnen von Anna Flügge. Durch die Potsdamer Initiative Frauenwahllokal haben wir zum 100. Jubiläum des Frauenwahlrechts 2019 bisher unbekannte Fakten über unsere Familie erfahren. Wir sind stolz auf unsere Großmutter.«

Paul Szillat | Ein widerständiger Sozialdemokrat

von Siegfried Heimann

Paul Szillat

Paul Szillat wurde am 30. Oktober 1888 in Charlottenburg bei Berlin geboren. Er war der Sohn der nicht verheirateten Weißnäherin Wilhelmine Szillat, er hat – wie er später schrieb – seinen Vater nicht gekannt.[1] Er besuchte die »Gemeindeschule bis zur Oberklasse in Berlin« und machte von 1903 bis 1906 eine Lehre als Feinmechaniker. Anschließend arbeitete er in seinem Beruf und wurde bald Vertrauensmann des Deutschen Metallarbeiter-Verbandes (DMV). 1913 trat er in die SPD ein. Er war konfessionslos. Während des Ersten Weltkrieges war er von 1915 bis 1917 Soldat. Seine 1894 geborene Frau Else, geborene Reichenbach, stammte aus Berlin-Schöneberg. Sie hatten zusammen einen Sohn, Hans Szillat.

1 Der Text stützt sich auf die Schrift des Autors: Siegfried Heimann: Paul Szillat 1888–1958, Berlin 2016. Dort auch weitere Belege und Hinweise.

Kommunalpolitiker, Gewerkschafter, Stadtkämmerer in Rathenow und Oberbürgermeister in Brandenburg

Kurz nach Kriegsende wurde Szillat im Jahre 1919 zum Gemeindevertreter in Steglitz und damit auch zum Mitglied des Kreistages Teltow gewählt. Im August 1920 wurde er zum Ersten Bevollmächtigten der Verwaltungsstelle des Deutschen Metallarbeiter-Verbandes in Rathenow gewählt. Er verließ Berlin. Szillat übte diese neue Tätigkeit als Gewerkschaftsfunktionär bis 1927 aus. Die DMV-Verwaltungsstelle in Rathenow hatte über 4.000 Mitglieder und war damit eine der größten und wichtigsten Ortsverwaltungen in Brandenburg. Es konnte daher nicht überraschen, dass Szillat im lokalen ADGB und darüber hinaus auch im DMV auf Reichsebene als Vertreter aus Rathenow ein gewichtiges Wort mitzureden hatte. Seit August 1924 war Szillat als SPD-Stadtverordneter von Rathenow kommunalpolitisch tätig und erwarb sich bald große Anerkennung in der Stadt. In einem 1956 verfassten Lebenslauf schrieb er voller Stolz:

> »Im Dezember 1927 wählte mich die Stadtverordnetenversammlung Rathenow zum (besoldeten) Stadtrat und Stadtkämmerer der Stadt Rathenow. Dieses Amt bekleidete ich bis zum März 1932, um am 22. März 32 das Amt des Oberbürgermeisters der Stadt Brandenburg zu übernehmen«.[2]

Die Wahl zum Oberbürgermeister in Brandenburg an der Havel verlief allerdings nicht ohne Probleme. Erst nach mehreren Anläufen mit anderen Kandidaten wurde Szillat in einer von Friedrich Ebert jun. geleiteten außerordentlichen Stadtverordnetensitzung am 25. Februar 1932 zum Oberbürgermeister gewählt und am 22. März 1932 in sein Amt eingeführt. Die *Brandenburger Zeitung* feierte Paul Szillat: »So hat nun die alte und sturmerprobte Arbei-

2 Vgl. »Mein Lebenslauf« vom 28.7.1956. Anlage zum Antrag auf Notaufnahme in Berlin, in: Gedenkstätte Deutscher Widerstand, Sammlung Szillat.

terstadt Brandenburg, die Stadt der Eisernen Front, wieder einen sozialdemokratischen Oberbürgermeister.«[3]

Szillats Aufgabe als Oberbürgermeister war nicht leicht, der Widerspruch der konservativ-reaktionären und nazistischen politischen Gegner war lautstark. Die soziale Not in der Hochzeit der Weltwirtschaftskrise war besonders in Brandenburg erheblich, die Stadt hatte unter den größeren Städten in Preußen die höchste Arbeitslosenrate.

Abgeordneter im Preußischen Landtag

Von 1925 bis 1933 war Paul Szillat Abgeordneter im Preußischen Landtag. Diese Tätigkeit wurde von seinen Zeitgenossen wenig gewürdigt. Er war kein leidenschaftlicher Debattenredner, aber seine Reden zeichneten sich durch detailreiche Kenntnis der Materie, überlegtem politischen Bekenntnis und immer wieder durch polemische Schärfe und sprachlichen Witz aus. Er besaß ja als Stadtkämmerer in Rathenow große finanzpolitische Kompetenz, die er als »Berichterstatter« besonders in Debatten über den jeweiligen Haushalt Preußens immer wieder unter Beweis stellte.

In seinen Debattenbeiträgen zeigte er stets eine klare kämpferisch-politische Haltung, die keinen Zweifel ließ, dass er trotz aller Rücksichtnahme auf koalitionspolitische Zwänge sein Bekenntnis zu sozialdemokratischen Zielen immer mit scharfer Polemik gegen die schon bald als wichtigsten politischen Gegner ausgemachte Fraktion der NSDAP zu verbinden wusste.

In seiner ersten Rede im Preußischen Landtag am 5. November 1926 ergriff Szillat in einer allgemeinen Debatte zum Thema »Ausschreitungen politischer Verbände, Durchsuchungen bei Führern vaterländischer Verbände« als erster Redner das Wort für die SPD-Fraktion. Szillat wandte sich in seinem längeren, immer wieder durch Zwischenrufe von rechts unterbrochenen Debattenbeitrag

3 Vgl. »Oberbürgermeisterwahl in Brandenburg«, in: Brandenburger Zeitung vom 26.2.1932.

besonders gegen die beschwichtigende Stellungnahme der Deutschnationalen Volkspartei (DNVP), die die gewalttätigen Machtdemonstrationen rechter Kampfverbände zu rechtfertigen suchte. In dem Zusammenhang nahm er zwar die KPD gegen falsche Angriffe in Schutz, er forderte die KPD jedoch zugleich auf zu überlegen, »ob die Art ihres politischen Handelns, den Stoß in der Hauptsache zuerst lediglich gegen unsere Partei zu richten und andererseits in der Art ihres Auftretens dem Gegner von rechts Waffen in die Hand zu geben, richtig ist«.[4]

In seiner zweiten Rede im Preußischen Landtag über ein Jahr später sah er in der KPD immer noch einen möglichen Bündnispartner bei der Durchsetzung politscher Ziele. Er appellierte in seiner Rede zu einem Antrag der KPD an sie, zur Vernunft zu kommen und billige Anwürfe gegen die SPD zu unterlassen. Noch hatte die KPD die SPD nicht als »Hauptfeind« ausgemacht, und die SPD hoffte auf eine mögliche Zusammenarbeit bei einzelnen politischen Fragen.[5]

Während der dritten Wahlperiode zwischen 1928 und 1932 war Szillat viel häufiger als zuvor im Plenum des Landtags zu hören. Die Jahre waren eine Hochzeit von Szillats Tätigkeit als Parlamentarier und als Finanzexperte seiner Fraktion im Landtag. Als Stadtkämmerer von Rathenow und noch mehr seit Anfang des Jahres 1932 als Oberbürgermeister von Brandenburg kannte er die Finanznot der preußischen Gemeinden aus eigener Erfahrung sehr genau und machte sich deshalb zum Fürsprecher der Gemeinden. Immer wieder polemisierte Szillat gegen die inzwischen erstarkte Fraktion der NSDAP. Er warf ihr vor, die Sitzungen des Landtags nur zur Agitation zu nutzen und prognostizierte ihr – allzu optimistisch: Der Tag werde kommen, wo »auch ihre Herrlichkeit zu Ende gehen wird«.[6]

---

4 Vgl. für die Zitate: Sitzungsberichte Preußischer Landtag, 2. Wahlperiode, 214. Sitzung vom 5.11.1926, Spalte 14896-14903.

5 Vgl. auch für die Zitate: Sitzungsberichte Preußischer Landtag, 2. Wahlperiode, 323. Sitzung vom 12.12.1927, Spalte 22436-22439.

6 Vgl. Sitzungsberichte Preußischer Landtag, 3. Wahlperiode, 189. Sitzung vom 13.11.1930, Spalte 15821.

Während der kurzen vierten Wahlperiode des Preußischen Landtags – sie währte nur vom Mai 1932 bis zum März 1933 – ergriff Szillat nur einmal das Wort. Nach den Wahlen im März 1932 hatte die langjährige Regierung der Weimarer Koalition unter Otto Braun die Mehrheit verloren. Braun stand nur noch einer »kommissarischen Regierung« vor, die NSDAP war stärkste Fraktion geworden und genoss die neue Machtfülle. Und dennoch – oder gerade deshalb – war Szillats Rede am 16. Juni 1932 zur »Preußischen Sparverordnung« vor allem eine scharfe Polemik gegen die NSDAP-Fraktion. Die SPD werde alles tun, um »Ihnen in Preußen den Weg zur politischen Macht zu verlegen. (Ausdauernde große Unruhe bei der NSDAP)«.[7]

Paul Szillat 1933

Am 5. März 1933 wurden Reichstag und Preußischer Landtag neu gewählt. Seit 1931/1932 war deutlich erkennbar, dass die bürgerlichen Partner der SPD die Fronten zu wechseln begannen und schließlich gewechselt hatten. Die Zusammenarbeit von SPD, Zentrum und der Demokratischen Partei und auch partiell mit der Deutschen Volkspartei war die Basis für den Bestand der Weimarer Republik gewesen. Wenn diese Basis brüchig zu werden drohte oder gar zerbrach, war auch das Scheitern der Weimarer Republik programmiert.[8] 1933 schließlich war die SPD es nur noch allein, die die Übergabe der politischen Macht der Republik an die Nazis im Reichstag verweigerte.

Die Verweigerung im Reichstag offen auszusprechen, war Sache des Fraktionsvorsitzenden Otto Wels. Trotz aller Drohungen der Nazis übernahm er diese Pflicht ohne Zögern. Seine Rede am 23. März 1933, mit der er die Ablehnung des sog. Ermächtigungs-

7 Vgl. Sitzungsberichte Preußischer Landtag, 4. Wahlperiode, 9. Sitzung vom 16.6.1932, Spalte 582-589.

8 Vgl. Heinrich August Winkler: Der Weg in die Katastrophe. Arbeiter und Arbeiterbewegung in der Weimarer Republik 1930–1933, Berlin/Bonn 1987, S. 954.

gesetzes durch die sozialdemokratische Fraktion begründete, war ein beeindruckendes Zeugnis des Muts. Schließlich waren von den 120 SPD-Abgeordneten bereits 26 verhaftet worden, Carl Severing und Julius Leber unmittelbar vor Beginn der Reichstagssitzung.

In Preußen hatten die Landtagswahlen vom 5. März 1933 noch größere Folgen. Die NSDAP wurde auch in Preußen noch stärker als zuvor, erhielt jedoch mit 43 Prozent nicht die absolute Mehrheit. Aber die 63 Mandate der KPD – sie hatte die Zahl ihrer Stimmen und ihrer Mandate gegenüber 1932 sogar noch steigern können – wurden annulliert, die KPD war im Landtag nicht mehr vertreten. Die 211 Mandate der NSDAP reichten zusammen mit den 42 (43) Mandaten der DNVP, um im Landtag unter Federführung seines Präsidenten Kerrl jedes Gesetz durchbringen zu können. Die SPD hatte immerhin noch 16,6 Prozent und 83 Mandate und die Zentrumspartei 14,1 Prozent und 68 Mandate erhalten. Nur die Staatspartei als Nachfolgerin der Demokratischen Partei war ohne Mandate geblieben.[9]

Seit dem 11. April 1933 hieß der preußische Ministerpräsident Hermann Göring. Der Reichskanzler Hitler, kraft eigenen Rechts auch Reichsstatthalter von Preußen, hatte ihn dazu ernannt. Die NSDAP stellte damit auch in Preußen den ersten Mann im Staate. Die preußische Regierung vollzog, was von der Reichsregierung vorgegeben wurde.

Am 18. Mai 1933 kam schließlich der Tiefpunkt in der Geschichte des Preußischen Landtags. Er trat zum letzten Mal zusammen, um sich selbst zu entmachten. Die Abgeordneten verabschiedeten das »Gesetz zur Behebung der Not von Volk und Land«. Sie beschlossen damit auch für Preußen ein »Ermächtigungsgesetz«, das die »Gleichschaltung« Preußens durch das von der Reichsregierung erlassene Gleichschaltungsgesetz ausdrücklich begrüßte. Das preußische Staatsministerium durfte fortan ohne parlamentarische Zustimmung Gesetze beschließen, die einschlägigen Paragrafen der

9 Vgl. zu den Wahlergebnissen: Jürgen Falter u. a.: Wahlen und Abstimmungen in der Weimarer Republik, München 1986, S. 101.

preußischen Verfassung, die das untersagten, sollten »keine Anwendung« mehr finden.[10]

Wie Göring die Verfassung verstand, erläuterte er mit unmissverständlicher Offenheit. Er habe in den vergangenen Jahren vor allem von Adolf Hitler gelernt: »... sein Wille ist mein Wille geworden«, und er werde daher die preußische Staatsregierung »vor allem und in erster Linie als treuester Paladin meines Führers Adolf Hitler« übernehmen.

Nur ein Abgeordneter widersprach, der Fraktionsvorsitzende der SPD-Fraktion Paul Szillat. Er sagte:

> »Die Sozialdemokratische Partei und ihre Vertreter in den Parlamenten des Reichs, der Länder und der Kommunen haben gemäß ihrer grundsätzlichen Einstellung auch nach der politischen Umwälzung versucht, ihre politische Tätigkeit im Rahmen der gesetzlichen Grenzen auszuüben. Diese Betätigung ist ihnen in immer zunehmendem Umfange trotz ihrer Gesetzlichkeit eingeengt worden. Neben dem Verbot unsrer Presse erfolgten Zwangsmaßnahmen und die Inhaftnahme eines großen Teils unserer Mitglieder, Funktionäre und Abgeordneten sowie die Beschlagnahme unsres Parteivermögens. Die Tätigkeit der verfassungsmäßig bestehenden Partei ist daher in Wirklichkeit nahezu unmöglich. [...] Solange uns jedoch diese Gleichberechtigung versagt ist, sind wir nicht in der Lage besonders nach den Erfahrungen, die mit der Ermächtigungsgesetzgebung des Reiches zusammenhängen, einem Ermächtigungsgesetz in Preußen, das eine Mitwirkung der parlamentarischen Vertretungen vollkommen ausschließt, unsre Zustimmung zu geben. Wir lehnen daher den Gesetzentwurf ab.«[11]

Es war ein letztes mutiges Zeugnis eines preußischen Landtagsabgeordneten im Plenum des Landtags. Aber es half wenig. Danach

---

10 Vgl. zum Wortlaut des am 1. Juni 1933 verkündeten und damit in Kraft getretenen Gesetzes »Zur Behebung der Not von Volk und Land«: Preußische Gesetzsammlung 1933, Nr. 38, S. 198.

11 Vgl. Sitzungsberichte Landtag 1933, Bd. 1 (Einziger Band), die Rede von Szillat, Spalte 35, die Abstimmung Spalte 38.

wurde das von der NSDAP und der DNVP eingebrachte »Ermächtigungsgesetz« in allen drei Lesungen im Eilverfahren beschlossen, mit dem nach 234 Jahren Preußen seine Eigenständigkeit verlor.[12]

Ein resistenter Sozialdemokrat

Nach den Wahlen im Reich und in Preußen kam auch in der Stadt Brandenburg am 5. März 1933 das Aus. Die NSDAP wurde stärkste Fraktion und konnte zusammen mit willigen Helfern der »Bürgerlichen Arbeitsgemeinschaft« die Stadtverordnetenversammlung majorisieren. Oberbürgermeister Paul Szillat wurde zusammen mit allen höheren Beamten am 20. März 1933 entlassen, im Juli 1933 erhielt er – schon in Haft – wegen »mangelnder Eignung« seine formelle Dienstenthebung.[13]

Am 23. Juni 1933 wurde Szillat verhaftet und zunächst im Polizeigefängnis in Brandenburg und ab 28. Juni für mehrere Wochen im KZ Oranienburg eingekerkert und misshandelt. Der »Zuführungsbescheid« nennt die Gründe für die »Schutzhaft«:

> »Szillat hat sich seit langen Jahren in führenden Stellungen der SPD befunden und agitatorisch gegen die nationale Bewegung betätigt. Er war seit 22. 3. 1932 Oberbürgermeister der Stadt Brandenburg. Hierzu wurde er von seiner Partei gewählt. Er war ein langjähriges Mitglied des Preußischen Landtags und dort zuletzt Fraktionsvorsitzender der S. P.D. Es besteht der Verdacht, daß er sich mit Rücksicht auf seine führende Stellung in der S. P.D. in das Ausland begeben wird.«[14]

---

12 Vgl. Sitzungsberichte Landtag 1933, Bd. 1 (Einziger Band), S. 15 ff., die Rede Görings: Spalten 17 ff., die Rede von Szillat: Spalten 35 f.; die Abstimmung: Spalte 38.

13 Vgl. auch für das Zitat: Klaus Heß: Paul Szillat – Oberbürgermeister der Stadt Brandenburg 1932/33. Manuskript einer Rede aus dem Jahre 2000, in: Stadtarchiv Brandenburg. Heß war im Jahre 2000 Stadtarchivar von Brandenburg.

14 Vgl. auch für die Zitate, die einschlägigen Akten aus dem KZ Oranienburg, in: Brandenburgisches Landeshauptarchiv, Rep. 35 G, KZ OR.

Der Weg ins Ausland sollte Szillat versperrt und der Häftling »umerzogen« werden.

Am 29. Juli 1933 sollte Szillat aus dem KZ entlassen werden. Die Entlassung verzögerte sich jedoch und die Leidensgeschichte von Szillat fand eine neuntägige Fortsetzung. Er wurde von »sechs vertierten SA-Leuten so geschlagen [...], daß er noch acht Tage darnach große blutunterlaufenen Stellen am Oberkörper und im Gesicht hatte«. Er blieb neun Tage in einer Dunkelarrestzelle eingesperrt.[15] Erst am 9. August 1933 konnte er das KZ verlassen.

Paul Szillat war trotz der schweren Misshandlungen ungebrochen und er hatte sich auch nicht »umerziehen« lassen. Bis zum Ende der Nazi-Diktatur hielt er seiner Partei und seinen Genossinnen und Genossen die Treue. Nach seiner Entlassung arbeitete er zunächst in einer von ihm begründeten und von seiner Frau geführten Fotokopieranstalt in Berlin. 1939 fand er in einer optischen Firma eine Stellung, die während des Krieges nach Coburg verlegt wurde. 1945 zum Volkssturm eingezogen, desertierte er und kehrte nach Rathenow zu seiner Frau zurück.

Seine Frau Else Szillat war nach dem Umzug der Fotokopieranstalt nach Coburg nach Rathenow zurückgekehrt, wo die Familie ein kleines Siedlungshaus besaß. Hier hat sich Szillat, wie er in einem Lebenslauf schrieb, sofort für den Wiederaufbau zur Verfügung gestellt.[16] In all diesen Jahren hielt er Kontakt zu seinen sozialdemokratischen Genossen. Der Bürgermeister der Gemeinde Eichwalde bei Berlin, Kurt Wegner, beschrieb 1949 die widerständige Haltung Szillats während der Zeit der Nazi-Diktatur genauer. In Szillats Wohnung »ging ein großer Teil der zuverlässigsten Funktionäre der Arbeiterbewegung ein und aus, hörte und bekam die nötigen Informationen und Schriften zur Weiterverteilung und berichtete über die Vorgänge in der Provinz.«[17]

---

15 Vgl. Gerhard Seger: Oranienburg. Erster authentischer Bericht eines aus dem Konzentrationslager Geflüchteten. Mit einem Geleitwort von Heinrich Mann, Karlsbad 1934, zit. n. einem Nachdruck: Berlin 1979, S. 40 f.

16 »Oberbürgermeister Szillat: Mein Lebenslauf Rathenow, den 25.1.1946« in: Brandenburgisches Landeshauptarchiv, Rep. 401, VdN-1577.

Die verschiedenen Hinweise auf die Widerstandstätigkeit von Szillat und seinen Freunden entsprechen dem Bild sozialdemokratischen Widerstands in der Zeit nach 1933. Geburtstagsfeiern, Vereinstreffen und leider auch Beerdigungen boten immer wieder Gelegenheit, sich zu versammeln und sich auch in Gesprächen auf die Zeit nach dem Ende der Nazi-Diktatur vorzubereiten, ohne Illusionen, dass dieses Ende schnell kommen würde. Die Vereine trugen – so hofften sie – »unverdächtige« Namen, so etwa der als Verein organisierte Männerchor »Berliner Liederfreunde 1879«. Der Gestapo blieb freilich nicht verborgen, wer sich unter dem Deckmantel der »Liederfreunde« alles zusammenfand. In einem Gestapo-Bericht hieß es:

> »Die Mitglieder und Gäste rekrutierten sich fast durchweg aus bekannten Funktionären und Anhängern der SPD sowie der Freien Gewerkschaften. Sie waren untereinander befreundet und bekannt, so daß der Eindruck einer einzigen großen Familie erweckt wurde.«[18]

Die bestimmende Persönlichkeit in diesem Kreis war Franz Künstler, der letzte Vorsitzende der SPD Groß-Berlin vor 1933, aus Brandenburg war neben Friedrich Ebert jun. auch Paul Szillat dabei. Die Gestapo war so gut informiert, weil ein Spitzel unter den »Liederfreunden« zu finden war. Die Informationen des Denunzianten reichten der Gestapo: Die »Berliner Liederfreunde 1879« wurden als Verein im Mai 1938 aufgelöst, es kam zu zahlreichen Verhaftungen, darunter war auch Franz Künstler. Aber: »Das Verbot der ›Liederfreunde‹ und die anschließende Verfolgung von prominenten Sozialdemokraten konnten die große Solidar-

17 Der Bürgermeister von Eichwalde bei Berlin Kurt Wegner: »Eidesstattliche Versicherung« vom 29.9.1949, in: Brandenburgisches Landeshauptarchiv, Rep. 401, VdN-1577.

18 Die Zitate aus dem Gestapo-Bericht, vgl. Frank Moraw: Die Parole der »Einheit« und die Sozialdemokratie, Bonn-Bad Godesberg 1973, S. 45 f.

gemeinschaft nicht zerstören. Sie konnte im Stillen weiter gedeihen […]«.[19]

Ein Sozialdemokrat in der SED

Die politische Biografie Paul Szillats nach dem Kriegsende und der Befreiung von der NS-Diktatur gleicht der von vielen Sozialdemokraten nach 1945 in der sowjetischen Besatzungszone: voller Selbstbewusstsein, aber auch voller Illusionen über einen Neuanfang gemeinsam mit den Mitgliedern der Kommunistischen Partei.

Szillat gehörte im Juni 1945 mit zu den Sozialdemokraten, die in Rathenow die SPD wiedergründeten. Seine Verwaltungserfahrung war von der ersten Stunde an auch von der sowjetischen Besatzungsmacht gefragt. Er war kurze Zeit stellvertretender Landrat des Kreises Rathenow und wenig später setzte ihn der sowjetische Stadtkommandant als Oberbürgermeister der Stadt Rathenow ein, nachdem sich die Ernennung des ersten Oberbürgermeisters, Arthur Neumann (KPD), als Fehlbesetzung erwiesen hatte.

Auch in Rathenow stand vonseiten der KPD die Frage der Vereinigung der beiden im Juni 1945 wiedergegründeten Arbeiterparteien nicht sofort auf der Tagesordnung. Mehr »Einheitseuphorie« war zunächst aufseiten der Sozialdemokraten zu finden. Als im Herbst 1945 deutlich wurde, dass die KPD auch im Land Brandenburg, gemessen an der Zahl der Mitglieder, nicht größer als die SPD war, änderte sich die Politik der KPD. Sie wollte nun die Vereinigung der Parteien, während in der SPD die Skepsis zu wachsen begann.

Trotz erster schlechter Erfahrungen in der Zusammenarbeit mit Mitgliedern der KPD und vor allem auch mit der sowjetischen Besatzungsmacht trat Szillat in Brandenburg für die Anfang 1946 vom Zentralausschuss der SPD mit Otto Grotewohl propagierte

19 Zu den »Berliner Liederfreunden 1879« vgl. Hans Rainer Sandvoß: Die »andere« Reichshauptstadt, Berlin 2007, S. 119 ff. und zur Biografie Künstlers vgl. Ingrid Fricke: Franz Künstler, Berlin 2015.

Vereinigung von SPD und KPD ein. Am 6. April 1946 votierten die Delegierten des Bezirksparteitages der SPD Brandenburg mehrheitlich für eine Vereinigung mit der KPD und einen Tag später beschloss ein »Vereinigungsparteitag« in Potsdam die Gründung der SED in Brandenburg.[20]

Auf dem »40. Parteitag der SPD« am 19. und 20. April 1946 im Berliner Admiralspalast, der dem »Vereinigungsparteitag« am 21. und 22. April 1946 am gleichen Ort unmittelbar voranging, war Paul Szillat als Brandenburger Delegierter Mitglied der Statuten- und der Programmkommission. Die Delegierten des Parteitages wählten Paul Szillat, Friedrich Ebert jun. und Oskar Wegener zu den drei Vertretern aus dem Lande Brandenburg im SPD-Parteivorstand. Dieser bildete dann zwei Tage später den sozialdemokratischen Teil des paritätisch zusammengesetzten SED-Parteivorstandes.[21] Szillat blieb Mitglied des SED-Parteivorstandes und später, nach der Veränderung der SED-Organisationsstruktur, des Zentralkomitees der SED bis zu seinem Ausschluss aus der SED im Jahre 1950.

Gerade weil Szillat für die Vereinigung von SPD und KPD gewesen war, trat er, und er nicht allein, in der SED sehr selbstbewusst auf. So beklagte Szillat auf der 2. Tagung des SED-Parteivorstandes, dem er angehörte, im Mai 1946 das Auftreten untergeordneter sowjetischer Besatzungsoffiziere, die die Arbeit der deutschen Selbstverwaltung immer wieder erschwerten, da sie nicht, wie es ihnen natürlich zusteht, kontrollieren, sondern »kommandieren«.[22]

Auf einer weiteren Tagung des SED-Parteivorstandes im Oktober 1947 störte Paul Szillat das von Wilhelm Pieck beschworene Bild der angeblichen »inneren Geschlossenheit« der Partei. Er kritisierte am Ablauf des vorangegangenen Parteitages eine Regie, die ehemalige Sozialdemokraten nicht angemessen zu Wort hatte

20 Vgl. Michael Bienert: Zwischen Opposition und Blockpolitik, (Diss. phil. MS) Potsdam 2013, S. 84. (als Buch: Düsseldorf 2016).

21 Vgl. »40. Parteitag der Sozialdemokratischen Partei Deutschlands am 19. und 20. April 1946 in Berlin«, Berlin 1946, zur Wahl: S. 102.

22 Vgl. Protokoll der SED-PV-Sitzung vom 14. Und 15.5.1946, in: Bundesarchiv Berlin (künftig: BArch) SAPMO DY 30 IV/2/1/2.

kommen lassen. Das war für Wilhelm Pieck Grund genug, von einer »ungesunden Stimmung« zu sprechen. Er sprach Szillat in seiner Antwort direkt an und der drohende Unterton war nicht zu überhören: »Wie kannst Du, Genosse Szillat, eine solche Regie vergleichen mit der, wie Du es ausgedrückt hast, auf einem Katholikentag.«[23]

Schon bald zählte auch Szillat zu den verkappten »Schumacher-Leuten«, wenn nicht gar zu den »Schumacher-Agenten«, zumindest aber zu denjenigen, die angeblich anfällig waren für das Gift des »Sozialdemokratismus«. Dem »Kampf gegen den Sozialdemokratismus« widmete sich die SED-Parteiführung bereits seit Mitte 1948 mit großer Energie. Im Klartext hieß das: Sozialdemokraten, die den Kurs der SED in Richtung einer stalinistischen Kaderpartei nicht mitzumachen bereit waren, sollten ausgeschlossen werden.[24]

Von einer Parität von Sozialdemokraten und Kommunisten in den Vorständen der SED war bald keine Rede mehr. Ende Januar 1949 wurde das Prinzip der Parität auf der »1. Parteikonferenz« der SED formell aufgehoben. Otto Grotewohl begründete den Beschluss der Konferenz über die »innerparteilichen Maßnahmen« in einer langen Rede, die die »Politik der Partei und die Entwicklung der SED zu einer Partei neuen Typs« thematisierte. Es gelte vor allem das »Eindringen fremder Elemente, von Karrieremachern, Opportunisten, Schumacher-Agenten und Spionen fremder Geheimdienste« zu verhindern.[25]

Diesen in »mehreren Wellen« zwischen Mitte 1948 und 1952 erfolgenden »Parteisäuberungen« fiel auch Paul Szillat zum Opfer. Noch im Oktober 1948 wird Szillat zu seinem 60. Geburtstag in der Stadt Rathenow in der Lokalpresse mit viel Lob überhäuft.[26] Aber er galt schon lange »in der Zentrale des SED-Parteivorstandes

---

23 Szillat sprach vom Verlauf des 2. Parteitages der SED vom 20. bis 24.9.1947, auf dem Walter Ulbricht in seinem Schlusswort die Entwicklung der SED zu einer »Partei neuen Typs« gefordert hatte. Vgl. Protokoll der SED-PV-Sitzung vom 15. und 16.10.1947, in: BArch SAPMO DY 30 IV 2/1/30.

24 Vgl. dazu: Andreas Malycha, Partei von Stalins Gnaden, Berlin 1996, S. 105.

25 Vgl. Protokoll der 1. Parteikonferenz der SED vom 25.1. bis 28.1.1949.

26 Vgl. Paul Szillat – 60 Jahre, in: Rathenower Nachrichten. Informationsblatt des Stadtkreises Rathenow, Nr. 42 vom 30.10.1948.

als Querulant. Immer wieder war er durch unbequeme Wortmeldungen und Fragen aufgefallen«.[27] Ein reichliches Jahr nach seinem 60. Geburtstag bescheinigte ihm die SED-Kreisleitung von Rathenow, er sei ein »Genosse mit starken Tendenzen zum Sozialdemokratismus«. Das war inzwischen nicht nur ein Schimpfwort, sondern auch ein Freibrief für politische Verfolgung. Szillat war zwar im November 1949 noch einmal in den neuen Kreisvorstand von Rathenow gewählt worden, aber bereits seit Anfang 1949 gab es erste Vorbehalte im Rathenower SED-Vorstand.

Im Juni 1950 bezichtigte der SED-Kreisvorstand von Rathenow Szillat der Demagogie, der ideologischen Unklarheit und starker Tendenzen zum »Sozialdemokratismus«. Es war offenbar: Szillat war zum Abschuss freigegeben.[28] Aber es sollte der Eindruck vermieden werden, dass er wegen seiner politischen Einstellung gemaßregelt oder gar ausgeschlossen werde. Gerade wegen seines großen Ansehens in der Rathenower SED und in der Rathenower Stadtverwaltung sollte er wegen angeblicher »Wirtschaftsverbrechen« angeklagt werden.

Am 12. Juli 1950 begann die offene Hatz auf Paul Szillat, auf seinen Sohn Hans und auf seine politischen Freunde. In der *Märkischen Volksstimme* erschien ein ganzseitiger Artikel unter einer Überschrift, die bereits die Stoßrichtung vorgab: »Agenten und Saboteure in Rathenow entlarvt«. In Rathenow seien »Szillat und Konsorten« wegen ihrer »verbrecherische[n] Sabotage- und Agententätigkeit« verhaftet worden.[29]

Da mochte die SED-Kreisleitung Rathenow nicht mehr zurückstehen. In einer SED-Mitgliederversammlung eines Rathenower Betriebes wurden die »Verbrechen« von Szillat ausführlich geschil-

27 Vgl. Andreas Herbst: Paul Szillat – ein unbequemer Mahner im SED-Parteivorstand, in: Neues Deutschland vom 10./und 11.11. 2001, S. 21.

28 »Einschätzung« des SED-Kreisvorstandes von Rathenow – Westhavelland vom 9.6.1950, in: Brandenburgisches Hauptstaatsarchiv Potsdam, Rep. 322, Nr. 189.

29 Vgl. auch für die Zitate: »Agenten und Saboteure in Rathenow entlarvt«, in: Märkische Volksstimme vom 12.7.1950.

dert und anschließend »einmütig« die »strengste Bestrafung« dieser »Agenten des imperialistischen Lagers« gefordert.[30]

Diese wurde schon bald in die Wege geleitet. Am 14. Juli 1950 verfasste das Volkspolizeikreisamt Westhavelland, Abteilung K einen »Bericht«. Im »Betreff« heißt es so umständlich wie falsch: »Verstoss gegen wirtschaftsstrafregelnde Gesetze und Verordnungen der deutschen Wirtschaftsverwaltung und wirtschaftsstrafregelnde Anordnungen und Befehle der SMAD des Oberbürgermeisters Paul Szillat und andere leitende Personen der Stadtverwaltung Rathenow«. Alle seien am 13. Juli 1950 festgenommen und »einem eingehenden Verhör unterzogen« worden. Alle hätten zugegeben, »fahrlässig gehandelt zu haben«. Alle hätten sich »strafbar« gemacht. Die Ermittlungen würden fortgesetzt.[31]

Nun stand auch der Parteiausschluss auf der Tagesordnung. Die Vorwürfe fanden zwar weiterhin wenig Glauben bei seinen engeren Parteigenossen, aber dennoch wurde der bald erfolgende Parteiausschluss schließlich einstimmig gefasst. Auffällig war, dass die Vorwürfe im Ton viel schärfer formuliert waren als im »Bericht« der Polizei. Im November 1950 wurden Paul Szillat und mehrere seiner Parteifreunde wegen »umfangreicher politischer Schädlingsarbeit, Agenten- und Sabotagearbeit« aus der Partei ausgeschlossen.[32]

Ein Jahr später, im November 1951, wurde Paul Szillat nach langer Untersuchungshaft zusammen mit seinem Sohn Hans und weiteren zehn Leidensgefährten vom Landgericht Potsdam verurteilt. Paul Szillat erhielt acht Jahre Zuchthaus, sein Vermögen wurde eingezogen. Im September 1952 wurde das Urteil rechtskräftig, der Revisionsantrag von Paul Szillat sei »unbegründet«.

---

30 Vgl. »Szillats Machenschaften verurteilt«, in: Märkische Volksstimme vom 20.7.1950.

31 Vgl. »Bericht vom 14.7.1950, in: Brandenburgisches Landeshauptarchiv, Rep. 401, VdN – 1577.

32 Vgl. den Beschluss der Landesparteikontrollkommission Brandenburg vom 1.11.1950, in: Brandenburgisches Landeshauptarchiv, Rep. 332, L IV/2/4/189, zit. n. Malycha, a. a. O., S. 342 f.

Sein Sohn wurde zu vier Jahren Zuchthaus verurteilt, die anderen erhielten zwischen zwei und drei bis vier Jahren Zuchthaus.[33] Nun war natürlich auch klar, dass Paul Szillat kein anerkannter »Verfolgter des Naziregimes« bleiben durfte. Am 5. März 1952 erging ein Beschluss der Provinzialverwaltung der Mark Brandenburg, Sozialabteilung, wonach für Paul Szillat aus Rathenow »die Anerkennung als Verfolgter des Naziregimes zurückgenommen« wird.[34]

Aber Szillat war und blieb zumindest in Rathenow nicht vergessen und die »Werktätigen« von Rathenow waren angesichts des Terrorurteils gegen Szillat und seine Freunde nicht bereit, zur »Tagesordnung« überzugehen. Das sollte sich noch einmal beeindruckend im Juni 1953 zeigen. Die Streiks und Demonstrationen in Berlin waren bereits am 16. Juni 1953 in Rathenow Stadtgespräch. Am Morgen des 17. Juni marschierten die Arbeiter der Rathenower Optischen Werke (ROW) in einem langen Demonstrationszug, dem sich immer mehr Rathenower anschlossen, durch die Innenstadt zum Rathaus. Sie riefen in Sprechchören zahlreiche politische Forderungen. Bald ertönte aber auch der Ruf: »Wir wollen unseren Bürgermeister Szillat wiederhaben«.[35]

»Wir waren und blieben Sozialdemokraten«

Am 28. April 1956 wurde Paul Szillat »im Zuge einer allgemeinen Amnestie« aus der Haft entlassen. Im Juni 1956 verließ er die DDR und ging nach Westberlin, wo er bald, wenn auch nur für kurze Zeit, in der Berliner SPD aktiv war. Er fand bei seinem alten Partei-

---

33 Vgl. zu den Anklagevorwürfen im Urteil die Auflistung im Kassationsverfahren von 1992: Beschluss des Bezirksgerichts Frankfurt (O.) vom 7.4.1992, in: Gedenkstätte Deutscher Widerstand Berlin, Sammlung Szillat.

34 Vgl. die verschiedenen Anträge, Entscheidungen und Beschlüsse, in: Brandenburgisches Landeshauptarchiv, Rep. 401, RdB Potsdam VdN – 1577.

35 Vgl. zum 17.6.1953 allgemein und zu den Ereignissen in Rathenow: Thomas Flemming: Der 17.6.1953, Berlin 2003, S. 78 ff. und: Beatrix Bouvier: Ausgeschaltet!, Bonn 1996, S. 306 f.; 309.

freund und Kampfgenossen aus dem Widerstand, Kurt Wegner, Zuflucht. Die Mitglieder der Partei auch in der Bundesrepublik hatten 1956 auf dem SPD-Bundesparteitag in München eine bewegende Gelegenheit, Paul Szillat kennenzulernen. Er war aus Berlin mit dem Flugzeug nach München gekommen und verlas auf dem Parteitag eine von Beifall begleitete »Grußadresse der politischen Gefangenen in der Sowjetzone«.[36]

Szillats Auftreten auf dem Münchner Parteitag fand allerdings in der Berliner Öffentlichkeit kaum ein Echo. Immerhin erreichte er, dass auf seinen Antrag hin der Generalstaatsanwalt beim Berliner Kammergericht am 30. Juli 1956 feststellte: »Ich habe das Urteil [gegen Szillat aus dem Jahre 1951] überprüft, gebe Ihrem Antrag statt und stelle daher die Unzulässigkeit der Vollstreckung fest.«[37]

Seine schwere Herzkrankheit hinderte ihn, in der Berliner SPD eine aktive Rolle zu spielen. Er starb am 17. Januar 1958 in Berlin-Charlottenburg. In der *Berliner Stimme* vom 25. Januar 1958 heißt es unter der Überschrift: »Paul Szillat verstorben«:

»Am 17. Januar 1958 verstarb in den frühen Morgenstunden nach langer schwerer Krankheit Paul Szillat im Alter von 69 Jahren.« Sein Lebenslauf wurde in wenigen Zeilen skizziert. Kein Wort darüber, dass er der letzte Fraktionsvorsitzende der SPD im Preußischen Landtag gewesen war und dass er im Mai 1933 mit mutigen Worten die Ablehnung des preußischen Ermächtigungsgesetzes begründet hatte. Immerhin wurde am Schluss sein weiterer Leidensweg nach 1945 voller Sympathie beschrieben: »1950 wurde Paul Szillat auf Betreiben der SED verhaftet. Bis zum 28. April 1956 war er im Zuchthaus Brandenburg inhaftiert, [...]. Wir trauern um diesen ausgezeichneten Mann, dessen Leben und Pflichterfüllung im Dienste der Allgemeinheit stand.«[38]

---

36 Szillat sprach am 2. Verhandlungstages des Münchner Parteitages. Vgl. Protokoll der Verhandlungen des Parteitages der Sozialdemokratischen Partei Deutschlands vom 10. bis 14.7.1956 in München, Bonn 1956, S. 72 f.

37 Vgl. den Brief des Generalstaatsanwalts beim Kammergericht Berlin-Charlottenburg vom 30.7.1956 an Paul Szillat, Berlin-Charlottenburg Reichstraße 65, in: Gedenkstätte Deutscher Widerstand Berlin, Sammlung Szillat.

38 Vgl. zum Wortlaut des kurzen Nachrufs: Berliner Stimme vom 25.1.1956, S. 7.

Im Krematorium Wilmersdorf fand am 23. Januar 1958 eine Trauerfeier statt. Neben führenden Berliner Sozialdemokraten, darunter auch Paul Löbe, nahmen auch Rathenower Bürger teil. Danach freilich blieb Paul Szillat in Rathenow, in Berlin und auch in der Berliner SPD bis nach 1989 vergessen.[39]

Immerhin gestand die SED Rathenows bereits im Jahre 1990 ihre Schuld im Umgang mit ihrem Genossen Szillat ein. In der Schrift von Dieter Seeger aus der »Wendezeit« heißt es: »1990 wurde er [Szillat] gemeinsam mit seinem Sohn durch die Schiedskommission des Rathenower PDS-Kreisvorstandes politisch rehabilitiert.«[40]

Eine späte Ehrung durfte Szillat nicht mehr erleben. Am 30. Oktober 1993 wurde zu seinem 105. Geburtstag im Beisein seines Sohnes Hans Szillat im Rathenower Stadthaus ein Bronzerelief mit seinem Bildnis enthüllt.[41] Auch die Berliner SPD erinnert sich wieder voller Stolz an den Sozialdemokraten Paul Szillat. Im Jahre 2014 fand an seiner alten Wirkungsstätte, im ehemaligen Preußischen Landtag, dem heutigen Abgeordnetenhaus von Berlin, eine Veranstaltung zu Ehren von Paul Szillat statt.[42]

---

39 Vgl. zu dieser und anderen Einzelheiten in der Biografie Szillats: Klaus Müller: Daten aus dem Leben und Wirken des bedeutenden brandenburgischen Kommunalpolitikers und aufrechten Sozialdemokraten Paul Szillat (1888–1958), Rathenow 1990/1993; unveröffentlichtes Manuskript in: Archiv der sozialen Demokratie Bonn, Personaldatenarchiv.

40 Dieter Seeger: »Erst Klarheit, dann Einheit«. Die Vereinigung von KPD und SPD vor sechzig Jahren in Rathenow, MS o. J., S. 14

41 Vgl. Joachim Freimuth: »Zwar spät, aber immerhin«. Nachträglich verdiente Ehrung für Paul Szillat und den Kommentar des Autors in: Märkische Allgemeine Zeitung vom 2.11.1993. Hans Szillat hat sich über die späte Ehrung seines Vaters sehr gefreut, er starb am 29. Januar 2000.

42 Vgl. die Redebeiträge von Politikern und Historikern anlässlich dieser Gedenkveranstaltung am 28. Mai 2013 im Abgeordnetenhaus von Berlin, in: Pressedienst der SPD-Fraktion, Mai 2013.

Den Anfängen wehren

Wenn wir im Rückblick Leben und Wirken von Paul Szillat vor unseren Augen Revue passieren lassen, bleibt eines vor allem festzuhalten: Es gilt, sich zu wehren auch und gerade gegen mächtige Feinde der Demokratie, solange dazu Zeit ist und es gilt, dabei nicht zögerlich zu sein. Die Grenze, ab der Demokraten Nein sagen müssen, darf nicht aus dem Auge verloren werden. Kein fauler Kompromiss, sondern entschiedener Widerstand, wo die Grenze überschritten ist.

Literatur

Siegfried Heimann: Der Preußische Landtag 1899–1947, Berlin 2011.

Siegfried Heimann: Paul Szillat 1888–1958, Berlin 2016.

Andreas Malycha: Auf dem Weg zur SED. Eine Quellenedition, Bonn 1995.

Hans-Rainer Sandvoß: Mehr als eine Provinz! Widerstand aus der Arbeiterbewegung 1933–1945 in der preußischen Provinz Brandenburg, Berlin 2019.

Paul Fischer | Die Verteidigung der Republik – das Reichsbanner Schwarz-Rot-Gold in Strausberg

von Horst Klein

Paul Fischer

Paul Fischer wurde am 11. Januar 1889 in Nauen, Kreis Osthavelland geboren. Der Erste Weltkrieg und die November-Revolution, die revolutionären Ereignisse, die zur Gründung der Weimarer Republik führten, prägten auch Paul Fischers Lebensweg. Nach einer kaufmännischen Ausbildung war er in kommunalen Verwaltungen mit unterschiedlichen Aufgaben betraut und gewann so sehr bald den Überblick im komplizierten Netz der bürokratischen Behörden sowie die für die Verwaltungsarbeit unverzichtbaren Erfahrungen.

Anfänge in der Strausberger SPD

Vermutlich wurde er in Berlin noch vor der Revolution Mitglied der SPD. Von 1919 bis 1923 wirkte er als Stadtinspektor in Berlin-Niederschöneweide. In dieser Zeit erlangte er in Berlin und Brandenburg den Ruf, ein erfahrener Kommunalpolitiker zu sein. Dazu hatte seine stets verantwortungsbewusste Arbeit, die eine hohe Sozial- und Fachkompetenz erkennen ließ, beigetragen. Der Berliner und Brandenburger SPD-Parteivorstand setzte ihn als Referenten für die Weiterbildung sozialdemokratischer Kommunalpolitiker ein.

Das wussten damals auch die Strausberger Sozialdemokraten zu schätzen. Als im März 1923 im Strausberger Magistrat das Amt des besoldeten Stadtrates beziehungsweise des Kämmerers neu zu besetzen war, nominierte ihn die zahlenmäßig starke SPD-Fraktion für diese Aufgabe und setzte sich gegen den Willen der bürgerlichen Stadtverordneten mit ihrem Vorschlag durch. Am 11. Mai 1923 wurde Paul Fischer in sein Amt eingeführt. Seine fachlichen Kenntnisse und kameradschaftliche und integre Ausstrahlung brachten ihm in der Verwaltung und Fraktion sowie in der Bürgerschaft Vertrauen und persönliche Zuneigung ein.

Im September 1924 war Fischer der Initiator, als die sozialdemokratisch dominierte Schutzorganisation Reichsbanner Schwarz-Rot-Gold in Strausberg gegründet wurde. Mehrere Jahre war er dann auch Vorsitzender der Kameradschaft. Als überzeugter Republikaner setzte er sich für die demokratische Gestaltung und Verteidigung der Weimarer Republik im Sinne der Verfassung ein. In vielen herausragenden Veranstaltungen der SPD, des Reichsbanners und bei kulturellen Anlässen seines circa 300 Mitglieder zählenden Ortsvereins war Fischer stets ein sehr gern gehörter Redner[1].

Fischer versah nicht nur seine anspruchsvolle Arbeit in Strausberg, sondern wurde vom SPD-Landesvorstand weiterhin als Referent für kommunalpolitische Themen eingesetzt. Zum Tod von Friedrich Ebert zitierte er am 5. März 1925 Josef Maria Frank: »Ihm war kein Prunkpalast, der ihn gebar; nur schmale Stube war's im armen Hause, Gassenpfad; Er ward ein Arbeitsmann, wie es sein Vater war, Und blieb ein Arbeitsmann und Mann der Tat.«

Paul Fischer ließ nicht nur den Lebenslauf des Verstorbenen gefühlvoll und eindrucksvoll nachvollziehen, er würdigte vor allem auch dessen mutige Rolle in den denkwürdigen Novemberta-

1 Siehe Paul Fischer: Rede aus Anlass der Verfassungsfeier, in: Strausberger Zeitung vom 18.8.1925, S. 2.

gen 1918 und seinen Lebensgrundsatz »Des Volkes Wille soll sein oberstes Gesetz sein.«[2]

Im Dezember des gleichen Jahres wählten ihn die Mitglieder des Kreistages Oberbarnim in den Kreisausschuss. In vielen seiner Reden setzte er sich für eine Reform des geltenden Kommunalrechts und für einen produktiveren und bürgerfreundlicheren Behördenapparat sowie für eine im ganzen Staat gleichermaßen geltende demokratische Gemeindeordnung ein. Seine besondere Sorge galt den kulturellen Aufgaben und vor allem dem Schulwesen. So nahm Fischer Einfluss auf eine solidere Schulbildung der Arbeiterkinder, auf eine möglichst geringe Klassenstärke und auf das Durchsetzen des pädagogischen Anliegens, Jungen und Mädchen gemeinsam zu unterrichten.

Paul Fischer als Bürgermeister

Am 6. Februar 1930 wurde Paul Fischer – und somit erstmals ein Sozialdemokrat – für eine zwölfjährige Amtszeit zum Bürgermeister der Stadt Strausberg gewählt und am 10. April vom Landrat Mengel in sein Amt eingeführt. Der Landrat würdigte das bewiesene fachliche Können Paul Fischers, seine beispielgebende Leistungsbereitschaft und auch seine konstruktive Arbeit im Kreisausschuss Oberbarnim[3].

Als Bürgermeister empfand er besonders die schwere Last der damals in Strausberg herrschenden Arbeitslosigkeit und der so verursachten Not der Bürger. Diese machte er im September 1930 zum Thema der Stadtverordnetenversammlung. In einer ausführlichen Rede, die auch für die Gegenwart bemerkenswert sein dürfte, entwickelte er gemeinsam mit seinem sozialdemokratischen Genossen und Beigeordneten Richard Hauschildt ein strategisches Wirt-

2 Paul Fischer: Die Trauerfeier für den verstorbenen Reichspräsidenten, in: Strausberger Zeitung vom 7.3. 1925, S. 2.

3 Siehe: Außerordentliche Stadtverordnetenversammlung am Donnerstag, 6.2.1930, in: Strausberger Zeitung vom 7.2.1930, S. 2 f.

schaftskonzept zur Bekämpfung der Arbeitslosigkeit. Zu dieser Zeit musste das städtische Wohlfahrtsamt jeden fünften Strausberger unterstützen, sodass die Mittel der Kommune nahezu zerronnen waren.

Mithilfe der SPD-Fraktion und im Einvernehmen mit der Kreisverwaltung Oberbarnim entwickelte Fischer ein Projekt der Arbeitsbeschaffung, so unter anderem ein Wohnungsbauprojekt, mit dem im ersten Bauabschnitt am Strausberger Mittelweg zehn Häuser mit 114 Wohnungen erstellt wurden. Mit dem Bau wurden vorzugsweise Unternehmen aus Strausberg betraut und damit ca. 500 heimische Arbeiter beschäftigt. Schließlich war es notwendig, die Neubauten am Mittelweg an die Kanalisation anzuschließen. Deshalb beschlossen die Stadtverordneten, diesen in der Elisabethstraße und am Mittelweg durchzuführen. Im Ganzen bemühte sich Paul Fischer um finanzierbare städtische Projekte und um die entsprechenden Mittel. In seiner relativ kurzen Amtszeit packte er mutig schwierige und große Aufgaben an, bei deren Lösung er im wahrsten Sinne des Wortes weder Geist noch Gesundheit schonte. So entstanden in den Jahren 1930 bis 1933 in Strausberg zahlreiche Sozialwohnungen, es erfolgten der weitere Ausbau des Kanalisationsnetzes, der Straßen und Wege.[4]

Im Mai 1932 feierte die Stadt Strausberg ihr 700-jähriges Jubiläum. In Würdigung sozialdemokratischer Kommunalpolitik zum Wohle der Bürgerschaft bekam der Mittelweg den ehrenden Namen des Reichspräsidenten Friedrich Ebert, der noch immer in der städtischen Erinnerungskultur würdevolle Aufmerksamkeit findet.[5]

In seiner Festrede warb Fischer für das Verständnis seiner Bürgerschaft und der zahlreichen Gäste, dass das Jubiläum durch einfache, den Zeitverhältnissen angepasste Veranstaltungen begangen werden sollte. Er erinnerte an die vielen Schicksalsschläge, die Strausberg in vergangenen Zeiten über sich ergehen lassen musste.

---

4 Siehe Paul Fischer: Aus dem Stadtparlament (Notstandsprogramm), in: Strausberger Zeitung vom 26.9.1930, S. 2 f.

5 Siehe Horst Klein: Erinnerungskultur in Strausberg. Erfahrungen im Umgang mit Geschichte, Biografien, Straßennamen und Gedenkstätten, Strausberger Studien zur Geschichte; 64, Strausberg 2020, S. 118 ff.

Er sprach seinen Bürgern Mut zu, sich in der schweren Not der Gegenwart nicht unterkriegen zu lassen. »Die Liebe zur Heimat«, so führte er aus, »ließ schlechte Zeiten überwinden, und Liebe zur Heimat ist es auch, die uns veranlasste, trotz der Ungunst der Zeit das Jahr 1932 als 700. Geburtsjahr der Stadt Strausberg zum Anlass bescheidener Festesfreude zu nehmen«.

Krankheit, Verfolgung und Tod

Obgleich Paul Fischer wohl nicht so recht zum Feiern zumute war, so war er doch voller Hoffnung und wünschte sich an diesem Tag, dass Strausberg sich zu einer blühenden Stadt entwickeln möge. Die langfristige Vorbereitung des Jubiläums und die damit verknüpften außergewöhnlich hohen Belastungen hatten schwerwiegende Folgen für die Gesundheit Paul Fischers. Im August 1932 erlitt er einen schweren Schlaganfall, von dem er nur bedingt genesen ist. Zwar kandidierte er im März 1933 noch einmal erfolgreich für den Kreistag, jedoch seine Krankheit und auch die inzwischen erfolgte Machtübernahme der Nationalsozialisten (Ermächtigungsgesetz: 23. März 1933) zwangen ihn, sein für zwölf Jahre übernommenes Mandat als gewählter Bürgermeister aufzugeben. Am 13. März wurde er von seiner Funktion als Ortspolizeiverwalter wie Tage zuvor von seinem Amt entbunden. Mit dem Hissen der Hakenkreuzfahne auf dem Strausberger Rathaus am 5. März übernahm der von der NSDAP eingesetzte Paul Röhr das Amt des Stadtoberhauptes.

Als Paul Fischer aus dem Sanatorium Friedrichroda nach Strausberg zurückkehrte, musste er wie viele seiner Genossen zuvor Hausdurchsuchungen, Verhöre und Demütigungen über sich ergehen lassen. An den Folgen seiner schweren Krankheit, die unter den gegebenen sozialen und politischen Zuständen kaum eine Linderung erfahren konnte, starb er am 12. Juli 1937 im Alter von 48 Jahren im Strausberger Krankenhaus. Seine Ehefrau Gertrud Maria Fischer entschied sich vor dem Einmarsch der Roten Armee am 19./20. April 1945 mit ungezählten weiteren Frauen für den »Freitod« an der Fähre im Straussee.

Paul Fischer hatte nur ein Jahrzehnt Zeit, seine weit gesteckten kommunalpolitischen Ziele in Strausberg praktisch werden zu lassen. Das war eine kurze Strecke. Indessen hinterließ er in dieser besonders schwierigen Zeit bleibende Spuren, die wertvolle und interessante Seiten im Buch des städtischen kulturellen Erbes füllen und die neu zu entdecken sind. Am 4. Januar 2007 erklärte die Stadtverordnetenversammlung die letzte Ruhestätte Paul Fischers zum Ehrengrab.

Literatur

Horst Klein: Geschichte des Ortsvereins der SPD Strausberg 1887–1990. Chronik – Texte – Illustrationen: Ausstellungsbegleitbroschüre. Strausberger Studien zur Geschichte; 9, Strausberg 1997, 279 Seiten, Illustrationen.

Horst Klein: Geschichte des SPD-Ortsvereins Strausberg 1887–2007. Eine chronologische und biografische Skizze, 4. erw. u. verb. Auflage, Strausberger Studien zur Geschichte; 39, Strausberg 2008, 530 Seiten, Illustrationen.

Horst Klein: Erinnerungskultur in Strausberg. Erfahrungen im Umgang mit Geschichte, Biografien, Straßennamen und Gedenkstätten. Mit einem Geleitwort von Hans W. Odenthal. Strausberger Studien zur Geschichte; 64, Strausberg 2020, 339 Seiten, Illustrationen.

Karl Engelbrecht | Im roten Luckenwalde

von Heiko Tammena

Karl Engelbrecht

Als der Autor dieses Beitrags 1996 erste Recherchen und Kontakte zur geplanten Dissertation über die außergewöhnliche Geschichte der sozialistischen Arbeiterbewegung in Luckenwalde unternahm, übergab man ihm im SPD-Büro Luckenwalde sehr schnell einen Kontakt zu den Nachkommen von Karl Engelbrecht. Seine Tochter Rosemarie Eng (1931–2011) hatte die Unterlagen über ihren Vater, über dessen Schicksal zu DDR-Zeiten besser nicht öffentlich gesprochen wurde, sorgsam verwahrt.

Und das Besondere dieser bis 1989 in der DDR völlig aus der Öffentlichkeit verbannten Biografie wurde sofort deutlich. Karl Engelbrecht war als schon seit Jugendzeiten aktive Gewerkschafter und SPD-Mandatsträger gleich unter zwei Diktaturen aus politischen Gründen verfolgt worden: 1933 und 1944 in sogenannter »Schutzhaft« wie Tausende andere SPD-Mitglieder und dann wieder ab 11. August 1945, als ihn der NKWD vom Arbeitsplatz in der Stadtverwaltung weg verhaftete und die Familie lange im unklaren über sein Schicksal ließ. Erst 1949 wurde der Witwe mitgeteilt, dass er schon 1947 im NKWD-Lager Mühlberg verstorben sei.

Damit war das besondere Interesse geweckt: Was war noch zu erfahren über sein Schicksal? Welche Rolle spielte Karl Engelbrecht auf dem Höhepunkt des »roten Luckenwalde«, als eine absolute SPD-Mehrheit im Stadtrat eine bis heute im Stadtbild sichtbare sozialreformerische Kommunalpolitik verfolgte? Und in welchen Zusammenhängen agierte er sowohl in der Verfolgung nach dem Parteiverbot 1933 wie in der kurzen Zeit nach Kriegsende 1945?

Nicht alle diese Fragen konnten aus Akten und Berichten ausreichend beantwortet werden, aber die vielen Puzzlestücke brachten ein faszinierendes Porträt als anschaulichen Teil der ohnehin bemerkenswerten Sonderentwicklung des »roten Luckenwalde«.

»Das rote Luckenwalde« – Engelbrecht als junger Angestellter in der Arbeiterbewegung

Die Stadt Luckenwalde war schon seit der Gründung der SDAP-Ortsgruppe 1868 und erster Gewerkschaften eine außergewöhnliche Hochburg des politischen Milieus der sozialistischen Arbeiterbewegung. Karl Engelbrecht war in dieses Milieu hineingewachsen und hatte es besonders aus der sozialistischen Jugendbewegung der SAJ heraus geprägt.

Karl Engelbrecht, geboren am 13. Januar 1898, gehörte zur ersten Generation der SPD Luckenwalde, die nicht wie nahezu alle anderen ihre berufliche Ausbildung und Lehrjahre in der Industriearbeit fanden. Nach Entlassung aus der Volksschule begann er 1912 eine kaufmännische Lehre und arbeitete danach in der Zeit des Weltkriegs als Expedient in der Luckenwalder Metallfabrik »A. Bartosik & Co.«. Schon als 17-Jähriger wurde er 1915 als Soldat eingezogen und kehrte erst 1919 wieder nach Luckenwalde zur Firma Bartosik zurück.

Damit war er zwar erstmals in seiner Familie als »weißer Kragen« am Bürotisch und gewerkschaftlich in der »Z-Jugend« des Zentralverbands der Angestellten organisiert, aber doch inmitten einer schon seit Jahrzehnten von Industriearbeit geprägten Stadt. Luckenwalde hatte seit 1900 etwas über 20.000 Einwohner, in der Wirtschaft dominierte die Hutindustrie, aber auch viele kleine und mittlere Textil-, Papier-, Metall- und Klavierfabriken nahmen ihren konjunkturellen Aufschwung bis 1914. Die an anderen Orten die Arbeiterbewegung hemmenden Faktoren wie Heimarbeit, ländliche

Verwurzelung oder hohe Fluktuation etwa von Bahnbetrieben fielen weg, nicht zuletzt versagte die evangelische Kirche vor der Arbeiterfrage und konnte keine Angebote machen.

In Luckenwalde entstand so schon vor 1914 eine beeindruckende Organisationslandschaft der Arbeiterbewegung, in harten Jahren der politischen Verfolgung vor und nach dem Sozialistengesetz. Bis zu rund 6.000 Gewerkschafts- und 1.900 Parteimitglieder hatten besonders nach 1890 immer neue Freizeitorganisationen gegründet: Arbeitersportvereine, Arbeitergesangvereine und Arbeiterbildungsvereine.

Auch kümmerten sich die Organisatoren in Luckenwalde wenig um die auf Lassalle'schen Traditionen beruhenden Beschlüsse der SPD gegen Konsumvereine, sondern schufen als »vierte Säule« die Konsumgenossenschaft (neben Gewerkschaft, Partei und Arbeitersport) mit eigener Lebensmittelversorgung und Gaststätte, die die »Gegenwelt« des Milieus besonders festigte. Die soziale Diskriminierung kehrte sich um – sie traf hier schon vor 1914 Außenstehende, die »lauen« und »Unternehmerfreunde«, die sich mit unterwürfigen Haltungen am Arbeitsplatz keine Freunde machten.

Es war dann selbstverständlich, dass die in diesem Milieu schon selbst verwurzelten und 1873 beziehungsweise 1874 geborenen Eltern Gustav und Minna Engelbrecht 1912 den 14-jährigen Karl zur »Arbeiterjugend« schickten, den Bildungs- und Freizeitangeboten des »Jugendausschusses« von Gewerkschaften und SPD. Erst 1919 konnten Jugendliche unter 18 selbst Mitglieder des »Vereins Arbeiterjugend« sein (ab 1922 SAJ, »Sozialistische Arbeiter-Jugend«).

Beide Eltern hatten schon Funktionen in der Arbeiterbewegung, der Vater im Arbeitersport der »Luckenwalder Turnerschaft« als Übungsleiter, die Mutter Minna Engelbrecht schon im 1905 gegründeten »Frauen- und Mädchen-Bildungsverein« aktiv, bis Frauen 1908 der SPD beitreten durften. Karl Engelbrechts Mutter blieb auch im lokalen Wahlverein der SPD aktiv, als dieser erst 10 Prozent weibliche Mitglieder hatte. So war sie schon 1910 Mitglied im Jugendausschuss, der innerhalb der SPD gegründeten Jugendorganisation der Arbeiterbewegung mit vielerlei Freizeitangeboten und politischen Abenden ein attraktives Angebot machte. Sie wurde dann 1921 bis 1925 als einzige Frau in die SPD-Kreistagsfraktion gewählt und blieb bis 1931 im Vorstand des SPD-Wahlvereins, seit 1920 gemeinsam mit ihrem Sohn Karl. Gerade das politische und soziale Engagement beider Elternteile wird ein wesentlicher Faktor gewesen sein, der Karl Engelbrecht in seiner politischen Entwicklung unterstützte. In der SAJ übernahm Engelbrecht früh Leitungspositionen und Verantwortung, wurde 1920 auch in den Vorstand des SPD-Wahlvereins Luckenwalde als jüngstes Mitglied zum Schriftführer gewählt.

Erst in der Weimarer Republik begann auch der Aufschwung der SAJ in Luckenwalde – frei von der Verfolgung durch den wilhelminischen Staat und mit beginnender Förderung der kommunalen Jugendhilfe gewann die SAJ hier immer mehr Mitglieder und zeigte öffentliche Aktivitäten bis zur groß gefeierten Eröffnung des Jugendheims (Goethestraße 7, noch heute ein Jugendzentrum der Stadt, »Go7«). Das Jugendheim wurde 1927 bis 1928 von den Gewerkschaften gebaut und mithilfe vieler Ehrenamtlicher zum selbstverwalteten Treffpunkt und Ort einer Arbeiterbibliothek.[1] Erzieherische, politische Ziele traten neben, nicht gegen die tägliche jugendbewegte Praxis des Wanderns und Musizierens. Die Lieder waren Programm: »Hebt unsere Fahnen in den Wind! Sie fließen hell und künden, daß wir gläubig sind: Der Mensch ist gut!«[2]

Als Karl Engelbrecht am 6. September 1925 zum SAJ-Vorsitzenden der Provinz Brandenburg gewählt wurde, wurde er auch Vorsitzender des mit »bürgerlichen« Jugendverbänden verwalteten DJH-Bezirksverbands, der die als Ziel von Fahrten und Ferienlagern beliebten Jugendherbergen verwaltete. Die Jugendarbeit professionalisierte sich zu dieser Zeit langsam, auch mit dem 1927 gegrün-

---

1 Zur SAJ Luckenwalde gibt es umfangreiches Material im Bestand Kurt Jensch (geb. 1912) im Kreisheimatmuseum, u. a. Protokollbuch, Schriftverkehr und Berichtsbögen.

2 Dieses Lied, das idyllische »Wann wir schreiten Seit‹ an Seit‹« wie das kämpferische »Dem Morgenrot entgegen« wurden nach dem Protokollbuch der SAJ zum Abschluss der Versammlungen, bei Ausflügen und auf winterlichen »Kampfliederabenden« gesungen.

deten »Ortsausschuss für Jugendpflege« von 40 Mitgliedsorganisationen in der Stadt Luckenwalde, dessen Vorstandsmitglied Karl Engelbrecht war.

Seine Frau aus der SAJ, seine Wohnung eine städtische Mustersiedlung

Nicht zuletzt lernte Karl Engelbrecht in der SAJ auch seine spätere Frau kennen: Minna Freundt, die 1906 in Neuendorf (Landsberg/Warthe) geboren wurde und noch bis 1981 in Luckenwalde lebte, die Hochzeit fand am 8. Juli 1929 in Landsberg/Warthe statt. Eine Tochter Rosemarie wurde im Mai 1931 geboren und erst im Juli 1943 folgte noch in der Not des Weltkrieges ein Sohn Wolfgang.[3]

Seine Wohnung bezog das Ehepaar im Übrigen fast selbstverständlich in der 1919 bis 1922 gebauten städtischen Mustersiedlung »Auf dem Sande«. In ihrem »Torhaus« Treuenbrietzener Tor 93a, das die heute unter Denkmalschutz stehende Siedlung mit einem Tor zur Straße abschließt, war laut Adressbuch die Mehrzahl mit 25 der 36 Haushaltsvorstände noch »Arbeiter« (69 %) bei je vier Angestellten und Beamten (je 11 %), zwei Selbstständigen (6 %) und einer Rentnerin (3 %).

Arbeitersekretär Engelbrecht – der organisatorische Mittelpunkt in Luckenwalde

Mit der Kommunalwahl im November 1925 trat Karl Engelbrecht auch sein erstes Mandat an, als Stadtverordneter in Luckenwalde für die SPD. Ebenfalls 1925 wurde er stellvertretender Vorsitzender im SPD-Unterbezirk Jüterbog-Luckenwalde, ab 1929 bis 1933 dann Vorsitzender dieser Parteigliederung im Landkreis. Als solcher wurde er auch vom SPD-Bezirksparteitag Brandenburg-Grenzmark

3 Die Familiendaten folgen einer Ahnenforschung in <https://ancestors.familysearch.org/en/LD9M-K67/minna-emma-luise-freundt-1906-1981>.

als einer von zehn Delegierten für die Reichsparteitage gewählt und nahm daran im Mai 1929 in Magdeburg und im Mai 1931 in Leipzig teil.

Mit 30 Jahren folgte für Karl Engelbrecht dann zum 1. Mai 1928 ein wichtiger Wechsel des Arbeitsplatzes. Er lebte nun nicht mehr wie seine Eltern zuvor *für* die Arbeiterbewegung, sondern auch *von* der Arbeiterbewegung, als er die Stelle als zweiter Arbeitersekretär im ADGB-Luckenwalde antrat. Dieses Arbeitersekretariat bestand schon seit 1904 als kostenlose Rechtsauskunfts- und Hilfestelle mit Vertretung vor den Arbeitsgerichten und wurde seit 1924 geleitet von Johann Bauer (1887–1962), der als Sekretär des Holzarbeiterverbands 1919 nach Luckenwalde gekommen war und 1925 bis 1933 in den Preußischen Landtag gewählt wurde. Als Johann Bauer, der auch sehr aktiv den gewerkschaftlichen Wohnungsbau in Luckenwalde förderte, am 12. April 1932 zum besoldeten Stadtrat für Wohlfahrtsangelegenheiten in Luckenwalde gewählt wurde, folgte ihm Karl Engelbrecht als Leiter des ADGB-Arbeitersekretariats.[4]

Dass damit ein gelernter Angestellter zentrale Funktionen in Partei und Gewerkschaft in Luckenwalde übernahm, war eine wesentliche Veränderung zur »frühen Arbeiterbewegung« vor 1914. Gerade die Offenheit für neue Schichten und Lebenswelten der kleinen Angestellten und Selbstständigen machte einen Erfolgsfaktor auch in der Industriearbeiterstadt aus. Die SPD Luckenwalde nahm damit ansatzweise schon eine spätere Entwicklung der Nachkriegs-SPD in Westdeutschland zur »Partei des öffentlichen Dienstes« mit Wurzeln in der Facharbeiterschaft vorweg.

In einer vergleichenden Auswertung und Typisierung von wichtigen Funktionären der SPD in Luckenwalde um die Jahre 1890, 1910, 1921 und 1930 wurden vom Autor in seiner Dissertation folgende Ergebnisse zusammengetragen:[5]

4 Zur sehr großen Bedeutung der Arbeitersekretäre und ihrer Erfahrung für die Gewerkschaften und SPD vgl. Klaus Tenfelde: Arbeitersekretäre. Karrieren in der deutschen Arbeiterbewegung vor 1914, Heidelberg 1993.

5 Tammena 1999, S. 207.

1. Um 1890 bis 1900 war die SPD Luckenwalde die Partei der ersten Gründungsgeneration von rund 20 Personen, die mit Ausnahme eines Arztes, eines Lagerhalters und eines Zigarrenhändlers im Konsumverein beruflich geschlossen als Arbeiter vorrangig der Textilindustrie und als Hutmacher tätig waren, politisch sozialisiert eher über die Gewerkschaften und ihre Unterstützungskassen als über die junge Parteiorganisation.
2. Um 1910 hatte die SPD Luckenwalde unter ihren Funktionären dann schon nicht nur Arbeiter, sondern auch Angestellte besonders der Gewerkschaften, der Krankenkasse und des Konsumvereins sowie einzelne Selbstständige wie z. B. Gastwirte. Diese Gruppe der »nichtproletarischen Schichten« machte schon etwa 36 Prozent der 31 wichtigsten Parteifunktionäre aus und stellte mit Ausnahme eines Arbeiters alle zwölf gewählten Stadtverordneten der »III. Abteilung« mit geringem Steueraufkommen, wobei das Dreiklassenwahlrecht die Zweidrittelmehrheit für bürgerliche Honoratioren sicherte. Freilich hatten fast alle dieser »Angestellten der Arbeiterbewegung« zunächst einen Industriearbeitsberuf gelernt.
3. 1921 waren von 38 SPD-Funktionären nur noch 16 (42 %) als Arbeiter tätig. 15 weitere (39 %) waren schon Angestellte wie der junge Karl Engelbrecht, vorrangig weiterhin der Gewerkschaften, Krankenkasse, Lagerhalter im Konsumverein oder Redakteur der SPD-Zeitung *Volkswacht*. Erstmals zählten auch fünf städtische Beamte, ein Lehrer und ein Arzt zum Kreis der SPD-Funktionäre (22 %). Nur die 1921 noch selbstständige USPD hatte mit 7 Arbeitern und einem Werkmeister eine nahezu geschlossen proletarische Sozialstruktur im Funktionärskreis, der sich ganz überwiegend 1922 der SPD wieder anschloss.

1930 waren von 47 ausgewerteten Berufen der SPD-Funktionäre dann nur noch 15 (32 %) Industriearbeiter, vor allem der Holz-, Metall- und Hutindustrie. Die 19 Angestellten wie Karl Engelbrecht machten schon 40 Prozent aus, wobei wieder die Büros der Gewerkschaften, Krankenkasse, Konsumverein und Volkswacht dominieren und eine Kindergartenleiterin und ein Lagerhalter dazu gezählt wurden. Schon 13 (28 %) waren städtische Beamte oder

Lehrkräfte, wobei das SPD-regierte Luckenwalde hier reichsweit eine große Ausnahme war. Doch sie waren wie die Angestellten noch oft zuvor in Arbeiterberufen und -familien aufgewachsen und wurden offenbar gerne in Funktionen gewählt, auch wenn sie von in der Mitgliedschaft mit Sicherheit einen viel geringeren Anteil ausmachten.

Von den Altersgruppen dominierte noch 1930, als Karl Engelbrecht in zentralen SPD-Funktionen tätig war, die ältere Generation mit einem auffälligen Kern von 12 Vertretern der Jahrgänge 1886–1890, weitere 15 von 47 waren schon 1869 bis 1885 geboren. Sie waren sozialisiert in der wilhelminischen Klassengesellschaft und der Selbstorganisation der sozialistischen Arbeiterbewegung und schon mehr als 20 Jahre in der Arbeiterbewegung aktiv.

So jung wie Karl Engelbrecht unter 35 Jahren waren 1930 nur 7 von 38 Mitgliedern im SPD-Funktionärskreis mit bekannten Geburtsdaten. Erst mit der Wahl eines neuen Vorstands im Mai 1931 konnten auch aus der SAJ kommende junge und »linke« Mitglieder eine weitere Verjüngung durchsetzten, die jedoch gleich zu großen Konflikten und Abspaltungen einer unzufriedenen jungen »Opposition« zur KPD führte. Karl Engelbrecht jedoch blieb wie sein Mentor Johann Bauer dem Kurs der SPD-Führung treu, auch als dass in Zeiten der Tolerierung der Brüning-Regierung und der Unterstützung Hindenburgs zum Reichspräsidenten 1932 schwierig wurde.

Karl Engelbrecht – Organisator einer Solidargemeinschaft

Es sollte noch einmal deutlich gemacht werden, wie außerordentlich erfolgreich Karl Engelbrecht und sein Netzwerk der engsten Solidargemeinschaft darin waren, die Arbeiterbewegung in Luckenwalde zu organisieren und in der Weimarer Republik erst zur richtigen Blüte und einem Höhepunkt zu führen:

- Die freien Gewerkschaften, ab 1919 im ADGB-Kartell mit angeschlossenen freien Angestellten- und Beamtenverbänden, waren das starke Rückgrat der Arbeiterbewegung in Luckenwalde mit 10.000 Mitgliedern in ihren breit gefächerten Einzelgewerkschaften, alle mit einem System von mehreren Hunderten Vertrauensleuten und eigenen Unterstützungskassen. Versuche der marginalen KPD, diese zu spalten, waren zum Scheitern verurteilt. Hutarbeiterverband und Metallarbeiter-Verband stellten zusammen etwa die Hälfte der Mitglieder, der Textilarbeiterverband verlor durch die Krise 1923–1924 weiter an Bedeutung, während der Holzarbeiterverband seinen guten Stand durch hohen Organisationsgrad halten konnte.

- Die Parteiorganisation der SPD hatte schon 1914 über 2.000 Mitglieder in der Stadt erreicht. Nach Vereinigung mit der Rest-USPD 1922 waren es 1.800, die noch auf 1.900 (1930) gesteigert und sogar 1932 gehalten wurden. Das waren immerhin etwa 10 Prozent aller Wahlberechtigten der Stadt!

Ihren größten Wahlerfolg feierte die SPD am 17. November 1929 mit 57,3 Prozent bei der Stadtverordnetenwahl – die *Volkswacht* titelte: »Klein-Wien bleibt unser!« Noch im November 1932 blieben 46,2 Prozent zur Reichstagswahl der SPD treu und sogar im März 1933 noch 41,8 Prozent. Die KPD Luckenwalde hatte mit rund 100 Mitgliedern dagegen bis 1933 eine sehr schwache Rolle mit 10,5 Prozent zur Kommunalwahl 1929, auch wenn ihr in der Weltwirtschaftskrise Wahlerfolge von zuletzt bis zu 17 Prozent (November 1932) und 16,3 Prozent (März 1933) gelangen. Von den Erfolgen in der nahen Großstadt Berlin, wo die KPD die SPD schon überholt hatte und auch die Sportvereine übernehmen konnte, war sie weit entfernt.

- Die Bedeutung des Konsumvereins als nach den Gewerkschaften zweitgrößte Organisation in Luckenwalde kann nicht unterschätzt werden. Die 16 Verkaufsräume waren Orte der täglichen Begegnung des Milieus. Sozialdemokraten trafen hier die Personal- und Sachentscheidungen im Vorstand und Aufsichtsrat, insgesamt beschäftigte der Konsumverein 1931 neben den drei Geschäftsführern 23 Lagerhalter und 54 Verkäuferinnen. In der Stadt Luckenwalde hatte der Konsumverein 1920 circa 5.000 Mitglieder, wobei jeweils nur ein Haushaltsvorstand Mitglied war.

- Mit der Arbeiterwohlfahrt und der Zeitung *Volkswacht* mit der Auflage von 4.000 Exemplaren (1930) wurden 1919 neue Gebiete sozialwirtschaftlicher Tätigkeit der Arbeiterbewegung erschlossen, dazu kam die »Bauhütte GmbH« der Gewerkschaften 1921 für Wohnungsbau.
- Die SAJ hatte ihre große Blütezeit schon am Anfang der Weimarer Republik mit 197 Mitgliedern 1921 bei einem Frauenanteil von 39 Prozent. Wie reichsweit halbierte sich die Mitgliedschaft auf 50 (1927), gewann aber selbst in der Wirtschaftskrise noch bis auf 69 (1932) hinzu bei immer noch 30 Prozent weiblicher Mitglieder.
- Das »Arbeitersport- und Kultur-Kartell« hatte 1932 rund 2.000 Mitglieder in 16 Vereinen. Der größte der »Luckenwalder Turnerschaft« zählte 1.378 Mitglieder, davon 250 Kinder bei einem Frauenanteil von 22 Prozent. Der Verein verfügte über mehrere Plätze sowie Turnhallen und damit erhebliches Vermögen. Für Modernisierung stand der »Arbeiter-Radio-Bund«, der im ADGB-Jugendheim an Apparaten bastelte und zum Beispiel die Lautsprecheranlagen für Kundgebungen bereitstellte.
- Kulturell am wichtigsten wurden in Luckenwalde die Freidenker, die 1920 eine Ortsgruppe des »Zentralverbands proletarischer Freidenker« (ZpF) gründeten. Sie waren mehr als ein »Versicherungsverein« für eine preiswerte Einäscherung, der 1920 bis 1927 parallel im »Verein für Feuerbestattung« bestand. Seit der Fusion wurde hier 1930 für 4.500 Mitglieder mit Büro im ADGB-Jugendheim viel geboten: Hier organisierten Arbeitersekretär Johann Bauer (MdL) als Vorsitzender und ein Geschäftsführer eine kaum vergleichbare »Nicht-Glaubens-Gemeinschaft« mit Bildungsveranstaltungen und aufwändig inszenierten Ersatzriten wie der Jugendweihe. Ein Drittel der Schüler*innen gingen zur vom Verband 1928 durchgesetzten »Freien Schule«, die den evangelischen Religionsunterricht durch »Lebenskunde« ersetzte. Am Ende führte die Statistik des Deutschen Reiches 1933 für Luckenwalde ganze 27,9 Prozent Konfessionslose – den höchsten Anteil im ganzen Reich und damit ein wichtiger Hinweis für die historische Milieuforschung!

Verfolgung im Nationalsozialismus

Wenn alles nach den Plänen des »roten Luckenwalde« gegangen wäre, hätte Karl Engelbrecht ab etwa 1936 im Landtag, vielleicht im Reichstag gesessen. Um die verhinderte Karriere noch deutlicher zu machen: Engelbrecht hätte 1949 bei freien Wahlen zu einem Bundestag gute Chancen gehabt, mit seinen Alters- und Schicksalsgenossen Kurt Schumacher (geb. 1895) oder Erich Ollenhauer (geb. 1901) politische Verantwortung zu tragen. Die größte Niederlage der deutschen Arbeiterbewegung aber machte solche Pläne zunichte. Menschen wie Karl Engelbrecht wurden nun das erste Ziel der politischen Verfolgung und Gewalt der Nazis.

Der Arbeitersekretär und SPD-Unterbezirksvorsitzende Karl Engelbrecht verlor nach der Auflösung der freien Gewerkschaften mit fristloser Entlassung der neuen Machthaber am 22. Mai 1933 schnell seine Arbeit. Am 27. Juli wurde er nach dem Parteiverbot der SPD in der ersten Verhaftungswelle mit anderen Sozialdemokraten aus Luckenwalde verhaftet und erst in das KZ Oranienburg verschleppt, dann am 7. September 1933 nach Sonnenburg, was zynisch als »Schutzhaft« bezeichnet wurde.

Es fehlen genaue Quellen über seine persönlichen Leiden im KZ. Diese sind naheliegend durch Berichte über Misshandlungen von Sozialdemokraten aus Luckenwalde wie des zugleich verhafteten SPD-Kreistagsabgeordneten Franz Andreß, der nach 1945 auch Engelbrecht als Zeuge seiner Qualen benennt.[6] Einzig aus einem Zeugnis im Besitz der Familie über seine antifaschistische Gesinnung vom 13. November 1946 ist von seinem Freund Johann Schmidt überliefert: »Er klagte mir öfters über seine Qualen, die er im KZ aushalten musste.«

Nach drei Monaten am 21. Oktober 1933 entlassen, blieb er zunächst lange arbeitslos (auch, weil ihm ein Wegzug aus Luckenwalde verboten wurde) und fand erst 1936 wieder Arbeit, von 1940

6 Hans-Rainer Sandvoß: Mehr als eine Provinz! Widerstand aus der Arbeiterbewegung 1933–1945 in der preußischen Provinz Brandenburg, Berlin 2019, S. 131; 177.

bis 1945 bei den Hiro-Metallwerken als Betriebskaufmann, später als Versandleiter und stellvertretender Betriebsleiter.

Wie viel Ansehen er sich in seiner Arbeit besonders in Kriegszeiten erwarb, wie er vor allem Zwangsarbeiter gegen die Vorschriften menschlich behandelte, geht aus den zahlreichen Zeugnissen hervor, die politische Freunde und Bekannte der Ehefrau nach seiner Verhaftung durch den NKWD im August 1945 ausstellten und die alle noch in Kontakt mit ihm geblieben waren. So habe er vielen Fremdarbeiten geholfen und in vertraulichen Gesprächen seine antifaschistische Meinung kundgetan. Er sei als »politisch unzuverlässig« auch nicht zur Wehrmacht eingezogen worden und nur zuletzt in eine »Volkssturmkompanie« gesteckt worden, heißt es in einem Zeugnis für seine Ehefrau.[7]

Nach dem Attentat auf Hitler am 20. Juli kam Engelbrecht Anfang August 1944 noch einmal für zwei Monate bis 27. September 1944 in das KZ Sachsenhausen. Die »Aktion Gitter« gegen alle noch im Land verbliebenen ehemaligen MdR, MdL und Stadtverordneten von SPD und KPD und die am 22. August 1944 folgende »Aktion Gewitter« gegen ehemalige Gewerkschafts- und Parteisekretäre, die reichsweit ca. 5.000 frühere Funktionsträger von SPD und KPD noch einmal in einer großen Aktion verhaften lassen sollten, sollte auch in Luckenwalde letzte Gefahr für das Überleben der »Solidargemeinschaft« bringen.

Engelbrecht hatte aus seinen zahlreichen gewerkschaftlichen Kontakten auch nach 1933 noch Verbindungen zum Beispiel durch die erhalten gebliebene Sterbekasse der Metallarbeiter, von der auch der Geschäftsführer des Deutschen Metallarbeiter-Verbands (DMV) Luckenwalde, Richard Heyn, berichtet, dass sie bis 1939 für weiteren Zusammenhalt gesorgt habe, möglicherweise in der die alten Gewerkschaftskassen weiterführenden DAF. Auch soll er mehrfach den Tabakladen besucht haben, den der ehemalige MdL Johann Bauer in Potsdam führte und der zum Treffpunkt früherer Sozial-

7 Zeugnis von Kurt Bratz, 1.12.1946, der die Karteikarten von Engelbrecht beim gemeinsamen Einsatz im »Volkssturm« einsehen konnte. Privatarchiv Rosemarie Eng.

demokraten wurde – sie habe sich gefragt, warum sie mit ihm als entschiedenem Nichtraucher ein Tabakgeschäft aufsuchen sollte, berichtet später seine Tochter in einem Gespräch.[8]

Verfolgung in der sowjetischen Besatzungszone

Karl Engelbrecht übernahm unmittelbar nach der Befreiung Luckenwaldes durch die Rote Armee wieder ein öffentliches Amt. Ab 1. Juni 1945 war er Mitglied im vom sowjetischen Stadtkommandanten ernannten Stadtrat, nachdem er schon am Aufbau des Arbeitsamtes der Stadtverwaltung tätig war. Ab 15. Juni 1945 war er Leiter des Haupt- und Personalamtes der Stadt Luckenwalde.

Aus den vorhandenen Akten nicht mehr aufzuklären ist, warum sich am 7. Juni 1945 in Luckenwalde offenbar ohne Absprachen mit der KPD-Bezirksleitung und einer noch nicht vorhandenen Bezirksebene der SPD auch mit Beteiligung von Karl Engelbrecht eine »Einheitspartei des Proletariats« gründete. Die 17 Anwesenden wählten nach einer Rede des früheren KPD-Funktionärs Wilhelm Mayer einen »provisorischen Parteiausschuss«, den Mayer als Vorsitzender leitete und dem weitere zwei ehemalige KPD-Mitglieder aus Luckenwalde sowie vier frühere SPD-Mitglieder angehörten, darunter eben Karl Engelbrecht als früherer UB-Vorsitzender sowie Franz Andreß, ehemaliger Vorsitzender der Kreistagsfraktion, und Reinhold Lemm, ehemaliger Vorsteher der Stadtverordnetenversammlung.

Die Gründung einer solchen frühen »Einheitspartei« ehemaliger KPD- und SPD-Mitglieder ohne Kontakt zu Parteivorständen war im Mai/Juni 1945 gar nicht so ungewöhnlich. Ähnliche Versammlungen fanden noch vor Veröffentlichung des von der SMAD genehmigten Aufrufes des Berliner »Zentralausschusses der SPD« (ZA) vom 15. Juni 1945 zur Wiedergründung der SPD auch in anderen Städten statt, z. B. in Forst, wo sie sich als antifaschistische

8 Ingrid Fricke: Engelbrecht, Karl (1898–1947), in: Siegfried Mielke (Hg.), Gewerkschafter in den KZ Oranienburg und Sachsenhausen, Bd. 2, Berlin 2003, S. 178.

Aktionsausschüsse verstanden. Der KPD-Leitung der »Gruppe Ulbricht«, die im Moskauer Exil den Wiederaufbau vorbereitet hatte, waren solche »verfrühten« Zusammenschlüsse eher unangenehm. So wurde die Luckenwalder »Einheitspartei« rasch von der Bezirksebene wieder aufgelöst, die Mitglieder fanden sich im Juli als registrierte KPD-Mitglieder wieder.

Die KPD war auch in Luckenwalde von Anfang an kein normaler politischer Koalitionspartner der SPD. Sie ging mithilfe der SMAD und Terrormethoden gegen einzelne SPD-Funktionäre vor und konnte so für Angst und Schrecken sorgen.

Ein wichtiger Einschnitt war am 11. August 1945 die Verhaftung Karl Engelbrechts in seinem Büro als Personalleiter der Stadtverwaltung. Die Gründe blieben auch für die Familie und Freunde völlig im Dunkeln, spekuliert wurde auf verschiedene Anlässe zur Denunziation.

Möglicherweise stand die Verhaftung im Zusammenhang mit der prominenten Rolle Engelbrechts beim Aufruf zur Gründung eines neuen »Freien Deutschen Gewerkschaftsbundes«, den er als Mitglied des vorbereitenden Ausschusses der Provinz am 7. August in der *Deutschen Volkszeitung* mit unterzeichnet hatte. Ob Engelbrecht auch schon Mitgründer eines lokalen FDGB und der neuen SPD war, die erst Anfang September an die Öffentlichkeit trat, ist nicht dokumentiert. Wahrscheinlich ist, dass er in solche Planungen führend einbezogen war. In jedem Fall konnte er somit nicht wie vorgesehen am 26. August 1945 an der ersten Delegiertenkonferenz der Provinz Brandenburg in Berlin teilnehmen. Hier war er als 2. Vorsitzender vorgesehen und wurde als solcher sogar trotz seiner Verhinderung in NKWD-Haft im Protokoll und einem Bericht der *Deutschen Volkszeitung* der KPD verzeichnet.

Ein politisches Motiv liegt sehr nahe, denn »als SPD-Funktionär war Engelbrecht sehr populär, er teilte nicht die Ansicht der Kommunisten«, bestätigte seine Witwe Minna Engelbrecht 1949 in einer Aussage bei der »Kampfgruppe gegen Unmenschlichkeit«, die von West-Berlin aus dem Fall Engelbrecht nachgegangen war.

Die Familie Engelbrecht blieb lange unwissend über sein Schicksal, reichte bis 1947 bei Kommandantur, Provinzialregierung und

SED etwa 30 Zeugnisse von Bekannten aus der SPD ein, darunter auch des Bürgermeisters von Luckenwalde, Reinhold Lemm: »Als am 11. Aug. 1945 seine Verhaftung erfolgte, traf uns dieser Verlust schwer. […] Er ist von Jugend auf vom Elternhaus auch als Sozialist erzogen und wird es auch bleiben bis zum heutigen Tage«.[9]

Viele andere Zeugnisse kamen zum Beispiel vom Potsdamer Bürgermeister Georg Spiegel, der mit ihm 1944 in Sachsenhausen interniert war, sowie von Arbeitskollegen und Fremdarbeitern. Erst im Dezember 1950 erfuhr die Ehefrau nach Recherchen in West-Berlin bei der »Kampfgruppe gegen Unmenschlichkeit«, dass Karl Engelbrecht am 9. Juni 1947 im ehemaligen Kriegsgefangenenlager Mühlberg/Elbe (Sachsen-Anhalt) verstorben war. Aus heute in der Gedenkstätte Mühlberg vorhandenen Unterlagen geht hervor, dass er hierher am 7. Januar 1947 gebracht wurde, nachdem er zuvor im Speziallager Nr. 5 (Ketschendorf bei Fürstenwalde) interniert war. Zuvor war er sogar zeitweise im Speziallager Sachsenhausen inhaftiert – am gleichen Ort, an dem ihn schon die Nazis aus politischen Gründen festgesetzt hatten.[10]

In den Unterlagen von Mühldorf wurde er als »Abwehr-Agent« geführt. Wie allen anderen Inhaftierten wurde dem NKWD-Häftling Engelbrecht nie ein Prozess gemacht oder ein Urteil gesprochen. Somit sei auch eine Rehabilitierung unmöglich, wie die Militärhauptstaatsanwaltschaft der Russischen Föderation den Nachkommen auf Anfrage 1996 mitteilte. Einen wichtigen, sehr deutlichen Beleg über das Klima der Angst in Luckenwalde zu dieser Zeit gab am 24. September 1945 der ehemalige MdL Johann Bauer in einem Brief an den SPD-Bezirksvorstand, der ihm durch seine Potsdamer Arbeit mit Georg Spiegel gut bekannt war. Bauer kam aus Potsdam zu privaten Besuchen in Luckenwalde:

---

9 Schreiben von Bürgermeister Lemm, Luckenwalde, vom 21.11.1946 mit Amtsstempel, Archiv Rosemarie Eng.

10 Günter Fippel: Demokratische Gegner und Willküropfer von Besatzungsmacht und SED in Sachsenhausen (1946 bis 1950) Das sowjetische Speziallager Sachsenhausen – Teil des Stalinschen Lagerimperiums, Leipzig 2008, S. 63.

»Bei dieser Gelegenheit war es selbstverständlich für mich, nach unserer Partei und Gewerkschaft zu schauen. Unserer Genossen dort sind, wie ich leider erfahren mußte, vollständig an die Wand gedrückt. Der Terror der KPD ist unerträglich. In früheren Gesprächen, die ich in Potsdam mit Genossen aus Luckenwalde führte, hatte ich von Lemm, dem derzeitigen Bürgermeister, Schwerdt, Leiter des Bauamtes und dem Stadtschulrat Koitz die Zusage erhalten, daß sie von der KPD zu uns zurückkommen werden. Lemm und Koitz haben mir nun am Freitag erklärt, daß sie aus Angst vor dem politischen Leiter der KPD, jetzt stellvertretender Landrat, ihre Zusage zurückziehen. Mit Bestimmtheit vermuten sie sonst den Russen ausgeliefert zu werden. Lemm erklärte wörtlich: ›Ich will meine Familie nicht noch einmal der Not aussetzen‹.«[11]

Würdigungen für Karl Engelbrecht – erst nach 1989 möglich

Am 9. Juni 1997, dem 50. Todestag von Karl Engelbrecht, ließ die SPD Luckenwalde am früheren NKWD-Gebäude in Luckenwalde eine Gedenktafel für Karl Engelbrecht anbringen – sie wurde inzwischen von Unbekannten entwendet. In der Gedenkstätte Mühlberg wurde für ihn ein großes Holzkreuz mit Widmung aufgestellt. So wirkt die Erinnerung fort an einen Menschen, der für sie freie, sozialistische Arbeiterbewegung gelebt hatte und damit in beiden deutschen Diktaturen zum Opfer politischer Verfolgung wurde.

Sein Erfolgsrezept war wie für das gesamte »rote Luckenwalde« eine Verbindung von großen Idealen, die in der SAJ erlernte, quasireligiöse und volksmarxistische Weltanschauung mit den in der Gewerkschaft gebotenen alltagsnahen Dienstleistungen, die in einer beispielhaften modernen, sozialreformerischen Kommunalpolitik bis 1933 fortgesetzt werden konnte. Der Terror der Nazis beendete diese Zeit der kommunalen Reformpolitik in Luckenwalde in brutaler, ungekannter Form. Die Diktatur der KPD und SED schlug

11 Brandenburgisches Landeshauptarchiv Rep. 331, Nr. 13, Bl. 32.

die freie Arbeiterbewegung dann endgültig durch die »Verstaatlichung der Arbeiterbewegung« als einer Vielfalt selbstorganisierter, demokratisch strukturierter Vereinswelt, in die Karl Engelbrecht hineingeboren war und für die er sein Leben geben musste.

Literatur

Ingrid Fricke: Engelbrecht, Karl (1898–1947), in Siegfried Mielke (Hg.), Gewerkschafter in den KZ Oranienburg und Sachsenhausen, Bd. 2, 2003, S. 176-181.

Hans-Rainer Sandvoß: Mehr als eine Provinz! Widerstand aus der Arbeiterbewegung 1933–1945 in der preußischen Provinz Brandenburg, Berlin 2019.

Heiko Tammena: Unser schönes rotes Luckenwalde. Lager, Milieu und Solidargemeinschaft der sozialistischen Arbeiterbewegung zwischen Ausgrenzung und Verstaatlichung, Münster i. Westf. 2000.

Sozialdemokratie in Brandenburg Kurzbiografien

Ergänzend zu den 19 ausführlicheren Biografien, die bisher vorgestellt wurden, haben wir uns entschieden, 50 Kurzbiografien von Personen aus der Brandenburger Sozialdemokratie anzufügen, die gleichermaßen von Bedeutung waren, über die aber bisher zu wenig Forschungsergebnisse vorliegen, für die keine Autorin oder Autor gefunden wurde oder deren Darstellung den Rahmen dieses Buches gesprengt hätte. Trotzdem fanden wir es wichtig, dass sie hier erwähnt werden und vielleicht sogar dazu anregen, sich ausführlicher mit ihnen zu befassen.

Lisa Albrecht (1896–1958)

Die in Hamburg geborene Lisa Albrecht trat – trotz ihrer Herkunft aus einer Beamtenfamilie – schon mit 15 Jahren in die Sozialistische Arbeiter-Jugend (SAJ) und mit 18 Jahren in die SPD ein. Im Jahr 1919 heiratete sie August Albrecht, einen Mitbegründer der SAJ und siedelte mit ihm nach Berlin um. Dort besuchte sie die Hochschule für Leibesübungen, um anschließend für die Arbeiterwohlfahrt als Sportlehrerin zu arbeiten. Außerdem führte das Ehepaar gemeinsam ein großes Antiquariat am Kurfürstendamm. 1928 wurde Lisa Albrecht – als Nachfolgerin von Anna Matschke – zur hauptamtlichen SPD-Frauensekretärin der Provinzen Brandenburg und Posen gewählt, eine Position, die sie bis 1933 innehatte. Noch im gleichen Jahr wurde sie wegen Hochverrates angeklagt und zu neun Monaten Haft verurteilt. Um weiteren Verfolgungen zu entgehen, siedelte sie 1943 nach Bayern um, wo sie – unter anderem als Bürgermeisterin von Mittenwald – eine beachtliche Karriere als Politikerin antreten konnte. (SH/JH)

Albert Baumeister (1882–1953)

Der Gewerkschafter und Sozialdemokrat Albert Baumeister war seit 1902 Sekretär der Union der Hotel- und Restaurantarbeiter und seit 1912 des Gewerkschaftsführers Carl Legien. Im Ersten

Weltkrieg schrieb er Beiträge für die *Feldpost* und die *Internationale Korrespondenz*, beides Publikationsorgane, die zum rechten Flügel der Partei zählten. 1917 wurde er Vorsitzender der SPD Niederbarnim und 1918/19 dort Volkskommissar. Er vertrat die Position der MSPD, arbeitete für die Internationale Arbeitsorganisation (ILO) in Genf und Berlin. Er publizierte dort die *Internationale Rundschau der Arbeit*, 1928 bis 1933 war er Geschäftsführer des SPD-Verlags »Neue Gesellschaft«. Ab 1933 war Baumeister im Widerstand, zeitweilig in Haft. Nach 1945 war er Vorsitzender des SPD-Unterbezirks Berlin-Gesundbrunnen und ab Oktober 1946 Bezirksverordneter im Wedding. Er arbeitete unter anderem als Herausgeber der Zeitschrift *Der deutsche Arbeiter*. 1949 verzog er nach Bayern. (MG/HZ)

Berta Beyertt, geb. Meinhard (1861–1938)

Beyertt gehörte zu den ersten Politikerinnen der Stadt Potsdam. Im Jahre 1919 zog sie als einzige Frau mit der SPD ins Potsdamer Parlament ein und hielt den Sitz bis März 1921. Sie wirkte in dieser Zeit im Ausschuss für Bittgesuche und im Vorstand des Wohltätigkeitsvereins. Neben ihrer politischen Tätigkeit zog sie mit ihrem Ehemann, dem Zigarrenfabrikanten Paul Beyertt, drei Kinder groß. Als dieser 1926 in der »Landesirrenanstalt« Görden starb, war sie bereits Rentnerin und mittellos. Über ihr weiteres Schicksal ist nichts bekannt. (JH)

Paul Bismark (1888–1951)

Der in Blesendorf (Ostprignitz) geborene Tischler war Sekretär des Holzarbeiterverbandes und Vorsitzender der SPD Perleberg und stellvertretender Vorsitzender der SPD Prignitz. Er war von 1933 bis 1945 Angestellter der Firma Singer. In Wittenberge wurde Bismark Stadtverordneter und von 1925 bis 1933 Schriftleiter der sozialdemokratischen *Volkszeitung*. Nach 1945 setzte er sich für die Vereinigung der KPD und SPD ein. 1945/46 war er Vorsitzender der SPD Westprignitz, seit April 1946 Vorsitzender der SED Westprignitz, Mitglied des Landtages Brandenburg, 1948/49 einer der beiden Vorsitzenden der SED des Landes Brandenburg. (MG/HZ)

Otto Breternitz (1897–1947)

Der Feinmechaniker Otto Breternitz gehörte seit 1911 der Sozialistischen Arbeiter-Jugend an, war Mitglied der Jugendorganisation des Deutschen Metallarbeiter-Verbandes und ab 1917 dieser Gewerkschaft. 1919 wurde er Mitglied der SPD. Er arbeitete in der Emil Busch AG in Rathenow und wurde 1924 zum Betriebsrat gewählt. Seit 1930 engagierte er sich als Vorsitzender des SPD-Wahlvereins und war bis 1933 Stadtverordneter in Rathenow. 1933 kam er ins KZ Oranienburg und stand anschließend unter Polizeiaufsicht. 1944 wurde er erneut verhaftet und kam ins KZ Sachsenhausen. Im Mai 1945 setzte ihn die sowjetische Kommandantur als Stadtrat ein, er wurde aber bereits 1947 aufgrund von Verstößen gegen SMAD-Anordnungen abgelöst. Er verstarb kurz nach seiner Entlassung. (KS)

Bruno H. Bürgel (1875–1948)

Der in Berlin als nichtehelicher Sohn einer Modistin und eines Archäologieprofessors geborene Astronom ist bei dem Schuhmachermeister Gustav Bürgel in dem Berliner Vorort Weißensee aufgewachsen. Bruno Hans Bürgel erlernte bei seinem Pflegevater dessen Beruf und trat nach der Lehre der Sozialdemokratischen Partei bei. Er interessierte sich bereits als Arbeiter in einer Schuhfabrik und Hilfsarbeiter in einer Buchdruckerei für Astronomie. Seit 1895 war Bürgel an der Berliner Sternwarte tätig. 1919 erschien seine Autobiografie *Vom Arbeiter zum Astronomen*. Er vermittelte populäres Wissen über Astronomie und Naturwissenschaften in Vorträgen und Publikationen. Als Mitbegründer des Kulturbundes zur demokratischen Erneuerung Deutschlands wurde er Mitglied der SED und ist in Babelsberg verstorben. (KS)

Willy Drügemüller (1891–1965)

Der Sohn eines Tischlermeisters zog nach Maurerausbildung, Wanderschaft und Teilnahme am Ersten Weltkrieg ins brandenburgische Niederlehme. Seit 1910 war er Mitglied der SPD, ab 1920 fungierte der Familienvater als Sekretär der SPD für den Landkreis Beeskow-Storkow und als Vorsitzender des SPD-Unterbezirks Teltow-

Beeskow. Er gehörte dem Magistrat der Stadt Beeskow und bis 1933 dem Kreisausschuss und Kreistag an. Von 1921 bis 1925 war er Mitglied des Brandenburgischen Provinziallandtags sowie 1924 bis 1933 Mitglied des Preußischen Landtags. Bis zu seiner Verhaftung im Juni 1933 bekleidete Drügemüller Positionen in der Bauhüttenbewegung und in einem Gewerkschaftsunternehmen. Er war mehrere Monate im KZ Oranienburg inhaftiert und stand unter Polizeiaufsicht. Nach Kriegsende arbeitete er in der Verwaltung und stand der SPD im Kreis Beeskow-Storkow vor. Er engagierte sich nach der Zwangsvereinigung im SED-Bezirksvorstand in Bernau und wurde im August 1946 bis zu seiner Abberufung Ende 1948 Landrat des Kreises Osthavelland. Ihm wurde vorgeworfen, weniger linientreue Ortsbürgermeister in ihrer Tätigkeit und Einschätzung zu unterstützen. 1951 verließ Drügemüller die DDR. Er starb 1965 in West-Berlin. (MS)

Ferdinand Ewald (1846–1928)

Ewald besuchte die Volksschule in Berlin und erlernte den Beruf des Vergolders, ab 1882 als selbstständiger Meister. Für die SPD wurde er Mitglied der Stadtverordnetenversammlung in Berlin. Am 14. Dezember 1884 wurde er aufgrund des Sozialistengesetzes aus Berlin ausgewiesen. Er gründete ein Zigarrengeschäft in Brandenburg/Havel und wurde 1887 Buchdruckereibesitzer und Redakteur der von Otto Sidow gegründeten Brandenburger Zeitung. Auch war er Mitbegründer des Konsumvereins Brandenburg und Vorsitzender des Aufsichtsrats desselben. Ewald wurde von Versammlungen in Brandenburg/Havel und Luckenwalde als Vertreter zum Internationalen Sozialistenkongress in Paris im Juli 1889 delegiert. 1895 kehrte er nach Berlin zurück und war dort als Gastwirt und Stadtverordneter tätig. Von 1913 bis 1918 war er Mitglied des Deutschen Reichstags für den Wahlkreis Potsdam 9 (Zauch-Belzig, Jüterbog-Luckenwalde). (SH)

Emil Faber (1861–1930)

Faber wurde in Küstrin geboren und absolvierte eine Lehre als Schuhmacher. 1884 trat er in die SPD ein und arbeitete als selbstständiger Meister in Frankfurt (Oder). Seit 1890 war er SPD-Kreisvorsitzender und von 1908 bis 1930 Stadtverordneter. 1910 bis 1912 war er Mitglied des Reichstags, danach Mitglied des Preußischen Landtages. Im November 1918 wurde er Zweiter Vorsitzender des Frankfurter Arbeiter- und Soldatenrates und im März 1919 Erster Stellvertretender Vorsitzender der Frankfurter Stadtverordnetenversammlung. Von 1919 bis 1921 war er Mitglied der verfassunggebenden preußischen Landesversammlung und bis zu seinem Tode Mitglied des Preußischen Landtages. (HT)

Paul Theodor Fleischmann (1889–1965)

Der im schlesischen Freiburg geborene SPD-Politiker war 1925 bis 1933 Vorsteher der Stadtverordnetenversammlung und Leiter des Arbeitsamtes in Nowawes, später ein Stadtteil von Potsdam-Babelsberg. Über seine Inhaftierung in der NS-Zeit liegen keine Kenntnisse vor. Nach der Entlassung aus dem KZ Oranienburg ging er nach Berlin. Von 1948 bis 1953 amtierte er als Senator für Arbeit und ab 1958 bis zu seinem Tod als Mitglied des Abgeordnetenhauses von Berlin. Zusätzlich stand er 1952 bis 1957 als Präsident dem Berliner Landesarbeitsamt vor. (HZ)

Ernst Fresdorf (1889–1967)

Der promovierte Jurist und Familienvater war ab 1919 unter anderem im Magistrat in Magdeburg beschäftigt. Er trat 1921 in die SPD ein. 1926 wurde er Oberbürgermeister der Stadt Brandenburg/Havel. Als Verwaltungschef verfolgte er einen gemäßigteren Kurs als Friedrich Ebert jun., dem damaligen brandenburgischen SPD-Fraktionsführer. Fresdorf förderte den Bau von neuartigen Siedlungen am Stadtrand. 1931 wechselte er als Bürgermeister nach Köln, wo er im März 1933 inhaftiert und von seinem Amt suspendiert wurde. Nach seiner Entlassung lebte er monatelang in der Illegalität, stellte einen Aufnahmeantrag in die NSDAP und ging gegen seine Amtsenthebung und Zwangspensionierung vor. Er fasste beruflich nur schwer Fuß. Ab 1937 bearbeitete Fresdorf »Devisenangelegenheiten« verfolgter Juden. Im Mai 1945 bestimmte ihn die amerikanische Militärbehörde zum Oberbürgermeister von Eisenach. Wenig später setzten ihn sowjetische Besatzungstruppen ab. Der Geheimdienst inhaftierte ihn im Speziallager Buchenwald. Nach dessen Auflösung 1950 floh er nach Köln, wo er als Stadtdirektor wirkte. (MS)

Carl Freter (1878–1953)

Freter arbeitete zunächst als Schreibgehilfe und Büroangestellter in Berlin. Er engagierte sich gewerkschaftlich und wurde Bezirksleiter des Büroangestelltenverbandes für Berlin und Brandenburg. Er trat in die SPD ein, war von 1910 bis 1919 Parteisekretär der Berliner Wahlvereine und wurde 1912 Leiter der Rechtsauskunftsstelle des *Vorwärts*. 1919 wurde Freter Stadtverordneter in Berlin-Schöneberg und amtierte von 1920 bis zu seinem Eintritt in den einstweiligen Ruhestand am 27. Juli 1932 als Landrat des Kreises Calau. Er war von 1921 bis 1928 stellvertretendes Mitglied des Preußischen Staatsrates, seit 1927 Mitglied des Kreistages Calau und Mitglied des Brandenburgischen Provinziallandtages sowie von 1928 bis 1932 und erneut 1933 Mitglied des Preußischen Landtages. Freter lebte seit 1932 in Großräschen und wurde im Juni 1933 in Senftenberg verhaftet. Ab 1947 bis zu seinem Tod war er wieder Landrat des Kreises Calau. (HT)

Willi Hänchen (1893–1944)

Der in Freiwaldau geborene Glasur- und Werkmeister zog 1912 nach Teltow. Er war dort in der Porzellanfabrikation tätig und trat schon als junger Mann der SPD bei. 1923 wurde er als Beisitzer in den Unterbezirksvorstand des Wahlvereins Teltow-Beeskow gewählt. Bei der Stadtverordnetenwahl vom 4. Mai 1924 zog er erstmals ins Teltower Rathaus ein und war seit 1925 Mitglied in der Park- und Grundstückskommission. Nach der erfolgreichen Wiederwahl am 13. Mai 1928 wurde Hänchen Stadtverordnetenvorsteher. Er setzte sich u. a. für eine Ferienkolonie für bedürftige Kinder ein. Bei den Wahlen vom 17. November 1929 kandidierte Hänchen erneut erfolgreich für den Teltower Stadtrat und auch für den Kreistag. 1931 zog er nach Düsseldorf, wo er als Geschäftsführer der Krankenkasse des Deutschen Werkmeister-Verbandes arbeitete. Ab 1938 wohnte er mit seiner Familie in Potsdam und wurde 1944 nach seinem krankheitsbedingten Tod dort beerdigt. (GB)

Ernst Heilmann (1881–1940)

Der in Berlin geborene und studierte Jurist gehörte seit seinem 17. Lebensjahr dem gemäßigten Flügel der SPD an und arbeitete ab 1913 bei der von Gustav Noske geführten *Chemnitzer Volksstimme*. Nach dem Ende des Ersten Weltkriegs ging Heilmann nach Berlin und widmete sich den Aufgaben als Vorsitzender der SPD-Fraktion im Preußischen Landtag. In dieser Zeit sprach er häufig in Wahlversammlungen und vor allem in sozialdemokratischen Bildungsveranstaltungen. Ab 1928 gehörte Heilmann zusätzlich für den Wahlkreis Frankfurt (Oder) der SPD-Fraktion im Reichstag an. Er zählte 1933 zu den ersten Opfern der Verhaftungswelle der Nationalsozialisten. 1940 wurde er in Buchenwald nach langjährigem Aufenthalt in verschiedenen Lagern ermordet. (SH/HZ)

Paul Hirsch (1868–1940)

Der in Prenzlau geborene Mediziner und Nationalökonom Paul Hirsch wurde bereits vor der Jahrhundertwende Mitglied der SPD. Seine politische Tätigkeit begann er als Stadtverordneter von Charlottenburg von 1899 bis 1920. Zusätzlich wurde er 1908 als einer der ersten Sozialdemokraten ins preußische Abgeordnetenhaus gewählt und war dort Fraktionsvorsitzender bis 1918. Von März 1919 bis März 1920 war er preußischer Ministerpräsident und Innenminister. Bis 1932 blieb Hirsch Mitglied des Preußischen Landtages. 1925 wurde er zum Bürgermeister von Dortmund ernannt. Als er 1933 abgesetzt wurde, kehrte er nach Berlin zurück und trat dort der jüdischen Gemeinde bei. Er zog sich aus der politischen Arbeit zurück und starb in Berlin 1940. (SH/HZ)

Max Hoffmann (1872–1958)

Hoffman absolvierte eine Weberlehre und arbeitete in seinem erlernten Beruf. Er schloss sich 1896 der Gewerkschaft an, war von Juni 1910 bis 1921 als Gewerkschaftssekretär beim Deutschen

Textilarbeiterverband in Guben tätig und wurde 1914 Vorstandsmitglied der Zweigstelle. Des Weiteren war er Aufsichtsratsmitglied im Konsumverein und Geschäftsführer der Gubener Baugenossenschaft. Hoffmann trat in die SPD ein und war Vorsitzender des Bildungsausschusses der Sozialdemokraten. Später war er Vorsitzender des SPD-Unterbezirkes Guben-Stadt. Nach der Novemberrevolution nahm er als Delegierter des Arbeiter- und Soldatenrates an den Reichsrätekongressen, die im Dezember 1918 und April 1919 in Berlin abgehalten wurden, teil. Anfang der 1920er-Jahre war er ehrenamtlicher Stadtrat (Dezernent für Wohnungswesen) und stellvertretender Vorsitzender der Stadtverordnetenversammlung in Guben. Außerdem fungierte er als Vorsitzender der Ortskrankenkasse Guben-Stadt. Im Februar 1921 wurde er als Abgeordneter in den Preußischen Landtag gewählt, dem er bis 1924 angehörte. Über die letzten 30 Jahre bis zu seinem Tod liegen keine Kenntnisse vor. (SH)

Willy Jentsch (1892–1966)

Willy Jentsch trat bereits vor dem Ersten Weltkrieg der SPD bei und engagierte sich gewerkschaftlich. In Frankfurt (Oder) war er von 1924 bis 1933 Sekretär der SPD (heute als Geschäftsführer bezeichnet) Frankfurt-Lebus, Ost- und Weststernberg. Dort war er auch Stadtverordneter und Mitglied des Provinziallandtags Brandenburg. 1926 gründete er mit anderen Sozialdemokraten und Gewerkschaftern die GEWOBA (Gemeinnützige Wohnungsbaugenossenschaft). Seine Verhaftung im Gewerkschaftshaus 1933 war der Anfang von Haftjahren in Gefängnissen und Zuchthäusern bis zuletzt im KZ Buchenwald. Während einer kurzen Phase in Freiheit war er in der sozialdemokratischen Widerstandsgruppe »Max« aktiv. Im KZ Buchenwald trat er der illegalen KPD bei, 1945 war er nach der Befreiung an der Organisierung der Freilassung der ehemaligen Häftlinge beteiligt. 1946 wurde er Bürgermeister und 1949 bis 1950 Oberbürgermeister von Frankfurt (Oder). 1952/1953 war er Landessekretär der »Vereinigung der Verfolgten das Naziregimes« des Landes Brandenburg und lebte bis zu seinem Tod 1966 in Potsdam.(HZ/HT)

Luise Kähler (1869–1955)

Kähler war von 1921 bis 1933 Abgeordnete des preußischen Landtags für den Wahlkreis Potsdam II. Sie war in verschiedenen Bereichen beruflich tätig: als Heimarbeiterin und Hausangestellte, als Schneiderin, als Stewardess und als Angestellte im Arbeitsamt. 1895 heiratete sie einen Sozialdemokraten. Sie engagierte sich im Zentralverband der Hausangestellten Deutschlands, dessen Vorsitzende sie 1913 wurde. Außerdem war sie Delegierte auf verschiedenen Gewerkschaftskongressen, wirkte während des Ersten Weltkrieges in der Kriegsfürsorge und beteiligte sich 1919 an der Gründung der Arbeiterwohlfahrt. Von 1920 bis 1933 saß sie zudem als einzige Frau im vorläufigen Reichswirtschaftsrat. Sie lebte in Berlin und hielt während des Zweiten Weltkrieges Kontakt zu alten Genossinnen und Genossen. Nach dem Kriegsende beteiligte sie sich am Wiederaufbau der SPD, trat aber ein Jahr später in die SED ein. 1954 war sie noch Spitzenkandidatin der SED bei den Wahlen im Westen Berlins. (JH)

Maria Karch, geb. Ludenia (1877–1958)

Maria Ludenia wurde in eine Görlitzer Arbeiterfamilie geboren, lernte und arbeitete als Handlungsgehilfin. 1910 zog sie mit Mann und Tochter Erika nach Forst, wo sie 1919 als Stadtverordnete der USPD gewählt wurde. Nach der Reichstagswahl vom Juni 1920 zog sie in den Reichstag ein, in dem sie bis zur Wahl vom Mai 1924 den Wahlkreis Frankfurt (Oder) vertrat. 1922 trat Karch von der USPD zur SPD über. Ende der 1930er-Jahre eröffnete Karch im Erdgeschoss ihres Wohnhauses an der Ecke Fruchtstraße/Virchowstraße Nr. 18 in Forst einen Kolonialwarenladen. Das Geschäft betrieb sie, mit einer kurzen Unterbrechung Anfang 1945, bis zum Mai 1946. Im Alter erblindete Karch, sodass sie sich in Pflege geben musste. Sie starb 1958. (HT)

Wilhelm Kolwitz sen. (1870–1949)

Der in Liebenwalde geborene Kolwitz erlernte in Berlin den Beruf des Segelmachers und gründete mit Martha Riedel eine Familie. 1901 und 1904 wurden die Söhne Wilhelm jun. und Richard geboren. 1909 zog die Familie nach Liebenwalde, wo 1906, 1909 und 1917 die Söhne Arthur, Georg und Fritz geboren wurden. Ab 1919 Mitglied der SPD, gehörte er 1924 bis 1929 der Stadtverordnetenversammlung an, ab 1930 als deren Vorsteher. Beim »Reichsbanner« Schwarz-Rot-Gold wurde er Vorsitzender des Ortsvereinsvorstandes. Mit seinen Söhnen beteiligte er sich am Widerstand der Gruppe »Nordbahn« und an der Verteilung »illegaler« Schriften. 1937 verhaftet, verhängte das Kammergericht Berlin eine einjährige Gefängnisstrafe, die er in der Strafanstalt Berlin-Plötzensee verbüßte. Er ist 1949 in Liebenwalde verstorben. (KS)

Wilhelm Krüger (1889–1953)

Wilhelm Krüger arbeitete zunächst in seinem erlernten Beruf als Tischler. Bis März 1917 war er als Angestellter bei einer Krankenkasse tätig. Abschließend wechselte er zum Deutschen Holzarbeiterverband. Von März bis Dezember 1919 war er Parteisekretär für den Bezirk Westpreußen, von Januar 1920 bis 1933 für den Bezirk Brandenburg bzw. Grenzmark Posen-Westpreußen. Von 1922 bis 1933 nahm Wilhelm Krüger als Mitglied am zentralen Parteiausschuss der SPD teil. In der vom Völkerbund proklamierten Freien Stadt Danzig wurde er Mitglied des Verfassungsausschusses. 1924 wurde er Abgeordneter im Preußischen Landtag. Das blieb er bis zur Machtergreifung der Nazis 1933. Im gleichen Jahr wurde er vom Reichsgericht wegen Vorbereitung eines hochverräterischen Unternehmens zu zwei Jahren und neun Monaten Haft verurteilt. Nach dem Zweiten Weltkrieg lebte Wilhelm Krüger zunächst in Ostberlin, danach bis zu seinem Tod in Berlin. Im März 1950 verzog er nach Eichwalde. (CA)

Marie Kunert, geb. Bombe (1871–1957)

Kunert wurde in eine bürgerliche Familie geboren. Ihr Vater war Lehrer, sie besuchte die Höhere Mädchenschule und absolvierte das Lehrerinnenseminar in Berlin. 1890 heiratete sie einen Lehrer, der unter dem Sozialistengesetz politisch gemaßregelt wurde. Seit 1889 übte sie mit ihrem Mann, Fritz Kunert, schriftstellerische, journalistische und redaktionelle Tätigkeiten für die sozialistische

Presse aus. Gemeinsam wechselten sie zur USPD, kehrten aber 1922 zur SPD zurück. Seit 1918 arbeitete sie als Lektorin im Pressebüro der russischen Botschaft und betätigte sich nebenbei als Übersetzerin. Von 1921 bis 1928 war sie Mitglied des Preußischen Landtags. 1928 zog sie in den Reichstag für den Wahlkreis Potsdam II ein und verteidigte das Mandat noch bei der letzten Wahl im März 1933. Noch im gleichen Jahr flüchtete sie auf Anraten des Parteivorstands in die Schweiz, wo ihr aber die Ausübung einer Arbeit verwehrt wurde. Sie starb dort am 18. Mai 1957. (JH)

Carl Legien (1861–1920)

Der spätere Gewerkschaftsführer wuchs in einem Waisenhaus im westpreußischen Thorn (jetzt Torun) auf. Er hatte zwölf Geschwister. Nach einer Drechslerlehre ging er auf die Walz. 1885 trat er der SPD und 1886 dem Hamburger Fachverein der Drechsler bei. Ein rascher Aufstieg führte ihn unter anderem 1889 zum internationalen Sozialistenkongress in Paris. Dort war er an der Gründung der Sozialistischen Internationale beteiligt. Er wurde deren Sekretär und 1913 erster Präsident des Internationalen Gewerkschaftsbundes. Nach der Gründung des Allgemeinen Deutschen Gewerkschaftsbundes wurde er 1919 in Nürnberg zum Vorsitzenden gewählt. Die Furcht der Arbeitgeber vor einer Revolution wie in Russland half Carl Legien, das Stinnes-Legien-Abkommen abzuschließen, mit dem der Achtstundentag durchgesetzt und die Gewerkschaft als legitime Interessenvertretung anerkannt wurden. Carl Legien war Reichstagsabgeordneter der SPD. Privat lebte er fast 30 Jahre lang mit dem Ehepaar Emma und Emanuel Ihrer in einer »Ménage-à-trois« unter anderem im damals brandenburgischen Pankow und der Landgemeinde Niederschönhausen. Mit der Ausrufung des Generalstreiks half er 1920, den Kapp-Putsch niederzuschlagen. Legien starb noch im gleichen Jahr in Berlin. (SH/CA)

Karl Liebknecht (1871–1919)

Als Sohn von Wilhelm Liebknecht trat der bedeutende Führer der SPD/KPD 1900 in die SPD ein. Er war Mitglied der Berliner Stadtverordnetenversammlung, im Preußischen Abgeordnetenhaus und im Reichstag. Den »Kaiserwahlkreis« Potsdam-Spandau-Osthavelland konnte er 1912 mit 24.299 Stimmen erringen. Karl Liebknecht stimmte als Mitglied des Reichstages gegen die Kriegskredite. Mehrmals wurde er wegen antimilitaristischer Schriften verhaftet. Am 9. November 1918 rief er vor dem Berliner Schloss die »freie sozialistische Republik« aus. Im Dezember 1918 war er Mitbegründer der KPD. Am 15. Januar 1919 wurde er von Freikorpssoldaten zusammen mit Rosa Luxemburg ermordet. (HZ)

Otto Liebknecht (1876–1949)

Der Sohn von Wilhelm Liebknecht und Bruder von Karl Liebknecht nahm nach dem Abitur ein Chemiestudium auf und promovierte 1899. Aufgrund seiner SPD-Mitgliedschaft und der Herkunft aus einer prominenten Politikerfamilie gestaltete sich sein Werdegang zunächst schwierig. Den großen Durchbruch erzielte er jedoch durch die Herstellung von Natriumperborat. Liebknecht setzte den Stoff als Grundlage des ersten selbsttätigen Waschmittels der Firma Henkel ein – bis heute bekannt unter dem Markennamen »Persil«. Außerhalb des Labors trat er für die Belange der Arbeitnehmer ein und übernahm im ersten Betriebsrat 1920 den Posten des Vorsitzenden. 1925 kam es zum Bruch mit der Firmenleitung. Seine weitere Karriere führte ihn als Chefchemiker zur Permutit AG nach Berlin. Darüber hinaus übernahm er einen Lehrauftrag an der Universität. Während er nach 1933 zahlreiche Nachteile hinzunehmen hatte, kam ihm nach Kriegsende in Ost-Berlin seine Herkunft zugute. Er wurde zum Professor der anorganischen und organischen Chemie ernannt, eine Position, die er bis zu seinem Tod innehatte. Er starb 1949 an seinem Wohnort Potsdam-Babelsberg. (SH)

Anna Matschke (1878–1928**?**)

Matschke wurde in Schlesien geboren und musste sich schon in frühen Jahren am Familienunterhalt beteiligen. Seit ihrer Heirat als 19-Jährige engagierte sie sich in der sozialistischen Frauenbewegung. 1902 trat sie dem »Verein der Frauen und Mädchen der Arbeiterklasse« bei und verfasste zwei Agitationsschriften, die als Mahnung an Mädchen und Frauen gehalten waren. Außerdem war sie eine beliebte Rednerin, die bis zu drei Vorträge an einem Tag hielt. Seit 1906 gehörte sie zum Zentralvorstand der Berliner SPD. 1913 zog sie nach Niederschönhausen (Kreis Niederbarnim) und nahm für den Kreis Ost- und Weststernberg an der Frauenkonferenz in Weimar und 1922 für den Bezirk Brandenburg am Vereinigungsparteitag von USPD und SPD in Nürnberg teil. Bis 1928 arbeitete sie als erste hauptamtliche Frauensekretärin für die SPD in der Provinz Brandenburg, ein Amt, das sie aus gesundheitlichen Gründen mit 51 Jahren niederlegte. Ihre Nachfolgerin wurde Lisa Albrecht. (SH/JH)

Otto Meier (1889–1962)

Otto Meier wurde 1911 Mitglied der SPD und 1917 der USPD, als deren Parteisekretär und Zeitungsredakteur er in Berlin tätig war. Von 1920 bis 1933 war Otto Meier Abgeordneter des Preußischen Landtags, ab 1922 für die SPD. Bis 1933 stand er der Pressekommission des *Vorwärts* vor. 1939 wurde er vorübergehend verhaftet. Nach 1945 gehörte er zum Zentralausschuss der SPD in der SBZ. Im Brandenburgischen Landtag hatte er verschiedene bedeutende Ämter als SED-Mitglied und war von 1952 bis 1958 Leiter der Staatlichen Archivverwaltung in Potsdam. (HZ)

Franz Moericke (1885–1956)

Der Sohn eines Sattlers aus Apolda lernte Modelltischler und arbeitete in Fabriken. 1902 trat er in die SPD und 1904 in den Deutschen Holzarbeiterverband ein. Die billigende Haltung der SPD zur Kriegspolitik der Reichsregierung veranlasste Moericke 1916 zum Parteiaustritt. Er schloss sich der USPD und 1920 der KPD an. Als hauptamtlicher Parteifunktionär setzte er sich insbesondere für Landarbeiter ein. Zwischen 1924 und 1928 war Moericke Mitglied des Preußischen Landtags, von 1930 bis Juli 1932 gehörte er für den Wahlkreis Ostpreußen dem Reichstag an. Moericke wurde ab März 1933 mehrfach festgenommen und im KZ Oranienburg, im Zuchthaus Luckau und im Zuchthaus Brandenburg-Görden inhaftiert. Dort knüpfte er Kontakte zu kommunistischen Widerstandsgruppen um Robert Uhrig und Anton Saefkow, in denen er später mitarbeitete. Von 1945 bis 1948 gehörte Moericke zu den führenden Gewerkschaftsfunktionären in Brandenburg. In den Jahren 1946 bis 1950 war er für die SED Mitglied des Landtags von Brandenburg. (MS)

Martha Peschke, geb. Krüger (1885–1953)

Martha Peschke arbeitete als Fürsorgerin und gehörte zu den ersten weiblichen SPD-Stadtverordneten von Cottbus. Im Zuge der Wahl zur Stadtverordnetenversammlung am 2. März 1919 erhielt sie als eine von fünf Frauen einen Platz unter 45 Stadtverordneten. Im selben Jahr nahm sie für Cottbus-Spremberg an der Frauenkonferenz in Weimar teil. Bis 1933 übte sie ihr Amt als Provinziallandtagsabgeordnete aus. Dann wurde sie von der Stadtverwaltung wegen politischer Unzuverlässigkeit entlassen und einem täglichen Meldezwang unterworfen. 1939 wurde sie zur Arbeit als Kriegsaushelferin verpflichtet, nebenbei verteilte sie illegale Flugblätter. Nach 1945 trat sie der SED bei und war in Cottbus als Stadträtin tätig. (JH)

Oskar Pollner (1885–1945)

Der in Blankenhain geborene Porzellandreher war Mitglied des Verbands der Porzellanarbeiter und seit circa 1911 der SPD in Teltow. Wegen seiner Schwerhörigkeit wurde er nicht im Ersten Weltkrieg eingezogen. Im November 1929 kandidierte er bei der Stadtverordnetenwahl auf Listenplatz 8 für die Teltower SPD. 1930/1931 engagierte er sich als Ortsvorsitzender des »Reichsbanners Schwarz-Rot-Gold« und seit Anfang 1931 als unbesoldeter Stadtrat für die SPD. Ab 1933 konnte Pollner seine politischen Ämter nicht mehr ausüben. Er gehörte aber nach wie vor sozialdemokratischen Kreisen an und beteiligte sich an der Verteilung von Flugblättern der *Sozialistischen Aktion*, einer Dünndruckausgabe des *Vorwärts* der Exil-SPD. Als Himmler am 22. August 1944 befahl, im Rahmen der »Aktion Gewitter« alle ehemaligen Abgeordneten der KPD und SPD »in Schutzhaft« zu nehmen, gehörte auch Pollner zu den Opfern. Er wurde in das KZ Sachsenhausen eingeliefert, wo er wegen seines schlechten Gesundheitszustands als »nicht arbeitsfähig« galt und nach Bergen-Belsen deportiert wurde. Sein letztes Lebenszeichen stammt vom 12. Februar 1945. Seitdem gilt er als verschollen. (GB)

Karl Priefert (1879–1961)

Der Metalldrücker Karl Priefert, Sohn eines Berliner Bildhauers, trat 1902 der SPD und dem Deutschen Metallarbeiter-Verband bei. Er heiratete Klara Stahlberg, die sich auch der SPD anschloss. Zu seinen Ämtern gehörten: Stadtverordneter, zeitweise Vorsitzender des SPD-Wahlvereins von Rathenow, Mitglied des Brandenburgischen Provinziallandtages (1919–1933), der ihn bereits 1919 in den Preußischen Staatsrat wählte (ebenfalls bis 1933) sowie Vorsitzender der SPD-Fraktion im Brandenburgischen Provinziallandtag. Priefert war Mitglied im »Reichsbanner Schwarz-Rot-Gold« und in Aufsichtsratsorganen von Sparkassen und Banken. Seine politische und gewerkschaftliche Tätigkeit führte zu Konflikten mit der NSDAP. Er wurde 1933 und erneut 1944 verhaftet und inhaftiert. Nach 1945 war Priefert Mitglied des FDGB, der SPD und später der SED, aus der er 1947 austrat. Er zog nach West-Berlin und starb dort am 24. Mai 1961. (MS)

Hedwig Pusch (1899–1979)

Hedwig Pusch war von November 1929 bis März 1933 Teil der 13-köpfigen SPD-Fraktion im Potsdamer Stadtparlament. Ende August 1944 wurde sie im Zuge der Aktion Gewitter gemeinsam mit Anna Flügge verhaftet und bis zum 20. September 1944 im KZ Ravensbrück in »Schutzhaft« genommen. Dort musste sie sich als Hilfsarbeiterin betätigen. Über ihr weiteres Schicksal ist nichts bekannt. (JH)

Wilhelm Ramsbrock (1880–?)

Wilhelm Ramsbrock engagierte sich im Deutschen Metallarbeiter-Verband und ab 1897 in der SPD. 1920 übernahm er in Senftenberg die Geschäftsführung der Ortsverwaltung des Metallarbeiter-Verbandes. Er galt als pragmatischer Gewerkschaftsfunktionär, der in programmatischer Hinsicht die Position der Mehrheitssozialdemokratie vertrat. 1924 wurde Ramsbrock Parteisekretär der SPD und Vorsitzender des SPD-Unterbezirkes für die Ost- und Westprignitz. Zusätzlich leitete er dort den Bildungsausschuss. 1929 wurde er zum Stadtrat in Wittenberge gewählt. Im Mai 1933 wurde Ramsbrock dreimal verhaftet und jeweils für ein paar Tage frei gelassen. Nach der dritten Verhaftung kam er in das KZ der SA in Perleberg und im Juni 1933 in das KZ Oranienburg. Dort blieb er bis zum 18. Dezember 1933. Der weitere Lebensweg konnte nicht ermittelt werden. (HZ)

Hugo Sachs (1870–1925)

Sachs wurde als Sohn einer jüdischen Familie im thüringischen Berkach geboren. 1902 eröffnete er in Belzig das Textilwarengeschäft »Herrnberg's Warenhaus«. Er war Mitglied der »Deutschen Schützen« und in verschiedenen Verwaltungskommissionen. Im November 1918 wurde er in den Arbeiterrat gewählt. Mehrere Jahre war er als SPD-Mitglied Stadtverordneter in Belzig. 1924 zählte er zu den Mitbegründern der Ortsgruppe des »Reichsbanners Schwarz-Rot-Gold«. Am 16. November 1925 verstarb Sachs an den Folgen einer Kriegsverwundung aus dem Ersten Weltkrieg. Er ist auf dem jüdischen Friedhof in Beelitz beigesetzt. Sachs' Ehefrau Ida, geb. Herrnberg, und der gemeinsame Sohn Rudi führten die Firma weiter. Nach den Angriffen während der Novemberpogrome 1938 sahen sie sich zum Verkauf des Warenhauses gezwungen. Rudi Sachs überlebte die Haft im KZ Sachsenhausen. Ihm gelang 1939 die Flucht ins chinesische Shanghai; seine Mutter folgte 1940 nach. (MS)

Alexander Sailer (1865–1924)

Der gelernte Buchbinder aus Meersburg am Bodensee kam am Ende seiner Wanderjahre 1889 nach Luckenwalde. Er wurde am 24. November 1890 Vorsitzender des nach dem Sozialistengesetz neu gegründeten sozialdemokratischen Wahlvereins und 1906 hauptamtlicher Arbeitersekretär der freien Gewerkschaften. Er half dabei Tausenden von Menschen bei der Lösung ihrer sozialen Probleme, vertrat sie vor Arbeitsgerichten und erfreute sich großer

Beliebtheit. Unter seiner Führung erreichte die SPD in Luckenwalde 1914 mit 2.357 Mitgliedern und Wahlergebnissen über 80 Prozent ihren höchsten Stand. 1908 wurde Sailer Stadtverordneter, 1918 Vorsitzender des Arbeiter- und Soldatenrats Luckenwalde, Delegierter für den zentralen Rätekongress in Berlin und wurde 1921 in den Provinziallandtag Brandenburg sowie den Preußischen Staatsrat (die Zweite Kammer im Freistaat Preußen) gewählt. 1924 starb Alexander Sailer. Mehr als 5.000 Menschen begleiteten im März 1924 den Trauerzug. Der gemeinsame Grabstein mit seiner Frau Maria Sailer auf dem Friedhof vor dem Jüterboger Tor in Luckenwalde trägt die Aufschrift »Kinder des Volkes«. (HT)

Wilhelm Schadow (1871–1937)

Wilhelm Schadow war von 1903 bis 1928 Vorsitzender der SPD im Kreis Cottbus-Spremberg und bis 1933 Mitglied der Gemeindevertretung von Kolkwitz. Gleichzeitig war er als Schöffe bei Gericht tätig. Zwischen 1919 und 1921 war Schadow Mitglied der Preußischen Landesversammlung und dann bis 1932 Mitglied des Preußischen Landtages. Als gelernter Weber arbeitete Schadow bis 1903 in der Textilindustrie. Im Konsumverein Cottbus war er bis 1906 als Lagerhalter tätig. Bis 1933 war er Angestellter der Cottbusser Ortskrankenkasse. Weitere Kenntnisse über seinen Lebensweg existieren nicht. (CA)

Otto Scharfschwerdt (1887–1943)

Der in Pommern geborene Kesselschmied arbeitete bei der Deutschen Reichsbahn, wo er zum Lokführer aufstieg. Er lebte in Hohen Neuendorf, trat der SPD bei, wurde deren Ortsverbandsvorsitzender und engagierte sich im »Reichsbanner Schwarz-Rot-Gold«. Er gehörte der Gewerkschaft Deutscher Lokomotivführer an und wurde in deren Vorstand gewählt. 1933 durfte er seine Funktionen nicht mehr ausüben und lebte als Versicherungsvertreter. Er wurde verhaftet und in das KZ Oranienburg verbracht. Nach seiner Entlassung schloss er sich der sozialdemokratischen Widerstandsgruppe »Nordbahn« an, die illegale Druckschriften herstellte und Flugblätter der Prager Exil-SPD (Sopade) verteilte. 1937 wurde er vom

Kammergericht zu sechs Jahren Zuchthaus verurteilt. Er starb im KZ Sachsenhausen am 5. Mai 1943. (KS/HZ)

Martin Schmidt (1895–1939)

Geboren in Luckenwalde war Martin Schmidt nach dem Ersten Weltkrieg bei der Stadtverwaltung in der damaligen »roten Hochburg« Luckenwalde beschäftigt. 1922 trat er in die SPD ein, die in Luckenwalde seit 1919 mit absoluter Mehrheit bestimmend war. 1925 wurde er Vorsitzender der neuen Reichsgewerkschaft der Kommunalbeamten. Vier Jahre später leitete er die Stadtratsfraktion. Nach der Machtübernahme der Nazis wurde er beurlaubt und vom 15. Juni 1945 mit etwa 20 Genossen in »Schutzhaft« der SA und dann bis August ins KZ Oranienburg gebracht. Im Dezember 1939 starb er an den Folgen gesundheitlicher Schäden aus der KZ-Haft. (HZ)

Richard Schmidt sen. (1864–1948)

Schmidt wurde in Stargardt geboren. 1880 bis 1883 absolvierte er eine Töpferlehre in Frankfurt (Oder). Von 1890 bis 1899 war er SPD-Vorsitzender in Hennigsdorf, von 1900 bis 1908 Kassierer und Sekretär der SPD im Kreis Osthavelland in Velten. Danach war er SPD-Vorsitzender in Ketzin bei Potsdam und ab 1. Dezember 1908 bis 1929 zweiter Bezirkssekretär der SPD Brandenburg in Berlin. Nach der Reichstagswahl 1919 saß Schmidt für die SPD in der Weimarer Nationalversammlung. Über die Jahre bis zu seinem Tod 1948 in Berlin-Wittenau liegen keine Kenntnisse vor. (HT/KS)

Wilhelm Siering (1875–1945)

Der aus Berlin stammende Feilenhauer Wilhelm Siering arbeitete bis 1904 als Schmiedegehilfe und engagierte sich früh gewerkschaftlich. Folgerichtig wurde er von 1904 bis 1919 Gewerkschaftsfunktionär im Verband der Schmiede bzw. im Deutschen Metallarbeiter-Verband. 1910 bis 1911 besuchte er die SPD-Parteischule. 1914 wurde Siering zum Bürgerdeputierten der Stadt Berlin gewählt. Von 1919 bis 1921 gehörte Siering der verfassunggebenden Preußischen Landesversammlung an. Bis 1932 war er Mitglied des Preußischen Landtags. 1919 bis 1921 arbeitete er als Geschäftsführer des paritätischen Arbeitsnachweises für die Metallbetriebe Groß-Berlins. Gleichzeitig war er 1920/21 Mitglied im Beirat des preußischen Ministeriums für Handel und Gewerbe. Als Staatsminister für Handel und Gewerbe gehörte Wilhelm Siering von 1921 bis 1925 zum Kabinett von Otto Braun. Von 1926 bis 1932 war er dann Landrat des Kreises Osthavelland. Erkenntnisse über seinen weiteren Lebensweg liegen nicht vor. (CA)

Anna Simon (1863–1926)

Die in Berlin geborene Kurbelstepperin setzte sich seit den 1880er-Jahren stark für ihre Berufsgruppe ein. Sie war Mitbegründerin des Verbandes der Kurbelstepper und stand dem Verein von 1900 bis 1904 als zweite Vorsitzende vor. Danach wurde sie 1908 bis 1911 in Forst und anschließend in Brandenburg/Havel Angestellte des Textilarbeiterverbandes. Ab 1911 war sie Mitglied des Kreisvorstandes der Landesgruppe der SPD im Westhavelland. Später wechselte sie nach Brandenburg/Havel, wo sie von März 1916 bis Januar 1919 als Rechnungsführerin der Volksfürsorge tätig war. Anschließend wurde Simon für den Wahlkreis Westpreußen Abgeordnete der Weimarer Nationalversammlung und hielt von 1921 bis 1924 ein Mandat im Preußischen Landtag. Danach verlieren sich ihre Spuren. (JH)

Wilhelm Staab (1863–1933)

Wilhelm Staab stammte aus Büdingen im hessischen Wetteraukreis. Zunächst arbeitete er als Schuhmacher, zog nach einigen Jahren nach Potsdam und eröffnete hier ein Zigarrengeschäft. Schon mit 22 Jahren wurde Staab SPD-Mitglied. Als Gegner der Kriegskredite wechselte er im Ersten Weltkrieg in die USPD. 1918 wurde Staab Mitglied des Provinzarbeiterrates, 1919 der Potsdamer Stadtverordnetenversammlung und unbesoldeter Stadtrat. Bei der Reichstagswahl Juni 1920 errang er als USPD-Kandidat im Wahlkreis 4 (Potsdam I) das Reichstagsmandat. In dieser ersten Legislaturperiode der Weimarer Republik kehrte Staab in die SPD zurück. Im Mai 1924, bei der nächsten Reichstagswahl, wurde Staab nicht wiedergewählt. Im Dezember 1924 kehrte er mit der nächsten Wahl ins Parlament zurück. Er blieb bis September 1930 Mitglied des Reichstages. In Potsdam erinnert die Wilhelm-Staab-Straße an den engagierten Sozialdemokraten. (CA)

Emil Stahl (1879–1956)

Der aus dem hessischen Michelstadt stammende Emil Stahl verdiente seinen Lebensunterhalt ab 1894 als Hausdiener und Handelshilfsarbeiter. 1902 wurde er Mitglied der SPD. 1907 ging er als Sekretär in das Hauptbüro des Transportarbeiterverbandes in Berlin. Im Ersten Weltkrieg war Emil Stahl von 1915 bis 1916 Soldat. Nach seiner Rückkehr war er zunächst Lokalreporter für den *Vorwärts*. Am 14. März 1917 gewann Emil Stahl bei einer Nachwahl das Reichstagsmandat im Wahlkreis Osthavelland. 1918, während der Novemberrevolution, wurde Stahl Vorsitzender des Arbeiter- und Soldatenrats von Spandau. Dort war er auch Stadtverordneter und 2. Bürgermeister. Stahl gehörte von Januar 1919 bis Juni 1920 der Nationalversammlung an. Von 1922 bis 1933 war er Vorsitzender des SPD-Bezirksverbandes Brandenburg-Grenzmark. Von 1924 bis 1933 wurde Stahl auch zum Beisitzer im SPD-Parteivorstand gewählt. Von 1925 bis 1933 leitete er die Wirtschaftsabteilung des Berliner Verkehrsbundes. Von 1928 bis 1933 war er Mitglied im Preußischen Landtag. Im Mai 1933 floh Stahl in die Tschechoslowakei, wo er von Reichenberg aus das SPD-Grenzsekretariat für Brandenburg betreute. Im Juni 1938 floh er weiter nach Schweden. Dort leitete er bis 1943 das Sekretariat der Sopade. Emil Stahl starb in Frankfurt am Main. (CA)

Carl Stoll (1888–1961)

Der in Elmshorn bei Hamburg geborene Arbeiter Carl Stoll wurde 1919 Stadtrat in Altona, ein Amt, das er bis 1922 bekleidete. Danach wurde er Bürgermeister in Lauenburg an der Elbe und ab 1922 als Nachfolger von Dr. Walter Dudek zum Ersten Bürgermeister von Fürstenwalde gewählt. Er gehörte zum Hauptvorstand des Reichsstädtebundes und war ab 1924 Mitglied des Preußischen Landtags. Aufgrund seines – gemeinsam mit der KPD durchgeführten – Abwehrkampfes gegen den aufkommenden Faschismus wurde er 1933 als Bürgermeister entlassen. Über seinen weiteren Lebensweg bis zu seinem Tod 1961 in München liegen keine Kenntnisse vor. (HT/SH)

Martha Sülter, geb. Ziemer (1903–1980)

Martha Ziemer kam 1903 im brandenburgischen Pfaffendorf zur Welt. Sie heiratete 1922 den Wilsnacker Lohnbuchhalter Ewald Sülter. Ihr Mann engagierte sich in der Gewerkschaft sowie im »Reichsbanner Schwarz-Rot-Gold«. Seit 1924 war Ewald Sülter Mitglied der SPD, später für diese Stadtverordneter in Wilsnack sowie Kreistagsabgeordneter. Wann Martha Sülter in die SPD eintrat, ist unklar. Als junge Mutter leitete sie die Frauengruppe der SPD-Ortsgruppe und beschäftigte sich mit Frauenfragen. Im Mai 1933 verhaftete die SA ihren Mann. Erst nach Monaten kam er aus dem KZ Oranienburg frei. Die Eheleute übernahmen eine kleine Landwirtschaft, die meist Martha Sülter führte. Ewald Sülter verdiente als Buchhalter hinzu und wurde 1939 zur Wehrmacht eingezogen. Er starb vermutlich im Juni 1945 auf dem Heimweg. Martha Sülter brachte nach Kriegsende ihre vier Kindern allein durch und kämpfte um ihre Anerkennung als »Verfolgte des Naziregimes«. Sie ging 1973 in die Bundesrepublik und verstarb dort 1980. (MS)

Emma Sydow (1880–1967)

Die Rathenower Stadtverordnete wurde 1925 für die SPD als erste Frau in den Provinziallandtag Brandenburg gewählt und war bis 1932 dort tätig. Nach 1945 beteiligte sie sich trotz ihres hohen Alters am von der KPD beauftragten antifaschistischen kommunalen Frauenausschuss in Rathenow. In diesem Rahmen halfen Frauen u. a. ehrenamtlich in einer Nähstube oder zu Hause an der Maschine, um bedürftige Menschen einkleiden zu können. Weitere Tätigkeiten sind nicht bekannt. (JH)

Emil Szymanowski (Lebensdaten unbekannt)

Der aus Polen stammende Färbermeister Emil Szymanowski wurde zum Vorsitzenden gewählt, als am 5. Dezember 1868 im Lokal

Stachow (Zinnaer Straße 32) in Luckenwalde der erste sozialdemokratische »Arbeiterverein« in Brandenburg gegründet wurde. Im August 1869 gehörte er zu den 250 Mitgliedern beim »Eisenacher Kongress«, die die SDAP August Bebels gründeten. Zugleich rief er im März 1869 eine gewerkschaftliche Unterstützungskasse mit 700 Mitgliedern in Luckenwalde ins Leben. Er baute auf den alten Zunftkassen der Textilberufe auf und vernetzte sich 1869/70 mit Julius Motteler aus Crimmitschau deutschlandweit als erste »Internationale Gewerksgenossenschaft der Manufaktur-, Fabrik- und Handarbeiter«. Als dritte Säule gründete er eine »Produktivgenossenschaft«, die eine genossenschaftliche Textilproduktion aufbauen sollte, aber an den Rahmenbedingungen ihrer Zeit scheiterte. Szymanowski geriet als Kriegsgegner und Deserteur 1870/71 in politische Verfolgung und tauchte als Mitarbeiter der »Ersten Internationale« in Zürich bei Hermann Greulich und Julius Motteler unter. 1880 war er auf der Exilkonferenz der in Deutschland verbotenen und 1875 in Gotha gegründeten Sozialistischen Arbeiterpartei Deutschlands auf Schloss Wyden im Kanton Zürich vertreten. Danach verlieren sich seine Spuren. (HT)

Franz Thurow (1867–1956)

Der in Ahrenswalde geborene Franz Thurow war gelernter Graveur und Ziseleur und engagierte sich in diesem Berufsfeld gewerkschaftlich, ab 1904 als Funktionär und von 1907 bis 1919 als hauptamtlicher Gewerkschaftssekretär in Zehdenick/Havel. In der SPD war Thurow sowohl als Stadtverordneter in Neukölln als auch als Vorsitzender des SPD-Wahlvereins Teltow-Storkow aktiv. Von 1919 bis 1920 gehörte Thurow der Weimarer Nationalversammlung als Nachrücker für Friedrich Ebert an und vertrat dort den Wahlkreis 5 (Potsdam 10). Er übernahm das Amt des Bürgermeisters in Zehdenick sowie die Mitgliedschaften im dortigen Kreisausschuss und im Brandenburgischen Provinziallandtag. Nach 1933 verhinderte die NSDAP seine Kandidatur zum dortigen stellvertretenden Vorsitzenden. Weitere Informationen über seinen Lebensweg liegen nicht vor. (SH)

Theodor Ulmer (1882–?)

Ulmer wurde 1882 in der württembergischen Stadt Vaihingen geboren. Er arbeitete als Handlungsgehilfe und ab 1912 als Redakteur verschiedener Zeitungen. Im Jahr 1918 trat er in die noch junge USPD ein und stimmte beim Parteitag 1920 gegen den Anschluss an die Komintern. Bei den ersten regulären Landtagswahlen im Freistaat Preußen 1921 bekam Ulmen einen Sitz für die USPD. Noch während der Wahlperiode wechselte er 1922 wie viele seiner Partei zur SPD, die er bis 1924 vertrat. Ulmer engagierte sich in der Kultur- und Bildungspolitik. Nach dem Ersten Weltkrieg schrieb er für die USPD-Zeitung *Freier Volkswille* in Cottbus und anschließend von 1922 bis 1928 für die sozialdemokratische Tageszeitung *Volksfreund* in Frankfurt (Oder). Ulmer gehörte zum Vorstand des SPD-Bildungsausschusses und der Freien Volksbühne. Sein Todesdatum ist unbekannt. (MS)

Hedwig Wachenheim (1891–1969)

Die aus großbürgerlichen Verhältnissen stammende Wachenheim studierte von 1912 bis 1914 an der Sozialen Frauenschule in Berlin-Schöneberg. Danach arbeitete sie als Fürsorgerin unter anderem im Nationalen Frauendienst, als Organisatorin der Berliner Milchversorgung, als Referentin in der Reichszentrale für Heimatdienst und als Regierungsrätin in der Reichsfilmprüfstelle. 1919 war sie Mitbegründerin der Arbeiterwohlfahrt und ab diesem Zeitpunkt Mitglied des Hauptausschusses. Bereits 1914 war Wachenheim in die SPD eingetreten. Nach einer kurzen Zeit als Mitglied des Berliner SPD/USPD-Magistrats 1919 wurde sie Berliner Stadtverordnete und zog 1928 als Abgeordnete von Frankfurt (Oder) in den Preußischen Landtag ein, dem sie bis 1933 angehörte. Nach ihrer Emigration in die USA engagierte sie sich in der German Labour Delegation. Bis zu ihrer Rückkehr verfasste sie im Exil ein viel beachtetes Werk über die Geschichte der deutschen Arbeiterbewegung. (SH)

Kurt Wegner (1898–1964)

Der in Berlin geborene Tischler war von 1920 bis 1925 Buchhändler beim *Vorwärts*-Verlag, 1920–1924 Vorsitzender der Jungsozialisten in Berlin und nebenamtlicher Geschäftsführer des Reichsausschusses der Jungsozialisten, im SAJ-Hauptvorstand und SPD-Bezirksvorstand Berlin. 1925 wurde er SPD-Sekretär in Sommerfeld für Guben-Crossen-Sorau-Forst-Sommerfeld, 1928 Redakteur der *Märkischen Volksstimme* in Cottbus. Von 1930 bis 1932 war er Stadtrat, von 1929 bis 33 SPD-Vorsitzender in Cottbus, Mitglied im SPD-Bezirksvorstand Brandenburg, 1932 Mitglied im Preußischen Landtag und im Reichstag. Ab 1933 zog er sich mit seiner Familie in Eichwalde zurück. 1945 bis 1949 wird er SPD-, dann SED-Vorsitzender und Bürgermeister in Eichwalde. 1949 flieht er nach West-Berlin. 1950 bis 1955 ist er Angestellter der Senatsverwaltung, von 1955 bis 1959 Stadtrat und 1959 bis 1964 Bezirksbürgermeister in Charlottenburg. (HT)

Heinrich Witt (1876–1954)

Der in Stewken/Thorn geborene Schlosser war von 1914 bis 1933 Geschäftsführer des Deutschen Metallarbeiter-Verbandes und der Volkshaus-Gesellschaft in Brandenburg/Havel, von 1919 bis 1933 unbesoldeter Stadtrat. 1932 wurde er in den Preußischen Landtag gewählt. 1933 wurde er zweimal verhaftet und kam in das KZ Oranienburg und das KZ Sonnenburg. 1944 wurde er erneut festgenommen und in das KZ Sachsenhausen gebracht. 1954 starb er in West-Berlin. (HT)

Frida Wulff, geb. Sander (1876–1952)

Die in Stralsund geborene Frida Wulff absolvierte eine Lehre zur Schneiderin. Nach ihrem Eintritt in die SPD engagierte sie sich in der organisatorischen und agitatorischen Arbeit für die Partei. Zunächst arbeitete sie von 1906 bis 1908 im Zentral-Frauenbüro in Berlin und besuchte dort die Parteischule. Von 1913 bis 1917 war sie Parteisekretärin in Breslau und bis 1918 Fabrikpflegerin in Aschersleben, wo sie 1917 zur USPD übertrat und von 1918 bis 1920 auch Stadtverordnete war. Danach wechselte sie wieder nach Berlin, wo sie USPD-Parteisekretärin und Mitglied des Reichsfrauenausschusses wurde und bis 1924 für den Wahlkreis 4 (Potsdam I) im Reichstag saß, wo sie sich besonders den Belangen der Frauenbewegung widmete. Ab 1924 lebte sie in Düsseldorf, unter anderem als Landtagskandidatin und Leiterin des Waisenhauses der AWO. Während des Zweiten Weltkrieges kehrte sie nach Stralsund zurück und wurde dort nach 1945 Vorsitzende des Antifaschistischen Frauenausschusses und 1946 Mitglied der SED. (JH)

Pauline Wuttke, geb. Baier (1880–1950)

Trotz SPD-Vorstandsarbeit in Ortsverein und Frauengruppe in Potsdam wurde die 1880 geborene Parlamentarierin bei ihrer Wahl 1928 als »Hausfrau« eingetragen. Auch der Umstand, dass sie bei der SPD-Zeitung *Potsdamer Volksblatt* tätig war und 1928 vorübergehend die Nowaweser Geschäftsstelle geführt hatte, schien dabei keine Rolle zu spielen. Mit ihrem Ehemann Emil Wuttke, Schirrmeister und Schmied, hatte sie drei Kinder. Pauline Wuttke war ab 1929 die einzige Frau in den städtischen Ausschüssen und vertrat die Stadt im Kuratorium von sozialen Einrichtungen wie den Franckeschen Stiftungen und dem Rückert-Stift (Wohnhaus für Frauen). Nach dem Verbot der SPD im Juni 1933 musste Pauline Wuttke ihren Abgeordnetenplatz räumen. Der Polizeipräsident Wolf-Heinrich Graf von Helldorff verbot ihr am 20. Juli die Tätigkeit als Stadtverordnete. Ihre weitere Beschäftigung sei »eine Gefährdung der öffentlichen Sicherheit«. (JT)

Kürzel der Autorinnen und Autoren

Gabriele Bergner (GB), Willi Carl (CA), Martin Gorholt (MG), Jennifer Hengst (JH), Sabine Hering (SH), Horst Klein (HK), Maria Schultz (MS), Kurt Schilde (KS), Heiko Tammena (HT), Jeanette Toussaint (JT), Helga Ziemann (HZ).

Sozialdemokratie in Brandenburg 1848 bis 1933 – eine Zeitleiste

1848

Februar: Das »Kommunistische Manifest« von Karl Marx und Friedrich Engels erscheint im Februar in London.
11. Januar: Groß Lessen: Fritz Zubeil wird geboren, er stirbt am *27. Dezember:* 1926 in Berlin.
6. März: Berlin: Märzrevolution beginnt.

1849

Mai: Preußen weist Karl Marx aus; bis zu seinem Tod am 14. März 1883 lebt er als »Staatenloser« in London.
31. Juli: Freiburg: Maximilian Dortu, Potsdamer Kämpfer für Demokratie und Freiheit, wird von preußischem Militär 23-jährig hingerichtet.

1857

3. Januar: Glatz: Emma Ihrer wird geboren. Die Gewerkschafterin und Journalistin stirbt am 8. Jan. 1911 in Niederschönhausen.
1. Mai: Friesack: Otto Sidow wird geboren. Der SPD-Verleger und Kommunalpolitiker stirbt am 6. September 1927 in Brandenburg/Havel.
23. Mai: Berlin: Arthur Stadthagen wird geboren. Der Jurist, Abgeordnete und Journalist stirbt hier am 5. Dez. 1917.
5. Juli: Königshain-Wiederau: Clara Zetkin wird geboren. Die Sozialistin und Frauenrechtlerin stirbt am 20. Juni 1933 in Arkhangelskoye.

1858

9. Juli: Brandenburg a. d. H.: Gustav Noske wird geboren. Der Abgeordnete, Journalist und Minister stirbt am 30. Nov. 1946 in Hannover.

1863
23. Mai: Leipzig: Ferdinand Lassalle gründet den »Allgemeinen Deutschen Arbeiterverein« (ADAV).
7./8. Juni: Frankfurt am Main: 1. Vereinstag Deutscher Arbeitervereine (VDAV) – 110 Delegierte von 54 Vereinen aus 48 Städten kommen zusammen.

1864
31. August: Carouge: Ferdinand Lassalle, geboren am 11. April 1825 in Breslau, stirbt bei einem Duell.
20. September: Murowana Goślina: Eugen Ernst wird geboren. Der Minister und Kommunalpolitiker stirbt am 31. Mai 1954 in Werder a. d. H.

1865
2. Juli: Halberstadt: Lily Braun wird geboren. Die Frauenrechtlerin und Journalistin stirbt am 8. August 1916 in Zehlendorf.
20. Juli: Nowawes: Paul Neumann wird geboren. Der Kommunalpolitiker stirbt hier am 4. Juli 1923 in seiner Heimatstadt.

1867
31. August: In Sachsen werden der Drechsler August Bebel (Glauchau) und der Jurist Reinhold Schraps (Zwickau) zu Mitgliedern des Reichstags des Norddeutschen Bundes gewählt; ihre Partei, die radikaldemokratische Sächsische Volkspartei (SVP), hatten sie am 19. August 1866 in Chemnitz mit Wilhelm Liebknecht gegründet – auch er erringt am 7. August in Stollberg ein Mandat für die frühe Arbeiterpartei.

1868
5.–7. September: Nürnberg: 4. Vereinstag – 115 VDAV-Delegierte vertreten 93 Vereine mit rund 13.000 Mitgliedern.
21. November: Brandenburg a. d. H.: Erster ADAV außerhalb Berlins wird gegründet.

1869

9. August: Eisenach: August Bebel und Wilhelm Liebknecht gründen die »Sozialdemokratische Arbeiterpartei« (SDAP).

1871

5. März: Zamość: Rosa Luxemburg wird geboren. Die Sozialistin wird am 15. Jan. 1919 in Berlin ermordet.
13. August: Leipzig: Karl Liebknecht wird geboren. Der Jurist und Potsdamer Reichstagsabgeordnete wird am 15. Jan. 1919 in Berlin ermordet.

1872

28. Januar: Königsberg: Otto Braun wird geboren. Der Ministerpräsident Preußens a. D. stirbt am 15. Dez. 1955 in Locarno.
14. Dezember: Berlin: Elfriede Ryneck wird geboren. Die Reichstagsabgeordnete und Frauenrechtlerin stirbt am 19. Jan. 1951 in Treptow.

1873

28. Februar: Berlin: Pauline Staegemann, geboren 18. März 1838 in Diedersdorf, wird Mitgründerin des »Berliner Arbeiterfrauen- und Mädchenvereins«.
15. September: Berlin: Otto Wels wird geboren. Der SPD-Fraktionsvorsitzende stirbt am 16. Sept. 1939 im Pariser Exil.

1874

30. September: Frankfurt am Main: Mathilde Wurm wird geboren. Die Reichstagsabgeordnete und Frauenrechtlerin stirbt am 1. April 1935 in London.

1875

13. April: Berlin: »Berliner Arbeiterfrauen- und Mädchenverein« wird aufgrund des Preußischen Vereinsgesetzes geschlossen; Pauline Staegemann wird zu »60 Mark Geldstrafe evtl. 10 Tage Gefängnis« verurteilt.

27. Mai: Gotha: ADAV und SDAP werden zur »Sozialistischen Arbeiterpartei Deutschlands« zusammengeführt.

1876

12. November: Hamburg: Richard Hauschildt wird geboren. Der Abgeordnete, Journalist und Strausberger Kommunalpolitiker stirbt am 6. Dez. 1934 in Kassel.

1877

3. April: Zützen: Ernst Schrader wird geboren. Der Polizeigewerkschafter stirbt am 13. Juli 1936 in Berlin.

1878

22. Oktober: Das »Gesetz gegen die gemeingefährlichen Bestrebungen der Sozialdemokratie«, das sog. Sozialistengesetz, tritt in Kraft; rund 330 Sozialdemokratische Vereine werden bis 1890 verboten, 1.000 Druckwerke beschlagnahmt, 1.500 Jahre Haft verhängt und 1.900 Sozialdemokraten ausgewiesen.

1879

Februar: Leipzig: August Bebels *Die Frau und der Sozialismus* erscheint als erstes Buch der Sozialdemokratie unter dem Sozialistengesetz.
15. Juli: Landsberg a. d. W.: Marie Juchacz wird geboren. Die Reichstagsabgeordnete und Gründerin der Arbeiterwohlfahrt (AWO) stirbt am 18. Jan. 1956 in Düsseldorf.

1879

5. Dezember: Stechow: Clara Bohm-Schuch wird geboren. Die Reichstagsabgeordnete und Journalistin stirbt am 6. Mai 1936 in Berlin.

1883

14. März: London: Karl Marx stirbt und wird auf dem Friedhof von Highgate beerdigt.

1885

2. September: Potsdam: Anna Flügge wird geboren. Die Kommunalpolitikerin stirbt am 19. Okt. 1968 in ihrer Heimatstadt.
28. September: Berlin: Mantelnäherinnen fordern, die Arbeit nach Feierabend sowie nachts und sonntags zu beseitigen, einen Mindestlohntarif, den Lohn an jedem Sonnabend auszuzahlen und »menschenwürdige Behandlung der Arbeiterinnen durch die Arbeitgeber«.

1888

30. Oktober: Charlottenburg: Paul Szillat wird geboren. Der Kommunalpolitiker stirbt am 17. Jan. 1958 in Berlin.

1889

11. Januar: Nauen: Paul Fischer wird geboren. Der Kommunalpolitiker stirbt am 27. Juli 1937 in Strausberg.
18. November: Berlin: Arthur Stadthagen wird Mitglied der Stadtverordnetenversammlung.

1890

1. Mai: Der Maifeiertag wird an vielen Orten Brandenburgs erstmals begangen.
20. Februar: Reichstagswahl: Die Sozialistische Arbeiterpartei Deutschlands (SAP) gewinnt 19, 7 % der Stimmen.
30. September: Nach zwölf Jahren fällt das Sozialistengesetz.
12.–18. Oktober: Halle: Der Parteitag der SAP beschließt neuen Namen: »Sozialdemokratische Partei Deutschlands« – SPD.

1891

14.–21. Oktober: Erfurter Programm fordert einstimmig das allgemeine, gleiche und direkte Wahlrecht ohne Unterschied des Geschlechts und lehnt alle Frauen benachteiligenden Gesetze ab.

1892

Brandenburg a. d. H.: Gustav Noske wird mit 24 Jahren Vorsitzender der SPD in seiner Geburtsstadt.

1893

15. Juni: Reichstagswahl: Die SPD gewinnt 23,3 % der Stimmen. Heinrich Braun gewinnt – unterstützt von Lily Braun – für die SPD den Wahlkreis Frankfurt-Lebus.
Fürstenwalde: Sozialdemokratischer Wahlverein (Ortsverein) wird gegründet.

1893 bis 1897

Brandenburg a. d. H.: Gustav Noske arbeitet als Redakteur für die *Brandenburger Zeitung*.

1894

20. März: Pirmasens: Karl Höltermann wird geboren. Der Reichstagsabgeordnete und Vorsitzende des Reichsbanners stirbt am 3. März 1955 in Kings Langley.

1895

Februar: Berlin: SPD-Fraktion im Reichstag fordert erfolglos das Stimmrecht für Frauen.
5. August: London: Friedrich Engels, geboren 28. November 1820 in Barmen, stirbt.

1896

27. Mai: Hamburg: Lisa Albrecht wird geboren. Die Brandenburger Parteisekretärin und spätere bayerische Bundestagsabgeordnete stirbt am 16. Mai 1958 in Berlin.

1897

11. März: Jauer (Niederschlesien): Erich Cohn/Eric Collin wird geboren. Der Sachsenhäuser Kommunalpolitiker und Schriftsteller stirbt 27. März 1993 in Oldenburg.

1898

13. Januar: Luckenwalde: Karl Engelbrecht wird geboren. Der Kommunalpolitiker stirbt am 9. Juni 1947 im Speziallager Mühlberg des NKWD.

16. Juni: Niederbarnim: SPD-Kandidat Arthur Stadthagen gewinnt bei der Reichstagswahl den Wahlkreis mit 56,6 Prozent.

1899

Berlin: Pauline Staegemann wird Mitglied des Berliner Frauenbildungsvereins; bis 1907 folgen ihm in Preußen 94 vergleichbare Einrichtungen mit 10.302 Mitgliedern.

1900

1. Januar: Das Bürgerliche Gesetzbuch (BGB) tritt in Kraft.
7. August: Charlottenburg: Wilhelm Liebknecht, geboren 29. März 1826 in Gießen, stirbt.

1901

Oktober: Die Frauenfrage – ihre geschichtliche Entwicklung und ihre wirtschaftliche Seite von Lily Braun erscheint im Verlag Hirzel in Leipzig.

1903

Berlin: Als erster Sozialdemokrat in Preußen wird der Verleger Otto Sidow als Geschworener an einem königlichen Landgericht nominiert.

1905

Berlin: Eugen Ernst wird zum Vorsitzenden der sozialdemokratischen Wahlvereine für Berlin und Umgegend gewählt; ab 1907 ist er damit auch Vorsitzender der preußischen Landeskommission der Sozialdemokratie.

1907

15. Juli: Berlin: Otto Wels wird erster hauptamtlicher SPD-Sekretär in Brandenburg; dank erfolgreicher Agitation verdoppelt sich die Zahl der Mitglieder von 17.312 (1907) auf 34.783 (1914).

1908

1. Januar: Das Preußische Vereinsgesetz fällt: Frauen und Jugendliche dürfen sich nun politisch engagieren. Elfriede Ryneck wird als eine der ersten Frauen Mitglied der SPD.

1909

5. September: Berlin: Pauline Staegemann, geboren am 18. März 1837 in Diedersdorf, stirbt in Berlin.

1910

26./27. August: Kopenhagen: Die Zweite Internationale Sozialistische Frauenkonferenz führt auf Vorschlag von Clara Zetkin den Internationalen Frauentag ein.

1912

12. Januar: Reichstagswahl – SPD-Mehrheit von 34,8 Prozent trotz Dreiklassenwahlrecht; Karl Giebel gewinnt Cottbus, Spremberg; Karl Liebknecht den »Kaiserwahlkreis« Potsdam; Heinrich Peus: Brandenburg, Westhavel; Oswald Schumann: Sorau, Forst; Arthur Stadthagen: Niederbarnim, Lichtenberg; Otto Wels: Calau, Luckau; Fritz Zubeil: Teltow, Neukölln, Wilmersdorf.
Juni: Berlin: Otto Sidow wird Vorsitzender des SPD-Provinzialwahlvereins Brandenburg.
Juni: Teltow-Beeskow: Elfriede Ryneck wird Frauensekretärin im Kreis und Vertreterin der SPD-Frauen im Kreisvorstand der Sozialdemokratischen Wahlvereine Berlins und Umgebung.

1913

7. Mai: Berlin: Otto Braun wird in das Preußische »Haus der Abgeordneten« gewählt.
13. August: Passugg (Schweiz): August Bebel, geboren 22. Februar 1840 in Deutz, stirbt.
18. Dezember: Lübeck: Willy Brandt (Herbert Frahm) wird geboren. Der SPD-Politiker stirbt am 8. Oktober 1992 in Unkel am Rhein.

1914

29. Juli: Nowawes (Potsdam-Babelsberg): Protest der Arbeiterschaft in Massenveranstaltungen gegen den drohenden Krieg.
4. August: Berlin: Nach dem Ausbruch des Ersten Weltkriegs stimmt die SPD-Fraktion im Reichstag für den »Burgfrieden«, den Verzicht auf innenpolitischen Widerstand.

1916

24. März: Berlin: Die SPD-Fraktion schließt Fritz Zubeil und Hugo Haase aus der Fraktion aus, weil sie als Kriegsgegner offen gegen den »Notetat« stimmen.

1917

11. Februar: Berlin: Die SPD-Generalversammlung beschließt, sich mit allen Oppositionellen reichsweit zusammenzuschließen. Der Parteivorstand gründet überall dort neue Wahlvereine, wo die Oppositionellen die Mehrheit haben.
7. April: Berlin: Kaiser Wilhelm II. verspricht in seiner Osterbotschaft das Dreiklassenwahlrecht aufzuheben; de facto bleibt es bis zur Revolution 1918 bestehen.
17. April: Berlin: offizielle Spaltung der SPD in MSPD (»Mehrheitssozialisten«) und USPD (»Unabhängige«).

1918

1. September: Berlin: Uraufführung des Stummfilms »Ferdinand Lassalle – Des Volkstribunen Glück und Ende«
8. November: Wilhelm II. dankt als Kaiser und König ab.
8. Nov.: München: Kurt Eisner verkündet als erster Ministerpräsident des Freistaates Bayern das Stimmrecht für Frauen.
12. November: Berlin: Novemberrevolution – Philipp Scheidemann ruft die Republik aus; Arbeiter- und Soldatenräte übernehmen die Macht.
10. Nov.–13. Februar: Berlin: Der Rat der Volksbeauftragten (MSPD und USPD) bildet nach Zusammenbruch des Kaiserreichs die Übergangsregierung.
11. November: offizielles Ende des Ersten Weltkriegs.

30. November: Berlin: Der gesamte Besitz der Hohenzollern wird beschlagnahmt.
23./24. Dezember: Berlin: Aufständische misshandeln den Stadtkommandanten Otto Wels.

1919

12. Januar: Berlin: Eugen Ernst tritt das Amt als Polizeipräsident an.
19. Januar: Wahl zur Nationalversammlung – SPD 37,9, Zentrum 19,7, DDP 18,5, DNVP 10,3, USPD 7,6, DVP 4,4 Prozent.
26. Januar: Wahl zur verfassunggebenden Versammlung in Preußen – SPD 145 Sitze, CVP 85, DDP 65, DNVP 48, USPD 24 Sitze.
6. Feb. 1919–21. Mai 1920.: Weimar: Weit weg von den Straßenkämpfen in Berlin tagt die Nationalversammlung.
11. Februar: Weimar: Die Nationalversammlung wählt Friedrich Ebert zum ersten Reichspräsidenten; sein Kabinett »Scheidemann« stützt sich auf Weimarer Koalition (SPD, Zentrum und DDP).
19. Februar: Weimar: Marie Juchacz (SPD) spricht als erste Frau in der Nationalversammlung.
15. März: Berlin: Rechtsextreme Freikorpssoldaten ermorden Rosa Luxemburg und Karl Liebknecht.
10.–15. Juni: Weimar: Otto Wels und Hermann Müller werden zu Vorsitzenden der SPD gewählt.
20. Juni: Berlin: Philipp Scheidemann tritt als Ministerpräsident des Reichs zurück, weil er seine Ablehnung des Versailler Vertrages nicht aufrechterhalten kann.
28. Juni: Versailles: Friedensvertrag unterzeichnet
11. August: Berlin: Reichspräsident Friedrich Ebert unterzeichnet die Verfassung der Weimarer Republik.
13. September: Berlin: Arbeiterwohlfahrt (AWO) wird auf Initiative von Marie Juchacz gegründet.
1919–1923: Clara Bohm-Schuch ist Chefredakteurin der sozialdemokratischen Frauenzeitschrift *Die Gleichheit*, die in einer Auflage von 33.000 Exemplaren erscheint.
Jan.–März: Berlin: Straßenkämpfe mit mehr als 1.200 Toten.

1920

12. März: Dallgow: Kapp-Putsch gegen die Weimarer Republik – Brigade Ehrhard marschiert nach Berlin – Generalstreik beendet den Staatsstreich am 18. März.
22. März: Berlin: Gustav Noske tritt als Reichswehrminister zurück.
29. März: Berlin: Otto Braun wird als Nachfolger von Paul Hirsch preußischer Ministerpräsident; er bleibt das – mit zwei kurzen Unterbrechungen – bis zum 25. März 1933.
23. Juni: Berlin: Preußen schafft die Privilegien des Adels ab.
7. Oktober: Berlin: Preußische Landesversammlung beschließt Groß-Berlin-Gesetz: Brandenburg »verliert« sieben Städte, 59 Landgemeinden und 27 Gutsbezirke an Berlin.
12. Oktober: Berlin: USPD spaltet sich wegen Streit um eine Bindung an die KPdSU.

1921

20. Februar: erste freie Wahl zum Landtag in Preußen.
18.–24. September: Görlitzer SPD-Programm verabschiedet.

1922

24. Mai: Berlin: Preußens Landtag stimmt Antrag der SPD, die Todesstrafe abzuschaffen, nicht zu.
24. September: Nürnberg: Vereinigung der SPD mit den Reformorientierten der USPD.

1923

Juni: Berlin: Der Versuch der Reichsregierung, die Schulden des Ersten Weltkriegs durch nicht gedecktes Geld zu tilgen, verursacht die verheerende Inflation.

1924

22. Februar: Berlin: »Reichsbanner Schwarz-Rot-Gold« zur Verteidigung der Demokratie wird gegründet; ihm schließen sich bis zu drei Millionen Mitglieder an.
7. Dezember: Aus den Reichstagswahlen geht die SPD in Brandenburg als Sieger hervor.

28. Februar: Berlin: Friedrich Ebert stirbt.
26. April: Berlin: Wahl Paul von Hindenburgs zum Reichspräsidenten.
20. Juni: Berlin: keine Mehrheit für Volksentscheid zur Enteignung der Fürsten ohne Entschädigung.

1928

Berlin: Lisa Albrecht wird hauptamtliche SPD-Frauensekretärin der Provinzen Brandenburg und Posen bis 1933.
20. Mai: Reichstagswahlen: Die SPD geht in Brandenburg wieder als Sieger hervor.

1929

24. Oktober: New York: Börsencrash löst Krise der Weltwirtschaft aus und führt auch in Deutschland zu Massenarbeitslosigkeit.
17. November: Berlin: Kommunalwahlen bestätigen in Brandenburg die »roten Hochburgen«: u. a. Brandenburg a. d. H., Cottbus, Forst, Frankfurt (O.), Luckenwalde.

1930

Der »Schrader-Verband« hat 71.025 Mitglieder und erfasst so rund 80 Prozent der preußischen Polizei.
6. Februar: Strausberg: Paul Fischer wird als erster Sozialdemokrat Bürgermeister und startet im September ein erfolgreiches Notstandsprogramm gegen Arbeitslosigkeit.
Die KPD erklärt die Sozialdemokratie zum Hauptgegner und ruft zum Kampf gegen die »Sozialfaschisten« (SPD) auf.
14. September: Preußen: Wahl zum Landtag – SPD 137 mit Mandaten stärkste Fraktion vor DNVP und Zentrum mit je 71.

1931

31. Mai–5. Juni: Leipzig: letzter SPD-Parteitag vor 1933.
Juli: NSDAP, DNVP, DVP und KPD drängen auf Neuwahlen, um die Regierung Preußens zu stürzen, das »Bollwerk gegen den Faschismus«.

16. Dezember: Berlin: Die »Eiserne Front« wird als Gegengewicht zur antidemokratischen »Harzburger Front« gegründet.

1932

24. April: Berlin: Bei der Landtagswahl in Preußen erhalten die demokratischen Parteien nur 204 Sitze, 162 die NSDAP und 57 die KPD (zusammen 219 Sitze).
20. Juli: Berlin: »Preußenschlag« – mit Notverordnung ersetzt Präsident Hindenburg die nicht mehr durch eine parlamentarische Mehrheit gestützte SPD-Regierung Preußens durch Franz von Papen als Reichskommissar.
20. Juli: Berlin: Reichswehrminister Ferdinand von Bredow übernimmt die vollziehende Gewalt in Preußen; Polizei und Militär unterstehen nicht mehr demokratischen Instanzen.

1933

30. Januar: Berlin: Hindenburg ernennt Hitler zum Reichskanzler.
5. März: Wahl zum Reichstag: SPD 18,3; KPD 12,3; Zentrum 14; NSDAP 43,9 Prozent.
24. März: Berlin: Nur SPD-Abgeordnete stimmen mit 94 Stimmen gegen das Ermächtigungsgesetz Hitlers; 444 Abgeordnete stimmen dafür; die Abgeordneten der KPD verloren bereits ihre Mandate aufgrund der Reichstagsbrandverordnung.
27. April: Otto Wels wird in der letzten Reichskonferenz wieder zum Vorsitzenden der SPD gewählt.
18. Mai: Berlin: Paul Szillat spricht in der letzten Sitzung des Preußischen Landtags als einziger gegen das preußische Ermächtigungsgesetz; er ist als Vorsitzender der SPD-Fraktion Nachfolger des zurückgetretenen Ernst Heilmann, der am 3. Mai 1940 im KZ Buchenwald ermordet wird.
21. Mai: Prag: Der Exilvorstand der SPD (Sopade) nimmt unter Otto Wels die Arbeit auf.
Mai: Börnicke: Errichtung eines KZ in einer ehemaligen Zementfabrik; erste Verschleppte sind Kommunisten und Sozialdemokraten wie der Arbeitersportler Oskar Sander aus Falkensee.
22. Juni: Berlin: Die SPD wird offiziell verboten.

27. Juni: KZ-Oranienburg: Ankunft der ersten SPD-»Schutzhäftlinge«.

Sozialdemokraten im KZ Oranienburg im August 1933

Literatur zur Geschichte der Sozialdemokratie in Brandenburg (1868–1933)

von Kurt Schilde

Kurt Adamy, Kristina Hübener (Hg.): Kleine Geschichte des Brandenburger Landtages, Brandenburgische Landeszentrale für Politische Bildung, Potsdam 1999.

Hans J. Adolph, Walter Bußmann: Otto Wels und die Politik der deutschen Sozialdemokratie 1884–1939. Eine politische Biographie. Berlin 1971.

Rolf Apel, Horst Klein (Hg.): Erinnerungen des Geschichtsvereins. Interessengemeinschaft Geschichte der Strausberger Arbeiterbewegung e. V., Strausberger Studien zur Geschichte; 62, Strausberg 2018.

Wolfgang Bagger: Die fraktionelle Spaltung des Touristen-Vereins »Die Naturfreunde« im Gau Brandenburg und in Berlin 1924/25, in: Sozial- und Zeitgeschichte des Sports 9 (1995), Heft 3, S. 35-56.

Egon Bahr, Reinhard Höppner (Hg.): Die SPD und die Linke. Einsichten aus Ost und West. Berlin 2010.

Kurt Baller: Franz Moericke – ein Lebensbild. 1885–1956, hg. v. Bezirksvorstand Potsdam des FDGB, Abt. Agitation, Propaganda. Potsdam 1987.

Kurt Baller: Dem Morgenrot entgegen – um die Durchsetzung des 1. Mai als Kampf- und Feiertag in Luckenwalde, in: Luckenwalder heimatkundliche Beiträge Nr. 3/1990, S: 20-24.

Joachim Berger: Mark Brandenburg freiheitlich & rebellisch. Lese-Wander-Buch. Süd und West, Berlin 1992.

Joachim Berger: Mark Brandenburg freiheitlich & rebellisch. Lese-Wander-Buch. Nord und Ost, Berlin 1993.

Eduard Bernstein: Die Geschichte der Berliner Arbeiterbewegung, 3 Bde., Berlin 1907–1910.

Heinz Beutel: Die Novemberrevolution in Brandenburg. Brandenburg 1958.

Bezirksausschuß des ADGB Berlin-Brandenburg-Grenzmark: Die wirtschaftlichen Unternehmungen der Arbeiterbewegung: Ein Blick in die Gemeinwirtschaft, Berlin 1928.

Alfred Binder, Klaus-Dietrich Krüger: Zum 100. Gründungstag: SPD-Geschichte in Neuenhagen. Eine chronologische Übersicht, hg. v. SPD-Ortsverein Neuenhagen, Neuenhagen 2000.

Hans-Jürgen Brandtner, Ingrid Ettelt-Gelke, Norbert Jütterschenke: Die Protokolle des SPD-Wahlvereins Brieselang vom 11. Juli 1925 bis 14. Februar 1931, hg. v. Eugen Meckel, Friedrich-Ebert-Stiftung, Landesbüro Brandenburg, Potsdam 2015.

Lily Braun: Memoiren einer Sozialistin, Leipzig 1901/Bonn 1985.

Otto Braun: Von Weimar zu Hitler, Zürich 1940.
Christiane Büchner, Andreas Musil (Hg.): Die Stadtverordnetenversammlung von Potsdam im Wandel der Zeit, Potsdam 2010.
Rudolf Bügel, Manfred Kalweit: Beiträge zur Geschichte des Roten Frontkämpferbundes im Kreis Bernau, Bernau 1974.
Richard Calwer: Das sozialdemokratische Programm, Jena 1914.
Peter Cheret: Das rote Fürstenwalde. Teil 1: Die Herausbildung der Arbeiterklasse und ihr Kampf für Sozialismus und Demokratie – gegen Junkertum, Imperialismus und Militarismus bis zum Vorabend des 1. Weltkrieges, hg. v. der Kreiskommission zur Erforschung der Geschichte der Örtlichen Arbeiterbewegung bei der Kreisleitung der SED, Fürstenwalde 1987.
Peter Cheret: Das rote Fürstenwalde. Teil 3: Zum Kampf der Arbeiterklasse in Fürstenwalde gegen Imperialismus, Militarismus und Faschismus in den Jahren 1924 bis 1933, hg. v. der Kreiskommission zur Erforschung der Geschichte der Örtlichen Arbeiterbewegung bei der Kreisleitung der SED, Fürstenwalde 1985.
Holger Czitrich-Stahl: Arthur Stadthagen. Parlamentarier, Sozialdemokrat, Wegbereiter des Arbeitsrechts, Jüdische Miniaturen, Bd. 220, Berlin 2018.
Reinhold Dudek: Zur Entwicklung der sozialdemokratischen Ortsgruppe Luckenwaldes in den Jahren 1890–1903, unveröffentlichte Diplomarbeit, Pädagogische Hochschule Potsdam 1965.
Eugen Ernst: Ein Leben für die Arbeiterbewegung. Ansporn für unsere Jugend, hg. v. Landesvorstand der SED Groß-Berlin, Berlin 1948.
Beatrice Falk, Ingo Materna: »Die gemeingefährlichen Bestrebungen der Sozialdemokratie«. Berichte der Regierungspräsidenten über die sozialdemokratische Bewegung in den Regierungsbezirken Frankfurt/Oder und Potsdam während des Sozialistengesetzes 1878–1890, Berlin 2005.
Gerhard Falk: Die Revolution 1848/49 in Brandenburg. Eine Quellensammlung, Frankfurt a. M. 1998.
Rüdiger Fikentscher, Udo Krause: Viermal vorwärts. Sozialdemokraten im heutigen Sachsen-Anhalt von den Anfängen bis in die Gegenwart, Halle 2014.
Walter Fink: Unerforschte Arbeitertraditionen im Kreis Jüterbog, in: Wegweiser durch Kultur und Sport im Kreis Jüterbog, 5/1958, S. 62.
Kurt Finker: Niederschlagung des Kapp-Putsches im damaligen Regierungsbezirk Potsdam. Ein Beitrag zur Geschichte der örtlichen Arbeiterbewegung, Potsdam 1960.
Kurt Finker: Aufgaben und Rolle des Roten Frontkämpferbundes in den Klassenschlachten der Weimarer Republik, in: Zur Geschichte des Roten Frontkämpferbundes (RFB) und seiner Entwicklung in Potsdam-Nowawes, Potsdam 1974.
Barbara Godau: Der kleine Belagerungszustand über Spremberg und Umgebung 1886–1888, in: Geschichte und Gegenwart des Bezirkes Cottbus, Cottbus 1985.
Frank Göse: Zur Geschichte der Arbeiterbewegung in Potsdam und Nowawes von den Anfängen bis 1890. Eine Untersuchung zur Herausbildung der Arbeiterklasse, ihrer organisatorischen Entwicklung und zum revolutionären Kampf der Arbeiterbewegung, unveröffentlichte Dissertation A, Pädagogische Hochschule Potsdam 1986.

Jutta Götzmann, Wenke Nitz (Hg.): Umkämpfte Wege der Moderne. Geschichten aus Potsdam und Babelsberg 1914–1945, Potsdam Museum – Forum für Kunst und Geschichte, Petersberg 2019.

Helga Grebing, Hans Mommsen, Karsten Rudolph (Hg.): Demokratie und Emanzipation zwischen Elbe und Saale. Beiträge zur Geschichte der sozialdemokratischen Arbeiterbewegung bis 1933, Essen 1993.

Siegfried Heimann: Paul Szillat. 1888–1958. Oberbürgermeister – Landtagsabgeordneter in Preußen – Häftling im KZ Oranienburg – Landtagsabgeordneter in Brandenburg – Häftling im Zuchthaus Brandenburg, hg. v. Abgeordnetenhaus von Berlin, Berlin 2016.

Barbara Hendricks, Andrea Nahles (Hg.): Für Fortschritt und Gerechtigkeit. Eine Chronik der SPD, Berlin 2012.

Andreas Herbst: Zur Geschichte der Arbeiterbewegung im Kreis Niederbarnim 1918–1933, hg. v. der Kommission zur Erforschung der Geschichte der örtlichen Arbeiterbewegung der Kreisleitung Bernau der SED, Eggersdorf 1988.

Klaus Heß: Die Stadtverordnetenversammlung Brandenburg in den Jahren 1809 bis 1933, in: 13. Jahresbericht des Historischen Vereins Brandenburg an der Havel (NF), Brandenburg a. d. H. 2004, S. 46-61.

Klaus Heß: Zur Tätigkeit der SPD-Fraktion in der Brandenburger Stadtverordnetenversammlung in den Jahren der Weimarer Republik (1919–1933), in: Wolfgang Kusior, Thomas Reichel (Hg.), Erinnerungen an eine Rote Hochburg. Zur Geschichte der Sozialdemokratie in Brandenburg an der Havel, hg. v. der Friedrich-Ebert-Stiftung, Potsdam 2012, S. 144-166.

Dieter Hübener: Zur Kommunalpolitik der SPD in der Potsdamer Stadtverordnetenversammlung in der Zeit von 1919 bis 1933, unveröffentlichte Dissertation, Pädagogische Hochschule Potsdam 1988.

Emma Ihrer: Die Organisationen der Arbeiterinnen Deutschlands, ihre Entstehung und Entwicklung, Berlin 1893.

Emma Ihrer: Die Arbeiterinnen im Klassenkampf. Anfänge der Arbeiterinnen-Bewegung, ihr Gegensatz zur bürgerlichen Frauenbewegung und ihre nächsten Aufgaben, Hamburg 1898.

Marie Juchacz: Praktische Winke für die sozialdemokratische Frauenbewegung, hg. v. Vorstand der Sozialdemokratischen Partei Deutschlands, Berlin 1921.

Stephan Klecha: Hochburg ohne Milieu. Über die Stärke der Sozialdemokratie in Brandenburg, in: Alexander Hensel (Hg.), Parteien, Protest und Populismus, Stuttgart 2015, S. 203-205.

Horst Klein: Chrestomathie zur Geschichte des Ortsvereins der SPD Strausberg aus Strausberger Wochenblatt/Strausberger Zeitung 1898–1933, 2 Bde., Strausberg 1996.

Horst Klein: Chrestomathie zur Geschichte der Strausberger Arbeiterbewegung aus Strausberger Wochenblatt/Strausberger Zeitung 1898–1933, 6 Bde., Strausberg 1996.

Horst Klein: Geschichte des Ortsvereins der SPD Strausberg 1887–1990. Chronik – Texte – Illustrationen, Strausberger Studien zur Geschichte; 6. Bd., Strausberg 1997.

Rudolf Knaack, Otto Rückert: Dokumente und Materialien zu den sozialen und politischen Verhältnissen in der Provinz Brandenburg von 1871–1917, Potsdam 1968.
Rudolf Knaack, Otto Rückert: Dokumente und Materialien zu den sozialen und politischen Verhältnissen in der Provinz Brandenburg von 1917–1923, Potsdam 1968.
Tilo Köhn: Die Potsdamer und Nowaweser Arbeiterbewegung in den Jahren des Sozialistengesetzes von 1878 bis 1890, unveröffentlichte Dissertation A, Historisch-Philologische Fakultät, Pädagogische Hochschule »Karl Liebknecht« Potsdam 1988.
Tilo Köhn: Zu den Entwicklungsbedingungen der Potsdamer und Nowaweser Arbeiterbewegung zwischen Reichsgründung und Jahrhundertwende, in: Wissenschaftliche Zeitschrift der Brandenburgischen Landeshochschule, Gesellschaftswissenschaftliche Reihe 34 (1990), Heft 2, S. 281-183.
Kurt Koszyk: Die Presse der deutschen Sozialdemokratie, Bibliographie, Bonn 1980.
Thomas Kralinski: 150 Jahre SPD. Eine kleine Chronik, in: Perspektive 21. Brandenburgische Hefte für Wissenschaft und Politik, Heft 56, (2013): Wo es stinkt und kracht. Wo unser Wohlstand herkommt, Potsdam 2013, S. 7-17.
Katharina Krell: Zur Geschichte der Sozialdemokratie in der Provinz Brandenburg 1925 bis 1930, unveröffentlichte Magisterarbeit, Humboldt-Universität Berlin 1996.
Wolfgang Kusior: Otto Sidow. Kommunalpolitiker, Verleger, Sozialdemokrat, in: Marcus Alert, Wolfgang Kusior (Hg.), 45 namhafte Brandenburger, Berlin 2002.
Wolfgang Kusior, Thomas Reichel (Hg.): Erinnerungen an eine Rote Hochburg. Zur Geschichte der Sozialdemokratie in Brandenburg an der Havel, hg. v. der Friedrich-Ebert-Stiftung, Landesbüro Brandenburg. Potsdam 2012.
H. Leidner: Die Sozialdemokratie im Wahlkreis Potsdam – Spandau – Osthavelland, Velten 1909.
Andreas Lemke: Geschichte der Spremberger Sozialdemokratie. Teil 1: Von den Anfängen bis 1918, <http://wordpress.spd-spremberg.de/wp-content/uploads/2018/09/Geschichte-der-Spremberger-Sozialdemokratie-Teil-1-Von-den-Anf %C3 %A4ngen-bis-1918-2.pdf>, Zugriff am 30.7.2019.
Andreas Lemke: 20. Jahrestag der Wiedergründung der SPD Spremberg, <http://wordpress.spd-spremberg.de/2010/02/18/20-jahrestag-der-wiedergruendung-spd-spremberg/>, Zugriff am 23.11.2018.
Heinrich Leonhard: Die Entwicklung der Arbeiterpresse in der Mark Brandenburg, in: Cottbuser Monatshefte 1956, S. 535 f.
Peter Lösche, Michael Scholing, Franz Walter (Hg.): Vor dem Vergessen bewahren. Lebenswege Weimarer Sozialdemokraten, Berlin 1988.
Kurt Lorenz: Geschichte der Cottbuser Arbeiterbewegung, Bildermappe und Beiheft, Cottbus 1964.
Ingo Materna: Die Zentralstelle der Arbeiter- und Soldatenräte der Regierungsbezirke in der Provinz Brandenburg während der Revolution 1918/1919, in: Internationale wissenschaftliche Korrespondenz zur Geschichte der deutschen Arbeiterbewegung 35 (1999), Nr. 2, S. 208-224.
Ingo Materna, Wolfgang Ribbe: Brandenburgische Geschichte, Berlin 1995.

Anna Matschke: Ein ernstes Wort an unsere Frauen und Mädchen, Berlin [1919], Bezirksvorstand der SPD, Provinz Brandenburg [Mikrofiche-Ausgabe]. Archiv der sozialen Demokratie: F 2287 .
Frauke Mingerzahn: Eugen Ernst. Lebensbild eines Sozialdemokraten im Spannungsfeld zwischen Reaktion und gesellschaftlichem Fortschritt, unveröffentlichte Dissertation A, Historisch-Philologische Fakultät, Pädagogische Hochschule »Karl Liebknecht« Potsdam 1989.
Marion Moor: Zur Geschichte der Arbeiterbewegung in Potsdam und Nowawes von der Aufhebung des Sozialistengesetzes bis zum Ende der Novemberrevolution (Oktober 1890 bis März 1919), Dissertation A, Historisch-Philologische Fakultät, Pädagogische Hochschule »Karl Liebknecht« Potsdam 1990.
Friedhelm Müller: 80 Jahre Brieselang – Sozialdemokraten waren von Anfang an dabei, in: Miteinander (Sonderausgabe), Brieselang 2005
Klaus Ness (Redaktion): Das rote Preußen. Wie Preußen in den zwanziger Jahren zum Bollwerk der Demokratie wurde, hg. v. SPD-Landesverband Brandenburg, Potsdam 2008.
Oderlandmuseum Bad Freienwalde (Hg.): Chrestomathie zum Wirken der SPD im Kreis Oberbarnim 1900 bis 1932 aus dem Oberbarnimer Kreisblatt, Freienwalde 1996.
Anne-Kathrin Oeltzen: Die SPD in Brandenburg, in: Jakob Lempp (Hg.), Die Parteien in Brandenburg, Berlin 2008, S. 59-89.
Franz Osterroth, Dieter Schuster: Chronik der deutschen Sozialdemokratie, 3 Bde., 2. Auflage Berlin/Bonn 1975–78.
Frank Petraus: Mehr als 100 Jahre genossenschaftliches Wohnen in Spremberg, in: Heimatkalender Spremberg, 2009.
Bruno Pfeffer: Die roten Hundertschaften. Aus der Geschichte der Prenzlauer RFB-Organisation, in: Heimatkalender für den Kreis Prenzlau, 1978, S. 35-40.
Norbert Podewin: Ebert und Ebert. Zwei deutsche Staatsmänner: Friedrich Ebert (1871–1925), Friedrich Ebert (1894–1979). Eine Doppelbiografie, Berlin 1999.
Karl Pollmüller: Die Entwicklung der kommunistischen Jugend- und Kinderbewegung von 1919–1933 im ehemaligen Kreis Niederbarnim, hg. v. der Kommission zur Erforschung der Geschichte der örtlichen Arbeiterbewegung bei der Kreisleitung der SED, Oranienburg 1966.
Präsident des Landtages des Landes Brandenburg (Hg.): Handbuch des Landtages des Landes Brandenburg, Potsdam 1947.
Hagen Puch: Maria Karch – Eine Forsterin im Deutschen Reichstag, in: Museumsverein der Stadt Forst: Forstener Jahrbuch für Geschichte und Heimatkunde, 2006, S.166-121.
Sabine Richebächer: Uns fehlt nur eine Kleinigkeit. Deutsche proletarische Frauenbewegung 1890–1914, Frankfurt a. M. 1985.
Lisa Riedel: Zur Geschichte der Sozialdemokratischen Partei in Neuruppin von der Gründung bis 1919, in: Ostprignitz-Ruppin Jahrbuch 11 (2002), Neuruppin 2001, S. 131-135.

Otto Rückert: Zur Geschichte der Arbeiterbewegung im Reichstagswahlkreis Potsdam-Spandau-Osthavelland (1871–1917) unter besonderer Berücksichtigung der Tätigkeit Karl Liebknechts, Veröffentlichung des Bezirksheimatmuseums, Potsdam 1965.

Otto Rückert: Zum Verlauf der Novemberrevolution in Potsdam, in: Beiträge zur Potsdamer Geschichte. Veröffentlichungen des Bezirksheimatmuseums Potsdam, Heft 17, Potsdam 1969, S. 151-171.

Gisela Rüdiger, Gudrun Rogall: Die 111 Tage des Potsdamer Bürgerkomitees »Rat der Volkskontrolle« 1989/90. (Brandenburgische Historische Hefte 20), hg. v. der Brandenburgischen Landeszentrale für politische Bildung, Potsdam 2009.

Alex Sailer: Aus dem Gewerkschaftsleben Luckenwaldes, in: Heimatkalender für den Kreis Jüterbog-Luckenwalde, 1923, S. 62 f.

Stefan Sarrach: »Dienstanweisung zum Streiken. 1919 erhält Fürstenwalde erstmals einen sozialdemokratischen Bürgermeister«, in: Stadt Fürstenwalde (Hg.), Fürstenwalder Lesebuch. 725 Jahre Geschichte und Geschichten, Berlin 1997, S. 11-14.

Stefan Sarrach: Die Geschichte der Fürstenwalder Sozialdemokratie, in: Barbara Hendricks, Andrea Nahles (Hg.), Für Fortschritt und Gerechtigkeit. Eine Chronik der SPD, Berlin 2013, S. 137-181 (Sonderausgabe).

Stefan Sarrach: 1892–2013. 120 Jahre. Parteigeschichte in Geschichten, Fürstenwalde 2013. <(http://www.sarrach.de/?page_id=395>, Zugriff am 13.7.2019.

Andreas Schluricke, Cornelia Gödecke, Matthias Ochs: Ein Rückblick. Zur Geschichte der SPD im Landkreis Dahme-Spreewald, Berlin 2000.

Jürgen Schmidt: Die Geschichte der Parteien in Brandenburg von 1848 bis 1989, in: Jakob Lempp (Hg.), Die Parteien in Brandenburg, Berlin 2008, S. 35-58.

Joachim Schobeß: Entstehung und Entwicklung der Potsdamer Arbeiterschaft von der Gründung der Gewehrfabrik 1722 bis zum Wahlsieg Liebknechts 1912, in: Natur und Heimat, März 1956.

Wilhelm Heinz Schröder: Sozialdemokratische Reichstagsabgeordnete und -kandidaten 1898–1918, Düsseldorf 1986.

Wilhelm Heinz Schröder: Sozialdemokratische Parlamentarier in den deutschen Reichs- und Landtagen 1867–1933, Düsseldorf 1995.

Arno Schröer: Die Sozialdemokratie in Brandenburg, in: Sozialistische Monatshefte 2 (1898), S. 352-361.

Hagen Schulze: Otto Braun oder Preußens demokratische Sendung. Eine Biographie, Frankfurt a. M. 1977.

Ilse Schumann: Geschichte der Maidemonstrationen im Bezirk Potsdam, in: Märkische Volksstimme vom 1.5.1956, S. 6.

Ilse Schumann, Gabriele Reinhardt: Über ehemalige Arbeiterbibliotheken 1899/1933 im heutigen Bezirk Potsdam, Potsdam 1984.

O. Schumann: Der Kampf der Nowaweser Arbeiter zur Zeit des Sozialistengesetzes, in: Potsdamer Kulturspiegel 1955.

Karl Schwerdt: Die Geschichte der Arbeiterstadt Luckenwalde und die Entwicklung der Arbeiterbewegung dieser Stadt, Luckenwalde 1949.

Dieter Seeger: Rathenower Parlamentarier der Weimarer Republik. Paul Szillat zum 120. Geburtstag, <https://www.dielinke-rathenow.de/fileadmin/lcmsovrathenow/Geschichte/Paul_Szillat_120_Jahre.pdf>, Zugriff am 2.3.2021.

Astrid Segert: Das traditionelle Arbeitermilieu in Brandenburg. Systemische Prägung und regionale Spezifika, in: Michael Vester (Hg.), Soziale Milieus in Ostdeutschland, Köln 1995, S. 289-329.

Dankward Sidow: Otto Sidow – Leben und Wirken, Mutmaßungen und Tatsachen, in: Wolfgang Kusior, Thomas Reichel (Hg.), Erinnerungen an eine Rote Hochburg. Zur Geschichte der Sozialdemokratie in Brandenburg an der Havel, hg. v. der Friedrich-Ebert-Stiftung, Landesbüro Brandenburg, Potsdam 2012, S. 64-91.

Otto Sidow: Durch Sturm und Drang. Erinnerungsblätter zur Geschichte der Brandenburger Arbeiterbewegung bis zum Sozialistengesetz, Brandenburg 1927.

Dieter Sperling: Gedenkstätten der Arbeiterbewegung in den Kreisen Finsterwalde, Calau, Luckau und Lübben, Finsterwalde 1978.

Florian Stadel: Die Reichstagswahlen von 1930 und 1932 und die Wahl zum preußischen Landtag 1932 im Spiegel der überregionalen deutschen Tagespresse, Dissertation, Universität Bonn 1993.

Heiko Tammena: 130 Jahre Sozialdemokratie in Brandenburg 1868–1998. Geschichte in Geschichten, hg. v. SPD-Landesverband Brandenburg, Potsdam 1998.

Heiko Tammena: »Unser schönes rotes Luckenwalde«. Lager, Milieu und Solidargemeinschaft der sozialistischen Arbeiterbewegung zwischen Ausgrenzung und Verstaatlichung, Münster i. Westf. 2000.

Jeanette Toussaint: Frauen! Fordert das Wahlrecht! Internationale Vorkämpferinnen & Politikerinnen in Potsdam und Brandenburg. 1791–1933, Begleitbuch zur Ausstellung »100 Jahre Frauenwahlrecht« des Projektes »Frauenwahllokal«, Potsdam 2019.

Hedwig Wachenheim: Die deutsche Arbeiterbewegung 1844 bis 1914, Köln/Opladen 1967.

Hedwig Wachenheim: Vom Großbürgertum zur Sozialdemokratie. Memoiren einer Reformistin, Berlin 1973.

Franz Walter: Die SPD. Biographie einer Partei, überarbeitete und erweiterte Taschenbuchausgabe, Reinbek 2011.

Olaf Weber: Die Sozialpolitik des sozialdemokratischen Magistrats von Finsterwalde zwischen 1919 und 1933. Drehbuch zu einer Ausstellung, Finsterwalde 1992.

Olaf Weber: Finsterwalder Wahlergebnisse aus dem Zeitraum 1919 bis 1933, in: Der Speicher. Jahresschrift des Kreismuseums Finsterwalde und des Vereins der Freunde und Förderer des Kreismuseums Finsterwalde, Heft 4, 1999, S. 68 ff.

Gerhard Weiduschat: Ein Staatsstreich? Die Reichsexekution gegen Preußen. Darstellungen und Dokumente. »Preußenschlag« vom 20. Juli 1932 und die Folgen, Berlin 2007.

Otto Wels: Eiserne Front, in: Peter Grassmann (Hg.), Eiserne Front: vier Aufrufe, Berlin 1932.

Markus Wicke, Frank Reich: Zwischen Monarchie und Diktatur. Die Potsdamer Stadtverordneten von 1918 bis 1933, in: Förderverein des Potsdam-Museums e. V. (Hg.), Bürger machen Politik. 200 Jahre Stadtverordnete in Potsdam, 2009, S. 62-67.

Christl Wickert: Der Freiheit verpflichtet. Gedenkbuch der deutschen Sozialdemokratie im 20. Jahrhundert, hg. v. Vorstand der Sozialdemokratischen Partei Deutschlands, Marburg 2000 (2. Auflage mit Nikolas Dörr), Berlin 2013.

Heinrich A. Winkler: Von der Revolution zur Stabilisierung. Arbeiter und Arbeiterbewegung in der Weimarer Republik 1918 bis 1924, Berlin/Bonn 1984, 2. Auflage 1985.

Heinrich A. Winkler: Der Weg in die Katastrophe. Arbeiter und Arbeiterbewegung in der Weimarer Republik 1930 bis 1933, Berlin/Bonn 1987.

Gerhard Wolf: Rote Wimpel weh'n im Wind. Aus der Geschichte der Arbeiterkinderbewegung in Potsdam und Nowawes, Schkeuditz 1999.

Karsten Wolf: Zur Entwicklung der Sozialdemokratie in Jüterbog bis Ende des 19. Jahrhunderts, in: Heimatkalender für den Kreis Jüterbog-Luckenwalde,1992, S. 33-36.

Alfred Zeitz: Zur Geschichte der Arbeiterbewegung der Stadt Brandenburg vor dem ersten Weltkrieg, Potsdam 1965.

Bildnachweise

Archiv der sozialen Demokratie (AdsD) in Bonn: S. 24, 25, 32, 34, 37, 48, 148, 162, 176, 223, 236
bpk Berlin / Deutsches Historisches Museum / Arne Psille: S. 29
Bundesarchiv: S. 161 (Bild 183-R88978), 249 (Bild 183-2019-0228-501), 343 (Bild 183-R88978)
Gedenkstätte Deutscher Widerstand: S. 263
Ursula Demitter: S. 250, 254 (Else Boroffka-Niemeyer)
Privatarchiv Wolfgang Klose: S. 205 (Leo Scheuer, Angermünde), 210
Stadtmuseum Brandenburg: S. 77
Sammlung Frank Reich: S. 51
Sammlung Horst Klein: S. 191, 282
Sammlung Uwe Klett: S. 131, 147
Privatarchiv Rosemarie Eng, aus Siegfried Mielke (Hg.): Gewerkschafter in den KZ Oranienburg und Sachsenhausen, Bd. 2, Berlin 2003, S. 176, S. 288
Alice Matzdorff (1917) aus »Zeitbilder« 89/1917, S. 91
Rechteinhaber unbekannt: S. 106 (Quelle: AdsD)
Gemeinfrei (Quelle AdsD): S. 64, 119

Wir danken allen Rechteinhabern und Rechteinhaberinnen für die freundliche Genehmigung und das Bildmaterial, das uns zur Verfügung gestellt wurde.

Verzeichnis der Autorinnen und Autoren

Gabriele Bergner: geb. 1967, Dr., Historikerin, Genealogin und Verlagskauffrau. Arbeitsschwerpunkte: Jüdische Familienforschung, Stolpersteine, Teltower Sozialdemokratie, Ausstellungsprojekte zu zeitgeschichtlichen Themen, Webseite: www.memento-berlin.de

Willi Carl: geb. 1946, langjähriger Redakteur und Pressesprecher für Europapolitik beim SPD-Parteivorstand.

Ursula Demitter: geb. 1945, Dokumentarfilmregisseurin zu zahlreichen sozialen und biografischen Themenfeldern. Kontakt: demitter@gmx.de.

Christel Dettmann: geb. 1943, Dipl. Ing.(FH), langjährige wiss. Mitarbeiterin in Forschung und Entwicklung. SPD-Landtagsabgeordnete in Brandenburg von 1990 bis 2003.

Martin Gorholt: geb. 1956, war Landesgeschäftsführer der SPD Brandenburg und Bundesgeschäftsführer der SPD, Staatssekretär und Chef der Staatskanzlei des Landes Brandenburg a. D.

Siegfried Heimann: geb. 1939, Dr., Historiker und Politikwissenschaftler, Freie Universität Berlin. Mitherausgeber der Zeitschrift *WerkstattGeschichte*; zahlreiche Veröffentlichungen zur Geschichte der SPD und zur Geschichte Berlins.

Jennifer Hengst: geb. 1996, Studentin im Studiengang Public History an der Freien Universität Berlin. Kontakt: jenny.hengst@freenet.de.

Sabine Hering: geb. 1947, Dr., Professorin i. R. der Universität Siegen. Seit 2019 Sprecherin der Historischen Kommission der SPD Brandenburg. Kontakt: hering@kulturareale.de

Horst Klein: geb. 1935, Dr., Schwerpunkte der Forschung: sozialdemokratische Sozialismusauffassungen (Austromarxismus) und SPD-Geschichte des 19./20. Jahrhunderts in Strausberg.

Uwe Klett: geb. 1959, Dr., Bürgermeister i. R., Mitbegründer der »Geschichtswerkstatt Rotes Nowawes«, Heidehaus, Großbeerenstraße 98a, 14482 Potsdam, kontakt@rotes-nowawes.de.

Christoph Kleßmann: geb. 1938, Dr., Professor für Zeitgeschichte 1976–1992 an der Universität Bielefeld, danach bis 2004 in Potsdam. Arbeitsschwerpunkte: deutsche und polnische Geschichte des 20. Jahrhunderts.

Gisela Notz: geb. 1942, Dr., Historikerin und Sozialwissenschaftlerin, bis 2007 wisse. Referentin im Historischen Forschungszentrum, Abteilung Sozial- und Zeitgeschichte der Friedrich-Ebert-Stiftung in Bonn, jetzt freiberuflich tätig in Berlin.

Wolf Preuss: geb. 1933, Dr., Studium der Rechtswissenschaften, Geschichte und Osteuropakunde. Mitglied der SPD seit 1965. Mehrere Jahre SPD-Fraktionsvorsitzender eines Gemeinderats bei Bonn. Bis 1998 Abteilungsleiter beim Bundesministerium für wirtschaftliche Zusammenarbeit und Entwicklung. Danach freier Berater, u. a. für die Friedrich-Ebert-Stiftung in Albanien, Kosovo, Georgien.

Frank Reich: geb. 1958, Geschäftsführer des Landesverbandes Freier Theater Brandenburg e. V., zahlreiche Recherchen zur Geschichte der Sozialdemokratie. Mitbegründer der »Geschichtswerkstatt Rotes Nowawes«, kontakt@rotes-nowawes.de

Kurt Schilde: geb. 1947, Dr., Historiker, freier Mitarbeiter der Gedenkstätte Deutscher Widerstand in Berlin; Forschungsschwerpunkte: Geschichte des Nationalsozialismus, regionale Zeitgeschichte, Biografien. Webseite: www.kurt-schilde.de.

Uli Schöler: geb. 1953, Dr., Professor (em.) für Politikwissenschaften an der Freien Universität Berlin; ehemaliger Sekretär der Historischen und der Grundwertekommission beim Parteivorstand der SPD; eh. stv. Direktor des Deutschen Bundestages; Vorstandsvorsitzender der Bundeskanzler-Willy-Brandt-Stiftung.

Maria Schultz: geb. 1978, 2009–2019 Mitarbeiterin der Gedenkstätte Leistikowstraße Potsdam, seit 2019 Leiterin der Dauerausstellung der Stiftung Garnisonkirche Potsdam. Kontakt: mariaschultz@web.de

Heiko Tammena: geb. 1969, Dr., Studium Sozialwissenschaften in Göttingen, 1996–1998 freier Mitarbeiter SPD Brandenburg, seit 2011 Referent für politische Arbeit und Öffentlichkeitsarbeit im Rahmen der Katholischen Landjugendbewegung in Bayern. Kontakt: htammena@gmail.com

Jeanette Toussaint: geb. 1964, Ethnologin, freiberufliche Ausstellungskuratorin und Autorin, Forschungsschwerpunkte: Frauen- und Geschlechtergeschichte, Diktaturen in Deutschland, Provenienzforschung, Potsdamer Geschichte. Kontakt: j.toussaint@freenet.de.

Cornelia Wenzel: geb. 1956, wissenschaftliche Dokumentarin; 1983–2019 Mitarbeiterin des Archivs der deutschen Frauenbewegung, Kassel; zudem nebenamtlich engagiert im Archiv für alternatives Schrifttum, Duisburg.

Reinhard Wenzel: geb. 1966, Diplom-Politologe, lebt in Königs Wusterhausen, wo er als Kommunalpolitiker tätig war. Mehrere Jahre Mitarbeiter von Bundes- und Landtagsabgeordneten. Heute leitet er das August Bebel Institut in Berlin.

Christoph Wunnicke: geb. 1971, Dr., Historiker. Forschungsschwerpunkte: Geschichte der Sozialdemokratie in Brandenburg und Mecklenburg-Vorpommern. Mitarbeiter der Bundestagsfraktion Bündnis 90/Die Grünen.

Helga Ziemann: geb. 1944, seit 1966 Mitglied der SPD, 1965–2001 war sie beim SPD-Vorstand beschäftigt, u. a. als Referentin für Organisation und innerparteiliche Bildung (Parteischule).

Dankesworte

Ein großes Etappenziel der Historischen Kommission der SPD Brandenburg ist erreicht: Der erste Band unserer Geschichte der Sozialdemokratie liegt jetzt vor – fertig gestellt trotz aller Einschränkungen und Widrigkeiten in weniger als einem Jahr.

Allen Beteiligten ist ein großes Kompliment zu machen, das gilt auch für all diejenigen, die unsere Autorinnen und Autoren mit Informationen und Material unterstützt haben. Phantasie, Forschereinsatz, Schriftgewandtheit und Pünktlichkeit waren kaum zu überbieten. Unser Dank geht deshalb an:

Alle Mitarbeiterinnen und Mitarbeiter im Verlag J.H.W. Dietz Nachf./Bonn
Annette Berndt (Standesamt Hennigsdorf)
Johannes Determann (Stadtarchiv Potsdam)
Dr. Anke Dreier-Horning (HiKo Brandenburg)
Martin Endemann (Berlin)
Amélie zu Eulenburg (Gedenkstätte Lindenstraße/Potsdam)
Dr. Andrea Genest (Mahn- und Gedenkstätte Ravensbrück)
Geschichtswerkstatt Rotes Nowawes (Potsdam/Babelsberg)
Klara Geywitz (stellv. Parteivorsitzende der SPD)
Birgit Gorholt (SPD-Geschäftsstelle Brandenburg)
Dr. Stefan Heinz (Gedenkstätte Deutscher Widerstand, Berlin)
Prof. Dr. Wolfgang Klose (Essen)
Karen Knauf (New Mexiko)
Rolf König (Urania Planetarium Potsdam)
Hartmut Kolwitz (Liebenwalde)
Frank Kupferschmidt (SPD 60plus)
Roland Lemke (Ortschronist Blumberg)
Landesverband der SPD Brandenburg
Stefan Nitsche (Stadtarchiv Rathenow)
Peter Pfister (Archiv der sozialen Demokratie)
Simon Plate (Urania Planetarium Potsdam)
Daniel Rigot (Landesgeschäftsführer der SPD Brandenburg)
Dr. Bernd Rother (Geschichtsforum der SPD)

Dr. Mirjam Sachse (Archiv der deutschen Frauenbewegung)
Stefan Sarrach (Fürstenwalde)
Dr. Harald Sempf (Landesschatzmeister der SPD Brandenburg)
Erik Stohn (ehem. Generalsekretär der SPD Brandenburg)
Dr. Sebastian Stude (Gedenkstätte Lindenstraße/Potsdam)
Hans-Ewald Sülter (Bad Wilsnack)
Wolf Thieme (Bad Belzig)
Dr. Detlev von der Heide (Luckenwalde)
Prof. Dr. Franz Walter (Universität Göttingen)
Klaus Wettig (Göttingen)
Kristin Witte (Projektleiterin Unbekannte Orte. Ravensbrück)
Katja Wollenberg (Archiv der sozialen Demokratie)
Dr. Sarah Zalfen (Vorsitzende des SPD OV-Potsdam Mitte-Nord)

Und natürlich an alle Autorinnen und Autoren:
Dr. Gabriele Bergner, Ursula Demitter, Christel Dettmann, Dr. Siegfried Heimann, Jennifer Hengst, Dr. Horst Klein, Dr. Uwe Klett, Prof. Dr. Christoph Kleßmann, Dr. Gisela Notz, Dr. Wolf Preuss, Frank Reich, Dr. Kurt Schilde, Prof. Dr. Uli Schöler, Maria Schultz, Dr. Heiko Tammena, Jeanette Toussaint, Cornelia Wenzel, Reinhard Wenzel, Dr. Christoph Wunnicke, Helga Ziemann.